W0090427

Helmut Werner

*Die Magie
der Zauberpflanzen, Edelsteine,
Duftstoffe und Farben*

Helmut Werner

Die Magie der Zauberpflanzen, Edelsteine, Duftstoffe und Farben

Mit zahlreichen Illustrationen

Umschlagfoto: Tschanz-Hof, allOver Bildagentur
Gesamtherstellung:
KOMET MA-Service und Verlagsgesellschaft mbH, Frechen

ISBN 3-89836-131-4

Inhalt

Teil I

Die Magie der Zauberpflanzen

Einführung: Die Pflanzen im Zaubergarten

Der Glaube, Pflanzen beherbergten geheimnisvolle Kräfte, ist uralt. Sie zu wecken und sie sich, wie auch die Magie der Steine, Tiere und Bilder, als Zaubermittel dienstbar zu machen, bemühen sich die Menschen seit Beginn ihrer Geschichte. Heute wissen wir, daß viele Pflanzen Wirkstoffe enthalten, die auf Psyche und Sinne des Menschen nachhaltige Wirkungen zeitigen – in der selbstzerstörerischen Verwendung einiger suchterzeugender »Drogen« tritt das Elend unserer Großstädte zutage.

Chemisch betrachtet, besteht das pharmakologische, aktive Prinzip dieser Pflanzen aus Alkaloiden, stickstoffhaltigen, alkalischen Substanzen, die Halluzinationen (lat. = Sinnestäuschungen) hervorrufen. Diese Halluzinogene ähneln menschlichen Hirnhormonen wie dem Serotin, das bei psychischen Vorgängen eine dämpfende Funktion hat. Halluzinogene Pflanzen verzögern die Produktion der Serotinbildung, wodurch Reaktionsvorgänge im Gehirn verändert werden. Der übermäßige Reizeinfall, den das Serotin abschwächt, kann nun ungehindert seine Wirkung auf das Gehirn ausüben, dessen eingespielte Funktionen »ausrasten«, so daß es auf altbekannte Reize wie auf etwas vollkommen Neues reagiert. Das normale Empfindungs- und Wahrnehmungsvermögen wird gewaltig gesteigert. Dies kann zu schweren Verwirrungen, Gedächtnisverlust und völliger Desorientierung über Personen, Raum und Zeit führen.

Nach wissenschaftlichen Fachgebieten, Wirkungen oder Anwendungen jeweils unterschieden, werden halluzinogene Pflanzen vielfältig ein- und umgruppiert und unterschiedlich bezeichnet. Gebräuchlich sind z. B. die Kategorien:

- Entheogene (griech. = »Gott hineinschaffen«), denn nach manchem Zauberglauben sollen solche Pflanzen göttlicher Herkunft sein;
- Psychedelika (griech.: psyche = »Geist«, delosis = »Offenbarung«), weil die Wirkung der Pflanzen zur Erweiterung des Bewußtseins bzw. der Wahrnehmung führt;
- Narkotika (griech.: narcao = »erstarren«) sind Betäubungsmittel mit betäubender oder lähmender Wirkung;
- Toxika (griech.: toxon = »Pfeil«; ursprünglich Pfeilgift, dann Gift allgemein) – die Wirkstoffe fast aller Zauberpflanzen sind bei falscher Dosierung Gifte, die tödlich sein können.

Alle Zauberpflanzen sind »psychoaktiv« oder »psychotrop« (Psyche und Bewußtsein verändernd), womit auch ihre »psychedelische« und »sedative« Wirkung gemeint ist.
Andere Bezeichnungen beziehen sich auf spezielle Folgen ihrer Verwendung – wie etwa Phantastika, Eidetika, Psychotika, Psychodysleptika, Psychotogene und Psychotomimetika. Ihre Wirkstoffe rufen einen Zustand hervor, der einer Psychose oder seelischen Krankheit ähnelt.
Auch in der Pharmakologie und ihrem Fachgebiet der Enthnopharmakologie, das sich mit dem kulturellen Gebrauch psychoaktiver Pflanzen beschäftigt, hat man noch keine einheitliche und verbindliche Einteilung der Zauberpflanzen bzw. ihrer Wirkstoffe gefunden. Der bekannte Pharmakologe Louis Lewin, der 1906 den ersten Lehrstuhl für Toxikologie (Lehre von den Giften) in Leipzig innehatte, gruppierte sie ein in:

- Euphorika: Mittel zur Beruhigung;
- Inebrantia: Berauschungsmittel;
- Hypnotika: Schlafmittel;
- Excitantia: Erregungsmittel;
- Phantastika: Sinnestäuschungsmittel.

Da Lewin bei seiner Klassifikation den kulturellen Gebrauch nicht berücksichtigte, ist sie nur für Mediziner und Pharmakologen interessant.

Überholt sind auch die älteren Definitionen von Unger (»Botanische Streifzüge auf dem Gebiet der Kulturgeschichte«):

- Berufkräuter: Pflanzen, die für das »Berufen«, zum Schutz gegen böse Geister und Dämonen, benutzt werden;
- Wetterkräuter: Sie schützen gegen das Unheil der Elemente, wie Blitz oder Hagelschlag;
- Wunderschüssel: Mit ihrer Hilfe kann man z. B. einen Feind erkennen oder Schätze aufspüren;
- Glückspflanzen: Als Amulett getragen, versprechen sie Glück, Reichtum oder Liebesfreuden.

Rätsch hat in seinem »Lexikon der Zauberpflanzen« eine verbesserte Gruppierung vorgeschlagen:

- Zauberdrogen und Prophetenpflanzen: Prinzipiell alle Zauberpflanzen fallen darunter, aber gemeint sind vornehmlich die psychoaktiven, die durch ihre auch oft nur geringfügige halluzinogene Wirkung Einblicke in verborgene Wirklichkeiten ermöglichen;
- Zaubermedizin: Dazu werden vom Zauberer Pflanzen verwandt,

um Krankheiten zu heilen. Dahinter steht die Vorstellung, daß die Krankheiten von bösen Dämonen verursacht werden;

- Unsterblichkeitselixiere: Aufbereitungen von Pflanzen, die – vornehmlich – in asiatischen Ländern wachsen und denen die Kraft zugesprochen wird, ewige Jugend beschaffen oder das Leben verlängern zu können (z. B. die Ginsengpflanze);

- Liebeszauber und Aphrodisiaka: Nach altem Glauben erwekken sie Liebesgefühle oder stärken die sexuelle Potenz;

- magische Räucherung: Die hierbei verwandten Pflanzen enthalten besonders wirksame Duftstoffe. Man benutzt vor allem ihre aromatischen Harze oder Öle, die geraucht oder in Räucherpfannen verbrannt werden. Solche Räucherstoffe gelten als besonders psychoaktiv;

- Amulette und Fetische: Bestimmten Zauberpflanzen sollen geheimnisvolle Kräfte innewohnen, die man in Amuletten und Fetischen für sich wirken lassen kann. Amulette sind Gegenstände, die meistens am Körper getragen werden und eine Schutzfunktion besitzen. Der Fetisch, zwischen Götze und Amulett von unterschiedlicher Gestalt und Verwendung, wird als Sakralobjekt besonders verehrt. Häufig werden dafür Wurzeln oder Hölzer von ausgefallener Gestalt oder Bearbeitung benutzt;

- Zwieselbäume: Bei vielen Völkern herrscht der Glaube vor, Krankheiten könnten von einem Menschen abgestreift werden, wenn man ihn durch künstliche oder natürliche Löcher in Felsen oder Bäumen (Zwieselbäumen) zieht;

- Gifte und Todeszauber: Zahlreiche Zauberpflanzen sind tödlich giftig und werden daher für den Todeszauber verwandt. Die Kenntnisse der rettenden Gegenmittel gehört zum Geheimwissen der Zauberer.

Bekannt sind heute etwa 150 halluzinogene Pflanzenarten, von denen wiederum 120 in der Neuen Welt, der Rest im eurasischen Raum wachsen. Sicher gibt es noch erheblich mehr in allen Gegenden der Erde, aber mit der Ausrottung, Verdrängung oder »Akkulturation« der naturreligiösen Völker ist auch wertvolles Wissen über Wirkstoffe und Verwendungsmöglichkeiten (z. B. in der Medizin) der als Zaubermittel verwendeten Pflanzen verlorengegangen.

In allen frühen Kulturen spielten Zauberpflanzen, vor allem die halluzinogenen, eine bedeutende Rolle. Seinen Ursprung hat der um sie gewachsene Kult vermutlich in dem Bedürfnis früher Jägergesellschaften, übernatürliche Kräfte zu gewinnen und Mittel und Wege zu finden, um Tiere zu überlisten und durch Schnelligkeit und Stärke im Kampf zu besiegen, oder die tödliche Übermacht der Natur, Krankheiten und Katastrophen, zu überwinden. In der von den Zauberpflanzen hervorgerufenen Ekstase und in ihrem Reich der Halluzinationen hofft man, in Kontakt mit den Göttern treten zu können. Nicht selten wird den halluzinogenen Pflanzen selbst ein gottähnlicher Status zugeschrieben. In den Naturreligionen folgt der Umgang mit ihnen einem komplizierten schamanischen Ritual.

Alexandra Rosenbohm (»Halluzinogene Drogen im Schamanismus«, 1991) unterscheidet folgende Stufen:

- psychische Vorbereitung: Reinigung, Fasten und sexuelle Enthaltsamkeit;
- symbolische Reinigung: Mit Rauch, der von den bösen Geistern befreien soll, wird der Eintritt in die jenseitige Welt vorbereitet;
- Sicherheitsmaßnahmen werden beim Sammeln wie bei der Einnahme beachtet;

- Opferungshandlung: Vor und nach dem Ritual findet ein Bitt-
  bzw. Dankopfer statt;
- Vollzug des Rituals: Die halluzinogenen Zauberpflanzen werden meist nachts und an einem von der Außenwelt hermetisch
  abgeschlossenen Ort eingenommen. In der Regel darf nur der
  Schamane die Zauberpflanze bzw. -droge zu sich nehmen.

Die Vereinigung mit dem Gott bzw. den Göttern erfolgt in einer
Art »Seelenreise«, während der der Schamane sich in seiner
Ekstase auf einem Pfad in die jenseitige Welt begibt. Das göttliche Wesen kann aber auch in ihn »hineinfahren«, Wohnung in
ihm nehmen und den Schamanen zu seinem Medium machen,
durch das er der Stammesgesellschaft seine Botschaft mitteilt.

Die Nachtschattengewächse als Berauschungsmittel

Im mittelalterlichen Europa waren die wichtigsten Zauberpflanzen die Nachtschattengewächse (Solanazeen): Bilsenkraut (Hyoscyamus), Stechapfel (Datura stramonium) und die Tollkirsche (Atropa belladonna). Dazu kommt die in Ostpreußen und in den Karpatenländern wachsende Skopolie (Scopolia carniolica). Das bekannteste Nachtschattengewächs, das aber nur in den Mittelmeerländern vorkommt, ist der Alraun, die weibliche Pflanze heißt Alraune, oder Mandragora (Mandragora offizinarum). Es gibt etwa 2500 Arten von Nachtschattengewächsen, von denen auch heute noch etliche als Rauschmittel benutzt werden.

Ihre psychoaktiven Wirkstoffe sind die Alkaloide Atropin (Hyoszymin) und Skopolamin (Hyoszin), die zu Funktionsstörungen im Gehirn führen. In geringen Mengen werden sie als krampflösende Mittel eingesetzt. Dosen ab 10 mg führen zu schweren Vergiftungserscheinungen bzw. sind tödlich. Berühmt wurden Nachtschattengewächse, weil sie Hauptbestandteile der später zu besprechenden Hexensalben, -tränken und magischen Räucherungen sind.

Der Alraun /Die Alraune

Sie ist die berühmteste aller Zauberpflanzen. Dieses in den Mittelmeerländern wild vorkommende Nachtschattengewächs hat eine rübenförmige Wurzel und eine über dem Boden angedrückte Blattrosette, über die mehrere große Blüten emporragen. Mit etwas Phantasie läßt sich in der Wurzel eine menschliche Gestalt

»Männchen«
mit braunen großen Früchten.

»Weibchen«
mit violetten Blüten.

erkennen. Deshalb nannte sie der griechische Philosoph Pythagoras im 6. Jhdt. v. Chr. »anthropomorphos« (menschenähnlich).
Ein scheinbar in der Erde wachsender Mensch mußte sehr früh
das Denken anregen.

Der deutsche Name »Alraun« und auch der griechisch-lateini-
sche geben Rätsel auf. Mandragora soll von griechischen »man-
dra = Stall« und »ageiro = ich sammle« abgeleitet sein, weil der
Pflanze im Volksglauben nachgesagt wird, sie vermöge das Vieh
in den Stall zu locken. Die Herkunft des Namens Alraun ist auch
heute noch ungelöst. Man glaubt in dem Namen das gotische
Wort »rana = Geheimnis« zu erkennen, das auch in den Wörtern
»Rune« bzw. »raunen« vorkommt und mit diesen verwandt ist.
Das früheste Dokument für die Verwendung des Alrauns zu
magischen Zwecken ist ein ugaritischer Keilschrifttext aus dem
14. bzw. 15. Jhdt. v. Chr., der die Vorbereitungen auf ein Liebes-
oder Fruchtbarkeitsritual schildert. Es beginnt mit den Worten
»Pflanze Mandragora in die Erde …« Auch die in der Bibel
erwähnte Pflanze »Dudaim« wird heute einhellig mit Mandragora übersetzt. Die Dudaims, welche Ruben auf den Feldern fand

16

und seiner Mutter verehrte und die dann bei der Zeugung des fünften Sohnes von Lea und Jakob indirekt eine Rolle spielte, werden als Alraunfrüchte erklärt (1. Buch Moses, Kap. 30, 14–16) Auch die Liebesfrüchte auf dem Türgesims (Hohelied, Kap. 7, 14) – »Die Liebesäpfel geben den Duft, und an unserer Tür sind lauter edle Früchte, heurige und auch vorjährige: mein Freund, für dich hab' ich sie aufbewahrt.« – sind Alraune.

Die erste wissenschaftliche Beschreibung dieser geheimnisvollen Pflanze stammt von dem griechischen Arzt Dioskurides (1. Jhdt. n. Chr.): »Die Mandragora, von einigen Gegengift, von

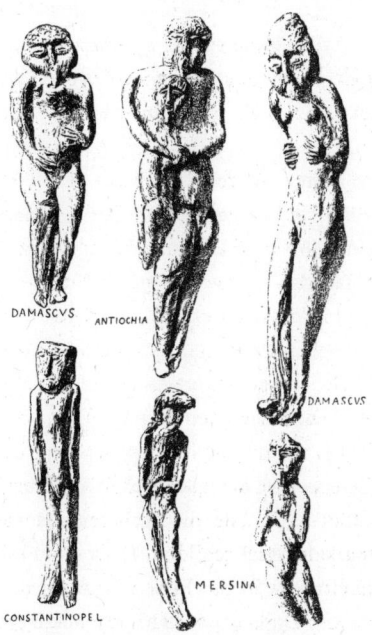

Geschnitzte Alraunwurzeln aus Kleinasien.

anderen Hexenkraut genannt, weil die Wurzel zu Liebeskünsten zu führen scheine, ist zweigeschlechtig: Die schwarze, welche für das Weibchen gehalten wird, heißt thridacias. Sie hat schmälere und kleinere Blätter als der Lattich; sie sind giftig, stinken und bilden eine Rosette auf dem Boden. Äpfel hat sie, die ein ähnliches Aussehen wie die Vogelkirschen haben. Sie sind wohlriechend, blaß und haben einen birnenartigen Samen. Sie haftet gut mit starken Wurzeln, die zu zwei oder drei ineinander verschlungen sind ... Die Pflanze ist ohne Stengel. Der andere Alraun ist der weiße, das Männchen, das man auch Norion nennt. Seine Blätter sind groß, weit, breit und glatt wie die der Runkelrüben. Die Äpfel sind noch einmal so groß wie bei der ersten Art, safranfarbig, angenehm, aber etwas betäubend riechend; von ihnen werden manchmal die Hirten, wenn sie davon essen, betäubt. Die Wurzel ist der anderen gleich, doch etwas größer und weißlicher. Sie hat ebenfalls keinen Stengel. Man sagt, daß auch noch ein anderer Alraun namens Morion vorkäme, der an schattigen Orten neben Höhlen wächst; die Blätter sind ähnlich denen der weißen Mandragora, aber kleiner, weiß und bilden um die Wurzel eine Rosette: Sie ist zart, weiß, etwas größer als eine Hand und etwa daumendick.« (Buch IV, Kap. 76 und Buch VI, Kap. 15)

Von den mittelalterlichen Naturforschern hat sich die Hl. Hildegard von Bingen (1098–1179), die als Äbtissin auf dem Rubertsberg bei Bingen wirkte, eingehend mit dem Alraun befaßt (Physika, Buch 1). Da sie ihn jedoch nicht beschreibt, kann man davon ausgehen, daß sie diese Pflanze gar nicht selbst gesehen hat. Sie beschäftigt sich nur mit seinen Wunderwirkungen: »Mandragora ist warm, etwas wässrig und von der Erde, aus der Adam geschaffen wurde. Sie gleicht einigermaßen dem Menschen. Doch wohnt

dieser Pflanze eben wegen ihrer Menschenähnlichkeit der teuflische Versucher mehr inne als anderen Kräutern und stellt uns
nach. Daher wird der Mensch in seinen Gefühlen, ob sie nun gut
oder schlecht sind, durch sie gereizt, wie er es auch mit den
Götzenbildern gemacht hat. Wenn man sie aus der Erde gezogen
hat, soll man sie baldigst in Quellwasser einen Tag und eine
Nacht legen. So wird alles Böse und jede schädliche Feuchtigkeit
in ihr ausgetrieben, so daß sie zu magischen und zauberischen
Künsten nichts mehr taugt. Wenn man sie aber aus der Erde
auszieht und mit den anhaftenden Erdteilchen aufhebt – sie also
nicht in der beschriebenen Weise wäscht –, dann ist sie schädlich
und kann zu vielen magischen Zwecken gebraucht werden. Man
kann dann mit ihr all die schlechten Dinge machen, die mit
Götzenbildern ausgeführt werden. Wenn nun ein Mann infolge
magischer Einflüsse oder aus Begehrlichkeit des Körpers nicht
enthaltsam sein kann, dann soll er die weibliche Gestalt dieser
Pflanze, nachdem sie in Quellwasser gereinigt worden ist, nehmen und ihren Inhalt zwischen Brust und Nabel drei Tage und
drei Nächte lang anbinden sodann diese Frucht in zwei Teile
spalten und über beiden Lenden ebensolang binden. Ferner die
linke Hand dieser Gestalt zerreiben, mit etwas Kampfer mischen
und so essen, dann wird er geheilt werden.«
Für Frauen wird von der Hl. Hildegard dasselbe Mittel empfohlen. Nur muß in diesem Fall die männliche Gestalt und die rechte
Hand benutzt werden. Sie empfiehlt den Alraun als Heilmittel für
Kopf und Halsweh, wobei die entsprechenden Teile der men-
schenähnlichen Pflanze zu verwenden sind. Die männliche
Pflanze soll wirksamer als die weibliche sein, wie ja auch, im
Glauben dieser Zeit, der Mann von Natur aus als stärker und
wichtiger galt als die Frau.

Das Gewinnen der Mandragorawurzel gilt als sehr schwierig. Wenn man sie sucht, versucht sie zu verschwinden. Dies kann man verhindern, indem man sie, sobald man sie erblickt, mit Harn begießt. Ohne Lebensgefahr kann sie nicht aus dem Boden gezogen werden, sagt der Volksglaube. Also darf man die Wurzel auf keinen Fall berühren. Man zieht einen Graben um sie und legt sie frei, bis nur noch der untere Teil in der Erde steckt. Sodann muß man einen schwarzen Hund mit seinem Schweif daran anbinden und ihn aus einiger Entfernung zu sich locken. Auf diese Weise wird die Wurzel ganz aus der Erde gezogen. Anstelle des Menschen wird der Hund Beute des Teufels und bricht auf der Stelle tot zusammen.

Dieser Glaube war lange auch in Kleinasien verbreitet. Wenn man nun eine solche Alraunwurzel bekommen hat, ohne daß man sie mit der Hand aus dem Boden gerissen hat, dann muß man sie, um ihre magische Kraft zu erhalten, jede Woche an einem bestimmten Tag in Wein baden. Danach wird sie mit einem frischen weißem Hemd aus Seide und einem roten Seidenrock bekleidet. Die schwarzen Mandragorawurzeln erhalten als Bekleidung einen schwarzen Samtmantel und ein Barett aus demselben Stoff.

Im Volksmund heißt das Alraunmännchen auch »Heckemännchen«, weil es die Eigenschaft besitze, ausgegebenes Geld wieder auf seinen ursprünglichen Stand aufzufüllen. Auch »Galgenmännchen« wird es genannt. Dahinter steht der Glaube, daß das Alraunmännchen aus dem Samen von Aufgehängten unter einem Galgen entstanden ist.

Die Alraunwurzel war sehr selten und ihr entsprechend hoher Preis reizte zur Herstellung von Fälschungen, hauptsächlich aus der Zaunrübe (Bryonia). Besonders Kaiser Rudolf II. (1576–

Der Alraungräber (Handzeichnung aus dem 16. Jhdt.).

1612), der viele orientalische Pflanzen nach Deutschland brachte, war ein ausgesprochener Liebhaber dieser Pflanze. Im 16. Jhdt. tauchten aber auch die ersten kritischen Stimmen gegen den Alraunaberglauben auf. So weisen Botaniker wie Leonhardt Fuchs auf die zahlreichen gefälschten Alraunwurzeln hin.

Stechapfel

Lateinisch Datura stramonium heißt im Volksmund »Dornapfel«, »Rauapfel«, »Krötenmelde«, »Igelskolben«, »Stachelnuß« oder »Tollkraut«.

Die Blätter des Stechapfels haben einen unangenehmen, betäubenden Geruch, der beim Trocknen etwas abnimmt. Ihr Geschmack ist sehr bitter und salzig. Die länglichen nierenförmigen, fast halbkreisrunden Samen schmecken ölig und sehr bitter. In ihnen wie in den Blättern ist das giftige Alkaloid Hyoscyamin enthalten, das zu den psychoaktiven Bestandteilen der Hexensalben zählt.

In der schwarzen Magie wird der Samen benutzt, um Streit und Zank zu stiften. Man muß ihn nur unter den Tisch werfen, an dem

Stechapfel *(Datura stramonium)*.

die Leute sitzen. Der Volksglaube verdächtigt die Zigeuner, den Stechapfel für ihre Hexenkünste zu gebrauchen. Sie sollen ihn auch aus dem Orient nach Europa gebracht haben.

Von den Stechapfelarten, die über den ganzen Erdball verbreitet sind, ist der Rote Stechapfel (Datura sanguinea) einer der bekanntesten. Er wird vor allem von den Indianern Lateinamerikas für magische Zwecke benutzt.

Der Forschungsreisende L. von Tschudi gibt in seinen Reiseskizzen aus den Jahren 1838–42 darüber einen ausführlichen Bericht. Er berichtet, daß die Indianer aus den Früchten des Roten Stechapfels ein sehr narkotisierendes Getränk, die »Tonga«, brauen, deren Wirkung von Tschudi beschrieben wird: »Bald nach dem Genuß der Tonga verfiel der Mann in ein dumpfes Hinbrüten. Sein Blick stierte glanzlos auf die Erde, sein Mund war fest, fast krampfhaft geschlossen, die Nasenflügel weit aufgesperrt. Kalter Schweiß bedeckte die Stirn und das erdfahle Gesicht; am Hals schwollen die Venen fingerdick an. Langsam kauend hob sich die Brust; starr hingen die Arme am Körper herunter. Dann feuchteten sich die Augen und füllten sich mit Tränen. Die Lippen zuckten flüchtig und krampfhaft; die Kopfschlagadern pulsierten heftig. Der Atem beschleunigte sich, und die Extremitäten machten wiederholt automatische Bewegungen. Eine Viertelstunde dauerte dieser Zustand. Dann nahmen alle Erscheinungen an Intensität zu. Die nun trockenen, aber hochroten Augen rollten wild in ihren Höhlen. Alle Gesichtsmuskeln waren auf das scheußlichste verzerrt. Zwischen den halbgeöffneten Lippen trat ein dicker, weißer Schaum hervor. Die Pulse an Stirn und Hals schlugen mit furchtbarer Schnelligkeit. Der Atem war kurz, außerordentlich beschleunigt und vermochte die Brust nicht mehr zu heben, an der nur noch ein leises Vibrieren bemerkbar war. Ein reichlicher, klebriger Schweiß bedeckte den ganzen Körper, der fortwährend von den fürchterlichsten Konvulsionen geschüttelt wurde. Die Gliedmaßen waren auf das gefährlichste verdreht. Ein leises, unverständliches Murmeln wechselte mit gellendem, herzzerreißendem Geschrei, einem dumpfen Heulen oder einem tiefen Ächzen oder Stöhnen. Lange dauerte dieser furchtbare Zustand, bis sich allmählich die Heftigkeit der Erscheinungen verminderte und Ruhe eintrat. Sogleich eilten die Frauen herbei, wuschen den Indianer am ganzen Leibe mit kaltem Wasser und legten ihn bequem auf einige Schaffelle. Es folgte ein ruhiger Schlaf, der mehrere Stunden dauerte. Am Abend sah ich den Mann wieder, als er gerade in einem Kreis aufmerksamer Zuhörer seine Visionen erzählte. Er schien sehr abgemattet und angegriffen zu sein; seine Augen waren gläsern, der Körper schlaff und die Bewegungen träge.«

Tschudi berichtet weiter, daß in älteren Zeiten sich nur die Medizinmänner und Zauberer des Stechapfelaufgusses bedienten, damit sie sich in Ekstase versetzten. Auf diese Weise wollten sie mit den Göttern in ein näheres Verhältnis treten und mit ihnen »vertraulich« sprechen. In der Einführung zu dem Kapitel wurde schon daraufhin gewiesen, daß das Ziel dieser Ekstasen die Seelenreise ist.

Der Stechapfel wurde auch für die Liebestränke benutzt, das die Hurenwirte und Buhlerinnen ihren Opfern entweder als Auszug oder Pulver gaben, um es in einen Zustand starker Besinnungslosigkeit zu versetzen. Der Auszug wurde hergestellt, indem man Samen in Wein ansetzte.

Bilsenkraut

Das Bilsenkraut wurde früher häufig Saubohne genannt. Dies entspricht der griechischen Bezeichnung Hyoskyamos und der lateinischen faba suilla. Die antiken Ärzte glaubten, daß die Säue nach dem Genuß des Bilsenkrautes Krämpfe bekommen würden. In Homers Odyssee werden die Gefährten des Odysseus durch die Zauberin Circe in Schweine verwandelt, in dem sie ihrem Mahl »betäubende Säfte« beimischt – wahrscheinlich des Bilsenkrauts: Eine der wichtigsten Wirkungen der später noch zu besprechenden Hexensalben, für die auch diese Pflanze verarbeitet wird, bestand darin, daß die Hexen glaubten, in Tiere verwandelt worden zu sein. Auch der Name »Bilsenkraut« weist auf die Verwendung dieser Pflanze für magische Zwecke hin. Das Wort geht auf die indogermanische Wurzel »bal = töten« zurück. Sie findet sich auch in dem lateinischen Namen Belenus des keltischen Sonnengottes Beal. Belenus entspricht dem griechisch-römischen Sonnengott Apollo, dessen Strahlen nicht nur wohltuend sind, sondern auch Seuchen hervorrufen. Er ist sowohl der Gott des Lebens und der Heilkunde als auch des Todes. Auf die gefährlichen Eigenschaften dieser Pflanzen weisen auch andere

Bilsenkraut *(Hyoscyamus niger)*.

völkstümlichen Bezeichnungen hin, wie etwa Schlafkraut, Zigeunerkraut, Prophetenkraut, Tollkraut und Teufelswurz.

Um eine besonders psychoaktive Pflanze zu gewinnen, muß die Pflanze gesammelt werden, bevor sie aufgeblüht ist. In der weißen Magie galt Bilsenkraut als Wettermittel, wenn es unter Einhaltung besonderer Regeln gepflückt wurde: Nach einer langdauernden Trockenheit und Dürre versprach es Regen, wenn es mit dem kleinen Finger der rechten Hand herausgerissen und dann an die kleine Zehe des rechten Fußes eines nackten Mädchens gebunden wurde, das anschließend in einer feierlichen Zeremonie mit Wasser übergossen wurde. In Rußland war es eine Volkssitte, einen Gläubiger dadurch willfährig zu machen, indem man ihm durch Bilsenkrautsamen, der auf eine Ofenplatte gestreut wurde, die Sinne benebelte. In Litauen ist es Volksglaube, durch eine Bilsenkrautabkochung lasse sich jemand gefügig machen, die Wünsche des Herstellers des Suds zu erfüllen.

Besonders eingehend hat der Toxikologe Gustav Schenk die Wirkung des Bilsenkrauts untersucht. Über seinen Selbstversuch berichtet er in dem »Buch der Gifte« 1954: »Ich entnahm einer Samenkapsel eine Handvoll des grauen und flachen Samens. Ich legte ihn auf eine Eisenplatte und hielt diese über ein Spiritusflämmchen. Sehr langsam erhitzten sich die Samen, die Schalen sprangen auf, und die Dünste des Hyoscyamin erreichten mich merkwürdig eindringlich, brennend scharf und gleichzeitig süß duftend. Heute weiß ich nicht mehr zu sagen, wieviel von dem Samen ich auf die Eisenplatte gestreut hatte, auch kann ich nicht mehr angeben, wie lange ich den schwelgenden Rauch, der aus den erhitzten Samen quoll, einatmete.«

Schenk unterbricht an dieser Stelle den Bericht über seinen Selbstversuch und weist daraufhin, daß es ungemein schwierig ist, sich im nachhinein an den genauen Ablauf des Selbstversuches zu erinnern. Die psychoaktive Wirkung des Bilsenkrautes hat man zu Recht mit dem Ausdruck »schwarzer Wahnsinn« umschrieben, da das Erinnerungsvermögen stark eingeschränkt wird.

Früheste Form einer Anästhesie: Bilsenkrautfumigation gegen Zahnschmerzen (aus der »Chirurgie« von Roger von Salerno, 13. Jhdt.).

Schenk fährt dann in seinem Bericht fort: »Die Bilsenkrautwirkung begann mit einem rein körperlichen Unbehagen. Die Glieder verloren Sicherheit, Schmerzen hämmerten im Kopf, und ein starkes Schwindelgefühl stellte sich ein, während von der Eisenplatte noch die Dünste aufstiegen. Es konnte also nicht viel Zeit vergangen sein, als sich die ersten Wirkungen einstellten – höchstens eine Viertelstunde. Ich ging zum Spiegel und konnte mein Gesicht, schwächer als sonst allerdings, erkennen. Ich war gerötet, und es mußte wohl so sein – ich hatte doch das Gefühl, als hätte mein Kopf an Umfang zugenommen, er schien breiter geworden zu sein, dichter auch, schwerer an Gewicht und, wie ich glaubte, von festerer, dickerer Haut umspannt. Der Spiegel selbst schwankte, und es war mühsam, mein Gesicht genau in den Rahmen zu halten. Der schwarze Kreis der Pupille hatte sich erstaunlich vergrößert, so, als sei das ganze Auge, das sonst blau war, geschwärzt. Trotz der Pupillenerweiterung konnte ich nicht besser sehen, ganz im Gegenteil, die Konturen der Gegenstände verschwammen, das Fenster und das Fensterkreuz waren von leichtem Nebel verdeckt.«

Die Erinnerung Schenks läßt immer mehr nach, und er kann sich nur noch an einzelne Bilder erinnern.

»... Das Zimmer tanzt, der Boden, die Decke, die Wände, sie schwanken langsam nach rechts und dann wieder nach links. Doch man hat nicht mehr das Gefühl, sich selbst zu bewegen... Eine gute Erinnerung habe ich noch daran, daß ich meine Augen schließlich nicht mehr auf die Nähe oder Ferne nach meinem Willen richten konnte – sie akkommodierten nicht mehr. Wie gelähmt starrte ich, und im starren Sehen mögen wohl die ersten Halluzinationen vorübergeflogen sein.«

Auf den Höhepunkt seines Bilsenkrautrausches erlebte Schenk

Visionen und Halluzinationen, die uns auch aus ähnlichen Versuchen mit den noch zu besprechenden Hexensalben bekannt sind.

»Obwohl ich kaum gehen und stehen konnte, packte mich doch ein entfesselnder Trieb, mich zu bewegen. Da die Beine aber fest an den Boden geschmiedet schienen, so mußten die Hände greifen, fassen, etwas halten, auseinanderteilen und zerreißen. Da sie es wollten, darum waren auch gleich die Dinge da, die bewegt, ausgelesen und zerrissen werden konnten. Tiere, die ich scharf ansah, mit verzerrten Grimassen und starren, schreckerfüllten Augen, fliegende Steine, Nebelwolken, die alle in einer bestimmten Richtung vorwärts trieben. Sie nahmen mich unwiderstehlich mit … Ein bestimmtes graues Licht umgab sie, aus dem es düster glomm und fortrollte nach oben in einen kohligen Himmel hinein … Ein Wasser floß oben, blutig dunkel, der Himmel war mit ganzen Tierherden gefüllt. Zerfließende, ungestaltete Wesen tauchten auf. Ich hörte Worte, sie waren aber völlig falsch und sinnlos und hatten dennoch für mich einen versteckten Sinn. Ich selbst muß wohl gesprochen haben, aber albern und übertrieben, mein Arm sprach, so glaubte ich, mein Fuß, und ich antwortete darauf, gänzlich unsinnig … Die Zähne preßten sich mir aufeinander, und dann erfaßte mich ein Rausch von Zorn und gesteigerter Wut. Ich weiß auch, daß eine Art Wohlgefühl mich durchdrang – doch es war ein Wohlgefühl besonderer Prägung, denn nun in der Raserei wurden die Füße leichter, sie drehten sich, lösten sich, und mit der Empfindung der allmählichen Loslösung kennzeichnet man die Giftmacht des Bilsenkrautes am ehesten. Die Trennung erfolgte einzeln. Der Kopf wuchs allein für sich, und ich erlebte die Angst der körperlichen Teilung. Gleichzeitig begleitete der Rausch des Fliegens dieses Wahnsinn.«

Schenk hat die Vorstellung, in ein Tier verwandelt zu werden. Schon der antike Dichter Lukian (120–180 n. Chr.) beschreibt, wie eine Frau ihren nackten Körper mit einer Salbe einreibt und sich dann in eine Eule verwandelt. Auch die mittelalterlichen Hexen verwandeln sich in Katzen, Eulen, Gänse und andere Tiere, und Schenks Traum vom Fliegen erinnert an den Flug der Hexen. Ob diese Flugerlebnisse, die sich fast in allen Hexenprozeßakten finden, Halluzinationen sind, die durch psychoaktive Pflanzen wie dem Bilsenkraut verursacht wurden, oder ob sie den Hexen unter der Folter eingeredet wurden, damit das »Feindbild« der Hexenrichter stimmte, kann heute noch nicht mit Sicherheit beantwortet werden.

Der Flug der Hexen zum Blocksberg. Von Hans Baldung Grien, um 1500.

Tollkirsche

Im Volksmund heißt diese Zauberpflanze auch Wutkirsche oder Teufelsbeere. Sie trägt den lateinischen Namen Atropa belladonna. Der lateinische Name kommt daher, weil sich die Italienerinnen früher mit dem rosaroten Saft der Tollkirsche schminkten, um sich zu einer »Bella Donna« zu machen. Die Griechen nannten sie wegen ihrer Giftigkeit nach der unerbittlichen Schicksalsgöttin Atropa. Der psychoaktive Wirkstoff der Tollkirsche ist das Atropin. Eine Dosis von 0,5 bis 10mg Atropin hebt

Tollkirsche *(Atropa belladonna)*.

zunächst die Stimmung, Redelust und ein starker Bewegungsdrang machen sich bemerkbar. Heiterkeit steigert sich zu großer Erregung. Man verliert die Gewalt über seine Sinne. Selbst bei vollkommener Stille um die betreffende Person herum vernimmt sie Töne und Klänge. Die Verwirrung kann sich bis zu Raserei und Tobsuchtsanfällen steigern.

Im 17. Jahrhundert wurde die Tollkirsche in Litauen benutzt, um Menschen zu vergiften. Ein preußischer Pfarrer erzählt: »Sie haben auch ein Kraut, das nennen sie Maulda. Wenn sie einen was schuldig sind, sehen sie, wie sie ihm solches im Trinken beibringen, der das Kraut in den Leib bekommt, muß sterben, dagegen hilft die ganze Apotheke nicht.«

In der Bukowina, einer Landschaft an der rumänisch-russischen Grenze, ist es Brauch, daß ein Mädchen an einem Sonntag im Fasching gemeinsam mit ihrer Mutter aufs Feld geht, eine Toll-kirschenwurzel ausgräbt und an dieser Stelle Brot, Salz und Branntwein zurückläßt. Auf diese Weise will sie ihr Glück ver-suchen, beim Tanz die Erste zu sein.

Wichtige europäische Zauberpflanzen

Beifuß

»Wer den Beifuß (Artemisia vulgaris) im Hause hat, dem kann der Teufel nichts anhaben«, sagt ein altes Sprichwort. Aus ihm wird auch der Johannisgürtel geflochten, der am Johannistag (24. Juni) in ein großes Feuer geworfen wird. Auf diese Weise

Beifuß *(Artemisia vulgaris).*

werden auch alle Leiden von Patienten dem Feuer übergeben. Ein anderer Glaube besagt, daß Kohlen, die am Johannistag unter den Wurzel des Beifußes gefunden werden, sich in Gold verwandeln.

Bittersüß

Lateinisch Solanum dulcamara; es gehört zu den Nachtschatten-gewächsen und wird im Volksmund auch Kletternachtschatten oder Hirschkraut genannt. Das Bittersüß, das einen eigentümli-chen, schon von weitem erkennbaren Geruch hat, schmeckt

Bittersüß *(Solanum dulcamara).*

zuerst bitter und danach süß. Es enthält als psychoaktiven Wirkstoff das Alkaloid Solanin und den bittersüßen Stoff Pikroglycion. Im Zauberglauben gilt es als Schutzmittel gegen jede Art von Behexung. Besonders Kinder tragen es in einem Säckchen als Amulett um den Hals.

Eisenkraut

Lateinisch Verbena officinalis; schon bei den Griechen und Römern stand dieses Kraut in hohem Ansehen. Die Griechen nannten es Hierobotane, heiliges Kraut. Als Symbol der heimat-

Eisenkraut *(Verbena officinalis).*

lichen Erde wurde es fremden Völkern entgegengetragen. Der römische Schriftsteller Plinius (23–78 n. Chr.) berichtet, daß mit ihm der Tisch des Jupiter, des höchsten römischen Gottes, abgestaubt wurde. Im Mittelalter sagte man dem Kraut nach, es könne einen Mann hieb- und stichfest machen – daher kommt der Name Eisenkraut. Damit das Eisenkraut seine magische Wirkung entfalten kann, muß es am Karfreitag oder am St. Peter- und St. Paulstag mit einem goldenen oder silbernen Griffel ausgegraben werden. Seine magische Heilwirkung entfaltet es besonders bei Kopfleiden. Man legt es entweder unter das Kopfkissen oder trägt es als Amulett am Hals. Man sagt ihm auch nach, daß es Träume hervorruft.

Engelswurzel

Lateinisch Angelika officinalis; im Volksmund wird diese Pflanze auch heilige Geistwurzel, Theriakwurzel sowie Brust-, Zahn-, oder Luftwurzel genannt. Große Wertschätzung fand sie im Mittelalter. Man glaubte, daß die Wurzel von einem Vogel vom Himmel auf die Erde gebracht wurde. Die Wurzel der Angelika

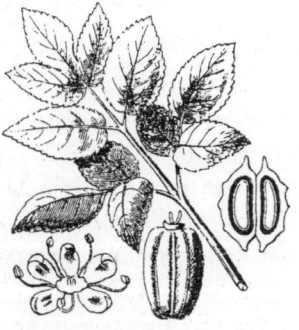

Engelswurzel *(Angelika officinalis)*.

Waldfarn.

soll man im Frühling des zweiten Jahres sammeln, wenn sie in voller Kraft steht. In der Magie wird sie unter dem Namen »Angelica archangelica« als Mittel zur Vertreibung der bösen Geister gebraucht.

Farnkraut

Alle Arten des Farnkrautes gelten als Zauberkräuter. Wenn man den Stengel des Waldfarn im Frühjahr, bevor sich die ersten Wedel entwickelt haben, aus dem Boden entfernt und aus dem breiten Ende eine Menschenhand schneidet, so erhält man das im Mittelalter berühmte »Johannis- und Glückshändchen«. Wer eine solche Hand besitzt, ist gegen jedes Unglück geschützt. Nach Angaben der Hl. Hildegard wird das Farnkraut besonders von dem Teufel und seinen Dämonen gefürchtet. Wo es wächst, wage der Höllenfürst nicht, sein Unwesen zu treiben, heißt es im Volksglauben. Solche Orte sind sogar vor Donner und Hagelschlag geschützt. Angeblich blüht und wächst das Farnkraut nur in der Nacht des Johannis (24. Juni) oder zu Weihnachten. Wenn man diese Farnblüten bzw. -samen ohne Gefahr für Leib und Leben sammeln will, muß man sich nackt zu einem Farnkraut begeben, das an einem Kreuzweg wächst. Dem Farnkrautsamen werden magische Kräfte zugeschrieben. Mit seiner Hilfe kann man leicht Kristalle finden und sogenannte Erdspiegel anfertigen, durch die alles zu sehen ist, was in und auf der Erde vorgeht. Man kann damit auch Schätze finden, sich unsichtbar machen, im Spiegel und bei Frauen Glück haben.

Knoblauch

Lateinisch Allium sativum; er gehört zu den »Berufkräutern«, die dazu benutzt wurden, böse Geister zu vertreiben. So bannten damit die Römer die Lemuren, die bösen Hausgeister. Auch die

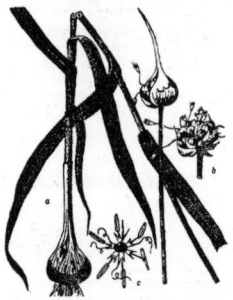

Knoblauch *(Allium sativum)*.

geheimnisvolle Pflanze Moly, mit der Odysseus die Zauberin Kirke unschädlich machte, soll ein Knoblauchgewächs gewesen sein. Trägt man ihn als Amulett, soll er gegen den »bösen Blick« wirken können. Diese magischen Wirkungen wurden von Paracelsus (1493–1541) hoch eingeschätzt und bei der Behandlung von Krankheiten benutzt. Die Gewohnheit vieler Orientalen, rohen Knoblauch zu verzehren, hat seine Ursache darin, daß der Knoblauch in der arabischen Medizin als ein Vorbeugemittel gegen zahlreiche Krankheiten angesehen wird.

Lorbeer

Lateinisch Laurus nobilis; seine Beeren enthalten ein ätherisches Öl und das in Wasser unlösliche Laurocerin. Durch Auskochen der Lorbeeren wird die Lorbeerbutter gewonnen, die schon im Altertum für Salben und Spezereien benutzt wurde. Das Lorbeer-

Lorbeer *(Laurus nobilis)*.

öl wird seit dem Mittelalter in der Medizin bei Verdauungsstörungen angewandt. In dem Zauberglauben der europäischen Völker ist der Lorbeer der Baum der Götter, der Sieg und Ruhm symbolisiert. Sein scharf aromatischer Duft unterdrückt Moder und Verwesungsgeruch, so daß er in der Antike dem Gott Apollo geweiht war, der Seuchen und den Tod mit seinen Strahlen senden kann. Die griechische Sage erzählt, daß Orest, der seine Mutter getötet hatte und von Apollo entsühnt wurde, diesem zum

Dank ein Reinigungsopfer darbrachte. An der Stelle, wo er es vergrub, wuchs ein Lorbeerbaum. In der Magie schreibt man dieser Pflanze die Fähigkeit zu, in die Zukunft und Verborgenes schauen zu lassen. Aus diesem Grund wird er schon seit der Antike als magisches Rauchkraut benutzt. Ob der geheimnisvolle Dampf von Delphi von verbrannten Lorbeerblättern herrührt, wird in dem Kapitel »Magische Räuchermittel« untersucht.

Mistel

Lateinisch Viscum album; in der Magie ist diese Art, die als Schmarotzer auf verschiedenen Baumarten wächst, hochgeschätzt. Der Glaube an die Zauberkraft der Mistel reicht bis in die Antike zurück. Ihre gegabelten, im Winter mit goldgrün

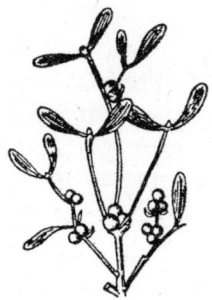

Mistel *(Viscum album)*.

schillernder Rinde versehenen Zweige gaben das Vorbild für die goldene Zauberrute ab, aus der sich später die Wünschelrute entwickelte.

Als Äneas, der Titelheld des gleichnamigen Epos des römischen Dichters Vergil, in die Unterwelt eindringen wollte, mußte er sich erst den goldenen Reis verschaffen. Vermutlich war es eine

Mistel, die er pflückte und der Persephone, der Göttin der Unterwelt, überreichte. Auch der Gott Merkur bediente sich eines solchen Gabelzweiges, wenn er den Hades öffnen wollte, um dorthin die Toten zu begleiten.

Auch die deutsche Mythologie kennt eine solche goldene Zauberrute. Es ist die Winterrute, mit der Brünhild und die gesamte Natur in den Todesschlaf versetzt werden, bis Siegfried als Frühlingssonne den Eispanzer zerschneidet und die Schlafende wachküßt. Die Winterrute ist identisch mit dem »Mistilstein«, einem Mistelzweig, mit dem der blinde Wintergott Höder den Sommergott Balder niederstreckt.

Der Gabelzweig der Mistel ist das Symbol der erloschenen Sonnenkraft, die in ihm allein erhalten bleibt. Wenn die größte Sonnenschwäche vorüber war, nämlich an Neujahr, wurde die Mistel eingesammelt. Man schmückte mit ihr die Festräume. Bei den Kelten gab es nichts Heiligeres als die Eichenmistel. In einer feierlichen Zeremonie wurde sie mit einer goldenen Sichel abgeschnitten. Noch heute ist es Brauch in England, zur Weihnachtszeit die Zimmer mit Büscheln aus Misteln zu schmücken. Im Christentum gilt das Mistelholz als »heiliges Kreuzholz«, weil die Gabel an das Kreuz erinnert, auf dem Christus den Tod fand. Zu den vielseitigen Verwendungsmöglichkeiten der Mistel gehört auch ein aus einem Zweig geschnittenes Stäbchen, das die Eigenschaft besitzen soll, Diebe dingfest zu machen.

Nieswurz

Lateinisch Veratrum; in der Magie werden zwei Arten benutzt, die Weiße und die Schwarze Nieswurz. Der Wurzelstock der Weißen Nieswurz, die im Volksmund auch Weißer Germer heißt, enthält das giftige Alkaloid Veratrin. Die ältere Arzneikunde

Nieswurz *(Veratrum)*.

benutzte es in Salbenform gegen Lähmungen. In der Magie wird sie für magische Räucherungen angewandt und ist Bestandteil der Hexensalben.

Die Schwarze Nieswurz, die im Volksglauben Christwurz, Weihnachtsrose oder Winterrose heißt, dient als Mittel zur Erhaltung der Jugend. Die Blätter werden mit Zucker verrieben und dann eingenommen.

Raute

Lateinisch Ruta graveolens; der Volksglaube legt ihr die Namen Weinraute und Gartenraute bei. In der Antike war sie Hauptbestandteil des Theriak, eines Allheilmittels, das bis ins Mittelalter hochgeschätzt war. Auch unter den 50 Bestandteilen des Mithridat, einem Allheilmittel, das Heraklides (um 250 v. Chr.) für Mithridates, den König von Pontus, herstellte, wird die Raute aufgeführt. In der Salernitaner Ärzteschule (1150) wurde der Lehrsatz aufgestellt:

Salbei und Raute, vermengt mit Wein
Läßt dir den Trunk nicht schädlich sein.

Zu dieser Zeit, als mit dem Giftbecher Politik gemacht wurde, galt die Raute als wirkungsvolles Gegengift. Der weißen Magie dient sie als ein zauberlösendes Mittel, wenn sie unter die Schwelle eingegraben, als Amulett getragen oder hinter einem Fensterrahmen verborgen wird.

Raute *(Ruta graveolens).*

Sellerie

Lateinisch Apium graveolens; im Volksmund Eppich. In der Volksmedizin wird er als ein harntreibendes und die Sexualorgane stimulierendes Mittel gebraucht. In der Magie gilt er als Glücksbringer, der als Amulett getragen oder an Türen aufgehängt wird. Der Sellerie ist Bestandteil von Liebesmitteln, magischen Räucherungen und mittelalterlichen Hexensalben.

Siegwurz oder Allermannsharnisch

Mit diesem Namen bezeichnet man auch die Runde Siegwurz (lat. Gladiolus communis). Sie hat einen süßlich-veilchenartigen Geruch. In der Volksmedizin schreibt man ihr wundheilende Kräfte zu.

Im Zauberwesen führt diesen Namen eine andere Pflanze: der Wegbreit (lat. Allium victorialis), ein Kraut, dessen Wurzelknollen eine eigentümliche gitter- oder panzerartige Hülle haben. Der Saft der Wurzelknollen hat eine zusammenziehende Wirkung, so daß man ihn als blut- und schmerzstillendes Mittel bei Verletzungen benutzt. Der Allermannsharnisch, auch Sieglauch, stand bei den Kriegern im Mittelalter in hohem Ansehen. Sie trugen ihn als Amulett am Hals und hofften, dadurch hieb- und stichfest zu werden. Die mittelalterlichen Bergknappen trugen ihn bei sich, um sich gegen die Bergdämonen zu feien. Da man dieser Zauberpflanze leicht die Gestalt des Alraun geben konnte, wurde damit viele Betrügereien begangen, als in Europa die »Mandragora-Manie« herrschte. Zwei solcher unrechten Alraune aus Siegwurz befinden sich in der Hofbibliothek zu Wien. Selbst der Kaiser Rudolf II., der ein leidenschaftlicher Verehrer des Alrauns war, wurde Opfer eines Betruges. Untersuchungen ergaben, daß es sich bei zwei Exemplaren seiner Sammlung um zurechtgeschnitzte Siegwurze handelt.

Springwurzel

Lateinisch Euphorbia lathyris; sie gehört zur Gattung der Wolfsmilchgewächse und trägt im Volksmund die Namen Spechtwurzel, Böhmhöckelkraut und Maulwurfskraut. Der scharfe Milchsaft gilt als Brech- und Abführmittel. Die Springwurzel spielt im Zauberglauben eine sehr wichtige Rolle. Mit ihrer Hilfe vermag man jede Tür und jedes Schloß zu öffnen. Der Glaube an die geheimnisvollen Kräfte dieser Pflanze war so stark, daß die mittelalterlichen Gefängnisse besonders gesichert wurden. Als Hexen und Zauberer Eingekerkerte, denen man die Fähigkeit, die Springwurzel zu erlangen, zutraute, wurden in einer Art Schaukel gefangen gehalten, so daß sie den Boden nicht berühren konnten. Noch im 16. Jahrhundert sollten spezielle Vorschriften verhindern, daß die Häftlinge sich der Springwurzel bedienen konnten. Das einzige Wesen, das diese Zauberpflanze erkennen und beschaffen kann, ist der Specht. Man muß nur sein Nest in einem Baum zustopfen, wenn er Junge hat. Sofort fliegt er weg, um sich eine Springwurzel zu beschaffen. Dies ist die einzige Möglichkeit für den Menschen, in den Besitz dieser Wurzel zu kommen: Man hält ein rotes Tuch bereit, das in dem Augenblick mit einem großen Geschrei entfaltet wird, wenn der Specht zurückkehrt. Der wird vor Schrecken die Wurzel fallenlassen, die man mit dem roten Tuch auffängt. Auch für die Schatzgräber ist diese Zauberpflanze unentbehrlich, da man alte Eisentruhen mit ihrer Hilfe sehr leicht öffnen kann.

Wacholder
Lateinisch Juniperus communis; die volkstümlichen Bezeichnungen lauten Queckholder oder Reckholder. Er ist eine sehr wichtige Heilpflanze, von der fast alle Teile in der Naturheilkun-

Wacholder *(Juniperus communis)*.

de verwendet werden. Die Beeren und Nadeln wurden schon im Altertum als Räucherkraut benutzt. Ihr Rauch vertreibt Schlangen, Würmer und böse Geister. Ein Trank aus den Beeren des Wacholder verleiht die Gabe der Prophezeiung. Der Blütenstand der männlichen Kätzchen wird für Liebeszauber und Totenbeschwörung (Nekromantie) benutzt.

Weide

Lateinisch Salix; im Volksmund wird sie auch Wigge genannt. Die Weidenrinde enthält das Alkaloid Salizin, das früher als Ersatz für das Fiebermittel Chinarinde diente. Die Weide ist ein Zauber- und Unglücksgewächs. In der germanischen Mythologie

Weide *(Salix)*.

hält sich im »Weidicht« der schweigende Ase Widar auf, der große Waldgott, der einen Reis von Weidenholz bei sich führt. Die von der Feme Verurteilten wurden mit einer Weidenrute erdrosselt. In der Magie schützt die Weide gegen Feinde, wenn man einen Weidenzweig unter besonderen Zaubersprüchen in die Erde steckt. Die Weide ist auch eine wichtige Zauberpflanze der

Hexen. Eine vielzitierte Beschwörungsformel des Hexenglaubens lautet: »Die Königsmutter hielt eine Rute in der Hand.«

In der Kirche geweihte Weidenkätzchen schützen das Haus vor Blitz und Gewitter. In der Volksmedizin wird die Weide zum »Austragen« von Krankheiten eingesetzt. Wer beispielsweise an Fieber leidet, muß abends zu einer alten Weide gehen und warten, bis der Fieberanfall vorüber ist. Dann bindet er etwas von sich an den Baum und läuft, so schnell er kann, davon. So bleibt das Fieber am Baum hängen.

Zaunrübe

Lateinisch Bryonia alba; volkstümliche Namen: Gichtrübe, Hundsrübe und Tollrübe. Im Zauberglauben ist sie ein beliebtes Mittel gegen Unwetter, hält aber auch für den Liebeszauber her. Wenn die Bauernmädchen zum Tanz gingen, legten sie sich in Scheiben geschnittene Zaunrübenwurzeln in die Schuhe und besprachen sie mit dem Satz: »Körfcheswurzel in meinen Schuhen, ihr Junggesellen lauft mir zu.«

Zaunrübe *(Bryonia alba).*

Die Zauberpflanzen der Neuen Welt

Wie schon erwähnt, ist die Zahl der Zauberpflanzen in der Neuen Welt sehr groß. Wichtige Beiträge zu ihrer Erforschung lieferte der deutsche Toxikologe Louis Lewin (1850–1929). Einen Einblick in die Vielfalt dieser Pflanzen vermittelte Prof. Viktor A. Reko, Mitglied der Akademie der Wissenschaften in Mexiko, der 1936 zu diesem Thema ein grundlegendes Werk mit dem Titel »Magische Gifte, Rausch- und Betäubungsmittel der Neuen Welt« veröffentlichte. Die nachfolgende Darstellung enthält deshalb nur drei der wichtigsten Halluzinogene.

Peyote

Peyote, ein Wort aus der Sprache der Nahuatl-Indianer, bedeutet »Kokon-Seide«. Es bezeichnet einen kleinen, vor allem in Mexiko beheimateten Kaktus mit dem Aussehen einer stachellosen, grau-grünen Kugel, einer rübenförmigen Wurzel und dem wissenschaftlichen Namen Lophophora williamsii. Schon lange vor der Ankunft der spanischen Eroberer unter Fernando Cortez gab er ein weit verbreitetes Rauschmittel ab. Zu diesem Zweck trocknete man ihn, schnitt Wurzel und Schopf ab und schnitt dann den mittleren Teil in Scheiben, die gekaut wurden. Schon bald nach deren Genuß entfaltet sich seine psychoaktive Wirkung. Reko beschreibt sie: »Zunächst treten Kopfdruck, Schwindel, Übelkeit und Lichtscheu auf. Nach zwei Stunden schwinden diese Erscheinungen und machen einer verdrossenen Abgeschlagenheit und Müdigkeit Platz. Legt man sich in diesem Zustand nieder, so

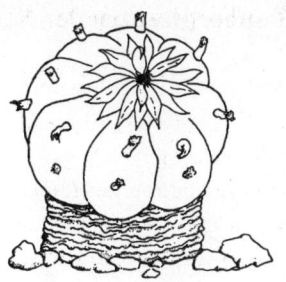
Peyote-Kaktus.

setzt unvermittelt der Rausch ein: Das eklige Gefühl der eben vergangenen Stunden verschwindet mit einem Schlag. Man sieht alles plötzlich wie an einem frischen Morgen, in prachtvollen Farben, kristallklar und unwahrscheinlich plastisch. Schließt man die Augen, so drehen sich bunte Feuerräder, fließen Ströme farbigen Lichts wie Kaskaden. Funken, klar wie Edelsteine von reinstem Wasser, scheinen herumzuspringen und in der Luft zu schweben. Mitunter hört man Musik, so schön wie Musik nur im Traum sein kann. Bald treten Visionen greifbarer Art auf. Die Versuchsperson spinnt die Erscheinungen und Gestalten, die sie zu sehen vermeint, zu langen Träumen, meist angenehmen Inhaltes, zusammen. Nur selten treten schreckhafte und unangenehme Empfindungen auf oder gar Angstgefühle.

Dieser merkwürdige Rauschzustand ist durch eine gewisse Euphorie, durch Seligkeits- und doch wieder Gleichgültigkeitsgefühle sowie durch Empfindung geistiger Überlegenheit gekennzeichnet. Die Gedanken werden nach Aussagen der Berauschten lebhafter, die ganze Denkbarkeit läuft schneller, reibungsloser, müheloser ab.«

Die ersten chemischen Untersuchungen nahm Louis Lewin an

getrockneten Probestücken aus den USA vor. Er fand vier Alkaloide, darunter das psychoaktive Meskalin. Heute weiß man, daß der Kaktus 44 Alkaloide enthält, die von dem morphinähnlichen Meskalin, das Halluzinationen hervorruft, bis zu dem strychninähnlichen Lophophorin reicht, das die allgemeine Erregung steigert. Die anderen Wirkstoffe, wie das Nahalonin, verstärken die Reflexe oder – wie das Pelotin – erhöhen die Neigung zu Krämpfen. All diese Komponenten tragen zu dem Rauschbild bei, das oben von Reko beschrieben wurde. Man nimmt aber heute an, daß Meskalin der einzige Wirkstoff ist, der eine psychedelische Erfahrung hervorruft. Damit ein solcher Meskalinrausch entsteht, ist eine Dosis von 200–600 mg Meskalin notwendig, die in etwa vier bis dreißig der Kaktusstücke erfordern. Die Beschreibung des Rauschzustandes entspricht genau der Wirkung der einzelnen Alkaloiden. Erst nach zwei Stunden setzt die Wirkung des halluzinogenen Meskalins ein. Man glaubt heute, daß die Verwendung des Peyote-Kaktus bis in die Zeit um 300 v. Chr. zurückreicht. Zur Zeit der spanischen Eroberung war diese Pflanze bei allen aztekischen Stämmen bekannt. Bei den Krönungsfeierlichkeiten des Königs Montezuma soll sie herumgereicht worden sein. Die spanischen Eroberer hielten die Pflanze für ein Werk des Teufels und gaben ihr deshalb den Namen »raiz diabolika« (teuflische Wurzel).

Francisco Hernandez, der Leibarzt von Philipp II., der von 1570–1577 im Auftrag der spanischen Regierung die Heilpflanzen Mexikos studierte, behandelte sie in einem eigenen Kapitel seines Werkes »Rerum Medicarum Noave Hispaniae Thesaurus« (Schatz der medizinischen Heilmittel des Neuen Spaniens). Darin findet sich dieser Abschnitt: »Dieser Wurzel werden wunderbare Eigenschaften zugeschrieben, wenn man dem Glauben schenken will, was darüber gesagt wird. Diejenigen, die sie nehmen, bekommen die göttliche Gabe der Vorhersehung und können künftige Dinge wie Propheten voraus wissen.«

Im alten Mexiko war der Anwendungsbereich dieser Zauberpflanze sehr groß; wie anderswo der Genuß von Wein, so diente hier ihr Verzehr bei Zusammenkünften und Festen, die Stimmung zu heben. Die Heilzauberer (curanderos) bedienten sich ihrer, um die Zukunft zu weissagen. Sie wurde auch für die Heilung von Krankheiten benutzt, denn die von ihr hervorgerufenen Visionen ermöglichten es dem Patienten, mit den Göttern oder Dämonen in Kontakt zu treten, die die Krankheiten verursacht hatten. In der »Historia de Nayarit« des spanischen Chronisten Ortega (1754) findet sich eine Beschreibung, wie die Cora-Indianer den Peyote-Kaktus benutzten:

»Neben ihren Musikanten sitzt einer, der der Leiter des Gesanges ist. Er schlägt den Takt der Musik und hält sie in Ordnung. Er hat Gehilfen zugeteilt, die seinen Platz einnehmen, falls er müde werden sollte oder unfähig, aufzupassen. Neben ihm steht eine große Schüssel, voll mit Peyote gefüllt, teuflischen Wurzeln, die sie ausgraben und essen, um sich zu berauschen. Sie bilden alle einen großen Kreis, Männer und Frauen durcheinander, so viele, als eben auf dem dazu bestimmten, vorher peinlich sauber gefegten Platz unterkommen können. Einer nach dem anderen tanzt, gibt seine Tanzkünste zum besten, stampft mit den Füßen den Takt der Musik. In der Mitte ist der Gesangsleiter, der alles regelt und übersieht. Sie singen und tanzen die ganze Nacht, ohne aufzuhören, in ihrer einförmigen Weise, ohne den Kreis zu verlassen, und unterhalten sich dabei großartig. Erst am Morgen, nach Beendigung des Festes, stehen sie auf, und die, die sich noch auf den Füßen halten können, gehen dann nach Hause. Der

Mehrzahl allerdings ist dies gar nicht möglich, da sie zuviel Peyotewein genossen haben.«

1620 wurde jeglicher Gebrauch des Peyote-Kaktus von der Inquisition untersagt. Die spanischen Machthaber, welche die Indios auch zu Christen machen wollten, sahen in der Zauberpflanze einen gefährlichen Konkurrenten, weil nach dem Volksglauben mit ihrer Hilfe Kontakt zu den Göttern möglich war.

Trotz scharfer Verfolgungsmaßnahmen und gräßlichen Bestrafungen starb der Peyote-Kult bei den Indianern nicht gänzlich aus, erlebte vielmehr gegen Ende des 19. Jahrhunderts eine neue Blüte und breitete sich unter den Indianern in Nordamerika aus und wurde um die Jahrhundertwende von etwa 50 nordamerikanischen Indianerstämmen gepflegt. Der Kult allerdings hatte einen christlichen Anstrich. Statt der Seelenreise der alten Mexikaner erlebte man nun die Himmelfahrt Christi nach. Die Verfechter dieser »Peyote-Religion« propagierten den Genuß der Rauschpflanze, um die Indianer vom noch gefährlicheren Alkoholgenuß abzubringen. Nach amtlichen Schätzungen haben im Jahre 1922 14 000 Personen regelmäßig Peyote gegessen; 1977 soll sich diese Zahl auf eine Viertelmillon belaufen haben.

In den 50er Jahren machten der Peyote-Kaktus und das Meskalin noch einmal Schlagzeilen. Nachdem der englische Schriftsteller Aldous Huxley (1894–1963) eine Studie des Psychologen Humphrey Osmond über den Einsatz von Meskalin bei schweren Psychosen gelesen hatte, unterzog er sich einem Selbstexperiment, das 1955 in den Hügeln von Los Angeles stattfand. Seine Rauscherfahrungen schilderte er in dem Buch »Die Pforten der Wahrnehmung«. Dieser Bestseller löste eine ganze Flut ähnlicher Werke aus, in denen namhafte Schriftsteller, wie beispielsweise Allen Ginsberg, ihre psychedelischen Erfahrungen mit dieser Zauberpflanze mitteilten.

Bei diesen Experimenten wurden Visionen beschrieben, die in der modernen Esoterik als Astralprojektionen oder -reisen diskutiert werden. Versuchspersonen berichteten, daß ihr Leib leuchtend hell und transparent geworden sei, und sie hätten ihn von einem entfernten Punkt aus betrachten können. Das englische Parlamentsmitglied Christopher Mayhew beschrieb einen solchen »Ausflug« für den Londoner Observer folgendermaßen (Übers. nach P. Stafford: »Enzyklopädie der psychedelischen Drogen«):

»Ich nahm meine Umgebung nicht mehr wahr und freute mich an meinem Dasein im Bewußtsein meiner selbst, in einem Zustand atemloser Verwunderung und vollkommener Seligkeit. Das hielt eine gewisse Zeit an, die – für mich – einfach überhaupt nicht aufhörte. Sie dauerte nicht nur Minuten oder Stunden – mir kamen sie wie Jahre vor… Mehrere Tage danach erinnerte ich mich nicht mehr, daß ich am Nachmittag des 2. Dezember mehrere Stunden in meinem Salon verbracht hatte, die von diesen seltsamen Ausflügen unterbrochen wurden, sondern ich glaubte, es seien Jahre vollkommener Seligkeit gewesen, die von kurzen, zauberhaften Vorgängen im Salon unterbrochen wurden… Beim ersten Male, als ich von einem Ausflug ›zurückkehrte‹, nahm ich an, eine ungeheure lange Zeit wäre verflossen, und ich rief erstaunt dem Kamerateam zu: ›Ihr seid noch da?‹ Ihre Geduld zu warten schien mir außerordentlich, doch tatsächlich war natürlich keine solch lange Zeit vergangen, und sie hatten überhaupt nicht warten müssen.«

Yagé oder Ayahuasca

Lateinisch Banisteriopis caapi; diese Schlingpflanze wächst in den Regenwäldern des Amazonas. Es handelt sich um eine halluzinogene Lianenart, die bei den Eingeborenen unter zahlreichen Namen bekannt ist. Der Name »Ahahuasca« bedeutet soviel wie »Ranke der Seele«, was schon ihre psychoaktive Wirkung andeutet. Nach dem Glauben der Indios kann man mit Hilfe eines Extraktes aus dieser Zauberpflanze mit den Geistern der Verstorbenen und den Naturgeistern verkehren. Auch für Prophezeiungen bedient man sich dieser Droge. Man nimmt sie in der Stille der Nacht ein, weil man glaubt, daß sie dann noch stärker wirkt und die von ihr hervorgerufenen Träume und Visionen noch intensiver sind. Der französische Pharmakologe Rouhier (»Yagé, Planté télépathique«) beobachtete die Herstellung des Rauschtrankes aus dieser Pflanze: »Die Indios lassen ein Kilo Yagé in einem mehrere Liter Wasser fassenden Topf während der Nacht stundenlang kochen. Wenn der Inhalt bis auf 25 Zentiliter eingekocht ist, bezeichnen sie einen aus dem Kreis der Ihren. Dieser trinkt dann die Abkochung mit etwas aus Zuckerrohr hergestelltem Branntwein.«

Rouhiers Bericht enthält auch Hinweise auf die telepathische Wirkung, welche die südamerikanischen Eingeborenen dieser Zauberpflanze zuschreiben:

»Er schläft bald darauf ein. Dann fassen ihn seine Kameraden unter den Armen und führen ihn in diesem willenlosen Zustand herum. Besonders werden Orte aufgesucht, wo man vermutet, daß Golderze sich dort befinden, oder wo der Überlieferung nach ein Schatz vergraben sein soll. Diese Somnambulen (Schlafwandler) geben nämlich an, sie könnten durch Mauern hindurch und durch die Erde ›bis auf den Grund‹, wie durch klares Wasser

Yagé oder Ayahuasca *(Banisteriopis caapi).*

sehen. Wenn sie halt machen und andeuten, daß sie etwas in der Erde sehen, fangen alle anderen an dem bezeichneten Ort zu hacken und zu graben an, und zwar beinah immer mit Erfolg…«
Kurz vor seinem Tod veröffentlichte Louis Lewin eine grundlegende Studie über »Banisteria Caapi, ein neues Rauschgift und Heilmittel«, welche diese magische Pflanze einem größeren Publikum bekannt machte. Heute weiß man, daß die psychoaktive Wirkung der Pflanze auf die beiden Stoffe Harmalin und Harmin beruht, die man seit 1927 auch synthetisch herstellen kann. Als Dosis benötigt man 200 mg der psychoaktiven Substanz oder vier bis fünf 20 cm lange Stücke der Pflanze, die man zerstampfen und dann kochen muß.
Eine genaue Beschreibung des Yaga-Rausches enthält das Buch von Reko, der einen Erfahrungsbericht eines kolumbianischen Arztes wiedergibt, der intensiv vor Ort diese magische Pflanze erforschte:
»Während der Geistesverwirrung, die durch Yage hervorgerufen wird, tritt der Patient in einen eigentümlichen Zustand, der sich nur mit dem telepathischen vergleichen läßt. Der Delirant

(= Berauschter) sieht und hört Sachen, von denen er nicht die geringste Kenntnis haben kann, und zwar in sehr klarer, durchaus nicht verschwommener Weise. So beschrieben wilde Indios, welche noch niemals aus den endlosen Wüsten ihrer Heimat herausgekommen waren und natürlich auch nicht die leiseste Ahnung von zivilisiertem Leben haben konnten, in ihrer eigenartigen Sprache mit viel Lebhaftigkeit und großer Bestimmtheit Einzelheiten von großstädtischen Häusern, alten Schlössern, bevölkerten Gegenden, Städten, in denen es eine Menge hastig herumlaufender weißer Menschen gab. Sie versuchten auch wiederholt, ihren Gefühlen Ausdruck zu verleihen über die wundervolle, laute, rauschende Musik, die sie hörten, die ihnen fremd, aber doch bezaubernd klang, so daß sie sie mit nichts Irdischem vergleichen konnten und durch die sie in Entzücken versetzt wurden.« Andere Erfahrungsberichte schildern Visionen, bei denen besonders Tiere – Reptile, Katzen, Panther und Jaguare – eine große Rolle spielten. Das hat Anlaß gegeben, die Geschichte dieser Zauberpflanze bis auf die Jahre 1300 bis 300 v. Chr. zurückzudatieren. Aus dieser Zeit existieren in Peru Abbildungen, die man als das Ereignis von Yagé-Einfluß interpretieren möchte: Es handelt sich um Mischwesen aus Mensch und Tier, in denen regelmäßig der Jaguar auftaucht, der häufig die Visionen dominiert.

Neben der psychedelischen Bewußtseinswirkung, die besonders für Telepathie und Prophezeiungen benutzt wird, hat diese Pflanze nach glaubhaften Berichten auch eine sexuell erregende Wirkung. In den zahlreichen Zeugnissen wird nicht nur von Visionen nackter Frauen und erigierter Glieder berichtet, sondern auch von der Einnahme der Drogen zu dem Zweck, sich sexuell zu erregen, wie dies namentlich bei den Mannbarkeitsriten der Indios erforderlich ist.

Eine Pflanze, die eine solche Bandbreite von Eigenschaften besitzt, weckt nicht nur das Interesse der Fachleute. Anfang der 60er Jahre beschäftigten sich der Romancier William Burrough und der Dichter Allen Ginsberg mit der Yagé-Pflanze. 1963 veröffentlichten sie ihre Erfahrungen in den »Yage-Letters«. Allen Ginsberg hielt diese Pflanze für das »schlimmste Zeug«, das er je genossen hatte. Ständig beherrschte ihn die Furcht, er könne bei seinen Selbstversuchen den Verstand verlieren. In einem Nachwort faßte er seine Erlebnisse so zusammen:

»Das Selbst entschlüsselt diesen Briefwechsel so: Die Vision von Schutzengeln, mein Menschenbruder und meine Menschenschwester, das erstemal heilig erblickt, während der Curandero (= Heilzauberer) sanft summte, menschlich war ich in Ahauasca Trance 1960, prophezeite die Verwandlung des Selbstbewußtseins von der Empfindung eines heimatlosen Geistes der ewigen Furcht zur Empfindung eines gegenwärtigen, fleischgewordenen Körpergefühls der Gnade, das heute, 1963, Wirklichkeit geworden ist.« (Übers. nach: Stafford: »Enzyklopädie der psychedelischen Drogen«)

Der aztekische Gott Quetzalcoatl als gefiederte Schlange.
Auch im Yagé-Rausch treten solche Visionen auf.

55

Der chilenische Psychologe Naranjo zog 1964 die Aufmerksamkeit auf sich, als er nach Abschluß einer Testreihe mit Harmalin, dem Hauptwirkstoff der Yagé-Pflanze, die sensationelle Behauptung aufstellte, daß dieser psychoaktive Wirkstoff direkt eine Verbindung zu dem »Kollektiven Unterbewußtsein«, einem der Hauptbegriffe der Lehre C. G. Jungs (1875–1961) herstellte. In den Visionen treten sehr häufig Schlangen und Katzen auf, die von Naranjo als Archetypen gedeutet werden: Urbilder aus dem kollektiven Unterbewußtsein, gleichsam eine Bildwerdung menschlicher Urerfahrungen. Diese Bilder, die auch in Träumen und Dämmerungszuständen erscheinen, decken sich mit den bekannten Motiven und Darstellungen der Mythologie. In diesem Zusammenhang müssen auch die schon erwähnten Bilder von Jaguaren, besonders als Mischwesen mit Menschen, angeführt werden.

Koka

Keine Zauberpflanze hat soviele Schlagzeilen in unseren Tagen gemacht wie der Koka-Strauch. Mit ihr verdienen Verbrechersyndikate in Lateinamerika Milliarden von Dollar, so daß sie fast nach Belieben Regierungen einsetzen und stürzen können. Der Koka-Strauch ist die gefährlichste Rauschdroge unserer Zeit.

Koka bedeutet in der Sprache der Indianer der Westküste Südamerikas »Baum«. Lateinisch heißt sie Erythroxylon coca. Von den zweihundert Arten dieses Strauches werden aber nur wenige von den Indios kultiviert. Schon zur Zeit der Inkas wurden die Blätter des Koka-Strauches sorgfältig von den Stilen und Blattrippen befreit und dann mit einem Zusatz von Pflanzenasche gekaut. Der tägliche Tagesverbrauch liegt bei dreißig bis fünfzig Blätter. Die Wirkung besteht neben der Unterdrückung des Hunger- und Durstgefühls in einer Steigerung der Arbeitsleistung. Mühelos werden die schwersten körperlichen Strapazen ertragen, die das Leben in den Anden den Indios abverlangt. Schon der Forschungsreisende Alexander von Humboldt rühmt die gewaltige Ausdauer seiner kokaessenden einheimischen Führer und Begleiter. Die Armut und die großen körperlichen Anstrengungen haben bewirkt, daß der Kokagenuß für Millionen von Menschen eine Lebensnotwendigkeit geworden ist. Das Kauen dieser Blätter regt die Herz- und Kreislauftätigkeit an und führt zu einer Erhöhung des Gesamtstoffwechsels des Körpers. Die Wirkungsdauer eines Kokabissens ist auch zu einem Wegemaß geworden, der »Kokada«. In einer »Kokada« legt der Indio eine Strecke von drei Kilometern in vierzig Minuten zurück.

In der Inkazeit war der Genuß der Kokapflanze durch Tradition und Kultus genau geregelt, so daß ein Mißbrauch sich in Grenzen hielt. Diese Pflanze war das Sinnbild des Königtums. Sie war die »Cuca-Coca«, die Pflanze aller Pflanzen, so daß man die Königin auch »Mama-Cuca« nannte. Bei allen feierlichen Zeremonien war es das Vorrecht der Priester und der Ersten des Reiches, Kokablätter zu kauen. Nach dem Genuß dieser Zauberdroge wurden die Orakel befragt. Tempel und Götterbilder wurden damit geschmückt, Brautleute trugen Kokakränze, kurzum: Die Kokapflanze war Universalheilmittel und Glücksbringer schlechthin. Als die Spanier 1532 nach Peru vordrangen, war die Sitte des Kokakauens schon weit verbreitet. Die nun einsetzende Verfolgung der heidnischen Priester und die Ausrottung des alten Glaubens führten dazu, daß jegliche Kontrollfunktion wegfiel. Was vorher ein Vorrecht der Priester und der herrschenden Schicht war, wurde zum Volksbrauch. Mitte des 16. Jhdt. wurde der Genuß der Kokablätter geächtet und der Anbau der Pflanzen verboten. Doch alle Maßnahmen blieben ohne Erfolg, weil die Kokablätter schon ein volkstümliches Genußmittel waren und die spanischen Eroberer ihre Fronarbeiter selbst mit Koka entlohnten. Schließlich wurde die Kokastruktur Staatsmonopol, bis im Laufe des 18. Jahrhunderts der gesamte Anbau wieder in privaten Hände lag.

Schon 1860 gelang es Wöhlner in Göttingen, das psychoaktive Alkaloid Kokain aus den Blättern rein herzustellen. Er erkannte auch die örtlich betäubende Wirkung des Kokains, das aber erst 1884 von dem Wiener Augenarzt Koller in die Heilkunde eingeführt wurde. Schon um die Jahrhundertwende, verstärkt während des 1. Weltkrieges, wurde aus diesem Heilmittel ein gefährliches Rauschgift, das vor allem mit Beginn der 20er Jahre in den »besseren Kreisen« sehr beliebt war. Die häufigsten Anwendungsformen sind: Einspritzen unter die Haut, Trinken von Kokainwein, Rauchen von kokainhaltigen Zigaretten, Einpinseln in die Nase und Einreiben in das Zahnfleisch. Die gebräuchlichste Art ist aber das Kokainschnupfen oder »Koksen«, weil es auf diese Weise am schnellsten seine Wirkung entfaltet. Die fatalen Auswirkungen für die Konsumenten und die Folgen für die Gesellschaft lassen sich heutzutage im Nachrichtenteil fast jeder Tageszeitung studieren.

Asiatische Zauberpflanzen

Die außerordentliche Reichhaltigkeit der chinesischen Pflanzenwelt lieferte eine große Zahl von Heil- und Zauberpflanzen. Die chinesische Pharmakologie ist uralt; schon Kaiser Shen-Nong befaßte sich um 4500 v. Chr. mit Heilpflanzen, die er auch selbst ausprobierte.

Kaiser Shen-Nong.

Das wichtigste Werk der chinesischen Drogen und Heilkräuter stammt aus der Ming-Zeit (14.–16. Jhdt.). Es ist das berühmteste »Bo-tsau-gang-mu«, dessen Titel übersetzt lautet: »Text und Kommentar des Bon-tsau«.
Hinter diesem bescheidenen Titel verbirgt sich eine monumentale und erschöpfende Abhandlung über alle seinerzeit für die

Ein chinesischer Alchimist bereitet den Unsterblichkeitstrank.

Heilkunde in Betracht kommenden Stoffe, von den Elementen über die Steine, Pflanzen, Insekten bis hin zu Löwe und Elefant. Verfasser ist Li Schi-dschen (erste Hälfte des 16. Jhdts.) Wie er im Vorwort berichtet, hat er 360 medizinische und 591 wissenschaftliche Werke für seine Arbeit herangezogen. Nach 27 Jahren Arbeit war das Werk fertig, 1596 erfolgte die Drucklegung.

Der Hauptteil des »Bon-tsau-gang-mu« besteht aus 48 Bänden, in denen 1900 Substanzen behandelt werden. Alle wichtigen Drogen sind illustriert. Ferner enthält es 11 091 alte und neue Rezepte. Der Hauptteil über Drogen ist 1100 Pflanzen gewidmet. Jede Droge erscheint zuerst unter ihrem wissenschaftlichen Namen, dann folgen die volkstümlichen Bezeichnungen, Beschreibung der Herkunft, des Aussehens und der Geschichte der Droge und Angaben über die Herstellung von Rezepten. In diesem gewaltigen Werk finden sich auch viele Kräuter, die man als magische oder Zauberpflanzen bezeichnen könnte.

Das Unsterblichkeitskraut

Chinesisch Fo-Ti-Tieng (Elixier des langen Lebens); mit diesem Namen werden einige Pflanzen bezeichnet, denen eine lebensverlängernde Wirkung zugesprochen wird. Die Suche nach dem »Unsterblichkeitskraut« ist das oberste Ziel der taoistischen Medizin. Bereits 211 v. Chr. sandte ein chinesischer Kaiser, als er seinen Tod herannahen fühlte, unter Leitung eines taoistischen Priesters eine Expedition nach den Inseln des Ostmeeres (vermutlich Japan), um ein Kraut zu suchen, das Unsterblichkeit (chin.: »Hsien«) verleiht. Vermutlich war damit eine kleine Sumpfblume (Hydrocotyle asiatica minor) gemeint. Sie enthält ein Alkaloid mit dem vorläufigen Namen Vitamin X.

Außer diesem Unsterblichkeitskraut existieren in der chinesischen Medizin noch verschiedene Unsterblichkeitsmixturen, deren Hauptbestandteil fast immer das Zinnober ist.

Ginseng

Lateinisch Panax ginseng; der Name Ginseng ist eine Zusammensetzung aus »gin« = Leben und »seng« = Essenz. Neben dem Tee ist sie die berühmteste Pflanze Chinas, der wahre Wunderwirkungen zugeschrieben werden. Um sie rankt sich ein Kranz von Legenden, und sie hat manche Gemeinsamkeiten mit dem Alraun: Auch ihre Wurzel kann Menschengestalt annehmen, und das Sammeln erfolgt nach bestimmten Prozeduren. In dem Arzneibuch »Bon-tsau-gang-mu« wird über ihre zahlreichen Eigenschaften berichtet: »Roh süßbitter, ein wenig kalt; gekocht süß und lau, hilft es der Lunge und im Inneren dem Urpneuma. Es kühlt das Feuer, vermehrt die Erde (d. h. kräftigt die Milz), öffnet von selbst das Herz und vermehrt das Wissen, bringt Metall hervor (d.h. hilft der Lunge), breitet den Geist aus und beruhigt

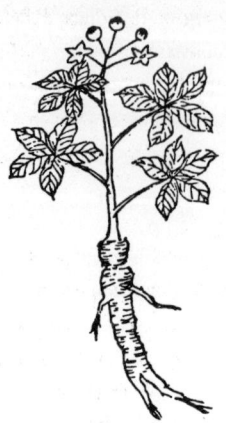

Ginseng *(Panax ginseng)*.

den Schrecken, beseitigt Hitze und Durchfall, veranlaßt das Blut, die Adern zu durchfließen, beseitigt Kotverhärtungen, bringt gestauten Schleim zum Abfluß; heilt innere Schädigungen infolge übertriebenen Geschlechtsverkehrs und entfernt Hitze durch natürliche Schweißabsonderungen. Diese Medizin beseitigt zu vieles Träumen, Verwirrtsein, Stöhnen und Ächzen, bessert eine Leere des Magens sowie Husten, fieberhafte Verstopfung, Durchfall und Harnverhalten. Zur Unterstützung der Organe wird die Pflanze gekocht verwendet, zur Kühlung des Feuers hingegen roh. Zu Brei gekocht genossen, kann sie das Urpneuma zurückrufen, wenn es bereits kaum noch vorhanden war. Bei Gebrauch in gekochtem Zustand nehme man kein eisernes Geschirr.«

In der chinesischen Magie wird sie zu Herstellung der Unsterblichkeitselixiere benutzt und gilt als beliebtes Liebesmittel, das die sexuelle Aktivität anregt. Zusammen mit Hanfsamen soll sie eine hellseherische Wirkung haben.

Die chemische Analyse ergibt, daß diese Pflanze einen Komplex von physiologisch wirksamen Stoffe enthält: Panaxin und Panaxsäure, die beide Herz- und Kreislauftätigkeit erhöhen, Panaxvillon, das die Tätigkeit der inneren Drüsen anregt, und das Öl Panacen, das eine schwach psychoaktive Wirkung hat.

Hanf

Lateinisch Cannaba; drei Arten gibt es: Cannabis sativa (der vor allem in der Neuen Welt verbreitet ist und besser unter dem Namen Marihuana, abgeleitet von Maria Johanna, bekannt ist), Cannabis indica (unterscheidet sich von Marihuana durch den kürzeren Wuchs), Cannabis ruderalis (kommt im südlichen Sibirien vor). Die am meisten verbreitete Art ist der Sativa-Typ.

Hanf *(Cannaba)*.
Die Abbildung stammt aus dem
1942 in Basel erschienenen
»New Kreutterbuch« des
Botanikers Leonhard Fuchs,
Leibarzt des Markgrafen Jörg
von Brandenburg; ab 1935 war
er Professor in Tübingen.

Als Nutz- und Rauschpflanze ist der Hanf schon seit der Frühzeit der Menschheit in Gebrauch. Schon 8500 v. Chr. wurde er in China zur Anfertigung von Kleidern und Seilen benutzt. Im Atharva-Veda, einer Liedersammlung der alten Inder, die aus der Zeit um 2000–1200 v. Chr. stammt, wird der Hanf als eine der fünf heiligen Pflanzen erwähnt. Die Assyrer sollen ihn schon im siebten oder achten Jahrhundert vor Christi Geburt als Räucherwerk benutzt haben. In ihrer Sprache hieß er »Qunubu«, offensichtlich eine Entlehnung aus dem altostiranischen Wort »Konaba«, das mit dem griechischen »Kannabis« verwandt ist, »Konoba« gibt es auch im Griechischen und heißt dort »Lärm« – Hanfrauchen führt häufig zu lauten Gefühlsausbrüchen.

Der erste Hinweis für die Benutzung des Hanfes in Europa stammt von dem griechischen Historiker Herodot (485–425 v. Chr.), der im 4. Buch, Kap. 74, seiner Historien schreibt: »In dem Land (Skythien) wächst auch Hanf, der, abgesehen von Dicke und Größe, dem Lein ganz ähnlich ist. Darin aber übertrifft ihn der Hanf bei weitem. Er wächst sowohl wild wie auch gesät. Aus ihm machen die Thraker Kleider, die denen aus Leinen ganz ähnlich sind. Wer ihn nicht sehr genau kennt, könnte nicht unterscheiden, ob etwas aus Leinen oder Hanf ist. Wer aber den Hanf noch nicht gesehen hat, wird das Kleid aus Leinen halten. (75) Den Samen dieses Hanfes nehmen die Skythen, verschwinden unter ihre Filzdecken und werfen ihn dann auf die glühenden Steine. Dieser aber fängt, wenn er daraufgeworfen wird, an zu rauchen und bringt soviel Dämpfe hervor, daß ihn kein Schwitzbad übertreffen würde. Die Skythen aber freuen sich über das Schwitzbad und jubeln vor Lust. Das gilt ihnen als Bad. Denn im Wasser baden sie überhaupt nicht. Ihre Frauen aber zerreiben auf einem rauhen Stein etwas Zypressen, Zedern und Weihrauchholz, gießen Wasser darüber und bestreichen dann mit dieser zerriebenen dicken Masse den ganzen Körper und das Gesicht. Zugleich verbreitet sich über sie ein Wohlgeruch. Sie werden, wenn sie am nächsten Tag die aufgestrichene Masse abnehmen, rein und glänzend.«

Der griechische Historiker Diodor (1. Jhdt. v. Chr.) berichtet, daß die Frauen Thebens aus dem Hanf eine Flüssigkeit herstellen, die wie der sagenhafte Trank Nepenthes wirkt, von dem Homer Wunderdinge erzählt. Dem römischen Arzt Galen (130–200 n. Chr.) ist der Hanf als Genußmittel bekannt. Beim Nachtisch würden kleine Kuchen vorgesetzt, in die Hanf eingebacken wird. Sie erhöhten die Lust am Trinken, betäubten aber bei übermäßigem Genuß.

Das eigentliche Verbreitungsgebiet des Hanfs für seine Verwendung als Rauschpflanze sind die islamischen Länder. Der venezianische Forschungsreisende Marco Polo berichtete von Hassan, einem Fürsten in Kleinasien, der um 1100 v. Chr. einen Geheimorden gegründet hatte, um seine Gegner systematisch zu ermorden. Für diese Anschläge wählte er sich junge Männer aus, die zuvor Proben ihrer Kraft und Entschlossenheit abzulegen hatten. Durch das betäubende Getränk einer Pflanze, von der man heute annimmt, daß es Hanf war, wurden sie eingeschläfert und in diesem Zustand in einen wahren Zaubergarten versetzt, in dem sich prächtige Obsthaine befanden, Bäche eine angenehme Kühle verbreiteten und in reich ausgestatteten Sälen verführerische Mädchen Wein kredenzten. In diesem Paradies, das von zeitgenössischen Berichten in überschwenglichen Farben geschildert wurde, erwachten die jungen Männer. Eine Zeitlang durften sie alle Freuden dieses Ortes genießen. Sodann wurden sie wieder betäubt und erwachten an der Seite ihres Lehrmeisters, der ihnen nun einredete, sie seien nicht von seiner Seite gewichen. Nur ihr Geist habe im Paradies geweilt und habe dort einen Vorgeschmack von dem Lohn genossen, den die erhielten, die treu ergeben ihrem Herrn Hassan dienten und bereit wären, ihm auch ihr Leben zu opfern. Der Orden war streng hierarchisch gegliedert, an der Spitze stand der »Alte vom Berg«, wie der Großmeister genannt wurde.

Ein Fingerzeig, daß die Hanfpflanze bei den Einweihungszeremonien benutzt wurde, gibt der Name »Heissessin« oder »Haschischinen«, woraus im Abendland »Assassinen« wurde. Im Französischen bedeutet »assassin« Mörder. Die gemeinsame Wurzel ist das arabische Wort für Hanf, »Haschisch«. Eine abweichende Meinung vertrat der Pharmakologe Hartwich (1851–1917), der vermutete, daß die Assassinen nicht Hanf, sondern eine Bilsenkrautart benutzten. Denn die Novizen der Assassinen wurden durch die geheimnisvolle Pflanze in völlige Bewußtlosigkeit versetzt. Dies ist aber nicht die Wirkung von Haschisch, der die Menschen berauscht, fröhlich macht und erotische Halluzinationen initiiert. Als Beweis führt Hartwich auch die Erzählungen von 1001 Nacht an, wo streng zwischen Haschisch und Bendsch unterschieden wird, das eine völlige Besinnungslosigkeit herbeiführt. In der medizinischen Literatur der Araber ist Bendsch eine Art Bilsenkraut. Gegen die These Hartwichs wurde eingewandt, daß allein schon der Name Assassinen für Haschisch spreche, das nach den arabischen Quellen eindeutig mit dem Hanf in Verbindung steht.

Mitte des 19. Jahrhunderts wurde das Interesse an Hanf in Europa durch wissenschaftliche Abhandlungen geweckt, die aus der Feder von Ärzten wie Aubert-Roche, O'Shaughnessy und Moreau stammen. Besonders die Forschungen des französischen

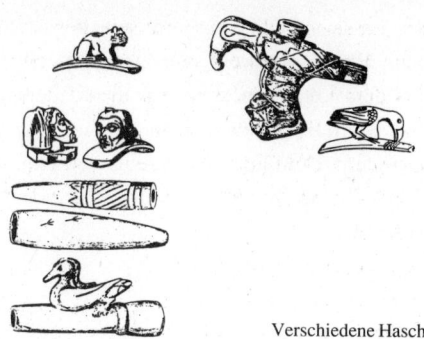

Verschiedene Haschischpfeifen.

Psychiaters Moreau aus Tours waren sehr folgenreich. Zu seinen Schülern zählte der romantische Schriftsteller Theophile Gautier, der sich von ihm in die Mysterien des Hanfs einweihen ließ. 1844 gründete Gautier in Paris den »Club der Haschischins«, die bei ihren Zusammenkünften in einem vornehmen Pariser Hotel indischen Hanf in Form einer grünlichen Marmelade genossen. Zu den Teilnehmern dieser Sitzungen zählten auch die Schriftsteller Balzac, Gerard de Nerval, Dumas der Ältere und Charles Baudelaire. Ihre Rauscherlebnisse fanden ihren Niederschlag in bedeutenden literarischen Werken wie etwa »La pipe d' opium« und »Le club des haschischins«.

Hanf wird in zwei Formen genossen:

1. Marihuana oder »Gras«; es sind die Blätter, Blüten, Knospen und Zweige der Hanfpflanze. Hierbei gibt es feine Unterschiede. Beim indischen Hanf sind die Spitzen der weiblichen Pflanzen am harzreichsten. Man bezeichnet eine solche Ware auch als »Gunjah«. Wenn die Spitzen mit den abgestreiften Blättern gemischt sind, erhält man das »Bhang«, das einen geringeren Harzgehalt hat.

2. Haschisch, auch »Charas« genannt, ist das Harz der Hanfpflanze. Um es zu isolieren, gibt es verschiedene Methoden.
   In Persien reibt man die weibliche Pflanze längere Zeit auf
   Teppichen und kratzt dann das abgelagerte Harz ab. Oder die
   Arbeiter gehen mit Lederschnüren durch die Plantagen und
   kratzen danach das anhaftende Harz ab.
3. Haschischöl; es wird durch Destillation aus den Hanfblättern
   gewonnen.

Bei allen drei Formen ist das Rauchen die übliche Form des
Genießens. Dabei ist es in einigen Ländern Brauch, den Hanf
bzw. das Haschisch mit anderen Stoffen wie Tabak, Kampfer,
Ambra, Moschus, Kanthariden und Opium zu vermischen.
Um diese Berauschungsmittel zu essen oder zu trinken, werden
die Wirkstoffe mit Milch oder Alkohol ausgezogen und diese
Auszüge dann direkt getrunken. Man kann auch die Pflanzenteile
mit Wasser unter Zusatz von Butter kochen. Wenn das Wasser
verdampft ist, wird der Rückstand mit Zusätzen vermischt, um
den Geschmack zu verbessern. Eine marokkanische Spezialität
sind die Haschischkekse und -plätzchen (Majoun).
Die Suche nach den psychoaktiven Stoffen des Hanfs bzw. des
Haschischs dauerte sehr lange. Man fand über 60 chemisch
ähnliche Zusammensetzungen, die man unter dem Namen »Cannabinoide« zusammenfaßte. Die wichtigsten Cannabinoide sind
Cannabisöl (CBN), Cannabidiol (CBD) und Tetrahydrocannabinol (THC), das fast ausschließlich für die psychoaktive Wirkung
verantwortlich ist. Die beiden anderen Cannabinoide steigern
oder modifizieren seine Wirkung.
Über die Beeinflussung des Bewußtseins durch Hanf bzw. Haschisch liegt eine umfangreiche Literatur vor, die über hundert-

jährige Erfahrungen mit dieser Zauberpflanze berichtet. Eine klassische Darstellung stammt von dem französischen Psychiater Moreau, der den Hanf in die europäische Heilkunde einführte: »Es ist, als ob die Sonne jeden Gedanken beschiene, der durch das Gehirn zieht, und jede Bewegung des Körpers zu einer Quelle von Lust mache, aber sie bleiben klar und folgen einander ungemein rasch und lebhaft. Der Geist hat an Energie und Kraft gewonnen. Die Grenzen des Raumes und der Zeit hören auf, die Sekunde ist ein Jahrhundert, und mit einem Schritt überschreitet man die Welt. Alles ist voll süßer Düfte und Harmonie, alles erlangt Plastizität und Leben, Bewegung und Sprache, selbst die Töne scheinen sich zu verkörpern, überall erscheinen wundervolle Bilder. Die Symptome setzen in folgender Reihenfolge ein: 1. Glücksgefühl, 2. Zerfahrenheit der Gedankenfolge, 3. Irrtümer in bezug auf Zeit und Raum, 4. Entwicklung der Überempfindlichkeit des Gehörs, 5. fixe Ideen, Delirien, 6. unwiderstehliche Impulse, 7. Illusionen und Halluzinationen.«

Auch das sexuelle Empfinden wird im Rausch erheblich gesteigert. Erotische Vorstellungen bestimmen die Visionen, richten sich in der Regel jedoch nur auf einen Partner, für den man auch sonst Sympathie empfindet.

Magische Pilze

Psilocybe, der heilige Pilz

Der Spanier Francisco Hernandez, der Leibarzt von Philipp II.
(1527–1598), beschrieb über 1000 mexikanische Heil- und Zauberpflanzen. Mehrfach erwähnte er einen »göttlichen Pilz«,
durch dessen Genuß sich die Azteken in die Lage versetzten, mit
den Göttern zu sprechen: Teoanacatl (»Gottesfleisch«), das bei
kultischen Feiern in einem Getränk aus Honig und Kakao zu sich
genommen wurde. Die spanischen Chronisten berichten, daß
dieses Zaubergetränk »wieder jung macht und die Gabe verleiht,
besser zu hören, zu sehen und auch zu lieben«.
Aber auch gefährliche Eigenschaften werden diesem »göttlichen
Pilz« zugeschrieben. Bei der Krönungsfeier von Montezuma II.
(1502) sei es zu Selbsttötungen gekommen. »Die Teilnehmer
hörten göttliche Stimmen und nahmen dieses Blendwerk für
göttliche Offenbarungen und Enthüllungen der Zukunft und als
Voraussage bestehender Ereignisse«, wie ein spanischer Chro-
nist berichtet.
Diesen heidnischen Kult versuchte die katholische Kirche nach
der spanischen Eroberung systematisch auszulöschen. Doch der
Pilzkult wurde heimlich von den Brujos (Zauberern) und den
Curanderos (Medizinmännern) weiter praktiziert. Die Zeremonien, die eine wichtige Rolle in der Volksfrömmigkeit der südamerikanischen Völker spielten, dienten zu religiösen, medizi-
schen und juristischen Zwecken. Sie fanden meistens nachts

unter strenger Geheimhaltung statt. Zwar war der Wissenschaft die Existenz solcher Pilzzeremonien bekannt, aber erst 1936 nahm der österreichische Anthropologe Weitlanger mit seiner Tochter an einer geheimen Feier teil.

Die geheimen Bräuche bei diesem Pilzkultus beschrieb 1961 Siegrid Lechner-Knecht, die in einer abgelegenen Gebirgsregion des Staates Oaxaca in Südmexiko eine solche Zeremonie bei einer Zauberin der Mazateken miterlebte (der nachfolgende Bericht ist gekürzt):

»Als ich die Hütte betrat, deren Boden mit einer indianischen Schlafmatte ausgelegt war, erkannte ich im flackernden Schein einer Kerze die kniende, statuenhafte Gestalt der Chine (Heilzauberin), die ins Gebet versunken war. Ein dunkles Umschlagtuch bedeckte das weiße, mit roten Vögeln und Blumen bestickte Frauenobergewand. Hinter der Zauberin standen ihre erwachsene Tochter und ihre beiden Söhne, die als Ministranten mitwirkten und am heutigen Sonntag der Mutter beim Pilzsammeln geholfen hatten. Es herrschte völliges Schweigen. Sogleich verbreitete sich mit dem zarten Rauchschleier ein weihrauchartiger Duft. Die Zauberin hielt die Pilze über die Räucherflamme und erflehte den Segen. Dann aß sie die Pilze. Ich erhielt schweigend auf einem großen Blatt die mir zugedachte Pilzdosis gereicht. Ich wußte, es waren fünf Pilze, die paarweise zusammengewachsen waren. Sie waren von der Größe unserer heimischen Schwefelpilze, schwärzlich grau und selbstverständlich roh. Ich überwand mich und aß langsam meine Ration. Sie schmeckte zunächst nicht unangenehm. Beim Kauen aber machte sich ein bitterer Geschmack bemerkbar. Dann wurden die Kerzen gelöscht. Die Zauberin hatte gesagt, helles Licht und Geräusche müßten bei der Zeremonie vermieden werden, da dies sonst bei den Teilnehmern

Verrücktheit erzeugen würde. Ich schloß die Augen. Nach einiger Zeit tauchten vor dem schwarzen Hintergrund rote, blaue, grüne und gelbe Linien und Punkte auf, die wie ein Feuerwerk sprühten und in ständiger rhythmisierender Melodie zusammenflossen. Der Tonumfang überschnitt selten eine Quint. Ich wußte, daß die Zauberin jetzt ihre Götter und Geister anrief, all die Heiligen, die über Leben, Tod, Regen, Ernte, Blitz und Winde bestimmen.

Ein Zauberpriester der Inka braut einen Zaubertrank (16. Jhdt.).

Auch die Zauberin hatte Pilze gegessen. Ihre fadendünne, klangreine Stimme fiel und stieg in monotonem Singsang. Der Gesang verstummte. Mir kam alles auf einmal recht lächerlich vor. Eine Schwere zog in meine Glieder. Ich fühlte den Puls. Er war ganz schwach und unregelmäßig. Mein Mund war etwas trocken, aber ich hatte kein Durstgefühl.

Die Zauberin ließ sich von dem Jungen übersetzen, was ich

gesehen hatte. Sie meinte, wenn ich nicht mehr als das Beschriebene gesehen hätte, dann müßte ich mehr Pilze essen. Ich fühlte an den physiologischen Anzeichen, daß die Dosis genügte! Mit der Gliederschwere, die ich nach einer halben Stunde empfand, verband sich etwas später die Schwere der Zunge, wodurch das Sprechen mühsam wurde. Ich war sehr müde, ich wollte nicht schlafen, um ja nichts zu versäumen.

Ich schaute auf die Uhr. Es waren mehr als zwei Stunden seit der Einnahme der Pilze vergangen. Ich hatte jedes Zeitgefühl verloren. Der Raum begann zu wachsen und sich nach oben und unten auszudehnen. Jetzt begannen die Halluzinationen. Ich richtete mich noch mehr auf, um besser sehen zu können. Die Hütte hatte sich in einen Palast verwandelt mit zartpastellfarbenen, violetten, grünen, gelben und rosa Tüllwänden, die sich wie unter dem Hauch eines sanften Nachtwindes bewegten. Der Tisch wurde eine Art Aquarium. Kristallklare, plattgedrückte, eng aufeinander geschichtete Dinge erkannte ich, die wuchsen, anschwollen und fischartig wurden. Mitten in dieser unendlich tief erscheinenden Bühne schwebte plötzlich eine riesenhafte, goldene Scheibe, die von grauvioletten stalaktitartigen Säulen und kleinen Kugeln von links und rechts umkreist wird.

Mexikanischer Indianer, der in Gegenwart eines Gottes magische Pilze ißt (aus: »Codex Maglia Becchiniano XIII«, Florenz, 2. Hälfte des 16. Jhdts.).

Die grauschwarze Decke war von einem Netzwerk farbiger Striche durchzogen. Im Rahmen der Hintertür erkannte ich eine smaragdgrüne eingefaßte Raute, in deren Mitte vier ineinander gefügte Ringe waren, die ebenfalls leuchtend grün waren und durch die dunkelrote und blaue Punkte und Striche tanzten. Auch draußen gab es dasselbe farbenprächtige Feuerwerk. Der Himmel hatte sich golden aufgelichtet und war von einem farbigen Funkenregen durchsprüht. Anschließend sank ich in einen traumlosen Schlaf, aus dem ich ohne Katzenjammer erwachte.«

Schon 1919 hatte der gebürtige Österreicher Dr. Blas Pablo Reko (1873–1953) die Überzeugung vertreten, daß im alten Mexiko Pilze zur Erzeugung von visionären Erfahrungen benutzt wurden. Aber erst 1935 fand er seine Theorie bestätigt und glaubte, den »göttlichen Pilz« gefunden zu haben, von dem die spanischen Chronisten sprachen. Doch Reko war für die Fachwelt ein Außenseiter, der nicht erst genommen wurde. Denn für die Fachgelehrten stand zu dieser Zeit fest, der »heilige Pilz« sei mit dem Peyote-Kaktus identisch.

Der entscheidende Durchbruch bei der Lösung dieser Frage gelang dem amerikanischen Forscherehepaar Wasson, das als Begründer der »Ethnomykologie« gilt. Dieser Forschungszweig der Botanik beschäftigt sich mit der Rolle der Pilze in der Menschheits- und besonders der Kulturgeschichte. Die Wassons stellten die Hypothese auf, daß die zahlreichen im Hochland von Guatemala, El Salvador und dem Südwesten von Mexiko entdeckten »Pilzsteine« Relikte einer uralten Religion seien, in der der Pilz ähnlich wie das Kreuz bei den Christen als heiliges Symbol verehrt werde.

Diese Interpretation gilt heute als sehr fragwürdig. Man sieht in ihnen eher Phallussymbole, wie auch die auf dem Sockel sitzende

Zwei Pilzsteine aus der Sammlung Nauth, ca. 1000–500 v. Chr.

Figur zu beweisen scheint, die eine Frau mit Brüsten darstellt. Die Vorstellung, der Pilz symbolisiere das männliche Glied, findet sich fast überall, besonders aber in Japan.

Systematisch befragte das Ehepaar Wasson Heilzauberer im Hochland von Oaxaco, wo bekannt war, daß noch solche Pilzzeremonien stattfanden. Im Jahre 1955 wurden sie endlich fündig. Die ihnen angebotenen Pilze riefen nach dem Verzehr Visionen und Halluzinationen hervor. Schon 1956 hatten sie sechs Pilze gefunden, die psychoaktiv und halluzinogen waren. Ihre Forschungen veröffentlichten sie 1957 im Life-Magazine und danach in dem epochalen »Mushroom, Russia and History«.

Botanisch gehören die magischen Pilze zur Gattung Agaricazae (Lamellenpilz), die sich untergliedert in die Familien: Psilocybe, Stropharia, Conocybe, Panaeolus und Amanita. Inzwischen kennt man über 80 psychoaktive Pilze, von denen die wichtigsten der Familien Psilocybe und Amanita angehören. Der oben erwähnte Zauberpilz gehört zur ersten Familie und wird wissenschaftlich Psilocybe mexicana Heim genannt.

Einer der aufmerksamsten Leser des Life-Artikels war der Ent-

Im Labor gezüchtete »Psilocybe mexicana Heim«.

decker des LSD-25, der Schweizer Albert Hoffmann. Nachdem er von den Wassons einige Pilzproben erhalten hatte, gelang es ihm, die beiden Hauptbestandteile, die für die psychoaktive Wirkung verantwortlich sind, zu isolieren: Psilocybin und Psilocyn, von denen sich der erste nach Eintritt in den Körper in den zweiten umsetzt. Die Rauschwirkung tritt sofort nach dem Verzehr der Pilze ein, da sich der psychoaktive Wirkstoff im ganzen Körper gleichmäßig verteilt.

Zunächst tritt ein Gefühl von Schwäche ein, nach etwa einer Dreiviertelstunde empfindet man eine angenehme Entspannung. Der Höhepunkt des Rauschzustandes ist nach einer halben Stunde erreicht. In der Regel ist alles nach sechs Stunden vorbei. Die mittlere Dosis liegt bei 4–5 mg, die in 2 g getrockneter Pilze vorhanden ist. Erwachsene Indianer nehmen 4, 5, 6 oder 13 Pilzpaare zu sich.

Die psychoaktive Wirkung besteht hauptsächlich in der Erzeugung von Bildvisionen. Diese Halluzinationen sind am intensivsten, wenn die Pilze in geschlossen Räumen und bei Dunkelheit eingenommen werden. Aber der Wirkstoff Psilocybin aktiviert auch die Sprechfähigkeit, so daß es zu dem Phänomen der ekstatischen Rede kommt, die für Schamanen typisch ist. Dies führt zum Eindruck, daß nicht der Mensch spricht, sondern der Pilz, durch den der Gott sich offenbart. Deshalb gehört es zu den wichtigsten Aufgeben dieser Pilzzeremonien, die Zukunft zu weissagen. Wenn eine Krankheit auftritt, wird der »Pilz« befragt, ob der Patient sterben oder überleben will. Auch bei verlorenen Gegenständen wird eine solche Befragung durchgeführt.

Durch intensive Forschung wurde festgestellt, daß der psychoaktive Wirkstoff weltweit auch in anderen Pilzsorten vorkommt. Außer dem Psilocybe mexicana Heim sind die bekanntesten Vertreter dieser Familie:

- **Stropharia cubensis:** Er ist in ganz Amerika und Asien verbreitet. Es gibt Arten, die eine Höhe von 30 cm erreichen. Ein Gramm getrockneter Pilze enthält bis zu 20 mg Psilocybin.
- **Psilocybe caerulescens:** Sein Hauptverbreitungsgebiet sind die USA, wo er besonders zur Sommerzeit wächst.

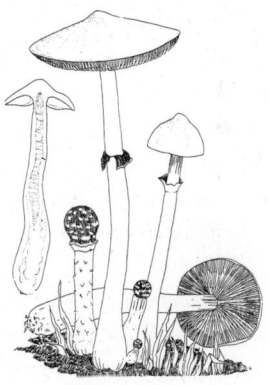

Stropharia cubensis.

Neben dem Forscherehepaar Wasson experimentierte auch Timothy Leary, der einen Lehrstuhl für Psychologie an der Harvard University (USA) innehatte, mit psilocybinhaltigen Pilzen. Während eines Ferienaufenthaltes gab ihm ein mexikanischer Medizinmann einige dieser magischen Pilze. Leary war von der Wirkung so fasziniert, daß er den Entschluß faßte, den Rest seines Lebens der Erforschung dieser Pilze zu widmen. Mit seinem Freund Richard Albert, der sich später Baba Ram Dass nannte, und dem Schriftsteller Aldous Huxley (1894–1963) unternahm er Testversuche. In den 60er Jahren stand selbst die Fachwelt solchen Experimenten recht ahnungslos gegenüber. Heute lehnt die Wissenschaft solche Experimente nicht grundsätzlich ab, geht dabei aber viel behutsamer und mit größerer Sorgfalt vor. Denn man geht davon aus, daß jede Droge süchtig machen kann und schwache psychoaktive Stoffe auf kurz oder lang durch wirksamere ersetzt werden.

Leary und seine Mitarbeiter führten ihre Versuche mit Gefangenen der Haftanstalt Massachussets durch. Zweimal wöchentlich über einen Zeitraum von zweieinhalb Monaten bekamen die Testpersonen eine Psilocybin-Dosis. Die visionären Erfahrungen und Bewußtseinserweiterungen sollten dazu führen, daß sich die Gefangenen aus ihrer Alltagsrolle lösen und zu neuen Lebensentwürfen fähig sind. Wenngleich auch die Ergebnisse nicht durch eine Kontrollgruppe abgesichert wurden, so war die Rückfallquote erheblich geringer, als man erwarten mußte.

1968 erregte der Anthropologe und Schriftsteller Carlos Castaneda weltweit Aufsehen mit seinem Buch »Die Lehren des Don Juan«. Darin beschreibt er seine Begegnungen mit einem Schamanen aus dem Stamm der Yaqui-Indianer, der ihn mit der Magie und Zauberei bekanntmacht. Wenngleich diese Berichte von der

Wissenschaft heute nicht mehr ernst genommen werden und man davon ausgeht, daß Don Juan eine fiktive Gestalt ist, enthalten die Berichte Castanedas interessante Bemerkungen über die magischen Pilze. Don Juan benutzt nämlich außer Peyote auch Stechapfel und »Psilocybe mexicana Heim«, die als »seine Verbündeten und Mächte … in der Lage sind, einen Mann jenseits seiner Grenzen zu tragen«. Der mysteriöse Zauberer mischt den Pilz mit vier weiteren Stoffen und läßt dann die Mixtur ein Jahr ruhen. Das Gemisch bezeichnet er als »humito« (kleiner Rauch), dem er die Kraft der Allmacht zuschreibt. »Willst du über jemanden Bescheid wissen, so wird der Rauch dir Auskunft geben. Aber er gibt dir nicht nur Erkenntnis, sondern auch Mittel zum Handeln. Er ist der wunderbarste Verbündete, den ein Mensch haben kann.«

Mit diesen Worten beschreibt der indianische Schamane die psychoaktive Wirkung des magischen Pilzes. Anfang der 60er Jahre untersuchten Wissenschaftler der Harvard University, ob die Wirkstoffe der magischen Pilze fähig sind, bei Testpersonen religiöse Gedanken zu erzeugen. Eine Gruppe von 20 Theologiestudenten wurde in zwei Gruppen eingeteilt. Die eine erhielt 10 mg Psilocybin und die andere 200 mg Nikotinsäure, das äußerlich die gleiche Wirkung hervorruft. Den einzelnen Testpersonen war natürlich nicht bekannt, welchen Stoff sie erhielten. Danach mußten sie einen ausführlichen Fragebogen ausfüllen, der die Merkmale religiösen Lebens enthielt, wie sie von Prof. Stace aufgelistet wurden: Einheit, Transzendenz von Raum und Zeit, Empfänglichkeit für das Heilige und Eindringen in das Wesen der Dinge. Bei der Gruppe, die Psilocybin genommen hatte, lag der Prozentsatz der Personen höher, die religiöse und mystische Erlebnisse hatten. Nachuntersuchungen ergaben, daß Personen mit Psilocybinerfahrung noch Monate danach von einer tiefen religiösen Betroffenheit sprachen. Diese Testergebnisse könnten die Vermutung des Ehepaars Wasson bestärken, daß die magischen Pilze bei der Entstehung von Religionen eine wichtige Rolle gespielt haben mögen. Wir dürfen spekulieren, ob der erste Gebrauch in der Frühzeit der Menschheitsgeschichte eine gleichsam explosionsartige Erschütterung des menschlichen Geistes bewirkt und solche phantastischen Vorstellungen erzeugt haben mag, wie wir sie aus der Mythologie der alten Völker kennen. Sicher ist nur, daß der magische Pilz selbst als eine Gottheit angesehen wurde und daß er scheinbar wunderbare und unheimliche Eigenschaften besitzt, die bei Frühmenschen Ehrfurcht und Angst hervorriefen. Diese beiden Gefühle sind aber Wesensmerkmale der Religion.

Ein Dämon verläßt den magischen Pilz. Die christlichen Mönche brandmarkten diese Pilze als »Teufelszeug« (aus: »Codex Florentino«, 16. Jhdt.).

Später, als neue Lebensformen und besonders eine schriftliche Kultur aufkamen, verschwand diese Pilzreligion vermutlich bis auf Relikte in Randzonen, abgelegenen Gebieten und als religiöses Brauchtum bei geheimen Zeremonien und Mysterien. Der alte Pilzkult und seine Wurzeln fielen der Vergessenheit anheim. Ehrfurcht und Angst, die beiden beherrschenden Grundeinstellungen, blieben, und sie prägten über Jahrhunderte den kulturellen Umgang mit Pilzen. Manche Völker kennen den Genuß von Pilzen nicht bzw. verurteilen ihn (Mykophoben), andere schätzen und essen Pilze (Mykophagen). Zu der ersten Gruppe gehören in Europa die keltischen Völker, einschließlich die Engländer, und die Juden. Pilze zu essen, galt schon bei den alten Hebräern als ein schweres Sakrileg, da sie den Pilz als etwas Heiliges ansahen, der nur von den Priestern und Königen verspeist werden durfte. In der erzählenden Literatur der Engländer gehört der Pilz zu den Pflanzen, die fast gar nicht erwähnt werden. Ganz anders verhalten sich die Slawen, Germanen und romanischen Völker, die den Pilz nicht nur als Nahrungsmittel hoch einschätzen, sondern ihm auch einen Platz in der Literatur einräumen.

Soma, Ambrosia und Fliegenpilz

Eine weitere Bestätigung für seine Theorie einer ursprünglichen Pilzreligion fand Wasson in einem anderen Teil der Welt. 1962 nämlich vertrat er in dem Buch »Soma – Divine Mushroom of Immortality« die sensationelle These, daß die geheimnisvolle Pflanze der Inder, »Soma«, identisch mit dem Fliegenpilz (Amanita muscaria) ist. Belege für diese Theorie fand er in den älteren Schriften der Inder, den Veden, die in einer heute toten Sprache, dem Sanskrit, abgefaßt sind. Der zugleich älteste und wichtigste Teil dieser Veden besteht aus 1028 Hymnen. In diesem »Rigveda« finden sich 120 Hymnen, die einem Pflanzengott und einer Pflanze »Soma« gewidmet sind. Ähnlich wie die magischen Pilze bei den alten mexikanischen Völkern, hat auch diese Pflanze eine psychoaktive Wirkung. So heißt es in einer berühmten Hymne des »Rigveda« (VIII, 48):

Ich habe zu mir genommen die köstlichen Speise,
die gute Gedanken hervorruft und am besten die
Sorgen vertreibt. Bei ihr vereinigen sich alle
Götter und Menschen. Sie nennen sie Honig.

Wir haben Soma getrunken. Wir wurden unsterblich.
Wir sind zum Licht gekommen und haben die Götter
gefunden. Was kann uns Feindschaft und Bosheit
der Menschen noch anhaben! Oh, du Unsterbliche!

Diese Soma-Pflanze ist identisch mit einer Pflanze, die in den heiligen Büchern der iranischen Zoroaster-Religion, dem Awesta, erwähnt wird. Dort heißt an einer Stelle: »Wenn sie sich mit Haoma (= Soma) berauschen, verwandeln sie sich in wilde Tiere.« Bei dieser mysteriösen Pflanze der alten Indoarier, die, wie es heißt, weder Wurzeln, Blätter noch Blüten hat, kann es sich nur um einen Pilz handeln. Und alle Anzeichen sprechen dafür, daß es sich um den Fliegenpilz (Amanita muscaria) handelt. Dieser Pilz wurde auch schon von den sibirischen Schamanen benutzt, wie Berichte aus dem 17. Jahrhundert beweisen. So schreibt ein polnischer Gefangener im Jahre 1658: »Sie (Ostjaken der Irtytsch-Region) essen gewisse Pilze, die wie Fliegenpilze aussehen, und davon werden sie schlimmer betrunken wie von Wodka.«

Dieselbe Quelle berichtet, der Fliegenpilz teile jedem Erkrankten, auch wenn er kein Schamane ist, mit, was ihn heilen kann.

Er deute dem Menschen die Träume und weissage ihm die Zukunft. Die Übereinstimmungen mit den Wirkungen des magischen Pilzes der Mexikaner sich verblüffend. Der erste neuzeitliche Bericht von einem, der den Pilz gegessen hat, stammt von einem gewissen Joseph Kopec, der 1796 während eines Aufenthaltes in Kamtschatka schwer erkrankte. Ein Prediger hatte ihm einen Pilz zu essen gegeben: »Ich befand mich in einem Zustand, als wäre ich magnetisch angezogen von den verlockendsten Gärten, in denen nur Freude und Schönheit zu herrschen schien. Blumen der verschiedensten Farben und Formen, wundersam duftend, tauchten vor meinen Augen auf. Eine Gruppe schöner Frauen in weißen Gewändern wandelten hin und her und schienen in diesem irdischen Paradies für Gastlichkeit zu sorgen. Dieses Entzücken währte meinen ganzen Schlaf hindurch, und der dauerte um Stunden länger als gewöhnlich.«

Die Wirkung einer zweiten Dosis beschreibt er mit folgenden Worten: »Nachdem ich diese starke Dosis genommen hatte, fiel ich innerhalb weniger Minuten in einen tiefen Schlaf. Mehrere Stunden lang trugen mich neue Visionen in eine andere Welt, und mir kam es vor, als wäre mir aufgetragen worden, zur Erde zurückzukehren, damit ein neuer Priester mir die Beichte abnehmen könnte … Es ist schwierig, beinah unmöglich, die Visionen meines langen Schlafes aufzuzeichnen. Was ich in den Visionen erblickte und wo ich hindurchging, sind Dinge, die ich nie zuvor in meinen Gedanken vermutet hätte. Ich kann lediglich erwähnen, daß jene Zeiten hervorgeholt wurden, wo ich die ersten Regungen des Lebens überhaupt gewahr wurde und ich dann alles vor mir sah von meinem fünften, sechsten Lebensjahr an, alle Gegenstände und Menschen, mit denen ich in der Folge Bekanntschaft gemacht und mit denen ich Beziehungen eingegangen war … kurz, meine ganze Vergangenheit wurde vor mir lebendig. Was die Zukunft betrifft, so folgten verschiedene Bilder aufeinander, die hier keinen besonderen Platz einnehmen sollen, da sie Traumgebilde sind.«

Carlo Ginzburg vermutet in seinem Buch »Hexensabbat«, die ekstatische Wirkung des Fliegenpilzes sei bei den eurasischen Völkern schon circa 4000 v. Chr. bekannt gewesen. Als Indiz dafür dienen ihm vor allem linguistische Merkmale in der Sprachgemeinschaft der indogermanischen und uralaltaischen Völker. Die gemeinsame Wurzel für Bewußtlosigkeit und für die Trommel der Schamanen ist »pong«. Aus Tabugründen sollen die Indogermanen dieses Wort durch »Soma« ersetzt haben. In einigen indischen Dialekten sei diese unterdrückte Wurzel in den Worten »paggala« (Tollheit) und »pangu« (hinkend) wieder zum Vorschein gekommen. Ginzburg verweist besonders auf die Verbindung des Fliegenpilz-Namens, der von den Schamanen zur Erzeugung der Ekstase benutzt wurde, mit einem Wort, das Lahmheit bzw. Behinderung ausdrückt. In einigen französischen Gegenden heißt der Fliegenpilz »bo« bzw. »botet«. Beide Wörter bedeuten lahm bzw. Kröte. Daß die Wörter Fliegenpilz, Lahm-

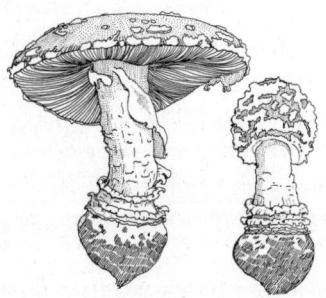

Fliegenpilz.

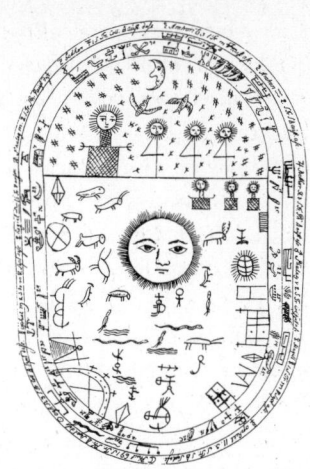

Diese Bilder auf einer sibirischen Schamanentrommel sollen in Ekstase gerate-
nen Zauberern helfen, sich zu orientieren, wenn sie die »Seelenreise« antreten.

heit und Kröte seit uralten Zeiten einen Zusammenhang bilden,
findet sich auch bei anderen Völkern. So bezeichnen die Chinesen den Fliegenpilz als »Krötenpilz«. Die Kröte wiederum ist bei
den Germanen, Slawen und in der griechisch-römischen Antike
die Fee, Zauberin und Vermittlerin zum Unsichtbaren.

Außer sprachlichen Hinweisen gibt es ein weiteres Indiz, das
die Identität von Soma und Fliegenpilz beweisen kann: In den
Vedischen Hymnen wird berichtet, daß die Priester auf zwei
Weisen den Soma-Trank bereiteten. Man preßte die Soma-Pflanze aus und vermischte den Saft mit Milch oder Quark, aber
wirkungsvoller war der Urin von Personen, die vorher Soma
gegessen hatten. So heißt es in den Soma-Hymnen des »Rigveda«: »Die großen Götter (Agni und Indra) urinieren das liebliche
Soma«.

Der Brauch, sich am Urin der Pilzesser zu delektieren, findet sich auch bei den Koryaken, Ureinwohnern Sibiriens. Eine Beschreibung dieser Sitte gab der englische Schriftsteller Oliver Goldsmith, der im Jahre 1762 eine solche Szene miterlebte:

»Die Ärmeren, die wie die Reichen den Pilz als Mittel der Zerstreuung lieben, aber ihn sich nicht leisten können, postieren sich um die Hütten der Reichen und geben acht, wann die Damen und Herren zum Wasserlassen heraustreten. Sie strecken eine hölzerne Schüssel entgegen, um die kostbare Flüssigkeit aufzufangen, die nur sehr gering gefiltert austritt und deshalb noch eine stark berauschende Wirkung besitzt. Davon trinken sie dann mit der höchsten Befriedigung und werden auf diese Weise ebenso trunken und leutselig wie die Bessergestellten unter ihnen.«

Auch die griechische Mythologie kennt eine geheimnisvolle »Götterspeise«, die man mit dem »Soma« der frühen Arier in Verbindung brachte:

Nektar und Ambrosia, die identisch zu sein scheinen. Wer sie zu sich nimmt, wird unsterblich. In Gedichten des spartanischen Dichters Alkman (7. Jhdt. v. Chr.) wird das Getränk erwähnt, und in einem Fragment (135 D) der Dichterin Sappho von Lesbos (um 600 v. Chr.) heißt es:

Ambrosia war da,
gemischt im Mischkrug
die Kanne trug Hermes und goß
ein den Göttern den Wein.
Sie alle, in Händen den
Becher haltend, vom Trank
spendeten und erflehten Segen
dem Bräutigam.

Und bei Pindar (520–445 v. Chr.) steht:

> Er führte kaum noch ein erträgliches Leben,
> in ständiger Qual, nicht dreifach, nein
> vierfach gepeinigt, weil er den Göttern
> Nektar und Ambrosia stahl –
> womit ihm die Götter Unsterblichkeit schenkten –
> und seinen Kumpanen es gab.

Auch die sprichwörtlichen Wutanfälle – Berserkerwut – der Berserker, der Helden der norwegisch-isländischen Mythologie, sollen durch den Genuß des Fliegenpilzes hervorgerufen worden sein, der in dieser Region gute Wachstumsbedingungen hatte. Bei der Untersuchung des Phänomens der »Berserkerwut« muß man von der kulturellen Homogenität des hohen Nordens von Island bis nach Sibirien ausgehen. Berserker (wörtlich »Bärenhülle«) waren Krieger, die sich, ähnlich den sibirischen Schamanen, mit einem Bärenfell bekleideten und rituell in Wutanfälle ausbrachen. Die Quellen berichten, daß sie sich dann wie Tiere gebärdeten. Sie heulten, sperrten den Rachen auf und knirschen mit den Zähnen. Gleichzeitig besaßen sie eine übernatürliche Stärke und vermochten durchs Feuer zu gehen. Rief man sie aber bei einem solchen Anfall an, hörte dieser Zustand augenblicklich auf. Danach waren sie schwach und fast kraftlos. Dieser Kult soll bis in das 11. Jahrhundert bestanden haben. Nach Einführung des Christentums wurde er unterdrückt und so gut wie ausgerottet. Der englische Marineoffizier und Orientalist John Allegro (geb. 1923) führte in seinem Buch »Der Geheimkult des Heiligen Pilzes« auch die Mythologie des alten Orients und die beiden Weltreligionen – Christentum und Islam – auf einen Fruchtbarkeitskult zurück, in dessen Zentrum der Fliegenpilz stand. Anhand detaillierter Untersuchungen der sumerischen und babylonischen Keilschrifttexte kommt Allegro zu dem Ergebnis, daß im Nahen Osten ein weitverbreiteter, als Mysterienkult getarnter Fruchbarkeitskult existiert haben muß, dessen Eingeweihte durch Rauschgiftgenuß mit der Gottheit in Verbindung traten. Dieser Fruchtbarkeitskult beruhte demnach auf dem Glauben, daß die Existenz der Menschen von der Gnade bzw. Ungnade der Götter abhing, das Getreide seiner Felder reifen zu lassen oder sein Vieh vernichten zu können. Die Menschen mußten deshalb mit den Göttern in Verbindung treten und sie versöhnlich stimmen. Der Weg dorthin führte über die Ekstase, die ihn in die Welt der Halluzinationen und Visionen führte. Nach Allegros Überzeugung gewann man das Rauschgift aus dem Fliegenpilz Amanita muscaria. Der Fruchbarkeitskult wurde als ein Geheimnis weniger Auserwählter gehütet, die streng darauf achteten, daß die geheimen Riten nicht der Außenwelt bekannt wurden. Über Jahrtausende wurde das geheime Wissen nur mündlich weitergegeben. Die Eingeweihten dieser geheimen Pilzreligion legten ihr Wissen in verschlüsselter Form nieder, um es nicht für alle Zeiten verlorengehen zu lassen.

In zahlreichen Pflanzensamen der Antike haben sich Hinweise auf diesen heiligen Pilz erhalten. Allegro behauptet, von den sumerischen Botanikern bis hin zu ihren griechischen bzw. römischen Nachfahren reiche ein kontinuierlicher Traditionsstrang. Man müsse nur die Pilznamen entschlüsseln, um die ursprüngliche Identität zu ermitteln. Offensichtlich wurden die Namen des heiligen Pilzes auf andere Pflanzen übertragen, die ein ähnliches Aussehen hatten. Dies erläutert Allegro am Beispiel der Pfingstrose oder Päonie: »Sie ist eine schöne, krautige oder strauchartige

Pfingstrose; ihr lateinischer Name Päonie soll nach Allegro ursprünglich den Roten Fliegenpilz bezeichnen.

Pflanze mit großen, roten, rosa oder weißen Blüten, die Augenweide unserer Gärten im Mai sind. Plinius (ein römischer Schriftsteller 23–79 n. Chr.) behauptet, daß der Name auf den Arztgott Apoll zurückgeht, dessen Lobgesang ›Päan‹ genannt wird. Dann aber fährt er fort und berichtet: ›Sie wächst auf schattigen Bergen und hat zwischen den Blättern einen Stiel, ungefähr zehn Zentimeter hoch, der an der Spitze vier oder fünf Auswüchse wie Mandeln trägt, in denen sich eine Menge roter und schwarzer Samen befinden. Die Pflanze hilft auch gegen Wahnvorstellungen, welche die Faune uns im Schlaf eingeben.‹ Anscheinend mußte man beim Pflücken dieses kostbaren Krautes besonders achtgeben. Es empfahl sich hierzu die Nachtzeit, ›weil der Marsspecht, wenn er es bemerkt, zu ihrer Verteidigung die Augen angreift.‹ Das ist nun freilich nicht unsere rote Pfingstrose, sondern irgendeine Zauberpflanze, ›die man als erste entdeckte‹, wie der römische Botaniker uns erzählt. Aus mehreren Gründen, die wir noch darlegen werden, ist es uns jetzt möglich, diese ungewöhnliche Päonie von anderen Pflanzen, die unter ihren Namen auftreten, zu unterscheiden und sie als den Gegenstand unserer vorliegenden Arbeit zu identifizieren: den heiligen Fliegenpilz (Amanita muscaria). Zweifellos wurde der Name auf die Blume übertragen, da ihre Blüten in der Farbe dem rotbekappten Pilz gleichen. Aus der Beschreibung des Plinius allein ließe sich eine Verwandtschaft mit der Pfingstrose nicht ableiten. Man muß erst den Namen ›Päonie‹ aufschlüsseln, seine ursprüngliche Bedeutung und gemeinsame Merkmale feststellen. Hier gelangen wir zu einem sumerischen ›BAR-IA-U-NA‹ (›Kapsel der Fruchtbarkeit‹ oder ›Schoß‹), das mit einigen anderen Pilznamen zusammenhängt, die sich auf den ›kleinen Schoß‹ oder die Volva beziehen, aus welcher der Stil des Pilzes wächst.«

Auch das Alte Testament soll nach Allegro zahlreiche Berichte über diesen geheimen Pilzkult enthalten. Und die Geschichte von Jesus von Nazareth erscheint ihm ebenfalls als verschlüsselter Bericht. Allegro behauptet sogar, Jesus sei im wesentlichen das Symbol einer geheimen Fruchtbarkeitsreligion. Die Evangelien sollten die jüdisch-römische Obrigkeit über den wahren Charakter dieser Sekte hinwegtäuschen. Als Beweis für seine Behauptung führt er die Bibelstelle 1. Korinther 1,22 an:

»Denn die Juden forderten Zeichen und die Hellenen suchten Weisheit; wir aber verkünden Christus als den Gekreuzigten, den Juden ein Stein des Anstoßes und den Heiden eine Torheit.«

In diesem Passus werde – so Allegro – ein phantasievolles Spiel mit zwei Tarnwörtern für den heiligen Pilz getrieben. Der gekreuzigte Christus dränge sich als Symbol eines Pilzes auf und »Stein des Anstoßes« bedeute »Riegelpilz«. Dies erläutert Allegro so: Im griechischen Original des Neuen Testamentes steht »skandolon«, eine Übertragung des aramäischen »tiqla«. Dieses Wort

90

bedeute aber »Riegel, Falle oder Riegelpflanze«. Mit einer solchen Pflanze kann aber nur ein Pilz gemeint sein, der einen kurzen Stab mit einem Kopf hat. Deshalb lautet die Textstelle entschlüsselt:

»Für die Juden (also in jüdischer Sprache) ist der gekreuzigte Christus der aufgerichtete Pilz, eine Tiqla, eine Riegelpflanze«.

Von den zahlreichen Konstrukten Allegros soll noch angeführt werden, daß für ihn auch der Name Petrus eine solche verschlüsselte Botschaft enthält. Dieses Wort geht auf das semitische »pitra« = »Pilz« zurück. Die bekannte Bibelstelle (Matthäus 16, 18) erhält dann einen anderen Sinn:

»Und ich sage dir: Du bist Petrus, und auf diesen Felsen will ich meine Kirche bauen und die Pforten der Unterwelt werden sie nicht überwältigen. Dir will ich die Schlüssel des Himmelreiches geben.«

Petrus, der heilige Pilz, ist gleichsam der »Riegel« (Tiqla) oder »Schlüssel« zu Himmel oder Hölle. Wer den heiligen Pilz genossen hat, kann mit Gott direkt verkehren.

Daß es sich bei dem heiligen Pilz um den Fliegenpilz handelte, glaubte Allegro anderen Quellen zu entschlüsseln. Im Talmud wird Jesus manchmal als »Bar Pandera« (Sohn des Panthers) bezeichnet. Zwar gibt es zahlreiche phantasievolle Deutungen, aber dieser Beiname ist immer ein Geheimnis geblieben. Das hebräische Wort »panthera« ist verwandt mit unserem Wort Panther, das über das Griechische ins Deutsche kam. Angespielt wird auf die Zeichnung des Pantherfelles, das nach Aussage des römischen Schriftstellers Plinius »kleine Flecken wie Augen auf einem lichten Grund« hat. Die antiken Botaniker wie ihre heutigen Kollegen haben damit einen Verwandten des Fliegenpilzes bezeichnet: die Pantherhaube (Amanita panthera), die sehr häufig mit der bekannten Amanita-Art verwechselt wird. Das hebräische Wort »panthera« geht auf das sumerische »Bar« (= »Haut«) und »Dara« (= »rote Wolle«) zurück. »Panthera« bedeutet demnach »gefleckte Haut«.

Im Neuen Testament findet sich bei Johannes 18, 13 noch eine weitere Anspielung auf diesen Beinamen. Denn Annas, eine der »rotkappigen Gestalten«, war der Schwiegervater (griech.: pantheros) des Hohenpriesters Kaiphas gewesen. Solche Wortspiele wie »pantheros« / »panthera« interpretiert Allegro als Kunstgriffe, den Text zu verschlüsseln, damit der Obrigkeit der Sinn der Evangelien verborgen bleibt.

Relikte dieses mysteriösen Geheimkultes sollen sich auch im Islam befinden. Das Paradies, der »Garten der Freude«, heißt im Koran »Gannatinna' um«, was auf das sumerische »Ga-Na-Iman« zurückgeht. Die Sumerer bezeichneten damit einen Pilz, denn das Wort setzt sich aus »Gan« = Garten oder Schirm und »Na'Iman« = ausgebreitet zusammen. Der Garten der Freude wäre demnach also nichts anderes als der über den Himmel ausgebreitete Schirm eines Pilzes. Dieser Ausdruck des Korans könnte direkt aus dem Pilzkult des alten Orients übernommen worden sein. Tatsächlich scheint der Koran eine wahre Fundgrube dieses alten Kultes zu sein, Mohammed hatte sehr engen Kontakt zu jüdischen und christlichen Gemeinden, nach Allegro getarnte Sekten dieses geheimen Pilzkultes.

Auch die schon im Abschnitt über den Hanf erwähnten Assassinen sollen solche Verehrer dieses Pilzes gewesen sein. Allegro begründet diese These wieder linguistisch: »Das Khashish – Haschisch –, dem sie ihren Namen verdanken, bedeutet im Arabischen nicht mehr als ›getrocknetes Kraut‹. Wenn man das Wort auf eine bestimmte Droge verwenden will, muß eigentlich eine nähere Bestimmung hinzutreten, wie ›Roter Haschisch‹, das heißt Belladonna, die giftige Tollkirsche. Mit Haschisch bezeichnet man heute Hanf, Cannabis sativa, und das aus seinem Harz gewonnene Nervengift. Aber man kann sich nur schwer vorstellen, daß unsere ›Hascher‹, diese traurigen Gestalten, die teilnahmslos durch Straßen und Hörsäle streunen, die geistigen Erben der drogenberauschten Fanatiker sein sollen, welche tollkühn gegen Schlösser stürmten und sich als Assassinen in die Stützpunkte ihrer Feinde einschlichen. Wenn ›Haschisch‹ und ›Cannabis‹ einander wirklich entsprechen, dann muß der letztere Name eine viel stärkere Droge bezeichnet haben.

Das griechische Kannabis können wir nun auf den sumerischen Bestandteil GAN, ›Pilzkult‹, zurückverfolgen, an den dasselbe Wort angefügt wurde, das uns in dem Namen Barnabas begegnet ist und soviel wie ›Rot mit weißem Sprenkeln‹ bedeutet, also die Zeichnung der Amanita muscaria. Er erlebte nicht nur seine Übertragung auf das schwächere Haschisch, sondern tauchte in verballhornter Form als griechisch Panakis auf, eine geheimnisvolle Pflanze, die auch Asklepion (wie anderswo der Pilz) heißt. Wenn man sie pflückte, mußte man der Erde verschiedene Früchte als Sühnegabe darbringen. Es scheint somit, daß das ursprüngliche Cannabis der Heilige Pilz war und daß die Droge, welche die Assassinen zu ihrer wahnsinnigen Selbstaufopferung aufputschte, dieselbe war, welche ein Jahrtausend zuvor für das gräßliche Ende der Zeloten von Massda verantwortlich war. Es muß allen Ernstes in Betracht gezogen werden, ob diese Assassinenbewegung nicht nur das Aufflackern eines Kultes darstellte, der von Anfang an im Islam vertreten, tatsächlich aber Jahrtausende älter war. Anscheinend zeichnen sich die um den Heiligen Pilz entstandenen Religionen dadurch aus, daß lange Zeiten relativer Ruhe und Stagnation blitzartig von gewalttätigem Extremismus unterbrochen werden, der dann verfolgt und unterdrückt wird, um nach vielen Generationen wieder aufzuflackern. So betrachtet, spiegelt die Geschichte die Reaktionen der von der Droge Berauschten. Nach Anfällen hektischer, unkontrollierter Aktivität verfällt der Pilzesser in einen Zustand dumpfer Lähmung, aus dem ihn nur eine neue Dosis des stimulierenden Giftes wecken kann.«

Richtig ist sicherlich der Einwand Allegros, daß Haschisch zu schwach ist, um als Aufputschmittel für Kommando- und Mordunternehmungen zu dienen. In dem Abschnitt über den Hanf wurde daraufhin gewiesen, daß für die Initiationszeremonie der Assassinen wahrscheinlich Bilsenkraut verwandt wurde.

Bevor die Frage nach den Wirkstoffen des Fliegenpilzes geklärt wird, muß noch einiges zum Namen gesagt werden. Lange Zeit nahm man an, der Name »Fliegenpilz« rühre aus der Wirksamkeit seines Giftes, mit ihm Fliegen töten zu können. Aber in der Regel werden sie nur benommen und erholen sich nach einiger Zeit wieder. Überzeugender ist vielleicht die Erklärung, daß sich der Name auf die Flugvisionen bezieht, die durch seine Einnahme hervorgerufen werden. Vielleicht soll damit die halluzinogene Wirkung des Pilzes nur allgemein angedeutet werden, denn die Fliege gilt der Sage nach als Zaubertier.

Schon vor hundert Jahren hat Robert Koppe als psychoaktiven Wirkstoff das Muskarin nachgewiesen, das noch bis in die 60er Jahre allein als für die Psychoaktivität verantwortlich gehalten wurde. Heute geht man davon aus, daß die beiden anderen Inhaltsstoffe, nämlich Ibotensäure und Muscimol, die halluzinogene Wirkung verursachen. Die sehr giftigen Verwandten des Fliegenpilzes, der Pantherpilz und die Knollenblätterpilze (Am-

Frühlingsknollenblätterpilz *(Amanita verna)*,
ein sehr giftiger Verwandter des Fiegenpilzes.

anita panthera bzw. Amanita verna und Amanita phalloides), enthalten hohe Konzentrationen von Ibotensäure und Muscimol.
Die für Erwachsene wirksame Dosis des Amanita muscaria enthält eine halbe Tasse zerstückelter Pilze. Die Naturvölker in
Sibirien nahmen einen großen und zwei kleine Fliegenpilze. Man
gab sie oft Suppen, Soßen und der Rentiermilch bei. Vergiftungserscheinungen beseitigte man mit zwei bis drei Eßlöffel Fett oder
Butter. Etwa 90 Minuten nach der Einnahme stellt sich die
Wirkung ein, die ungefähr 8 Stunden anhält. Wasson hat auch
herausgefunden, daß die Psychoaktivität des Fliegenpilzes davon
abhängt, ob er vorher getrocknet wurde. Durch den Trocknungs-
vorgang in der Sonne wird die Ibotenische Säure in Muscimol
umgewandelt.

Die Ethnomykologie fand auch Hinweise, daß bei den antiken Mysterien in Eleusis und vielleicht auch bei dem Orakel in Delphi halluzinogene Pilze verwandt wurden, um die für die Zeremonien erforderlichen ekstatischen Zustände hervorzurufen. Die entscheidenden Impulse kamen von Wasson, der die Ergebnisse seiner Forschungen in dem Buch »Der Weg nach Eleusis« (1984) niederlegte, das er gemeinsam mit Albert Hofmann und A. P. Ruck veröffentlichte.

Die großen eleusinischen Mysterien, eine Art Geheimkult oder -zeremonie, wurden alljährlich im September zu Ehren der Göttin Demeter veranstaltet. Bei diesen Feiern fand auch die Einweihung der Neulinge statt, die man als »Mysten« bezeichnete. Sie versammelten sich in Athen und zogen dann nach einer Reinigung im Meer in einer feierlichen Prozession in das benachbarte Eleusis. Um in die Geheimnisse dieses Kultes eingeweiht zu werden, war es erforderlich, mindestens zweimal Eleusis besucht zu haben. Den Mysten war es strengstens verboten, Einzelheiten des geheimen Rituals weiterzugeben. So blieben die eleusinischen Mysterien über die Jahrtausende hinweg ein Geheimkult, der uns heute nur in Umrissen bekannt ist. Der griechische Schriftsteller Clemens von Alexandrien (2. Jhdt. n. Chr) überliefert die Formel, die die Mysten sprechen mußten: »Ich trank den Kykeon. Ich nahm aus der ›Kiste‹. Ich vollzog die Handlung. Ich legte wieder in den Korb und aus dem Korb in die ›Kiste‹ –.«

Unter »Kiste« ist der Schrein der Göttin Demeter zu verstehen. Die eigentliche Initiierung dauerte vier Tage. Sie fand nachts im Beisein von einigen Tausend Personen statt. Man vermutet, daß die Mysten in einer Art Vision die Hadesfahrt der Demeter nacherleben sollten, die ja bekanntlich in die Unterwelt mußte, um ihre Tochter Persephone zurückzuholen. Archäologische Ausgrabungen haben ergeben, daß im Inneren des Heiligtums, dem Telesterion, keine dramatischen Aufführungen stattfanden. Man erlebte selbst Visionen, durch die man zum Erleuchteten oder Eingeweihten des Demeterkultes wurde. Die Fachgelehrten sind sich heute darin einig, daß den Mysten in dem »Kykeon« ein halluzinogener Stoff gereicht wurde oder der »Kykeon« selbst ein Rauschmittel war.

In der griechischen Mythologie wird berichtet, daß Demeter auf der Suche nach ihrer Tochter Persephone auch nach Mekone kam, das früher Sykion hieß, und dort den Mohn fand. Sie aß die grünen Kapseln, um ihren Kummer zu vergessen. Der Mohn wurde daher zum Symbol dieser Göttin und nimmt unter den ihr heiligen Pflanzen die wichtigste Stelle ein. Seit dem 7. Jahrhundert wird der Mohn auf Münzen abgebildet. Es kann keine Zweifel geben, daß die Mohnpflanze als Nahrungsmittel in der Antike bekannt war, aber fraglich ist, ob auch der opiumhaltige Milchsaft, das eigentliche Opium, als Rauschmittel bekannt war. Zwar erwähnt Homer den »Mohn getränkt mit lethäischen Schlummer« (= Vergessenheit bringend), und die antiken Ärzte scheinen Opium in schwacher Form gekannt zu haben, aber als Rauschmittel ist es erst im 16. Jahrhundert bei Paracelsus bezeugt.

Wenn man davon ausgeht, daß die Mysten Visionen erlebten, scheidet Opium aus. Denn nur wenn es geraucht wird, ruft es Halluzinationen hervor, und sicher bezeugt ist das Opiumrauchen erst im 17. Jahrhundert. Opiumessen, das im 15. Jahrhundert in der Türkei aufkam, führt allein zu euphorischen Gefühlszuständen.

Ranke-Graves stellte in seiner »Griechischen Mythologie« und in dem Buch »Die Weiße Göttin« die These auf, daß auch der Fliegenpilz bei den geheimen Demeter-Kulthandlungen seine Dienste tat. Er schreibt die griechischen Anfangsbuchstaben für die Ingredenzien des »Kykeon« untereinander, die aus der Spätantike überliefert sind: Minze, Wasser und gemahlene Gerste, die dann zu dem Wort »Myka« führen, der Akkusativform des griechischen Wortes für Pilz. Der Brauch, ein geheimgehaltenes Wort aus den Anfangsbuchstaben unverfänglicher Wörter untereinander zu schreiben, war schon bei den Kelten bekannt. Gegen diese Theorie spricht aber, daß es kaum möglich war, für einige Tausend Teilnehmer dieser geheimen Riten die genügende Menge Pilze zu beschaffen. Zweifelhaft ist auch, ob die vom Fliegenpilz hervorgerufenen Reaktionen sich mit den Gefühlszuständen deckt, die der Überlieferung nach bei den Teilnehmern der eleusinischen Mysterien auftraten. Die Quellen heben einstimmig das Gefühl von Ehrfurcht und Staunen hervor. Daraus soll das Wissen erwachen, das es den Eingeweihten gestattete, sich mit dem Göttlichen zu vereinigen. Die Wirkung des Fliegenpilzes aber besteht gerade in Halluzinationen, die zu Aufruhr, Unruhe und sexuellem Antrieb führen. Am Schluß folgt eine lähmende Trägheit.

Wasson geht ebenfalls davon aus, daß der heilige Trunk, Kykeon, ein Halluzinogen enthielt. Vieles spricht dafür, daß man ein Rauschmittel aus dem Mutterkorn der Gerste gewonnen hatte, dessen Alkaloid die Lysergsäure enthält, aus der die synthetische Droge Lysergsäure-Diäthylamid (LSD) hergestellt werden kann. In der Nähe von Eleusis liegt eine sehr fruchtbare Ebene, wo die Gerste angebaut wurde.

Das Mutterkorn ist die deutsche Bezeichnung für eine Pilz-

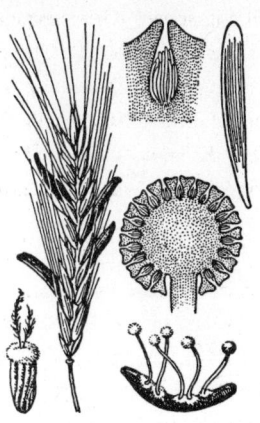

Mutterkorn.

wucherung, deren wichtigste Art die botanische Bezeichnung
Claviceps purpurea trägt.

Es ist ein Parasit, der Roggen, Gerste und Wildgräser befällt. Im
Volksglauben heißt er auch Tollkorn, was auf seine psychoaktive
Wirkung hinweist. Im Mittelalter verursachten die aus dem mut-
terkornhaltigen Roggen hergestellten Brote oft verheerende Epi-
demien, die Tausende von Menschen das Leben kosteten. Sie
traten in zwei Formen auf: als Kribbelkrankheit (Ergotismus
convulsus), die in Gestalt einer Krampfseuche das Nervensystem
befiel, und als Antoniusfeuer (Ergotismus gangraenosus), das
Wundbrände an den Gliedmaßen verursachte und schließlich zu
deren Absterben führte. Der Hl. Antonius war der Schutzheilige
eines geistlichen Ordens, der sich dieser Kranken annahm.

Ausgangspunkt der Überlegungen Wassons ist eine Beschreibung des psychischen Zustandes der Mysten, die der griechische
Rhetor Aristides (2. Jhdt. n. Chr.) gibt:

Typische Krankheitssymptome der Kribbelkrankheit.

»Was der Eingeweihte erfahre, sei neu, erstaunlich, der rationalen Erkenntnis unzugänglich. Eleusis ist ein der ganzen Erde gemeinsames Heiligtum, und von allen göttlichen Dingen, die es unter den Menschen gibt, ist es das ehrfurchtgebietendste und das leuchtendste. An welchem Ort der Erde wurden wunderbarere Botschaften gesungen, und wo erweckten die Dromena größere Gemütsbewegungen, wo gab es größere Rivalität zwischen Sehen und Hören?«

Diese Beschreibung entspricht Punkt für Punkt der Wirkung des mexikanischen Pilzrituals auf die Eingeweihten. Auch dort kommt es zu einer Rivalität zwischen Hören und Sehen. Den Beweis, daß es sich hierbei vielleicht um die Wirkung eines Mutterkornalkaloid handelt, liefert ihm ein Papyrusfragment des Dichters Eupolis (5. Jhdt. v. Chr.). Aus diesem Stück einer Komödie geht hervor, daß der »Kykeon« tatsächlich ein Trank war, der Gerste enthielt. Denn Eupolis läßt einen Schauspieler sagen, er habe gesehen, daß sich bei einem, der den Kykeon trank, noch Gerstengrütze am Schnurrbart befunden habe.

Es ist also durchaus denkbar, daß die Griechen bei den eleusinischen Mysterien eine Mutterkornart benutzten, deren psychoaktive Alkaloide wasserlöslich waren. Eine solche Mutterkornart hat der Entdecker des LSD, Albert Hofmann, nachgewiesen. Sie wächst auf dem im ganzen Mittelmeergebiet verbreiteten Gras Paspalum distichum, deren psychoaktive Wirkstoffe durch einfache Lösung in Wasser freigesetzt werden können. Man dachte auch an eine Mutterkornart, die auf einer Wildgrasart, dem Taumellolch (Lolium temulentum) wächst. Schon die deutsche Bezeichnung »Tollkorn« – die Griechen nannten sie »Pflanze der Raserei« – weist auf ihre psychoaktive Wirkung hin. Doch Hofmann konnte nachweisen, daß die halluzinogene Wirkung ausschließlich auf den Befall durch das parasitäre Mutterkorn zurückzuführen ist.

Zaubersalben und magische Rauchmittel

Hexensalben

Das mittelalterliche Hexenwesen ist eine sehr komplexe Erscheinung. Schon im 16. Jahrhundert führten Gelehrte wie Cardano (1501–76) und Della Porta (1540–1615) die wesentlichsten Phänomene des Hexenwesens wie die Tierverwandlung, Flüge und Teufelserscheinungen auf den Gebrauch von halluzinogenen Stoffen in Salben und Getränken zurück. So schreibt Della Porta in seinem Buch »Magia naturalis« (Buch II, Kap. 26 ff):

»So sehr hat sich die böse Lust mancher Menschen bemeistert, daß sie, die wohltätigen Gaben der Natur mißbrauchend, viele derselben zusammenmischen, um sich Hexensalben zu bereiten, die, obgleich viel Aberglauben beigemengt ist, doch, wie man leicht erkennt, durch natürliche Kräfte wirksam sind. Ich will darüber ausführen, was ich von denen, die sich damit abgeben, mitgeteilt erhielt. Das Fett eines womöglich noch ungetauften in einem kupfernen Kessel gekochten Knaben wird vom Wasser abgeschöpft und noch anderes dazugetan, Sellerie, blaue Wolfswurz (= Eisenhut), Pappelzweige und Ruß. Oder in einer anderen Weise Wassermerk, Wasserschwertel, Fünffingerkraut, Nachtschatten mit Öl und Fledermausblut.

Bei Gebrauch werden die Glieder bis zur Röte gerieben, damit die schnell aufgesogene Salbe ihre Wirkung um so kräftiger äußern kann. Auf diese Weise glauben sie des Nachts im Mondschein durch die Luft zu Schmaus, Spiel, Tanz und Buhlschaft

Hexen stellen ihren Trank oder ihre Salben her.

mit jungen Gesellen, die sie besonders begehren, zu fahren. Und so gewaltig ist die Kraft der Imagination, daß der Teil des Gehirns, wo das Gedächtnis liegt, von dem Eingeprägten voll ist, und weil sie von Natur sehr leichtgläubig sind, so erfassen sie die Eindrücke gar schnell, so daß die Geister des Gehirns verändert werden, um so mehr, als sie Tag und Nacht an nichts anderes denken. Dies geschieht um so leichter, als diejenigen, welche die Salben gebrauchen, weiter nichts essen als Mangold, Wurzeln, Gemüse, Kastanien und dergleichen rohe Speise. Da ich nun ernstlich über die Sache nachdachte, noch ungewiß, was ich davon halten sollte, machte ich die Bekanntschaft eines alten Weibes von welcher Art, der man nachsagt, daß sie des Nachts in die Häuser gehen und den in die Wiegen liegenden Kindern

Der Flug der Hexen zum Sabbat.

das Blut aussaugen. Als ich sie nun ernstlich über Einiges aus-
fragte, sagte sie gleich, sie wolle mir im Augenblick Antwort
darauf geben. Darauf hieß sie mich und die anderen, welche ich
als Zeugen mitbrachte, aus der Stuben gehen, zog sich nackt aus
und rieb sich über und über mit der Salbe stark ein, wie wir durch
einen Ritz in der Tür sehen konnten. Durch die Macht der Salbe
fiel sie sofort nieder und versank in einen tiefen Schlaf. Wir
öffneten daraufhin die Tür und fanden die Betäubung, in der sie
lag, so stark, daß sie von den Schlägen, die wir ihr gaben, gar
nichts merkte, so tief war der Schlaf. Wir gingen wieder heraus,
bis die narkotische Salbe ihre Wirkung verloren hatte. Als sie nun
erwachte, erzählte sie Wunderdinge, wie sie über Meere und
Berge gefahren sei etc. Was wir auch dagegen sagen mochten, es
blieb ohne Wirkung auf sie, und als wir ihr die blauen Flecken
zeigten, die wir ihr im Schlaf geschlagen hatten, so widerstand
sie uns noch halsstarriger.«
Schon der bekannte Okkultismusforscher Kiesewetter (1854–
1895) unterschied drei Arten Hexensalben: die sagenhaften, die

indifferenten und die narkotischen. Zu der ersten Art gehören die von Remigius, einem französischen Hexenrichter (1530–1612), erwähnten weißen und roten Salben, die mit weißen und gelben Tropfen vermengt waren. Nach seiner Beschreibung glänzten sie, gleichsam wie wenn Metallblättchen beigemischt wären, und verbrannten in einer hellen Flamme. Dabei habe sich ein fürchterlicher Gestank entwickelt. Zu den indifferenten Salben gehören die von Johann Hartlieb (1405–1468), der Leibarzt des Königs von Bayern war, beschriebenen Mischungen aus Mondraute, Eisenhut, Bingelkraut, Fetthenne, Frauenhaar und Cichorie. Keine der Pflanzen besitzt eine nennenswerte Psychoaktivität.

Schon Paracelsus (»Über die Hexen und ihre Werke«) gibt die Zusammensetzung einer Salbe an, die halluzinogene Pflanzen enthält: Kinderfett, Mohn, Nachtschatten, Cichorie und Schierling. Wier (1515–1588), ein Schüler des Agrippa von Nettesheim, gibt als Inhaltsstoffe an: Wassereppich, Wasserschwertel, Fünffingerkraut, Fledermausblut, Tollkirsche oder Taumellolch, Bilsenkraut, Schierling, Feld- und Gartenmohn, Giftlattig, Wolfsmilch und Tollkirschenbeeren.

Die Psychoaktivität all dieser Salben beruht auf den Nachtschattengewächsen und dem Mohn. Kiesewetter berichtet in seinem Buch »Geschichte des Okkultismus« von einem Selbstversuch, den er mit einer Hexensalbe durchführte. Er erwähnt nur, daß sie Bilsenkraut enthielt:

»Ich selbst habe mehrfach mit ähnlichen Stoffen und Hexensalben experimentiert. Die Einreibung der Herzgrube mit einer Lösung von selbstdargestelltem Hyoscanin (aus dem Bilsenkraut gewonnen) bewirkte Träume von einem lebhaften Fliegen in einer Spirale, als ob ich von einem Wirbelsturm umhergerissen

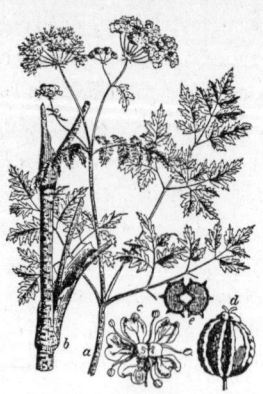

Gefleckter Schierling, der Bestandteil der meisten Hexensalben ist.
Er enthält das Atmungslähmungsgift Coniin.

würde. Wenn ich mir mit Della Portas Salben nach Weglassung
der unwirksamen Bestandteile Herzgrube, Achselhöhle, Scheitel
und Kreuz eingerieben hatte, schlief ich Nachts darauf stets tief
und erwachte am Morgen, ohne irgendwelche nachteilige Folgen
zu spüren; dagegen träumte ich stets in den folgenden Nächten
sehr lebhaft von blitzschnellen Reisen per Eisenbahn oder zu
Wasser in prachtvollen tropischen Gegenden. Dabei kam es mir
mehrfach vor, daß ich mich auf einer Art Pagode stehen sah,
welche auf einem hohen Berg lag; im Tal darunter befand sich
eine Stadt mit würfelförmigen, mehrere Stock hohen Häusern,
deren obere Stockwerke stets kleinere Würfel waren. Ich sprach
als eine Art Priester zum versammelten Volk. Ich bereitete mir
von obigen Stoffen alkoholische Tinkturen und nahm davon vor
dem Schlafengehen. Das Resultat war zunächst ein bleierner
Schlaf und nach dem Erwachen eine narkotische Vergiftung mit
Erscheinungen der Karphologie (sinnloses Umhergreifen von

Kranken), Erweiterung der Pupille, Trockenheit des Schlundes (ich wollte Wasser trinken und saugte an der Taschenuhr, obschon ich mir über die Unsinnigkeit der Handlung im klaren war), Röte des Gesichts etc. Besonders merkwürdig war mir, daß sich bei jeder kleinen Bewegung mein Arm oder Bein in das Unendliche zu verlängern schien. Dieser Zustand hielt, während ich viel schwarzen Kaffee oder Essig trank, mit leidlichen Besserungen bis zum Abend an. Die nächste Nacht verging unter ziemlich gutem, nur durch Herzklopfen unterbrochenem Schlaf. In den folgenden Nächten hatte ich lebhafte symbolische Träume. Die Pupillen blieben noch mehrere Tage erweitert und gegen Licht äußerst empfindlich. Ein wirkliches Hellsehen habe ich bei meinen wenigen Versuchen nicht erzielt, da mich von weiteren Experimenten die Gefährlichkeit der Sache und der nachfolgende Kater abhielt.«

Dieser Selbstversuch Kiesewetters läßt noch viele Fragen offen. Aber er bestätigt die Vermutung, daß die überlieferten Rezepte von Hexensalben Visionen hervorrufen können, die denen aus den Geständnissen vieler als Hexen vor der Inquisition stehenden Frauen ähneln. Zwar muß man davon ausgehen, daß die Hexen-

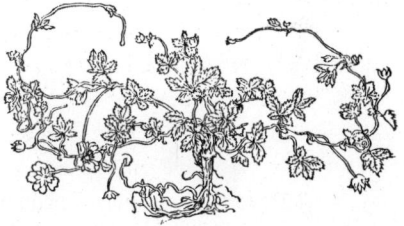

Fünffingerkraut; in den Hexensalben werden auch Pflanzen aufgeführt, die nach der Meinung der damaligen Gelehrten eine bestimmte Wirkung auf den Menschen haben, meistens aber aus astrologischen Gründen.

richter den Frauen unter der Folter manche ekelerregende Zutaten einredeten, aber in machen Fällen die übrigen Bestandteile der Wirklichkeit entsprachen. Im Jahre 1930 unternahm der Göttinger Prof. Peuckert (1895–1969) zusammen mit einem Rechtsanwalt einen Selbstversuch, der 1960 der Öffentlichkeit bekannt wurde. Peuckert studierte sehr genau die Hexenprozeßakten. Dabei stellte er fest, daß in allen europäischen Ländern, in denen solche Prozesse stattfanden, sich die Aussage angeklagter Hexen wiederholte, daß sie mit dem Teufel Geschlechtsverkehr gehabt hätten. Dabei empfand die Hexe das Glied des Teufels als eiskalt. Peuckert ging von der Annahme aus, daß diese Vision von der Hexensalbe herrührte. Nach dem oben erwähnten Bericht von Della Porta stellte Peuckert eine Hexensalbe her. Der Selbstversuch lief so ab:

»Es war an einem Nachmittag gegen 18 Uhr. Zur Kontrolle hatte ich einen befreundeten Rechtsanwalt für das Experiment interessiert. Wir strichen uns die Salbe auf die Stirn und die Achselhöhlen. Wenig später fielen wir in einen rauschähnlichen Schlaf.«

Erst nach 20 Stunden wachten die Experimentatoren auf. »Wir hatten wilde Träume. Vor meinen Augen tanzten zunächst grauenhaft verzerrte menschliche Gesichter. Dann plötzlich hatte ich das Gefühl, als flöge ich meilenweit durch die Luft. Der Flug wurde wiederholt durch tiefe Stürze unterbrochen. In der Schlußphase schließlich das Bild eines orgiastischen Festes mit grotesk sinnlichen Ausschweifungen.«

Peuckert und der Rechtsanwalt schrieben unmittelbar nach dem Aufwachen ihre Traumerlebnisse nieder. Auffällig und geradezu sensationell war, daß beide Berichte bis in die kleinsten Details übereinstimmten. Gleichzeitig deckten sie sich mit den Aussagen und Geständnissen von verurteilten Hexen. Peuckert kam deshalb zu dem Schluß, daß es im Mittelalter Frauen gegeben hat, die solche Salbenmischungen benutzt und entsprechende Rauscherlebnisse gehabt haben mußten, die sie nachher für die Wirklichkeit gehalten hatten.

Hexentränke

In den Hexenprozeßakten werden zwar häufig Salben, aber nur sehr selten »Hexentränke« erwähnt. Auch hier spielen die Nachtschattengewächse Alraun, Tollkirsche, Stechapfel und Bilsenkraut eine wichtige Rolle. Noch bis ins 17. Jahrhundert war es Brauch, sogar alkoholische Getränke durch den Zusatz solcher Nachtschattengewächse zu »verstärken«.

Schon 3000 v. Chr. erhöhten die Ägypter durch den Zusatz von Alraunfrüchten die Wirkung ihres Bieres. Im mittelalterlichen Deutschland erhielt das Bier, das nur einen schwachen Alkoholgehalt hatte, so daß man bis zu 44 Becher davon trinken konnte, als Zusatz Bilsenkraut. Ortsnamen wie Bilsengarten, Pilsen, Bilsdorf etc. erinnern daran, daß dieses Kraut regelrecht angebaut wurde. Eine Polizeiverordnung aus dem Jahre 1507 verfügte, daß der Zusatz von Bilsenkraut und anderen »tollmachenden Stücken und Kräutern« zum Bier streng verboten ist. Im Jahre 1649 bestimmte die bayerische Land- und Polizeiverordnung, daß zwar »Salz, Krammetbeeren (= Wacholder) und Kümmel« dem Bier zugesetzt werden durften, aber andere Kräuter, namentlich das Bilsenkraut, untersagt waren. Solche »Rauschbiere«, oder besser Starkbiere, mußten im Mittelalter sehr verbreitet gewesen sein. Noch Theodor Tabernaemontanus sagt in seinem berühmten

Kräuterbuch 1664: »Biere mit Bilsenkraut soll niemand trinken, denn diejenigen, so das Leben verwirkt haben, denn sie bringen Hirnwüten, Unsinnigkeit und bisweilen den jähen Tod.«

Magisches Rauchwerk und Räucherpulver

Als gegen Ende des 16. Jahrhunderts der Tabak nach Europa kam, verdrängte er die europäischen Rauchkräuter, die allerdings vornehmlich für magische Operationen gebraucht worden waren. Agrippa von Nettesheim (1486–1535) erwähnt in seinem Buch »De occulta philosophia« (Kap. 1, 43) drei solche Rauchmixturen: Bilsenkraut, Koriander, Eppich und schwarzer Mohnsamen

Agrippa von Nettesheim, Holzstich von 1533.

oder Leinsamen, Flohsamen, Veilchen und Eppichwurzel oder Koriander, Bilsenkraut und Schierling.

Der bayerische Gelehrte Carl Eckharthausen (1752–1803) behandelt in seinem Buch »Magische Aufschlüsse« ausführlich das

Mittelalterliche Kräuterpfeife.

magische Rauchwerk und das dazugehörige Ritual. Er gibt folgende Bestandteile an: Schierling, Bilsenkraut, Safran, Aloe, Opium, Mandragora, schwarzer Mohnsamen, Eppichsaft, Asant und Moosrohrwurzel. Statt der beiden letzten Pflanzen kann man auch Asa födita und Sumpfborst nehmen. Diese Kräutermischungen werden in eine Kohlenpfanne geworfen, als Schutzmaßnahme gegen »giftige« Dämpfe legt man noch essiggetränkte Schwämme und Schwefel dazu. Solche magischen Räucherungen wurden bei der Nekromantie benutzt, die als Teil der weißen Magie versucht, durch Beschwörungen verstorbene Menschen wieder leibhaft erscheinen zu lassen, um sie zu befragen oder Dienste von ihnen zu erbitten.

Zu den umfangreichen Vorbereitungen wie Reinigung und sexuelle Enthaltsamkeit gehört auch, daß man zuvor acht Tage lang an die zu beschwörende Person denken muß. Daß die Dämpfe Visionen und Halluzinationen hervorgerufen haben, dafür spricht die Verwendung psychoaktiver Pflanzen wie Bilsenkraut und Mohn.

Die Pflanzenabbildungen (Nachtschattengewächse bzw. Mohn?) weisen darauf
hin, daß es sich um eine Kräuterpfeife handelt.

Einen Selbstversuch mit dem magischen Rauchwerk beschreibt
der Oberkirchenrat Horst (1767–1838) in seiner »Zauberbiblio-
thek« (Bd. VI, Seite 24 ff): »Ich will es kurz machen, die Neu-
gierde wandelt mich an, einen ähnlichen Versuch anzustellen, um
so mehr, da ich die Sache immer noch stark bezweifle. Um der
Sache desto gewisser zu sein und meine Beobachtungen mit
denen eines Dritten vergleichen zu können, nahm ich einen
jungen, kaltblütigen und unbefangenen Mann dazu, dem ich
sagte, es handle sich hier gar nicht um Geisterzitierungen, sondern dies Räucherwerk soll an sich und auf ganz natürliche Weise
Kraft besitzen, daß man dabei unwillkürlich Phantasmen und
allerhand geisterartige Schattengestalten sehe, ich könne mich
nicht davon überzeugen; ob er vielleicht zum Scherz einem
Versuch damit beiwohnen und mit Ruhe und Besonnenheit zugleich mit mir beobachten wolle. Der Vorschlag ward mit Vergnügen angenommen. Wir räucherten und empfanden nach eini-

gen Minuten einige Brustbeklemmungen und Übelkeit, auch fühlten wir die Augen vom Rauch sehr angegriffen. Indem der Rauch verstärkt wurde, rief der junge Mann auf einmal: ›Nun, bei Gott, dort schweben ja wirklich zwei Figuren‹, indem er mit dem Finger auf den Fleck deutete. Ich sah für den Augenblick solche nicht, aber indem ich auf die bezeichnete Stelle losging und mich umwandte, meinte ich ganz deutlich (denn ich will mich nicht bestimmter ausdrücken) von dem anderen Ende des Zimmers eine menschenähnliche Schattengestalt zu erblicken, die nach mir hinschwebte, während der unerschrockene Mann mit zwei Schatten, Phantasmen (= Wahngebilden) oder wie wir es nennen wollen, zu tun hatte, von welchen er behauptete, daß sie ihm dicht vor seinen Augen schwebten, und ich neben der ersten und diesen beiden Gestalten eine kleinere neue Gestalt zu sehen glaubte, oder, die Wahrheit zu sagen, wirklich sah, welche gleichsam aus dem Boden aufstieg und sich vor meinen Augen

Darstellung einer alten Kräuterpfeife.

Öffentliche Herstellung des »Theriakes«, eines schon von den antiken Ärzten erfundenen Heilmittels. Sein wichtigster Bestandteil ist das Opium.

entwickelte, so daß mir das Bekannte: ›Ich sehe Götter aufsteigen aus der Erde!‹ dabei einfiel.«

Das Einatmen von Dämpfen der erhitzten Pflanzenteile ist eine uralte Form, die halluzinogenen Wirkstoffe der Zauberpflanzen aufzunehmen. Schon der griechische Schriftsteller Herodot (480–426 v. Chr.) berichtet von den Massageten, einem Volk am Kaspischen Meer:

»Auch habe man Bäume bei ihnen gefunden, deren Früchte sie, wenn sie in Gruppen zusammenkämen, in ein Feuer hineinwürfen, um das sie sich lagerten. Wenn sie dann an den verbrannten Früchten riechen würden, wären sie so betrunken von dem Geruch wie die Griechen vom Wein. Wenn aber noch mehr Früchte hineingeworfen würden, dann würden sie noch mehr trunken, bis sie zum Tanz aufstünden und zu singen anfangen würden.«

In der Vergangenheit dachte man dabei an den Hanf, aber heute neigt die Mehrheit der Interpreten dazu, daß mit den »Früchten« die stacheligen Früchte des Stechapfels gemeint sind.

Das bekannteste magische Rauchwerk ist das Opium, das aus dem weißen Saft der unreifen Mohnkapseln gewonnen wird. Es stammt ursprünglich aus dem Raum Arabien, Persien und Indien, von wo aus er dann nach Europa und China gelangte. Fraglich ist, ob die Griechen das Opium schon kannten. Wir wissen, daß sie aus dem Mohnsamen Arzneimittel herstellten. Schon 250 v. Chr. benutzte Herakleides von Tarent ein Extrakt aus Mohn als Heilmittel gegen verschiedene Krankheiten. Das eigentliche Opium, das sicherlich nur eine schwache Psychoaktivität enthielt, kam erst im 1. Jahrhundert v. Chr. aus Kleinasien nach Griechenland.

In China wird die Mohnpflanze erst 625 n. Chr. erwähnt. Die chinesische Bezeichnung »A-f-yung« weist auf Arabien als Ursprungsland hin. Erst 1280 n. Chr. wurde Opium nach China

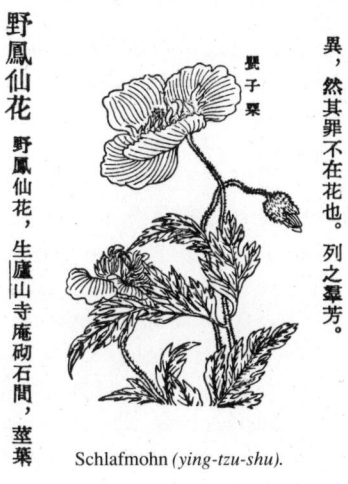

Schlafmohn (*ying-tzu-shu*).

eingeführt. Aus dem Reich der Mitte gibt es vor dem Ende des 16. Jahrhunderts keine Berichte über das Opiumrauchen, das seit dem 17. Jahrhundert durch Reiseberichte über Opiumhöhlen irrtümlich als Ursprungsland dieser gefährlichen Sucht angesehen wird.

Wenn das Opium seine psychoaktive Wirkung entfalten soll, muß es geraucht werden. Das rohe Opium eignet sich nicht zum Rauchen, sondern es muß erst einem aufwendigen Umarbeitungsverfahren unterworfen werden. Das Opium wird mit Wasser zu einem dicken Brei angerührt und soweit eingedickt, daß es nach dem Erkalten eine feste Masse bildet. Noch im warmen Zustand wird diese Masse auf dem Boden einer Messingpfanne zu einem fingerdicken Teig ausgebreitet. Die Pfanne wird umgedreht und über freies Feuer gehalten, damit sich die obere Schicht des Kuchens blasenförmig aufbläht und sich als zusammenhängende Flade von dem Kuchen abziehen läßt. Dieser Vorgang wird bis zu einem Dutzendmal wiederholt. Nun werden die Fladen zerstoßen, in Wasser aufgelöst, abgefiltert und mit Honig eingedickt. Nachdem die Masse schaumig geschlagen wurde, wird sie in kleine Kessel abgefüllt. Man läßt es drei Monate stehen und wartet, bis es zu schimmeln anfängt. Dies ist dann das Rauchopium, das Tschandu, das etwa 50% mehr Morphin als das Rohopium enthält.

Zum Rauchen benötigt man bestimmte Pfeifen. Sie bestehen aus einem dicken Rohr, das man ohne Mundstück benutzt. Am vorderen Ende befindet sich ein Ring aus Knochen oder Horn. Der Kopf der Pfeife besteht aus Ton. Er hat nur eine ganz kleine Öffnung, in die das Opium gedrückt wird. Das Opiumrauchen selbst erfordert einige Übung. Der Raucher nimmt in die eine Hand die Pfeife und in die andere eine Nadel, mit der er ein

Opiumraucher in Tätigkeit, das Opium an der Flamme der Lampe
verbrennend; A = Geräte zum Reinigen des Pfeifenkopfes; B = Nadel zum
Aufnehmen des Opiums; C = Längsschnitt durch den Pfeifenkopf
(nach: Hartwich, »Die menschlichen Genußmittel«).

erbsengroßes Stück Tschandu aus der Büchse nimmt. Da es noch
die Form dicken Sirups hat, muß es über einer Flamme eingedickt
werden. Zum Schluß sitzt das Opium in Gestalt eines Kügelchens
an der Nadelspitze. Nachdem es in die Öffnung der Pfeife so
hineinpraktiziert wurde, daß ein enger Kanal freibleibt, nimmt
der Raucher eine liegende Stellung ein und hält die Pfeife an die
Flamme. Mit kräftigen Lungenzügen wird der Rauch eingezo-
gen, eine längere Zeit in der Lunge behalten und dann durch die
Nase ausgestoßen. Um die gewünschte Wirkung zu erreichen,
sind oft mehrere Pfeifen notwendig.

Auch der geheimnisvolle Rauch des berühmten delphischen Orakels wird mit Zauberpflanzen in Verbindung gebracht. Delphi,
das in Zentralgriechenland liegt, galt in der Antike als der Mittelpunkt der Welt und Sitz des bedeutendsten Orakels der alten
Welt. Ein Orakel zu befragen, war die beliebteste Form der
Weissagung in der Antike. In dem Tempel des Apollo, der bei

den Griechen auch der Gott der Weissagung war, stand über einem Erdspalt (?) ein gewaltiger Dreifuß. Der Überlieferung nach sollen aus dem Erdspalt Dämpfe emporgestiegen sein. Das Ritual wurde von einer Priesterin, Pythia genannt, vollzogen. Nachdem sie sich durch Fasten, Trinken von Quellwasser und dem Kauen von Lorbeerblättern vorbereitet hatte, bestieg sie den Dreifuß und atmete die Dämpfe ein. Bald geriet sie in einen ekstatischen Zustand, und unter Krämpfen stieß sie einzelne Worte aus, die den Fragestellern von den ihr zur Seite stehenden Priestern als Spruch verkündet wurden. Zahlreiche solcher Sprüche sind überliefert: »Schildkrötenduft erreicht mich wohl, des gepanzerten Tieres, brodelnd mit Fleisch zusammen vom Lamm in eherner Pfanne, Erz umschließt es von allen Seiten, so oben wie unten.«

Das Geheimnis um den Rauch von Delphi ist bis heute noch nicht gelüftet. Vermutlich entquoll er nicht einem Erdspalt, sondern einem Räucherbecken. Viel wurde gerätselt, welche Pflanze bzw. Mischung darin verbrannt wurde. Man dachte zuerst an das dem Apoll heilige Manna, das aus dem Weihrauchbaum hergestellt wird. Schon der griechische Arzt Dioskurides berichtet, daß es in größeren Mengen Wahnsinn hervorrufen kann. In Erwägung wurden auch Myrrhe und Lorbeerblätter gezogen, die, ebenfalls beide dem Apollo heilig, in der Antike auch beim Wahrsagen verbrannt wurden. Aber diese Pflanzen haben keine psychoaktive Wirkung und können nicht die berühmten Krämpfe der Pythia hervorrufen.

Der bekannte Ethnopharmakologe Christian Rätsch vermutet deshalb, daß die Dämpfe des delphischen Orakels von verbranntem Bilsenkraut herrühren. In der Antike hieß diese Zauberpflanze auch »Apollinaris« (Kraut des Apollo) oder »Pythonio« (Py-

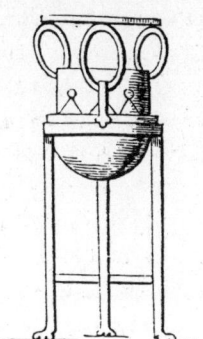

Der Dreifuß, den der Überlieferung nach Pythia benutzte.

thisches Kraut). Dioskurides überlieferte seine keltische Bezeichnung: Belunita; dieser Name ist abgeleitet von dem keltischen Gott Belenos, dem das Orakelwesen untersteht. Diese
Deutung hat einiges für sich, denn sie würde die konvulsorischen
Zuckungen der Pythia erklären (vgl. auch das Kapitel »Bilsenkraut«, in dem der Selbstversuch Gustav Schenks beschrieben
wird).

Christian Rätsch unternahm deshalb einen Selbstversuch (»Curare«, Vol. 10). Als Rauchwerk benutzte er eine Mischung aus
zwei Teilen Weihrauchharz und je einem Teil Myrrhe, Bilsenkraut, Mohnkapseln, Hanfblüten, Lorbeerblätter, Diptam, Ste-
chapfelsamen und etwas Zimtöl. Einige der sechzehn Personen,
die an diesem Versuch teilnahmen, empfanden eine stark betäubende Wirkung, aber hellseherische Leistungen konnten nicht
erbracht werden.

Die Verwendung von magischem Rauchwerk muß auch bei dem
berühmtesten aller Seher, Nostradamus (1503–66), in Betracht
gezogen werden. Nostradamus war Arzt, und auf seinen Reisen,
die er von 1536 bis 1546 durch ganz Europa machte, soll er auch

die Bekanntschaft von Paracelsus und des Magiers Dr. Faust gemacht haben. Hinweise darauf gibt er in der Vorrede an seinen Sohn und in den beiden ersten Vierzeilern.

I, 1

Ich sitze bei nächtlichen geheimen Studien.
Ich bin alleine, hab Platz genommen auf dem ehernen Dreifuß.
Die winzige Flamme steigt aus der Einsamkeit.
Sie läßt hervorsprießen, woran man nicht vergeblich glauben soll.

I, 2

Die Wünschelrute in der Hand bin ich in das Reich des Branchus (= Sohn des Apoll) versetzt.
Das Wasser netzt mir die Füße und den Saum.
Über die Zweige überkommt mich Furcht. Die Stimme zittert.
Göttliches Leuchten. Das Göttliche läßt sich bei mir nieder.

(Übers. nach Allgeier: »Die Prophezeiungen des N.«)

Licht in den Sinn der dunklen Verse wirft ein Satz aus der Vorrede an seinen Sohn: »Doch einige Male in der Woche versetzte ich mich in Trance. Dann reinigte ich in langen Berechnungen die nächtlichen Studien vom Schwefelgeruch.«
Der eherne Dreifuß erinnert an die geheimnisvollen Dämpfe des delphischen Orakels. Offenbar stand er über einem mit magischen Essenzen oder Absuden von Zauberpflanzen gefüllten Wasserbottich. Nostradamus atmete die Dämpfe ein und geriet

Nostradamus.

in einen Trancezustand. Der »Schwefelgeruch« erinnert an die schon erwähnten Rezepte von Carl Eckhartshausen: Durch den Zusatz von Schwefel sollten die toxischen Stoffe beigesetzt bzw. gebunden werden. Vielleicht hat Nostradamus seine 942 Vierzeiler, die seit Jahrhunderten die Gelehrten zu immer neuen Deutungen anregen, unter dem Einfluß halluzinogener Stoffe verfaßt. Die Vermengung von griechischen, lateinischen, hebräischen, provenzalischen und französischen Wörtern und der Verballhornung bzw. Verstümmelung von Eigennamen können in der Tat Ergebnis eines von Drogen hervorgerufenen Trancezustandes sein.

Die Magie der Heilkräuter

In der Heilkunde aller Völker nehmen die Heilkräuter eine wichtige Stellung ein. In den alten Hochkulturen wurden Heilpflanzen geradezu als etwas Göttliches verehrt. So heißt es in den Veden, dem ältesten Dokument der indischen Literatur: »Oh Kräuter! Oh ihr Mütter! Euch grüß' ich wie die Göttinnen!« (»Yakurveda«, N. 2.6.) Dagegen wird von Tieren oder aus Mineralien gewonnenen Heilmitteln ein deutlich geringeres Interesse entgegengebracht. Ein Geheimnis bleibt, wie die frühen Kulturen herausgefunden haben, welche Pflanzen sich zur Verhütung und Heilung von Krankheiten und zur Linderung von Schmerzen eignen. Sicher lernten sie die Heilkräuter bei der Nahrungssuche kennen oder beobachteten Tiere, die bei Krankheiten gewisse Pflanzen bevorzugten.

Das hohe Ansehen mancher Heilkräuter fand ihre Würdigung auch darin, daß ihre Entdeckung oder das Wissen um ihre Wirkung dem Segen von Göttern oder Wesen aus der Mythologie zugeschrieben wurde.

Schon die Antike kannte ein Allheilmittel oder »Panakes«, das der kräuterkundige Kentaur Chiro entdeckt haben soll. Man nannte es deshalb »Centaurion«. Auch auf den berühmten Achill wird ein solches Breitband-Medikament zurückgeführt, das »Achilleos«, mir dem er die Wunden des Telephus, Herakles' Sohn, heilte. Der Sage nach wurden diese geheimnisvollen Wunderkräuter – Centaurion und Achilleos – ihren Entdeckern im Traum offenbart. Auch die deutsche Volksmedizin kennt eine

Heilkräuter werden in einer Apotheke zubereitet.
(Französischer Holzschnitt 1500).

solche, göttliche offenbarte Wunderheilpflanze: Während der
Pest erschien Karl dem Großen ein Engel und befahl ihm, einen
Pfeil in die Luft zu schießen. Sogleich am nächsten Morgen
führte er den Rat des Engels aus und schoß einen Pfeil in die Luft.
Dessen Spitze blieb in der Eberwurz (Carlina) stecken, die fortan
als – leider nicht durchschlagendes – Heilmittel gegen die Pest
diente.

Der Zauberglaube, der seit der Antike mit den Heilkräutern
verbunden ist, verlangt sowohl beim Sammeln wie bei der Anwendung besondere Rituale. Die religiös-mystische Verehrung,
die man diesen Pflanzen entgegenbringt, gebietet es, sie nicht
einfach auszugraben oder herauszureißen. Schon die antiken
Ärzte forderten, daß man beim Ausgraben der Heilkräuter kein
Eisen verwenden darf, weil sonst die Zauberkraft der Pflanze
zerstört wird. Eisen gilt als dämonenabwehrend. Wöchnerinnen

legen deshalb einem Neugeborenen ein eisernes Werkzeug unter das Kissen, damit es nicht von bösen Geistern bezaubert wird. Steinernes oder bronzenes Werkzeug darf man benutzen, aber noch besser sind solche aus den Edelmetallen wie Gold und Silber, die bei einigen Pflanzen sogar notwendig erscheinen. So soll die Mistel, ein antikes Panazee oder Allheilmittel, von den Druiden, den keltischen Priestern, mit goldenen Sicheln geschnitten worden sein. Da die Heilpflanzen etwas Göttliches und Überirdisches sind, dürfen sie auf keinen Fall die Erde berühren. Dies ist für einige Kräuter Voraussetzung ihrer Wirkung. Die Knospen des Maulbeerbaumes müssen so gepflückt werden, daß die Zauberkraft der Erde sie nicht beeinflußt. Ansonsten können sie keine Blutungen stillen.

Vor allem die als Aphrodisiaka (Liebesmittel) genutzten Heilkräuter müssen mit der linken Hand gepflückt werden. Sie ist gleichsam die »Liebeshand«, weil sie dem Herzen am nächsten ist. Aber in der Magie gelten allgemein linke Finger, Füße oder Pfoten als zauberkräftig. Auch die schon in ihrer magischen Rolle beschriebene Weide, gilt in der Volksmedizin nur dann als wirksames Mittel gegen Gicht, wenn sie mit der linken Hand angefaßt wurde.

Darüber hinaus dürfen Zauberpflanzen nicht mit den bloßen Händen angefaßt werden, was grundsätzlich für alle magischen Gegenstände gilt. Der römische Schriftsteller Plinius (1. Jhdt. n. Chr.) berichtet von einer Wacholderart (Selago), deren Zweige man ohne Hilfe eines Messers mit der von der Tunika bedeckten rechten Hand brechen muß, während die linke Hand wie bei einem Trickdiebstahl hervorgestreckt wird. Die Pflanze darf also mit der bloßen Hand nicht berührt werden. Außerdem muß man dabei weiß gekleidet sein, ohne Schuhe gehen und vorher

Wein und Brot geopfert haben. Offenbar handelt es sich um einen alten keltischen Ritus, denn diese Wacholderart wurde auch von den Druiden, den Priestern der Kelten, gegen alle Übel benutzt.

Auch der Sammler von Kräutern muß bestimmte Voraussetzungen erfüllen. So soll Burzeldorn (Tribulus) nur dann Drüsenanschwellungen beseitigen, wenn die Pflanze von einem reinen und keuschen Menschen gesammelt wurde. Schon in der Magie der Antike galt der Grundsatz, alles Geschlechtliche beflecke den Kult und vereitle die Wirkung der religiösen oder magischen Handlung. Das Sammeln der Zauberpflanze gilt an sich schon als magischer Akt, der übernatürliche Kräfte voraussetzt. Solche Zauberkräfte kann man aber nur erlangen, wenn man sich selbst überwindet und die natürlichen Triebe unterdrückt, zu denen der Geschlechtsverkehr, aber auch Essen und Trinken gehören. Das magische Ritual fordert vom Sammler auch, daß er nicht spricht und nicht zuläßt, daß man ihn anredet. Das Holz der Esche soll sofort jede Blutung stillen, wenn ein reiner Knabe mit gewaschenen Händen es durch drei Hiebe ohne ein Wort vom Baum trennt. Vor dem eigentlichen Ritual muß der Magier sich gründlich reinigen. Im Kapitel über magische Pilze wurde schon erwähnt, daß sich vor den eleusinischen Mysterien die Teilnehmer im Meer reinigen mußten.

Von großer Wichtigkeit ist auch die Zeit, zu der die Kräuter gesammelt werden. Der Zauberglaube geht davon aus, daß jede Pflanze unter der Herrschaft eines bestimmten Planeten steht. Folglich können sich die magischen Kräfte der betreffenden Pflanze nur entfalten, wenn das entsprechende Gestirn auch dominiert. Für die bisher genannten Zauberpflanzen gelten folgende astrologische Zuordnungen:

Sonne: Lorbeer, Mistel, Wacholder, Weide
Mond: Mohn, Nachtschatten
Neptun: Tollkirsche, Bilsenkraut
Uranus: Schierling, Wolfsmilch
Saturn: Alraun, Farnkraut, Hanf, Nieswurz; aber auch Mistel, Mohn, Nachtschatten
Jupiter: Esche, Lorbeer, Sandelholz, Cichorie
Mars: grundsätzlich alle Giftpflanzen, Knoblauch, Nieswurz, Tabak, Tollkraut
Venus: Koriander, Myrte
Merkur: Farnkraut, Fünffingerkraut, Lavendel

In den meisten Quellen findet sich die Vorschrift, daß man solche Pflanzen vor dem Aufgang der Sonne sammeln soll. Denn im Volksglauben schreibt man den Strahlen der aufgehenden Sonne eine zauberbrechende Kraft zu. Die Hl. Hildegard von Bingen empfiehlt als günstigen Zeitpunkt den zunehmenden Mond. Da der Donnerstag dem germanischen Gott Donar als heilig galt, so hält der Volksglaube diesen Wochentag, und besonders den Gründonnerstag, für geeignet. In ganz Europa genießt der Johannistag (24. Juni) oder die Johannisnacht für das Einsammeln die höchste magische Bedeutung. Es ist der Tag der Sonnenwende, zu der das Wachstum der Pflanzen und mit ihm auch die magischen Kräfte ihren Höhepunkt erreichen. Volkstümliche Heilpflanzen wie Kümmel, Holunder und Kamille entfalten nur an diesem Tag ihre volle Heilwirkung. Einen Hinweis auf den an diesem Tag praktizierten uralten Feuerkult – das Sonnenwendfeuer – findet sich in dem Aberglauben, an diesem Tag seien unter dem Beifuß schwarze Kohlen zu finden. Andere Tage, die für das Einsammeln besonders günstig erscheinen, sind: Maria Himmel-

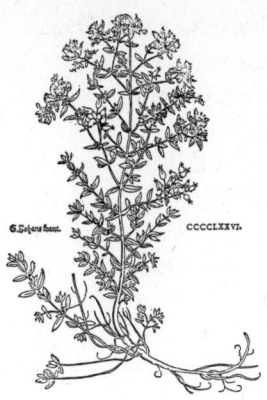

Johanniskraut; es stand im Ruf, den Teufel vertreiben zu können,
wenn man es am 24. Juni (Johannistag) pflückt.

fahrt (15. August) oder der Kräutelfrauentag, an dem in der
Kirche Heilkräuter geweiht werden, und Maria Geburt (8. September).

Einer großen Wertschätzung in der Magie der Heilkräuter erfreuen sich die Frühlingspflanzen. Sie symbolisieren gleichsam die
Lebenskraft der »kräutertragenden« Erde, die in den alten Kulturen als Fruchtbarkeitsgöttin verehrt wurde. Die mit diesen
Frühlingskräutern verknüpften Riten sind uralt. So muß man –
wie geweihte Hostien – ihre Blüten hinunterschlucken, ohne sie
mit den Zähnen zu berühren. Schon bei den Römern war es
Brauch, daß der Verzehr der ersten grünen Brennessel das ganze
Jahr über das Fieber fernhielt.

Hat man ein Heilkraut ausgegraben, muß man der Erdgottheit ein
Sühneopfer bringen. An der Stelle der Pflanze vergräbt man ein
Stück Brot, ein Geldstück oder einen Stein. Damit der Heilzauber
der Pflanze nicht zerstört wird, schützt man ihren Platz durch

einen magischen Kreis, der um sie gezogen wird. Schon die Antike kennt die Kräutergebete, die beim Ausgraben gleichsam wie Zaubersprüche wirken. Denn das Heilkraut muß angesprochen werden, damit man es versöhnt und es sich willfährig macht. Durch das Kräutergebet wird ihm gesagt, wem und wofür es helfen müsse. Der spätantike Arzt Alexander von Tralles (2. Hälfte des 6. Jahrhunderts) hat ein solches Gebet für die Beschwörung des Bilsenkrautes überliefert, wenn es gegen Gicht wirken soll:

»Man grabe, wenn der Mond im Zeichen des Wassermannes oder der Fische steht, das Heilkraut, welches das Bilsenkraut ist, vor Sonnenuntergang um, aber ohne die Wurzel zu berühren; doch darf man nur mit drei Fingern der linken Hand, mit dem Daumen und dem Ringfinger graben und spreche dabei: ›Ich sage dir, ich sage dir, heiliges Kraut, morgen rufe ich dich in das Haus Phileas, damit du dem Fluß der Füße und Hände (also gegen die Gicht) dieses Mannes oder dieser Frau gebietest. Ich beschwöre dich bei dem großen Namen Jaoth, Sabaoth, welcher der Gott ist, welcher die Erde festgebannt und das Meer trotz der Menge der hineinströmenden Flüsse still stehen machte, der das Weib des Lot vertrocknet und in eine Salzsäule verwandelt hat. Nimm in dich auf den Geist der Erde, deiner Mutter, und ihre Kraft und trockne den Fluß der Füße oder Hände dieses Mannes oder dieser Frau!‹ Am folgenden Tag nimmt man die Knochen irgendeines toten Tieres, gräbt damit das Kraut aus, ergreift die Wurzel und spricht: ›Ich beschwöre dich bei den heiligen Namen Jaoth, Sabaoth, Adonai, Eloi!‹

Dann streut man auf die Wurzel eine Handvoll Salz und sagt: ›Wie dieses Salz sich nicht vermehrt, so mehre sich auch nicht das Leiden dieses Mannes oder dieser Frau!‹

Hierauf nimmt man die Spitze dieser Wurzel und hängt sie dem Kranken um, wobei man acht geben muß, daß sie nicht naß wird. Den Rest der Wurzel läßt man 360 Tage hindurch über ein Feuer hängen.«

Ebenso zahlreich wie beim Sammeln der Kräuter sind die magischen Riten bei ihrer Anwendung. Hierbei spielt die Magie der Zahlen eine wichtige Rolle. So tauchen im Heilkräuter-Aberglauben immer wieder die Zahlen Drei und Neun auf. Eine blutende Wunde wird mit drei aufgelegten Blättern verschiedener Pflanzen gestillt. Augenleiden lassen sich heilen, wenn man mit neun Weinbeeren neunmal die Augen bestreicht. Neun verschiedene Kräuter muß man am Gründonnerstag kochen, um für den Rest des Jahres gegen alle Krankheiten geschützt zu sein. Wie die Magie der Zahlen mit dem Zauberglauben um die Heilkräuter verbunden ist, zeigt ein Rezept des griechischen Arztes Dioskurides: »Man sagt, daß drei Wurzeln des Wegerichs

Der griechische Arzt Dioskurides (nach dem Wiener »Anicia-Juliana Codex«).

mit drei Bechern Wein und ebensoviel Wasser gegen das dreitägige, vier Wurzeln gegen das viertägige Fieber helfen.«

Auch der Knoten, der schon in der ägyptischen Magie erscheint, spielt im Heilkräuter-Aberglauben eine Rolle. So glaubten die Römer, daß das dreimalige verknoten des Sonnenwendkrautes ein dreitägiges Fieber heilen würde, wenn man geloben würde, die Knoten zu lösen, sobald das Übel vorüber wäre. Bedingung aber war, daß bei diesen magischen Operationen das Kraut nicht herausgerissen wurde. Dahinter steht die volksmedizinische Auffassung, mit Hilfe von Knoten ließe sich eine Krankheit einbinden. Nach der Heilung kann man dann die Knoten wieder lösen. Beliebt waren besonders Pflanzen oder Bäume, die sehr biegsame Äste hatten, wie etwa die Weide. In einem alten Rezept wird eine magische Prozedur beschrieben, wie die Gicht zu vertreiben ist: Drei Tage nach dem Vollmond muß man zu einer Weide gehen, einen Zweig in die linke Hand nehmen und sprechen:

»Weidezweig, ich komme zu dir, meine 77 Gichten und Gichtinnen, die bring' ich dir, ich will dich winden« – hierzu muß der Kranke die Rechte nehmen – »ich will dich binden« – er macht behutsam einen Knopf – »das helfe mir Gott Vater« – dann zieht er den Knopf zusammen und spricht weiter – »Gott Sohn, Gott, heiliger Geist.« Dann geht man rückwärts fort, ohne sich umzusehen, und betet fünf Vaterunser.

Von den Sinnzeichen und Signaturen der Pflanzen

Der Gedanke, daß das All und die uns umgebene Natur einen einheitlichen Aufbau haben, ist sehr alt und reicht im Abendland bis in die Antike zurück. In der stoischen Philosophie spielt dieser Gedanke eine zentrale Rolle. Die zahlreichen Entsprechungen zwischen den Dingen und den Lebewesen werden als Beweis dafür angeführt, daß es so etwas wie Sympathie – Gleiches zieht sich an – und Antisympathie – Ungleiches stößt sich ab – in der gesamten Natur geben muß. Diese Entsprechungen in der Natur sollen an äußeren Merkmalen (Signaturen) erkennbar sein und es so gestatten, die geheimen Heilkräfte einer Pflanze, eines Minerals etc. zu entdecken. Wenngleich sich die »Signaturenlehre« erst im 16. und 17. Jahrhundert, besonders in der Medizin, als eigene Disziplin entfaltete, war der Grundgedanke schon den indischen Ärzten vertraut, die z. B. die Gelbsucht mit gelben Blüten behandelten. In der griechischen Antike findet sich der Gebrauch der Signaturen bei der Verwendung der Knollen der Orchideen in der Medizin und Magie. Die Bezeichnung »Orchis« = Hoden weist daraufhin, daß diese Pflanze als Liebesmittel benutzt wurde. Die Kraft der Knollen, die keine sexuell erregende Substanz enthalten, schreibt man ausschließlich ihrer Signatur zu. Plinius behauptet sogar, daß sie schon wirken, wenn man sie in die Hand nimmt.

Als eigentlicher Begründer der Signaturlehre gilt Paracelsus (1494–1541), der folgende klassische Definition fand:

»Die Natur zeichnet ein jegliches Gewächs, so es von ihr ausgeht, zu dem, dazu es gut ist. Darum, wenn man erfahren will, was die Natur gezeichnet hat, so soll man es an den Zeichen erkennen, was sein Tugend ist. Ihr seht, daß alle Körper Formen haben, in denen sie sich befinden. Also haben auch die Formen ihre Arznei. Also wenn sie die Form der Füße hat, so ist sie im Fuß. Hat sie die Form der Hände, so ist sie in den Händen. Genauso verhält es sich mit dem Kopf, Rücken, Bauch, Herz, Milz, Leber etc. Alles, was die Natur gebiert, das formt sie nach dem Wesen der Tugend, so in ihm ist.«

Die Signaturen von Pflanzen und Tieren, die durch Sympathien miteinander verbunden sind (aus: Della Porta, »Phytognomonica«, Frankfurt 1591).

Weiter differenziert wurde diese Lehre von den Schülern und Nachfolgern des Paracelsus; der neapolitanische Arzt und Alchimist Della Porta (1538–1615) schuf in seinem Buch »Phytognomonica« ein umfassendes System der verborgenen Signaturen von Pflanzen, Tieren und Gestirnen. Einen wichtigen Beitrag lieferte auch der Rosenkreuzer Oswald Croll (1580–1609), der

Kaiserlicher Rat von Rudolf II. war, dessen Interesse an orientalischen Pflanzen, besonders aber an Alraunen, schon erwähnt wurde. Aus seiner Feder stammte ein in der Folgezeit häufig zitiertes Traktat »Von den inneren Signaturen der Dinge«. Auch der Grundsatz von Samuel Hahnemann (1755–1843) »Ähnliches wird mit Ähnlichem behandelt«, eine der Grundlagen der Homöopathie, basiert auf der Signaturenlehre. Doch hat Hahnemann die rein äußerlichen Ähnlichkeiten der alten Signaturenlehre nicht übernommen. Ein Medikament gilt ihm dann als Heilmittel gegen eine Krankheit, wenn es in großen Dosen ein ähnliches Krankheitsbild hervorrufen würde. Damit die Krankheit geheilt wird, sind verschwindend geringe Mengen notwendig.

Die folgende Übersicht enthält die wichtigsten Körperteile und die ihnen aufgrund der Signatur entsprechende Heilpflanze (nach der »Sympathetisch-magnetischen Heilkunde« 1851):

Kopf: Mohn, Walnuß, Päonie, Meerzwiebel

Haare: Moos, Frauenhaar

Ohren: Haselwurz

Augen: Einbeere, Wolfswurz, Ringelblume, Anemone

Nase: Wasserminze

Zähne: Bilsenkraut, Granatäpfel

Kehle: Wintergrün, Taubenkraut

Leber: Lebermoss, Birkenschwämme

Herz: Melisse, Quitten

Lunge: Lungenkraut

Galle: Walnuß

Magen: Ingwer

Eingeweide: Kalmus

Blase: Nachtschatten

männliche Geschlechtsteile: Bohnen, Cichorie, Eichel, Knaben-
kraut
weibliche Geschlechtsteile: Birkenrinde, Löwenfuß, Granatapfel
Nerven: Wegerich

Auch die Krankheiten selbst haben Signaturen. Dem Mondkraut,
das dem Krebs ähnelt, wird Heilwirkung gegen Tumore zugesprochen. Das Bingelkraut hat Knoten und wird daher gegen
Gichtknoten eingesetzt. Die Blüten der Baumwurz stellen in ihrer
Form eine Kehle dar; deshalb wird es gegen Kehlkopfleiden
empfohlen. Fußgeschwüre kann man mit den schwarzen Blättern
des Eisenhütleins beseitigen. Die weißen Flecken der Birkenrinde gleichen Sommersprossen, also soll die Birke ein Heilmittel
gegen alle Arten von Gesichtskrankheiten abgeben.
Die Übertragung (Transplantation) von Krankheiten auf Pflanzen und Bäume ist in den vorhergehenden Kapiteln schon gestreift worden. Umfassend ist diese Lehre von M. Maxwell in
seiner »Medicina magnetica« (1679) entwickelt worden. Nach
ihm kommt es darauf an, Kräfte und Eigenschaften einer Pflanze
zu finden, die auf die betreffende Krankheit »antipathisch« wirken und ihr zuwiderlaufen. Maxwell und seine Anhänger glauben, daß der Pflanze eine geheime Kraft, »Sagazität« (Scharf-
sinn, Spürsinn), innewohnt, womit sie die Krankheit vertreibt. So
ist der Weidebaum gegen Magerkeit und Hektik ein gutes Mittel.
Seine »Sagazität« beruht auf seiner großen Biegsamkeit und
Elastizität. Um ein langes Leben zu erreichen, bedient man sich
bestens der Eiche. Denn sie wird uralt und hat eine lange Wachs-
tumszeit. Wenn ein Kind Fieber hat, legt man eine Gurke neben
es; dann wird es schnell gesund, denn die Gurke zieht die Hitze
an. Schon die Römer bedienten sich der Transplantation bei der

Behandlung des Kopfes. So soll man die Wurzel des Eisenkrautes spalten, den unteren Teil um den Hals des Kranken und den oberen in den Rauch hängen. Wenn sie nun trocknet, so schrumpft auch der Kopf ein. Wenn aber der Patient nichts bezahlt, so soll der Arzt beide Teile ins Wasser werfen. In Kürze wird der undankbare Patient wieder einen dicken Kopf haben. Hühneraugen behandelten die römischen Ärzte mit Bohnen, deren Kerne sie mit der erkrankten Stelle berührten. Sodann wurden sie in einem Misthaufen vergraben. Sobald sie zu verfaulen anfingen, sollen auch die Hühneraugen vergangen sein.

Teil II

*Die Magie
der Edelsteine*

Die Edle Steine.

Nimm dich vor der Kunst in acht / Weil man viel Verstelltes macht.

WJe sorgsam pflegen wir die Edle Stein zu prüfen!
  Man traut dem Trau-Ring nicht / eh man ihn fest besitzt.
Da muß ein spitzigs Aug ihn überall durchschliefen /
  Ob Licht und Farbe gut? Ob er nicht wo geritzt?
  So sorglich weist man sich / seit dem der falsche Pracht
  Den schlauen Rauten-Schnitt / und Fluß zu Steinen / macht.
Lern / wo am meisten List / Verfälschen / und Betrügen:
  Drey Steine sind / dabey man viel zu forscheln hat.
Dein Schwager Jaspis kan den Titel Ja Spies kriegen.
  Offt stellt sich äusserlich dein Freund / als ein Achat.
  Doch wird / wo man die Lieb im Werk sucht / nicht im Schein /
  Kein Diamant so rar / als Die Amanten seyn.

Vom Ursprung des Glaubens
an die Kraft der Edelsteine

Der Glaube an die magische Kraft der Edelsteine ist sicherlich so alt wie der Pflanzenzauberglaube: Im Gegensatz zu den Pflanzen sind die Edelsteine unvergänglich, was sie als dauerhaftes und über Generationen wirksames Zaubermittel – Amulett, Talisman und Fetisch – besonders geeignet macht. Sie kommen aus der Tiefe der Erde, die bei den alten Völkern als Fruchtbarkeitsgöttin verehrt wurde. Ihr Funkeln, Farbenspiel und Glanz rufen die

Mesopotamische Fruchtbarkeitsgöttin auf einem Edelstein.

Erinnerung an die Planeten wach, die das Schicksal der Menschen beeinflussen. So ist es nicht verwunderlich, daß sich um diese schönen und kostbaren Erzeugnisse des Naturreiches bei allen Völkern ein Kranz von Erzählungen und Mythen rankt.

Die Vorstellung früher Kulturen von der Zaubermacht der Edelsteine hat viele Quellen. Formen und Farben spielten eine Rolle, aber auch die Ableitung ihrer Kraft aus dem Lauf und der überirdischen Natur der Gestirne. Jedem Planeten wurden nicht nur verschiedene Steine zugeordnet, sondern auch Metalle, Tiere und Pflanzen, die eine Übereinstimmung mit den Farben der betreffenden Gestirne hatten. Zur gelben Sonne gehörte der Hyazinth, zum roten Mars der rote Jaspis, zum schwarzen Saturn der Onyx und zu dem blauen Jupiter der Saphir und der Amethyst. Die Verbindung der Sterne mit den Edelsteinen weist in den alten Orient. Bei den Ägyptern und Babyloniern werden den zwölf Tierkreiszeichen verschiedene Edelsteine zugeordnet, die dem unter dem Sternbild Geborenen Glück bringen sollen. Darauf gründend, lehrt Agrippa von Nettesheim:

»Jedes Ding ist einem Planeten oder Himmelszeichen unterworfen; es ist indes schwierig, zu erkennen, welchen Sternen oder Zeichen die einzelnen Dinge angehören. Man lernt dieses teils durch Prüfung der Frage, welchen Strahlen, welcher Bewegung oder Figur der Himmelskörper das Ding gleicht, teils aber auch in der Übereinstimmung zwischen dem Ding und einem Stern. Da nun alles, was gleich und zusammengefügt ist, die Kräfte des anderen anzuziehen sucht, so können wir die Kräfte der Himmelskörper dadurch herabziehen, daß wir die Dinge sammeln, die unter den betreffenden Stern gehören. Und nicht nur die himmlischen Kräfte ziehen wir dadurch herab, sondern wir können, da die Himmelskörper selbst ihre Kräfte von der Welt der Ideen empfangen, durch sie auch ihre Intelligenzen und Dämonen herabziehen, welche durch die Planeten wirken.«

Nach dieser Logik empfangen Edelsteine, die lebhaft funkeln und – wie der Sonnenstein und der Karfunkel – auch nachts leuchten, ihre magischen Kräfte von der Sonne. Besonders wegen ihrer Farbe werden Heliotrop, Jaspis, Smaragd, Topas, Rubin und Auripigment als »Sonnensteine« bezeichnet, und nicht fern lag in der Antike die Vorstellung, Edelsteine verdankten ihre Entstehung den Sonnenstrahlen. Der Historiker Diodor von Sizilien

(1. Jhdt. v. Chr.) schreibt in seiner »Historischen Bibliothek« (II. Buch, Kap. 52):

»Der kräftige Einfluß der Sonnenhitze wirkt in diesen Ländern (Arabien) nicht nur zur Entstehung der eigentümlichen Tiergestalten, sondern auch zur Bildung von allerlei prächtig gefärbtem und durchsichtig schimmerndem Gestein. Die Edelsteine, sagt man, bestehen aus reinem Wasser, das verdichtet sei, nicht durch Frost, sondern durch die Wirkung des himmlischen Feuers, das ihnen eine unvergängliche Dauer und vermittelst der Dämpfe, die sich dabei entwickeln, eine mannigfaltige Färbung gebe. Der Smaragd zum Beispiel oder der Beryll, der sich in den Schächten der Kupferbergwerke bilde, färbe sich beim Übergang aus dem flüssigen in den festen Zustand durch Himmelsfeuer. Der Chrysolith erhalte seine Farbe von dem Rauchdampf, weil er bei glühender Sonnenhitze entstehe. Darum könne man auch falsche Chrysolithe durch menschliche Kunst nachmachen, indem man vermittelst irdischen Feuers flüssige Massen fest werden lasse. Von den Granaten gebe es deswegen so verschiedene Arten, weil bei der Verdichtung derselben die Lichtstrahlen bald stärker, bald schwächer sich darin zusammendrängen.«

Auch die Chinesen führen die Entstehung von Edelsteinen auf die Sonne zurück. Das chinesische Wort für Kristall, »Ching«, wurde ursprünglich durch drei Sonnen dargestellt.

Das alte chinesische Zeichen für Kristall.

Bei afrikanischen Völkern wird das Kristall mit dem Regen in Verbindung gebracht. Der Stein ähnele dem Schnee, der sich in Wasser und Regen verwandelt. Auch die Griechen, die ihm den

Namen gaben (Krystallos = »Eis«), sprachen ihm kühlende Eigenschaften zu: Er lindere Durst und Hitze. In vielen Fällen rührt der Aberglaube, der sich um einen Edelstein bildet, auch von seinem Namen her, wie auch umgekehrt die Namensgebung oft von der Herkunft und besonders von der Wirkung des Edelsteins beeinflußt wurde. In der Antike wurde der Amethyst als ein beliebtes Amulett gegen die Trunksucht getragen. Der Name »Amethystos« bedeutet »unberauscht«. Wahrscheinlich ist, daß die Griechen den Namen des Steines von den Assyriern übernommen hatten, die ihn »Aban-la-ramo« nannten (wörtlich übersetzt: »Stein der Nichtliebe«) und als Antiaphrodisiakum verwandten, das die magische Kraft besaß, den Rausch der ersten Liebesnacht in glühenden Haß zu verwandeln. Wie im letzten Kapitel über die Zauberpflanzen erwähnt, herrschte in der Antike die Auffassung vor, das Leben der Natur werde von Kräften der Sympathie gelenkt, die man sich in der Medizin dadurch nutzbar machen könne, indem man »Ähnliches mit Ähnlichem« behandelte. Der rotviolette Amethyst bot sich auch insofern als Heilmittel gegen den roten Wein an.

Der Heliotrop besaß bei den Griechen die magische Kraft, Dürre und Hitze abzuwenden, sein Name (Helios = Sonne, tropein = abwenden) weist auf diese Eigenschaft hin. Der löwengelbe Achat verlieh seinem Besitzer übermenschliche oder »herkuleische« Kräfte. Denn die Löwenhaut war das Abzeichen des Herkules, eines Helden der griechischen Mythologie. Daß fast allen Edelsteinen auch eine verborgene Heilkraft zugeschrieben wird, mag darauf zurückzuführen sein, daß Genesende, die den Stein während ihrer Krankheit getragen hatten, glaubten, ihm ihre Heilung zu verdanken.

Rote Steine wurden als Heilmittel gegen Blutkrankheiten be-

Ein Amulett aus verschiedenen Edelsteinen, das als Kette getragen wurde.

nutzt. Der rote Rubin soll die Blutzirkulation fördern und blutarme Patienten stärken. Daß der Roteisenstein (Blutstein) tatsächlich Blutungen stillen kann, beruht allerdings nicht auf magischen Kräften, sondern ist bedingt durch seinen hohen Gehalt an Eisenoxyd, das bekanntlich Bluteiweiß zum Gerinnen bringen kann.

Auch das Christentum konnte sich dem weitverbreiteten Aberglauben an die geheimnisvollen Kräfte der Edelsteine nicht entziehen. Jeder der zwölf Apostel soll einen besonderen Stein

Mittelalterlicher Edelsteinhändler.

getragen haben – eine Vorstellung, die eine babylonische und alttestamentarische Tradition fortführt, nach der jedem der zwölf Stämme der Juden ein eigener Stein zukam. Die jüdischen Hohepriester trugen diese zwölf Steine auf dem Brustschild ihres Gewandes. Im Alten Testament (2. Buch Moses, 28) heißt es: »Auf das Brustschild sollst du einen Besatz von Steinen anbringen; in vier Reihen. Eine Reihe besteht aus einem Karneol, Topas und Smaragd. Sie bildet die erste Reihe. Die zweite soll einen Rubin, Saphir und Jaspis enthalten. Die dritte einen Hyazinth, Achat und Amethyst. Die vierte einen Chrysolith, Beryll und Onyx.« Die Babylonier verehrten zwölf Tierkreissteine, ihr König Nabopolassar soll ein mit zwölf verschiedenen Steinen besetztes Amulett getragen haben.

Der Glaube an die Kraft der Edelsteine hat viele Quellen. Entscheidend waren die Form und die Farbe eines Steines, um ihm bestimmte magische Kräfte zuzuschreiben.

Der magische Gebrauch der Edelsteine

Kulturen des Altertums

Im Orient, in Ägypten und im Zweistromland finden sich Hinweise auf eine sehr frühe magische Verwendung von Edelsteinen. Schon Plinius (1. Jhdt. v. Chr.) bezeichnete Ägypten, Indien, Äthiopien und die arabischen Länder als die eigentliche Heimat der Edelsteine. Archäologische Funde zeigen, daß die Ägypter schon in der vordynastischen Zeit, also um 4000 v. Chr., in der Lage waren, Goldarbeiten mit Edelsteinen zu verzieren. Grabfunde brachten Schmuckstücke aus Karneol, Achat, Quarz, Bergkristall und dem besonders reichlich vorkommenden Malachit zutage. Diese Schmuckstücke zeigen eine solche Kunstfertigkeit, daß sie einem Juwelier jede Ehre machen würden. Wegen ihrer Härte, ihres Glanzes und ihrer Farbe waren die Edelsteine das geeignete Material, um die Tempel der Götter, ihre Bilder und

Ägyptische Goldschmiede.

145

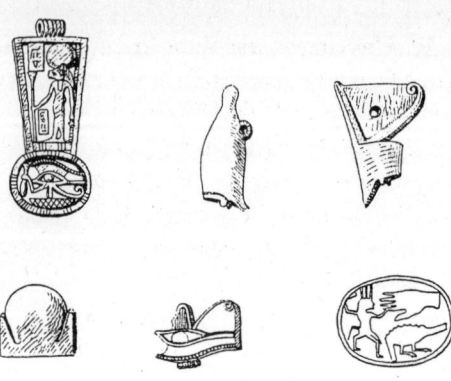

Amulette von Mumien.

die Amulette zu schmücken. Ganze Götterbilder wurden aus
Lapislazuli hergestellt. Auf einem Denkmal eines Schatzvor-
stehers unter Sesostris (1887–1849 v. Chr.) steht:
»Ich schmückte den Leib des Herrn Abydos mit Lapislazuli und
Malachit, Gold und allen Edelsteinen als Schmuck des Gotteslei-
bes.«
In einem Hymnus an den Gott Osiris heißt es:
»Du bist es, der Glieder von Gold, einen Kopf von Lapislazuli
und eine Krone aus Malachit hat, dessen Arm einen Pfeiler wie
einen Himmelsträger bildet.«
In der altägyptischen Religion nimmt der Glaube, daß böse Tote
ihre Gräber verlassen und den Menschen nachstellen, einen
breiten Raum ein. Als wirksames Mittel, sich gegen diese bösen
Geister zu schützen, gelten die mit Edelsteinen verzierten Amulette, mit denen auch die Mumien ausgestattet werden: Sie ge-
währleisten den freien Zutritt zum Totenreich. Von den Tieramu-
letten, die für Reiche aus den kostbarsten Edelsteinen gefertigt
wurden, ist das bekannteste der Skarabäus, eine Nachbildung

146

einer im Mittelmeerraum sehr verbreiteten Mistkäferart. Aus Mistfladen rollt er Kügelchen, in die er seine Eier ablegt, sie in ein zuvor gegrabenes Loch rollt und dann mit Erde bedeckt.

Die Kugel mit den Eiern galt den Ägyptern als Symbol der Schöpfung, der Wiedergeburt und der Unsterblichkeit. Der Skarabäus war deshalb dem Sonnengott geweiht. Das Amulett wurde in den Bauch der Mumien gelegt, um dem Toten den Weg in das Reich des Osiris zu erleichtern.

Auch in der ägyptischen Magie folgte die Zuordnung der erhofften Wirkung der Edelsteine den Farben. Da Rot die Farbe des Blutes, der Sonnenstrahlen und auch des Goldes war, wurde ein Amulett aus Karneol, einem roten Halbedelstein, dem Toten umgehängt. Dabei wurde folgende Zauberformel gesprochen:

»Oh Blut der Isis! Oh Glanz der Isis! Oh Zaubersprüche der Isis! Oh Amulett zum Schutz dieses Großen! Hütet euch, ihm Böses zu tun.«

Isis, die Gattin des Sonnengottes Osiris, war die Göttin der Magie, mit deren Blut der rote Karneol eine Verbindung herstellte. Häufig wurden Verstorbenen Schlangenkopfamulette aus ro-

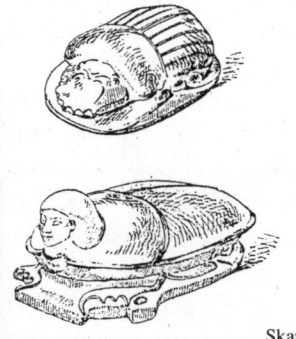
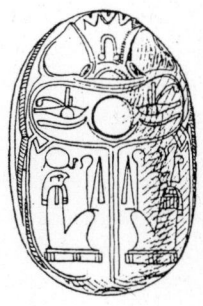

Skarabäen.

tem Jaspis mit ins Grab gegeben, weil dieser Edelstein den Toten im Jenseits vor Dämonen schützte.

Im griechisch-römischen Kulturkreis erfreuten sich die Edelsteine derselben Wertschätzung wie bei den Völkern des Orients. Zahlreiche Schmuckgegenstände wurden bei Grabungen in Mykene und Kreta gefunden, die die sehr engen Verbindungen zu Ägypten belegen. Die am häufigsten benutzten Edelsteine sind Karneol, Achat, Chalcedon, Bergkristall, Sardonyx, Amethyst und Jaspis. Eine wahre Blütezeit erlebte die Steinschneidekunst in der hellenistischen Zeit, die zur Herstellung von Gemmen (vertieft geschnitten) und später Kameen (erhaben) besonders Karneol, Chalcedon, Achat und Sardonyx schätzte. Der Legende nach soll der älteste griechische Steinschneider Mnesarchos (6. Jhdt. v. Chr.), der Vater des Philosophen Pythagoras, gewesen sein. Im vierten Jahrhundert war der berühmteste Meister Pyrgoteles, dem Alexander der Große es allein gestattete, sein Bildnis in Stein zu schneiden. Zur Zeit des Kaisers Augustus war Dioskurides aus Kilikien ein gefeierter Meister dieser Kunst. Von ihm stammt eine der schönsten Gemmen, die Gemma Augustea, mit der Familie des Augustus.

Als im ersten Jahrhundert vor Christi Geburt die römischen Heerführer Sulla, Lukullus und Pompeius mit großen Sammlungen schöner Edelsteine nach Rom kamen, legten sich auch die anderen Größen, wie etwa Cäsar, solche geschnittenen Edelsteine zu. Plinius berichtet: »Jener Sieg des Pompeius (23 v. Chr. über Mithridates) hat die Neigung zu Perlen und Edelsteinen geweckt.« Als der kostbarste aller Steine galt den Römern der Diamant, der vor allem als Ringstein benutzt wurde. Mehr in Gebrauch war der grüne Smaragd, der sich auch leichter als der Diamant verarbeiten ließ.

Artemis   Gemmen aus Pompeji   Perseus

Dionysos   Kameen (Neapel)   Pan mit dem
                                              jungen Dionysos

Geburtsfest des Dionysos

Wie sehr die Römer der Kaiserzeit die Edelsteine schätzten und mit ihnen prunkten, zeigt ein Vers aus einem Gedicht Martials (40–102 n. Chr.):

»Edelgestein prangt viel an den Fingern, Sardonyx, Smaragd, Diamant und Jaspis an einem Gelenk« (VII, 11).

Die späteren Kaiser Gallienus und Helogabal trugen sogar Edelsteine an Schuhen und schmückten ihre Sänften mit ihnen. Die Waffen der Gladiatoren waren mit Gold und kostbaren Steinen besetzt. Prachtentfaltung und Luxus nahmen schließlich so überhand, daß sich auch kritische Stimmen zu Wort meldeten. Die Sitte, auch die Trinkbecher mit Steinen zu besetzen, wird von Plinius getadelt:

»Wir trinken aus einer Masse von Gemmen und setzen Trinkbecher aus Smaragden zusammen.«

Wenngleich es leicht möglich war, in dem römischen Weltreich mit seinem hochentwickelten Handelsnetz von überall her die kostbarsten und seltensten Edelsteine zu beschaffen, so blühte in Rom doch das Fälscherhandwerk. Der häufig benutzte Sardonyx wurde aus drei verschiedenen Steinarten imitiert. Berylle wurden durch Färben des Bergkristalls gefälscht. Die teuren Jaspis, Smaragde und Lapislazuli wurden in Glasflüssen nachgeahmt, deren Glanz jederzeit den Vergleich mit modernen Edelsteinkopien aufnehmen kann.

Der Glaube der Griechen an die geheimnisvolle Kraft der Edelsteine rief eine spezielle Literaturgattung, die »Steinbücher« (griech. Lithika) ins Leben. Für diese meist von unbekannter Hand stammenden Sammelwerke wurden die Namen großer Magier gewählt. Nicht erhalten sind die Steinbücher des Ostanes, der Theologe am Hof des Perserkönigs Xerxes war und den persischen Okkultismus nach Griechenland brachte, und des

Zoroaster, des Stifters der Religion der Parsen. Aus der klassischen Zeit hat sich nur das Steinbuch des Theophrast erhalten, das jedoch rein mineralogisch ist und keine Hinweise auf die magische Verwendung der Edelsteine enthält. Die späteren hellenistischen und römischen Steinbücher werden in dem Abschnitt »Die Entwicklung der Edelsteinmedizin« behandelt.

Zwei bekannte Fabeln verdeutlichen, welche Bedeutung die Griechen den magischen Kräften der Edelsteine beimaßen. Bekannt ist der Ring des Polykrates, des Tyrannen über Samos. Von ihm hieß es, er hätte immer nur Glück. Wohin auch immer er sich mit seiner Heeresmacht wandte, nie erlitt er eine Niederlage. Deshalb riet ihm Amasis, der König von Ägypten, sich von dem Kleinod zu trennen, dessen Verlust ihn am meisten schmerzen würde. Der Geschichtsschreiber Herodot setzt die Fabel fort:

»Beim Suchen fand er folgendes. Er hatte einen in Gold gefaßten Siegelring, den er gewöhnlich trug. Er bestand aus Smaragdstein und war das Werk des Samiers Theodoros.«

Diesen Ring ließ er auf hoher See ins Meer werfen. Aber ein Fischer brachte ihn wieder zurück, als er seinem König einen schönen Fisch schenkte. Beim Ausnehmen fanden die Diener des Polykrates den Ring ihres Königs. Als dies Amasis hörte, kündigte er dem Polykrates die Freundschaft auf.

Die zweite Fabel handelt von der magischen Kraft der Ringe, einen Menschen unsichtbar zu machen; ein beliebtes Motiv der antiken Literatur. Der bekannte Philosoph Platon (427–347 v. Chr.) überliefert die Geschichte, die in seinem Dialog »Staat« von Gyges, dem Ahnherren der Lydier, handelt:

»Dieser nämlich soll ein Hirt gewesen sein, der bei dem damaligen Herrscher von Lydien diente. Als ein großes Unwetter und Erebeben war, spaltete sich die Erde, und eine Kluft entstand, wo

Antike Nachbildung des Rings des Gyges.

er hütete. Sobald er dies mit Verwunderung gesehen und hinein-
gestiegen war, habe er dort vieles andere Wunderbare und ein
hohles, ehernes, mit Fenstern versehenes Pferd gefunden, durch
die er hineinschaute. Er sah darin einen Leichnam, der dem
Anschein nach menschliche Maße überschritt. Dieser trug nichts
anderes bei sich als an der Hand einen goldenen Ring, den Gyges
ihm abzog. Dann stieg er wieder nach oben. Bei der üblichen
Zusammenkunft der Hirten, wo sie dem König berichteten, was
bei den Herden vorgefallen war, trug Gyges diesen Ring. Ganz
unvermittelt habe er den Kasten des Ringes nach der inneren
Hand umgedreht. Er wurde unsichtbar, und die anderen sprachen
von ihm, gleichsam als ob er abwesend wäre. Gyges wunderte
sich darüber und drehte den Kasten zurück. Sofort wurde er
wieder sichtbar. Jedesmal wenn er den Kasten umdrehte, wurde
er unsichtbar. Sogleich bewarb er sich um eine Stelle als Bote
beim König. Mit Hilfe des Ringes habe er die Frau des Königs
zum Ehebruch verleitet, dann mit ihr dem König nachgestellt, ihn
getötet und die Herrschaft an sich gerissen.«
Auch von dem Heliotrop, einem grünen Jaspis mit blutroten
Adern, wird behauptet, daß er unsichtbar mache. Bedingung aber

ist, daß man zusätzlich noch ein Kraut namens »Heliotropion« bei sich trägt.

Die wichtigste Quelle des antiken Edelsteinglaubens ist die »Naturgeschichte« des älteren Plinius (23–79 n. Chr.), die nach den Worten Alexander von Humboldts »von keinem anderen Werk des Altertums an Reichtum des Inhalts übertroffen wird«. Plinius selbst behauptet, er habe zweitausend Bücher gelesen und die hundert besten Schriftsteller benutzt. Das 37. Buch, das »Steinbuch«, ist eine wahre Fundgrube des Aberglaubens um die Steine. Sein Aufbau verrät den praktischen Sinn der Römer, denn Plinius ordnet sie nach ihrem Wert und ihrer Farbe. Der Diamant, der den ersten Platz einnimmt, verrät schon durch seine Härte seine göttliche Herkunft. Danach folgen die Perlen, die sich durch die Eigenschaft auszeichnen, daß niemals zwei vollkommen gleiche Perlen vorkommen. Sie waren bei den Römern ein hochgeschätzter Luxusartikel. An dritter Stelle kommt der Smaragd, dessen grüne Farbe die Augen erfüllen kann, ohne sie zu sättigen. Ihm verwandt sind der Beryll und der Opal, deren Glanz nur matter ist.

Plinius zählt dann Steine auf, die sich durch Glanz oder Farbe auszeichnen. Dazu gehört der Karbunkel, den wir Rubin nennen, von dem es zwei Arten gibt. Die stark funkelnden sind die Männchen, die matteren die Weibchen. Plinius leitet den Namen des Amethystes, der ihm unter den purpurfarbigen Steinen der wertvollste ist, von der Farbe ab. Allerdings erreiche sie nicht die Tiefe des Weines. Scharf kritisiert er die Magier, die den Namen, wie schon erwähnt, von seiner angeblich magischen Kraft gegen die Trunkenheit ableiten. Wenngleich Plinius auch scharf die Magier tadelt, die den Steinen eine geheimnisvolle Kraft beimessen, ist er gerade deshalb zu einer der besten Quellen für den

Steinaberglauben geworden. An letzter Stelle rangieren für ihn die weißen Edelsteine, zu denen er die sagenhaften und fabelhaften Halbedelsteine rechnete. Der Achat soll ein Mittel gegen den Blitz sein. Mit Hilfe des Schildkrötensteines könne man die Zukunft vorhersagen, wenn man den Mund mit Honig ausspült und ihn dann auf die Zunge legt – vorausgesetzt, diese Prozedur findet am 15. Tag nach Neumond oder bei Neumond statt und wird den ganzen Tag über wiederholt. Andere Schildkrötensteine sollen Unwetter verhindern. Falls ein solcher Stein goldene Punkte hat, kann man mit seiner Hilfe ein Unwetter hervorrufen, wenn man ihn zusammen mit einem Käfer in heißes Wasser wirft. Der Hämatit besitzt sogar die magische Eigenschaft, Hinterhalte von Fremden aufzudecken.

Die griechisch-römische Antike kannte auch zahlreiche Edelsteine, die der Phantasie entsprungen sind. Ein solcher Wunderstein war der Pantarbe, über den Apollonios von Tyana berichtet:

»Die größten Exemplare sind so groß wie Daumennagel und werden in der hohlen Erde erzeugt in einer Tiefe von vier Klaftern. Sie haben einen solchen Überfluß von Pneuma (= Geist), daß die Erde oft über ihnen aufschwillt, manchmal auch birst, wenn der Stein erzeugt wird. Niemand darf ihn suchen, denn er entzieht sich der Nachforschung, wenn er nicht mit Zauberei hervorgezogen wird… Dieser Stein macht die Nacht zu hellem Tage und bei Tage blendet er die Augen mit seinem tausendfarbigen Glanz. Das ihm innewohnende Licht ist ein Pneuma von unnennbarer Kraft, und alles Nahe zieht er in sich hinein. Man mag noch so große Steine ins Meer versenken und nicht nur beisammen, sondern auch zerstreut; läßt man den Pantarb zu ihnen herab, so sammelt er sie alle durch sein Pneuma und bringt sie wieder wie eine Traube oder ein Bienenschwarm um sich

Apollonios von Tyana (1. Jhdt. n. Chr.), Wanderprediger und Wundertäter.

geordnet herauf. Ein baktrischer Kaufmann soll 477 Edelsteine zur Probe in den Fluß geworfen haben, die der Pantarbo wieder herausholte.«

Die frühen Christen rechneten die Edelsteine zu dem überflüssigen Luxus. Deshalb empfahl Paulus den Frauen, sich in sittsamer Kleidung zu zeigen, in Züchtigkeit und allem Anstand, nicht mit Haargeflecht, Goldgeschmeide, Perlen und kostbaren Kleidern (1. Tim. 2,9). Ähnlich äußert sich auch Petrus:

»Euer Schmuck sei nicht äußerlich, Haarputz, Anlegen von Goldgezier und prächtigen Gewändern.«

Trotz der ablehnenden Haltung der Apostel gegen alle Arten von Schmuck ist die Bibel, besonders aber das Alte Testament, eine der ältesten Quellen der Edelsteinkunde. Das hohe Ansehen der Edelsteine bei den Juden und ihre Verwendung im religiösen Kult wurde schon erwähnt. Im zweiten Buch Moses (31,3) heißt es von den Kunsthandwerkern der Stiftshütte:

155

»… ich habe ihn erfüllt mit Weisheit, Verstand und Geschicklichkeit, kunstreich zu arbeiten in Gold, Silber, Kupfer, kunstreich Steine zu schneiden und einzusetzen und kunstreich zu schnitzen in Holz…«

Wie zu allen Zeiten und bei allen Völkern, schmückten sich auch die jüdischen Frauen gern mit Edelsteinen, was aber von dem Propheten Isaias angeprangert wird:

»An jenem Tag wird der Allmächtige abreißen den Schmuck: die Fußspangen, Stirnbänder und Halbmöndchen, Ohrgehänge, Armketten, Kopfputz, Schrittkettchen und Prachtgürtel, Fingerringe, Riechfläschchen und Stirnbinden.«

Sicherlich wurden den Edelsteinen bei den Juden auch magische Kräfte zugeschrieben. Daß die zwölf Edelsteine auf dem Brustschild des Hohenpriesters die zwölf Stämme symbolisieren, scheint auf den ersten Blick zu überzeugen. Aber eine Notiz des christlichen Schriftstellers Josephus von Scythopolis (286–356 n. Chr.) gibt zu der Vermutung Anlaß, daß sie auch für zauberkräftig gehalten wurden:

»Der Jaspis wehrt den Ehebruch ab. Der Saphir ist ein Schönheitsmittel für die Augen, denn er macht sie funkelnd. Der Chalcedon verleiht Nüchternheit. Der Smaragd vertreibt Dämonen. Der Sardonyx macht durch und durch glühend. Der Sardis und Chrysolith heilen die Augen. Der Beryll ist ein Heilmittel gegen die Traurigkeit. Der Topas, Chrysopras, Hyazinth und Amethyst wehren die Trunkenheit ab.«

Wieviel von der späthellenischen Magie bei dieser Deutung der zwölf Edelsteine des Brustschildes mit eingeflossen sind, muß offen bleiben.

Besonders häufig werden Edelsteine bei der Schilderung von Visionen, der Schönheit des Paradieses, des Thrones Gottes und des himmlischen Jerusalem benutzt. Solche Edelsteinmetaphern finden sich im Buch Ezechiel bei der Beschreibung des Gottesgerichtes (Kapitel 28):

»Du weilest im Eden, dem Gottesgarten. Lauter Edelsteine waren dein Kleid: Karneol, Topas und Jaspis, Chrysolith, Beryll und Onyx, Saphir, Rubin und Smaragd. Deine Fassung und Verzierung waren aus Gold. Sie wurden erschaffen am Tag, da du erschaffen warst … Du warst auf dem heiligen Götterberg, ergingst dich inmitten feuriger Steine.«

Hinter dieser Edelsteinmetaphorik steht der im alten Orient weit verbreitete Glaube, daß die Edelsteine selbst göttlicher Natur sind. Auch die Autoren des Neuen Testamentes huldigen dieser heidnischen Tradition. Der Apostel Johannes beschreibt den Glanz Jerusalems:

»Die Mauern waren aus Jaspis und die Stadt selbst aus lauterem Gold so rein wie Glas. Die Grundmauern waren mit allerlei Edelsteinen geziert: Der erste Grundstein war ein Jaspis, der zweite ein Saphir, der dritte ein Chalcedon, der vierte ein Smaragd, der fünfte ein Sardonyx, der sechste ein Sardis, der siebte ein Chrysolith, der achte ein Beryll, der neunte ein Topas, der zehnte ein Chrysopras, der elfte ein Hyazinth, der zwölfte ein Amethyst. Die zwölf Tore waren zwölf Perlen, jedes Tor war aus einer Perle. Die Straßen der Stadt waren aus reinem Gold wie durchsichtiges Glas.«

Vom Zauber der Edelsteine im Mittelalter

Die Wertschätzung der Edelsteine und der Glaube an ihre geheimnisvolle Wunderwirksamkeit drangen von der Antike in das mittelalterliche Europa; doch bemerkenswert ist, daß es keine deutschen Namen für die Edelsteine gibt. Letztlich blieben sie etwas Fremdes und spielten bei weitem nicht die Rolle wie die Zauberpflanzen. In der nordischen Sage wird häufig der Alektorius erwähnt, der im Leib eines verschnittenen Hahnes wachsen soll. Der Hauptstein der deutschen Kaiserkrone hieß der »Weise«, eigentlich »Waise«, weil er einmalig auf der Welt war. Der Legende nach war sein Glanz so stark, daß er das Eingangsgewölbe zur Unterwelt erhellte, aus der ihn der Herzog Ernst holte und damit den Kaiser versöhnte.

Hinweise auf Edelsteine sind in der deutschen Sage, Fabel und im Märchen selten. Die Hauptquellen sind die Steinbücher, welche die antike Tradition der Lithika und Lapidarien fortsetzen. Das früheste Werk dieser Art ist das »Enchiridion de lapidibus

Kaiser Otto der Große (936–73).
Der »Weise«, der Hauptstein der Kaiserkrone, ist deutlich sichtbar.

pretiosis« (»Handbuch der wertvollen Steine«), das in Gedicht-
form abgefaßt ist und schon sehr bald ins Französische übersetzt
wurde. Es geht über das, was die Antike über die Edelsteine zu
sagen weiß, nicht hinaus und ist nur eine Wiederholung des schon
von Plinius berichteten Aberglaubens um die Steine. Die wichtigste Quelle des mittelalterlichen Steinglaubens ist die »Physika« der Hl. Hildegard von Bingen (1098–1179), das im vierten
Kapitel ein Steinbuch enthält. Die gelehrte Äbtissin widmete
diesem Thema viele grundsätzliche Erörterungen, die viel Neues
über die Deutung der Herkunft der geheimnisvollen Kräfte der
Edelsteine enthalten. Besonders wertvoll sind aber die Bemerkungen und Hinweise über den im Volk verbreiteten Wunderglauben um diese Steine, der interessante Abweichungen von den
aus der Antike überlieferten Vorstellungen aufweist. Den Ursprung der Edelsteine stellt sie sich so vor:
»Im Osten und wo allzu heftige Sonnenglut herrscht, entstehen
die Edelsteine. Die Berge in jenen Gegenden haben von der
Sonnenglut Hitze wie Feuer, und die Flüsse dort sind von ihr
immer heiß, so daß zuweilen eine Überschwemmung dieser
Flüsse losbricht und sie zu jenen Bergen emporsteigen. Es werden dann die ebenfalls von der Sonnenhitze glühenden Berge von
ihnen berührt, und wo das Wasser mit dem Feuer zusammentrifft,
werfen sie Schaum aus, wie es bei feuerglühendem Eisen oder
feuerflüssigen Steinen ist... Nun bleibt hier der Schaum haften
und erstarrt während dreier oder vier Tagen zu Stein. Hört dann
die Überschwemmung der Wasser wieder auf, so daß sie wieder
in ihr Bett zurückkehren, dann trocknet dieser Schaum, der an
verschiedenen Plätzen an den Bergen hängen bleibt, je nach den
verschiedenen Tageszeiten und der Temperatur, aus. Je nach der
Temperatur der Tagesstunden bekommt der Schaum Farbe und

Kräfte und wird zu Edelsteinen verhärtet. Wie Fischschuppen werden sie von ihren Plätzen losgelöst und fallen dann in den Sand. Tritt dann wieder eine Überschwemmung dieser Flüsse ein, dann nehmen sie zahlreiche derartige Steine auf und tragen sie in andere Länder, wo sie schließlich von Menschen gefunden werden. Diese Berge aber, an denen so zahlreiche und so gewaltige Edelsteine entstehen, erglänzen dort wie von Tageslicht. Und also werden die Edelsteine von Feuer und Wasser erzeugt, deshalb haben sie auch Feuer, Wasser und viele Kräfte und Wirkungen in sich, so daß man sehr viel mit ihnen unternehmen kann: Dinge, die gut, ehrenvoll und den Menschen nützlich sind, nicht aber Verführung, Unzucht, Ehebruch, Feindschaft, Mord und ähnliches, was auf Laster hinzielt und den Menschen schädlich ist; die Natur der Edelsteine sucht Ehrbares und Nützliches und verabscheut Verkehrtes und Böses, so wie auch die Tugenden die Laster abschütteln und wie das Laster nicht mit den Tugenden zusammenwirken kann.«

Daß man die Kräfte der Edelsteine, die für den Teufel etwas Schädliches sind, nicht zu bösen Zwecken mißbrauchen darf, wird an einer anderen Stelle damit erklärt, daß die Edelsteine einst das Prachtkleid Satans vor seinem Abfall von Gott zierten. Gott nahm dem Teufel zwar die edlen Steine ab, aber er wollte ihren Glanz und ihre Kraft nicht untergehen lassen und sie den Menschen erhalten. Um die Kraft der Edelsteine zu verstärken, ist es erforderlich, ein Gebet oder einen frommen Spruch aufzusagen.

Dies erinnert sehr an das schon in der Antike gepflegte Besprechen von Heilkräutern. Der Chrysopras soll gegen Besessenheit wirken. Man übergießt ihn mit Wasser und spricht die Formel: »Ich, oh Wasser, gieße dich über diesen Stein zu jener Kraft, mit

Hl. Hildegard von Bingen
(1098–1179); sie war nicht nur
eine bekannte Naturforscherin,
sondern auch eine Ratgeberin
der Mächtigen ihrer Zeit.

Albertus Magnus
(1193–1280).

der Gott die Sonne und den Mond erschaffen hat.« Sodann wird dem Patienten das Wasser eingeflößt. Oder man schneidet in das Weizenbrot ein Kreuz und zieht den Edelstein mit folgenden Worten durch die Furche: »Gott, der die Kostbarkeit der Steine dem Teufel entrissen hat …« Danach gibt man dem Kranken das Brot zu essen.

Eine Zusammenfassung des mittelalterlichen Edelsteinzauberglaubens enthalten die fünf Bücher des Albertus Magnus (1193–1280), der auch aus dem Wissen der Araber schöpfen konnte.

Wenngleich er auch hervorhebt: »Die Naturforschung besteht nicht darin, daß man das von anderen Mitgeteilte leichtgläubig nacherzählt, sondern daß man die in der Naturwissenschaft sich offenbarenden Kräfte erforscht«, so übernimmt er kritiklos die tradierten Deutungen. Er behauptet sogar, daß jeder Stein seine besondere Kraft habe, und durch Experimente könnte das bewiesen werden. Durch eingravierte Zeichen lasse sich die Wirkungskraft der Steine verstärken. Das Bild des Mars mit der Lanze verleihe Kühnheit, Saturn mit der Sense Reichtum und Macht, Venus mit dem Lorbeerkranz Schönheit. Auch Tierkreiszeichen beherbergten solche Macht. Stier, Jungfrau und Steinbock, denen nach der Meinung der Astrologen als Element die Erde zukommt, machten den Träger zu einem tüchtigen Bauern und schenkten ihm Frömmigkeit. Krebs, Skorpion und Fisch, deren Element das Wasser ist, weckten negative Tugenden wie Ungerechtigkeit, Hang zum Lügen und Unzuverlässigkeit.

»Die Perle ist ein Stein, der sich in den unscheinbaren Muscheln findet. Die besseren kommen aus Indien, viele aber aus dem Britannischen Meer, jetzt das englische genannt… Ich hatte bei einer Mahlzeit deren zehn in meinem Mund, die ich beim Austernessen fand. Junge Muscheln haben bessere; manche von ihnen sind durchlöchert, manche unversehrt. Sie haben eine Farbe, wie wenn ein schwaches Licht in viel Weiß eindringt. Daher glänzen sie, obwohl sie doch weiß sind. Es heißt auch, daß die Austern sie beim Donnern wie in einer Frühgeburt von sich geben.«

Perlen / Unio, Margarita. **Cap. 15.**
Perlenmutter / Conchæ margaritiferæ.

Die Perlen werden auf Griechisch Μαργα‐
ρεῖτα, Lateinisch Unio, Margarica, Französisch
vmb Perle, Italianisch Perle, und Hispan.la Perla
genannt. In besondern Muscheln / die im Meer li‐
gen / und sonderlich in India gefunden. Solche Mu‐
scheln werden Perlenmutter / Conchæ margaritife‐
ræ genennet. Auch findet man viel in Engelland und
in Flandern.
Ihre Tugend sind die lebendige Geister / so vom
Herzen kommen / zu stärcken / und benemmen das
Herzzittern und den Schwindel deß Haupts.
Auch wer geneigt were zu grosser Ohnmacht / also
daß ihm darvon geschwindet / der brauche Perlen die mit Zucker bereitet sind / Ma‐
nus Christi cum perlis genannt / sie stärcken das Herz.
Wer tunckele Augen hat / der brauche Perlen / die nemmen die weissen Flecken
im Augapffel hinweg.
Sie sind auch gut wider den Blutfluß und die rothe Ruhr. Sie verhalten den
Frauen ihre Zeit / und machen schöne Zähn.

Beschreibung der Perle und ihrer Heilkräfte in einem alten Kräuterbuch.

Ähnlich wie es in der Antike Wundersteine gab, die gleichsam die magischen Kräfte aller Edelsteine in sich vereinigten, so suchte man auch im Mittelalter nach dem Stein aller Steine, den man als »Lapis philosophorum« oder »Stein der Weisen« bezeichnete. Die Herstellung dieses Wundersteines war eines der wichtigsten Ziele der Alchimie seit dem 11. Jahrhundert. Man nannte den Stein der Weisen auch das »große Elixier«, weil man hoffte, ihn auf dem Weg des Siedens (lat.: elixare) zu gewinnen. Eine andere Bezeichnung ist »rote Tinktur«, denn dieser geheimnisvolle Stoff sollte die Fähigkeit besitzen, unedlen Metallen das Aussehen des Goldes zu verleihen. Auch wir gebrauchen heute noch für Goldlegierung die Bezeichnung Rotgold. Der Stein der Weisen war aber auch ein Universalheilmittel, ein Panazee, das sich vor allem durch seine verjüngende Kraft auszeichnete. Paracelsus schrieb ihm die Eigenschaft zu:

»Er reinigt den ganzen Körper und säubert all sein Unflat, mit ganz neuen und jungen Kräften, die er zu seiner Natur bringt.«

Auch Arnold von Villanova (1235–1311) preist seine Eigenschaften und stellt die Behauptung auf: Gibt man einem Todkran-

Arnold von Villanova.

ken nur eine winzige Menge davon, gesundet er innerhalb von vierundzwanzig Stunden.

Die Herstellung dieses Steines wurde unter den Alchimisten als großes Geheimnis gehütet. Seine Gewinnung sollte nur besonderen Auserwählten möglich sein, in deren Seele alle niederen Eigenschaften in Liebe, Weisheit und Entsagung verwandelt waren. Zunächst aber mußte der Ausgangsstoff oder der Urstoff (Materia prima) gefunden werden, aus dem nach umständlichen chemischen Prozeduren der Stein hergestellt wird. In der alchimistischen Literatur werden alle nur denkbaren Stoffe, teils auch menschliche und tierische Ausscheidungsstoffe wie Urin, Kot und Speichel genannt. Bei Paracelsus findet sich eine genaue Beschreibung, wie man die Materia prima gewinnen kann:

Saturn (= Blei) speit den Stein der Weisen aus
(aus: »Atalanta fugiens« von M. Maier, 1618).

Zunächst benötigte man eine feine Lösung des männlichen und weiblichen Samens der Metalle, um sie miteinander zu vermählen. Den männlichen Samen liefert das Gold, auch »roter Leu«

(Löwe) genannt. Der weibliche Samen, »Leim des weißen Adlers«, wird aus dem Silber gezogen. Die »Vermählung« findet in einem Ofen statt, in den man das Gefäß mit dem Metallsamen (»Philosophisches Ei«) stellt. Zuerst bildet sich ein schwarzer Körper, das »Rabenhaupt«, dann ein weißer, »der weiße Schwan«, und schließlich entsteht der Stein der Weisen von safranähnlicher Farbe. Im 5. Buch der »Archidoxien« schwärmt Paracelsus von den Wunderkräften dieses Steines:

»Er macht das Alte so sauber wie ein Salamander mit seiner Haut gereinigt wird, ohne allen Schaden, ohne alle Fäulnis, und es bleibt doch allemal die alte Haut in ihrem Wesen und ihrer Form. So ist auch der Stein der Weisen derjenige, welcher das Herz und alle Hauptglieder reinigt, dazu das Mark und die Adern und was darinnen eingeschlossen ist, so daß kein Makel und keine Ungesundheit mehr an ihnen gefunden wird. Denn es weicht Gicht, Wassersucht, Gelbsucht und Kolik. Alle Ungeschicklichkeit der vier Humore (Säfte) läutert er, so daß sie wieder der ersten Geburt gleichen. Ihm weichen alle Dinge, welche die Natur zu verderben imstande ist. Wie die Würmer das Feuer fliehen, so flieht auch Krankheit und Ungesundheit vor dieser Erneuerung.«

Der Glaube an einen solchen Wunderstein und die damit verbundenen seltsamen Gedankengänge der Alchimisten dürfen nicht darüber hinwegtäuschen, daß diese Bemühungen gleichzeitig der Beginn einer neuen Art von Heilkunde waren, die mit Hilfe der Chemie versuchte, Arzneimittel herzustellen.

Auch der berühmte Gral ist nach Wolfram von Eschenbach (etwa 1170–1220) ein sagenhafter, segenspendender Edelstein. Wer ihn besitzt, kommt in den Genuß himmlischen und irdischen Glückes, wozu auch die ewige Jugend gehört. Die Legende weiß auch zu berichten, daß dieser geheimnisvolle Gegenstand die

Kristallschale des letzten Abendmahles ist. In Wolfram von Eschenbachs Epos »Parzival« wird dieser Wunderstein von den Tempeleisen, einer Schar keuscher Ritter und Jungfrauen, auf der Burg Munsalvaesche bewacht. Der Held des Epos, Parzival, findet nach zahlreichen Abenteuern diese geheimnisvolle Gralburg und erlöst den schwerkranken König Amfortas von seinen Leiden.

Zu den Glanzstellen dieses mittelalterlichen Epos gehört die Beschreibung des Grals. Er schwebt auf einer Platte von Aquamarin, während vierundzwanzig Jungfrauen leuchtende Kerzen tragen und Balsamlampen schwingen:

> Tempeleisen heißen,
> Die seines Dienstes sich befleißen,
> Ihre Nahrung spendet ein Edelstein,
> Wunderkräftig, klar und rein,
> Mit dem Namen Lapis Exillix.
> Durch ihn verbrennt der Phönix
> Zu Asche sich, doch diese schafft
> Ihm Leben wieder, so daß empor
> Aus ihr steigt die neue Kraft,
> Und schöner, als er war zuvor.
> Dem Menschen kann kein Leid geschehen
> Am Tag, da er den Stein gesehen,
> Und eine Woche nach der Zeit
> Bleibt er vom Tod noch befreit.
> Wer täglich ihn erblicken kann,
> Dem, sei es Jungfrau oder Mann,
> Bleibt unverändert Farb' und Haut,
> Wie in schönster Blüte sie ward geschaut;

Und säh er ihn zweihundert Jahre,
Ihm grauten dennoch nie die Haare,
Und solche Kraft verleiht der Stein
Dem Menschen, daß ihm Fleisch und Bein
In ungeschwächter Jugend bleiben.
Der Stein, des Wunders zu beschreiben
Ich versuchte, wird Gral genannt.
(Parzival V, 59)

Der Luxus an Edelsteinen, den sich die geistlichen und weltlichen Größen des Mittelalters leisteten, stieg ins Phantastische. Nicht nur die Kirchen und Dome waren wahre Schatzkammern voller Edelsteine, sondern auch die Kleinodien der Könige, Fürsten und Patrizier waren in verschwenderischer Weise mit kostbaren Edelsteinen verziert. Die Kreuze, Evangeliarien, Bischofstäbe, Stolas, Schuhe, Strümpfe, Gürtel und der ganze Kaiserschatz, Reichskreuz, Reichsapfel und Reichskrone, sind mit Juwelen übersät. Die Krone Karls IV. trug drei große Perlen, fünfzehn geschnittene Steine und fünfundzwanzig Edelsteine. Die Kaiserkrone selbst ist ein Meisterwerk mittelalterlicher Goldschmiedekunst. Sie ist in ihrer jetzigen Gestalt eine Verbindung von Diadem und Helm, der vermutlich eine Nachbildung der spätrömischen Helmform des Kaisers Konstantin des Großen ist. Alles ist aus reinstem Gold. Das Diadem ist von acht halbkreisförmigen Platten eingefaßt, auf deren vordere sich ein Kreuz mit Edelsteinen befindet. Über diese Platten wölbt sich der goldene Helm. Vier der Platten sind mit kostbaren Edelsteinen, Smaragd, Saphir, Amethyst und Perlen, verziert. Auf der vorderen Platte befand sich einst der »Weise«, vermutlich ein Milchopal, der eine legendäre Leuchtkraft besaß.

Im 14. Jahrhundert verschwand er aus der Kaiserkrone und wurde durch einen indischen Saphir ersetzt. Wie weit man diesen Luxus trieb, belegen noch folgende Beispiele. Karl I. von England hängte sich an seinen Steigbügel vierhunderteinundzwanzig Diamanten; allein Papst Eugen IV. (1439–1447) übertraf ihn noch, denn der bestellte sich bei einem Florentiner Juwelier eine Tiara, die mit fünfeinhalb Pfund Perlen, Rubinen, Smaragden und Saphiren besetzt war.

Dieser allgemeinen Wertschätzung und dem Wunderglauben, der sich um die Steine bildete, konnte sich auch die Kirche nicht entziehen. Sie gestattete das Tragen von Edelsteinen auch den Kranken, die sich von ihnen eine Heilung erhofften. Um die

Ein Ritter hält die Kaiserkrone in der Hand; sie ist ein Meisterwerk der mittelalterlichen Goldschmiedekunst.

abergläubischen Gebräuche unter Kontrolle zu halten, weihte sie am Dreikönigstag diese Steine. Die Weiheformel lautete:
»Gott, allmächtiger Vater, der Du auch durch die leblosen Geschöpfe Deine Macht den Menschen gezeigt hast, der Du Deinem Diener Moses die Anweisung gegeben hast, am hohenpriesterli-

chen Gewande das Brustbild der Gottesentscheidungen mit zwölf
Edelsteinen zu schmücken, und dem Evangelisten Johannes gezeigt hast, wie das himmlische Jerusalem mit Edelsteinen als
wesentlichen Sinnbildern der Tugenden aufzubauen sei, wir bit-
ten demütig Deine Majestät, daß Du diese Steine weihen und
segnen mögest durch die Heiligkeit und Anrufung Deines heiligen Namens, daß sie, geheiligt und geweiht, die wirksamen
Kräfte erlangen, die nach der Erfahrung weiser Männer ihnen
innewohnen. Mögen alle, die sie bei sich tragen, durch sie Deinen
mächtigen Schutz und Deine Gnade erlangen durch Jesum Chri-
stum Deinen Sohn, der die Quelle aller Heiligkeit ist, der mit
Dir…«

Die in diesem »Epiphaniassegen« genannten zwölf biblischen
Edelsteine (siehe auch S. 156) haben in der christlichen Tradition
folgende Bedeutung:

Name	*Farbe*	*Bedeutung*
Diamant	Wasserhell	Charakterstärke
Rubin	Rot	Liebe
Saphir	Blau	Treue
Smaragd	Grün	Gehorsam
Balsrubin	Rosa	Erleuchtung
Aquamarin	Meeresgrün	Gedächtnis
Sardonyx	Weiß-Rot	Verstand
Granat	Dunkelrot	Wille
Türkis	Hellblau	Wahrhaftigkeit
Karneol	Dunkelrot	Mut
Topas	Goldgelb	Beharrlichkeit
Amethyst	Violett	Wissenschaft

Nach der Entdeckung Amerikas kamen gewaltige Mengen von Edelsteinen in die alte Welt; die Prunksucht und die Faszination der edlen Steine erreichte zur Zeit Ludwigs IV. in Frankreich eine solche Steigerung, daß selbst in der zeitgenössischen Literatur der Vergleich mit den spätrömischen Potentaten gezogen wurde. Gegen Ende des 18. Jahrhunderts schrieb ein deutscher Berichterstatter: »Madame Tallien erschien auf dem letzten großen Opernball und hatte nicht nur den Kopf, die Brust, Arme und Hände mit Juwelen bedeckt, sondern sie hatte sogar die Füße auf römische Art mit Bändern umwunden und an jedem Zeh einen prächtigen Ring stecken.«

Ein berühmtes Diamant-Perlenhalsband, das zwei Pariser Juweliere für 1,6 Millionen Franken anboten, führte zu der »Halsbandaffäre«, welche die Stellung des französischen Königshauses kurz vor der Revolution untergrub. Cagliostro (1743–1795), ein Alchimist und Freimaurer, veranlaßte seinen Freund, den Kardinal von Paris, dieses Collier zu kaufen. Die Schwindlerin La Motte, die sich als die Königin selbst ausgab, hatte ihm vorgegaukelt, Marie-Antoinette wollte es erwerben. Für diese Gefälligkeit hoffte der Kardinal Rohan, die Gunst der Königin zu gewinnen. Doch das Ganze war ein Betrugsmanöver. Die Steine sollten herausgenommen und im Ausland verkauft werden. Als der Betrug aufflog, kam es zu einem großen Skandal, in den auch die Königin Marie-Antoinette verwickelt wurde. Cagliostro wurde verhaftet und die La Motte floh nach England.

Mit dem Aufkommen des Bürgertums ging auch der Glaube an die Wunderwirkung der Edelsteine verloren. Sie waren nur noch eine teure Handelsware, für die die Bezeichnung »Schmuckstei-

Graf Cagloistro (1743–1795), einer der Hauptpersonen des »Halsbandaffäre«,
die die französische Königin Marie-Antoinette in Verruf brachte.

ne« üblich wurde. Von nun an beschäftigten sich vornehmlich
die Dichter mit den abergläubischen Vorstellungen um die edlen
Steine. Besonders Goethe ließ in seine Dramen und Gedichte die
Edelsteinmetaphorik einfließen. Sein Interesse an der Edelsteinkunde war so groß, daß er nicht nur eine Biographie des Gold-
schmiedes Benvenuto Cellini (1500–1571) verfaßte, sondern er
hinterließ auch einige bruchstückhafte Notizen über dieses Gebiet, die heute noch sehr lesenswert sind:

1. *Kenntnis der Edelsteine.* Die aristotelische Lehre beherrschte
   zu damaliger Zeit alles, was einigermaßen theoretisch heißen
   wollte. Sie kannte nur vier Elemente, und so wollte man auch
   nur vier Edelsteine haben. Der Rubin stellt das Feuer, der
   Smaragd die Erde, der Saphir das Wasser und der Diamant
   die Luft dar. Rubine von einiger Größe waren damals selten
   und galten achtfach den Wert des Diamanten. So stand auch

der Smaragd in hohem Preise. Die übrigen Edelsteine kannte man wohl, doch schloß man sie entweder an die vier genannten an oder man versagte ihnen das Recht, Edelsteine zu heißen. Daß einige Steine im Dunkeln leuchteten, hatte man bemerkt: Man schrieb es nicht dem Sonnenlicht zu, dem sie dieses Leuchten abgewonnen hatten, sondern einer eigenen innewohnenden Kraft und nannte sie Karfunkel.

2. *Fassen der Edelsteine*. Bei dem Fassen der Edelsteine behandelt man die Farben mit der äußersten Sorgfalt. Es sind dies gewöhnlich dünne, farbige Metallplättchen, welche den farbigen Steinen unterlegt werden, um Farbe und Glanz zu erhöhen. Doch tun auch andere Materialien den gleichen Dienst, wie zum Beispiel Cellini durch feingeschnittene, hochrote Seide, mit der er den Ringkasten gefüttert, einen Rubin erhöht haben will. Überhaupt tut er sich auf die Geschicklichkeit, Folien zu verfertigen und anzuwenden, viel Gutes. Er tadelt bei gefärbten Steinen die allzu dunkle Folie mit Recht, indem keine Farbe erscheint, wenn nicht Licht durch sie hindurch fällt. Der Diamant erhält eine Unterlage aus feinstem Lampenruß bereitet, schwächeren Diamanten legt man auch Glas unter.

Goethe schien vor allem von den geheimnisvollen Kräften des Karbunkels fasziniert, der in zahlreichen Gedichten erwähnt wird. So lesen wir im 10. Gesang von »Reinecke Fuchs«:

Ferner sagt der Meister, er habe gelesen, es könne,
wer den Ring am Finger bewahrt, in grimmiger Kälte
nicht erfrieren, es lebe gewiß ein ruhiges Alter.
Außen stand ein Edelgestein, ein heller Karbunkel.

Dieser leuchtete nachts und zeigte deutlich die Sachen.
Viele Kräfte hatte der Stein: er heilte den Kranken,
wer ihn berührte, der fühlte sich frei von allen Gebrechen,
aller Bedrängnis, nur ließ sich der Tod allein nicht bezwingen.
Weiter entdeckte der Meister des Steines herrliche Kräfte:
Glücklich reiste der Besitzer durch alle Lande, ihm schadet
weder Wasser noch Feuer, gefangen oder verraten kann er
nicht werden, und jeder Gewalt des Feindes entgeht er.
Und besieht er nüchtern den Stein, so wird er im Kampfe
hundert überwinden und mehr, die Tugenden des Steines
nimmt dem Gift die Wirkung und allen schädlichen Saften …

Goethe war vielleicht einer der letzten Edelsteinverehrer, die über die bloße Faszination hinaus zu den geheimnisvollen Kräften dieser Wunderwerke der Natur vordrangen. Im »Großkopta« stellt er die Behauptung auf, die stärksten Kräfte lägen in »Worten, Kräutern und Steinen« verborgen. So verwundert es nicht, daß auch Goethe sich als feinsinniger Kenner verlocken ließ, dem schon in der Antike und im Mittelalter begehrten »Wunderstein« nachzuspüren. In dem pantomimischen Ballett »Der Genius der Jugend« (1782) schreibt er:

In einer Gruft, wo Gold und Silber und edler Steine Säfte
von den Wänden triefen und die unholde Finsternis mit den
heiligsten Himmelfarben zieren, dort liegt ein Stein, der nie
an dem Gebirg gehangen, den kein Eisen je berührt, der
undurchdringlich ist, bis daß die Sterne, zusammen-
treffend, selbst den geheimen Knoten lösen. Wie ihn die
Götter nennen, mag ich nicht zu sagen, wenn ein Sterb-
licher ihn erblicken dürfte, wie er gleich einer glühenden

Sonne Strahlen um sich wirft, er würde tief verehrend, was von Karbunkeln das Altertum erzählt, mit seinen Augen anzuschauen glauben.

Dieser geheime Wunderstein, der so viel Ähnlichkeit mit dem Karbunkel hat, besitzt alle magischen Kräfte des »Steines der Weisen«. In ihm ist der »Genius« der Jugend verborgen, die von einem mächtigen Geist den Feen und Zauberern geraubt wurde. Unter einer günstigen Konstellation der Planeten wird der Stein gefunden. Als man ihn öffnet, entdeckt man Amor, der darin sitzt und die Anwesenden sofort verjüngt. In seinem umfangreichen Werk hat Goethe keine der bekannten Edelsteinarten unerwähnt gelassen.

Der Industrialismus mit all seinen Häßlichkeiten weckte in der Mitte des 19. Jahrhunderts vor allem bei den französischen Dichtern eine nostalgische Sehnsucht nach kostbaren Gegenständen. Gautier, Flaubert u. a. bereichern ihre Werke mit Edelsteinkatalogen. Die kostbaren Mineralien sind gleichsam Symbole der Schönheit und Unvergänglichkeit, die in der technisierten Umwelt von den Dichtern vergeblich gesucht werden. In der Lyrik des 19. Jahrhunderts äußert sich das Interesse an Edelsteinen bereits in den Titeln der Gedichte: z. B. »Farben und Kameen« von Gautier, »Die Spange«, »Mit einer griechischen Kette«, »Der Bernstein« und »Perlen von Venedig« von den Dichtern Stefan George, Rudolf Borschardt und Theodor Däubler. In den Dichtungen von Stefan George, besonders im »Algabal«-Zyklus, spielen Edelsteine und kostbare Metalle eine zentrale Rolle. Das künstliche Reich des Priesterkönigs Algabal ist auf das raffinierteste mit kostbaren Edelsteinen ausgeschmückt. Es ist übersät mit milchigen Opalen, Saphiren, Topasen, Kristallen und Diamanten. Edelsteinmetaphern dienen dazu, die erotischen Reize einer Frau zu steigern, aber auch, sadistische Effekte zu produzieren. In dem berühmten »Sphinx-Gedicht« von Oskar Wilde zerfleischt die Sphinx mit ihren Klauen aus Jaspis und ihren Brüsten von Achat den Körper ihres Liebhabers. Der französische Schriftsteller Huysman läßt in seinem Roman »A Rebours« (1884) den Romanhelden Des Esseintes eine Riesenschildkröte mit Edelsteinen krustieren:

»Er setzt seinen Blumenstrauß folgendermaßen zusammen: Die Blätter wurden aus Steinen gefaßt, die ein unterstrichenes und präzises Grün aufwiesen: aus spargelgrünen Chrysoberyllen, aus lauchgrünen Chrysolithen, aus olivgrünen Olivinen; sie hingen an Zweigen aus Almandin und bläulich-rotem Uwarowit, der in trocknem Glanz funkelt wie Weinsteinglimmer im Innern eines Fasses.« Die Blütenblätter bestehen aus »Katzenaugen aus Ceylon, Cymophanen und Saphiren«. Für den Rand wählt er »Steine, deren Reflex sich abwechseln sollten: den mahagoniroten Hyazinth von Compostela, den meergrünen Aquamarin, den essigrosa Balsrubin, den schieferfahlen Rubin aus Södermanland.

Die Edelsteinmetaphorik ließ sich kaum noch weiter steigern; Kritiker begannen schließlich, die »schmucksüchtige Generation« zu geißeln, und Robert Musil zählt in seinem Roman »Mann ohne Eigenschaften« die Träume von Edelsteinen zu den beherrschenden Tendenzen des ausgehenden 19. Jahrhunderts.

Das 19. Jahrhundert ist aber auch die Zeit der Skandalgeschichten um berühmte Edelsteine, besonders Diamanten. Einige der bekanntesten sollen berichtet werden (nach Laars: Talisman und Amulette, Leipzig 1932):

Der sagenumwobene Diamant »Le Sancy« wiegt 53 1/2 Karat (1 Karat = 1/5 Gramm). Ursprünglich stammt er aus Indien und

175

war zuerst im Besitz des Herzogs von Burgund, Karls des Kühnen, der ihn in dem Glauben, der Edelstein schütze ihn vor Gefahren, stets an einer Kette um den Hals trug. Karl wurde jedoch in der Schlacht bei Nancy geschlagen und auf der Flucht getötet. Ein Knecht plünderte die Leiche des Fürsten, raubte den Edelstein und verkaufte ihn, da er seinen Wert nicht kannte, für einen Goldgulden an einen Geistlichen, durch den er in den Besitz des Königs von Portugal überging. Dieser Herrscher befand sich in ständiger Geldverlegenheit und verkaufte ihn für 100 000 Franken an den französischen Grafen von Sancy, nach welchem der Stein genannt wurde. Als Sancy nach Solothurn als Gesandter ging, befahl König Heinrich III., ihm als Unterpfand seiner Treue diesen Diamanten zu schicken. Um den wertvollen Stein sicher in die Hände des Königs gelangen zu lassen, betraute der Graf einen einfachen Mann mit der Überbringung, weil er annahm, daß ein einzelner Mann, zumal wenn er ärmlich gekleidet sei, am leichtesten durch das im Bürgerkrieg liegende Frankreich, dessen Straßen sehr unsicher waren, hindurchkommen würde. Der Bote wurde jedoch unterwegs angefallen und ermordet, verschluckte aber vorher den Diamanten, um ihn nicht in die Hände der Banditen fallen zu lassen. Trotz der Proteste der Geistlichkeit ließ der Graf den Leichnam ausgraben und holte den kostbaren Stein aus dem Magen des Toten. Um 1688 befand sich der Diamant in dem Besitz des Königs von England. Später besaß ihn Ludwig IV. von Frankreich, der ihn als Agraffe auf dem Hut trug. Sein Nachfolger Ludwig V. soll ihn noch besessen haben. 1832 tauchte er im Besitz des Fürsten Demidow wieder auf, und 1867 konnte man ihn auf der Weltausstellung in Brüssel bewundern. Ab 1892 besaß ihn die Vicomtesse Mary Astor, die als erste Frau ins englische Unterhaus berufen wurde.

Die Geschichte des Hope-Diamanten oder des »Blauen Steines« ist nur mit Unglück verknüpft. Drei Jahrhunderte lang hat er seinen Besitzern nur Fluch und Verderben gebracht. Ursprünglich soll er ein Auge einer Statue des indischen Gottes Rama Sita gewesen sein. Um die Mitte des 16. Jahrhunderts brachte ihn ein Mann namens Winighea nach Venedig, und ein Mitglied der Dogenfamilie Morosini erwarb den Diamanten, dessen Schönheit von den Dichtern besungen wurde. Der Inder aber brachte außer dem Stein noch die Beulenpest mit, die sich zu einer furchtbaren Epidemie in Venedig ausweitete. Morosini flüchtete mit dem Blauen Stein nach Florenz, aber die Seuche folgte ihm, und er starb. Der Stein kam nun in den Besitz des florentinischen Heerführers Marsilo, der schon kurze Zeit später erstochen wurde. Alle Besitzer in den folgenden Jahrhunderten starben eines gewaltsamen Todes. Zu Beginn des vorigen Jahrhunderts befand er sich in dem Schatz des italienischen Klosters San Cosimo. Von französischen Soldaten, die das Kloster geplündert hatten, kaufte ihn der General Lasalle, der schon wenige Tage darauf in der Schlacht von Lodi fiel. Auch der Sultan der Türkei hatte kein Glück mit diesem Stein. Er wurde entthront und starb in der Verbannung. Bis zu ihrer Hinrichtung besaß ihn die französische Königin Marie-Antoinette. Danach trug ihn die Prinzessin Lamballe, die von der Bevölkerung massakriert wurde. Ein spanischer Diplomat namens Jose Ruiz y Maryat erwarb diesen Stein, ohne sich lange an ihm zu erfreuen: In Katalonien wurde er beraubt und ermordet. Die Täter wurden verhaftet und hingerichtet. Nur einer der Täter konnte mit dem Ring entkommen und heuerte auf einem Westindiensegler an. Mit mehreren Matrosen zettelte er eine Meuterei an, die der Kapitän niederschlagen konnte. Als man den Rädelsführer hinrichtete, entdeckte man an seinem Finger den »Blauen Stein«. Der Kapitän des Schiffes nahm den Ring an sich und wurde bald nach seiner Landung in Verakruz in einer Spielhölle erschossen. Seine Leiche fand man in einem Straßengraben; der Ring blieb zunächst verschwunden. Doch dann entdeckte man ihn bei einem Amsterdamer Juwelenhändler, als dieser Selbstmord beging. Der nächste Besitzer, der amerikanische Schausteller Steward, verunglückte tödlich beim Einsturz einer Tribüne. Sodann besaß ihn ein Spanier, der von seiner Frau erschossen wurde. Im Jahre 1830 erwarb ihn der Bankier Thomas Philipp Hope für 18 000 Pfund Sterling. Sein Enkel Lord Henry Francis Hope heiratete die australische Schauspielerin Miß May Yohe, die ihn völlig ruinierte. Nach einigen weiteren Besitzern, denen allen irgendein großes Unglück widerfahren sein soll, geriet er in die Hände des russischen Fürsten Kanitocski, der im Zustand geistiger Umnachtung seine Geliebte erschoß, als sie mit diesem Stein in den »Folies Bergères« war. Wenige Tage später ermordeten ihn Mitglieder eines politischen Geheimklubs. Ein griechischer Juwelenhändler, der den Stein an den türkischen Sultan Abdul Hamid II. verkaufte, verunglückte tödlich zusammen mit seiner Frau und seinen Kindern. Die Lieblingsfrau des Sultans, die den Juwel als Brosche trug, wurde vor den Augen des Sultans von türkischen Revolutionären erschlagen. Die türkische Revolutionäre Partei verkaufte das Schmuckstück an den Spanier Habib, der prompt 1909 mit dem Dampfer »Seyne« bei Singapore unterging. Doch man brachte das Wrack wieder ans Tageslicht, und von neuem begann eine Unglücksserie: Für 52 000 Pfund kaufte ihn der Besitzer der Washington Post. Als seine Frau zum erstenmal den Stein trug, wurde ihr einziger Sohn von einem Auto erfaßt und getötet. Maclean ließ sich daraufhin von seiner Frau scheiden, weil sie trotz seiner Warnung auf dem Ankauf des Steines bestanden hatte. Die Familie des neuen Besitzers, Monsieur de Hautville, wurde von nicht weniger tragischen Schicksalsschlägen heimgesucht: Seine Frau wurde von einem Auto überfahren, sein ältester Sohn starb an einer Vergiftung, seine Tochter ertrank, und sein jüngster Sohn verlor sein Augenlicht bei einem Rohrkrepierer seines Gewehrs. Hautville wollte sich daraufhin von dem Stein trennen und nahm ihn mit auf den Ozeandampfer Titanic, der bei seiner Jungfernfahrt 1912 mit einem Eisberg kollidierte und sank. So endet die unheilvolle Geschichte des »Blauen Steines« – vorläufig, denn keineswegs ist sicher, ob er nicht eines Tages mit anderen Schätzen des inzwischen georteten und mit ferngesteuerten Unterwasserkameras untersuchten Wracks geborgen wird.

Im Schatten der Skandale um berühmte Steine, die noch beliebig ergänzt werden könnten, gab es einzelne Gelehrte, die sich intensiv mit den Edelsteinen und den ihnen seit der Antike zugesprochenen magischen Kräften beschäftigten. So versuchte der schwäbische Arzt und Dichter Kerner (1786–1862) in seinem Buch »Die Seherin von Prevorst«, den Wunderkräften der Edelsteine auf die Spur zu kommen; er kam zu dem Schluß, für die besondere Wirksamkeit der Steine sei nicht deren chemische Zusammensetzung, sondern ein von ihnen ausgehendes elektrisches und magnetisches Kraftfeld verantwortlich. In einer Zeit, da der Mensch noch im Einklang mit der Natur lebte, habe es noch ungehindert auf den Menschen einwirken können. Die mit der Entwicklung der Zivilisation einhergehende Entfremdung von der Natur habe ihn jedoch mit einer »isolierenden Masse« umgeben, welche die magischen Kräfte der Edelsteine abstoße.

Bei der »Seherin von Prevorst« handelte es sich um eine berühmte deutsche Sensitive namens Fredericke Hauffe. Vom Doppelspat sagt sie: »Ich fühle in diesem Stein ein besonderes Wachstum, und das ist es, was mich schlafwach macht.« Kalten Schauer und Krämpfe riefen bei ihr der Gipsspat und der Aventurin hervor. Die gefärbten Steine wie Topas, Smaragd etc. riefen bei ihr unangenehme Empfindungen hervor. Diese empirischen Untersuchungen der Wirkung der Edelsteine auf eine hochsensitive Person nehmen schon die Ansätze der modernen Edelsteintherapie vorweg. Auch K. von Reichenbach, der Begründer der Odlehre, unternahm solche Versuche an Sensitiven. Unter Od versteht er eine Lebenskraft, die alles durchdringt und von Menschen wie von Stoffen ausgehen kann. Besonders begabte Menschen, »Sensitive«, sind in der Lage, diese Kraft als »odische Lohe«, als eine Art farbige Strahlung, wahrzunehmen. Reichenbach benutzte für seine Forschungen vor allem Kristalle, die nach seinen Beobachtungen im Dunkeln ein besonders feines Licht abstrahlten. Diese Arbeiten von Kerner und Reichenbach sind bei weitem höher zu bewerten, als die bloße Tradierung des antiken und mittelalterlichen Steinglaubens, der sich in den Werken von Esoterikern aller Schattierungen findet. Bei der Überlieferung des alten Wunderglaubens um die Edelsteine haben sich besonders die beiden Franzosen Papus (1865–1916) und Santini de Riols, dann die Deutschen Lorenz, Pachinger, Fühner, Holstein und Koch bleibende Verdienste erworben. Die hohe Zeit der modernen Edelsteinmagie beginnt aber mit der Esoterik-Welle Mitte der 70er Jahre. Sicherlich rekapitulieren die etwa zwei Dutzend Bücher über Edelsteinmagie, die z. Z. in Deutschland angeboten werden, in ihrer überwiegenden Mehrzahl nur den alten Wunderglauben um die Steine in einer modernen Form.

Aber es gibt auch interessante Neuansätze, die vorweg erst einmal klären, um was es eigentlich bei den den Steinen zugesprochenen magischen Kräften geht, und ihre Komponenten bestimmen. Die zweite wichtige Neuerung ist die Heranziehung der indischen Chakra-Lehre.

Unter Chakras (von Sanskrit »Rad« oder »Lotosblüte«) versteht man Kraftzentren im menschlichen Körper, die sich in der Nähe wichtiger Organe befinden. Sie sind durch Kanäle miteinander verbunden (Sanskrit nadis).

Das erste Chakra ist am unteren Ende der Wirbelsäule. Es heißt Nuladhara. Aus ihm entspringt die Kundalini-Energie, die gleichsam wie eine zusammengerollte Schlange dort ruht. Wenn sie aktiviert wird, läßt sie die einzelnen Chakras auf ihrem Weg zum siebten oder Scheitel-Chakra erblühen. Dem ersten Chakra ist die Farbe Rot zugeordnet. Für die Edelsteinmedizin bedeutet dies, daß nur Steine mit dieser Farbe zur Anwendung kommen können.

Das zweite Chakra oder Svadhishthana hat seinen Sitz in den Sexualorganen. Zu ihm gehört die Farbe Orange.

Das dritte Chakra, der Sitz der Willenskraft, ist das Nabel-Chakra oder Manipura. Bei ihm laufen zweiundsiebzigtausend feinstoffliche Nerven zusammen. Die zugehörige Farbe ist Gelb.

Das vierte Chakra ist das Herzzentrum (Anahata). Es liegt in der Mitte der Brust zwischen den beiden Brustwarzen. Die Farben Grün und Rosa werden ihm zugeordnet.

Das fünfte Chakra, das Kehlkopf-Chakra oder Visuddha, ist das Energiezentrum, das Herz und Kopf verbindet. Zu ihm passen die blauen Farben.

Dem sechsten Chakra oder Ajna, auch »Drittes Auge« genannt, wird die Farbe Indigo zugeschrieben.

Das siebte Chakra heißt Sahasrara (Scheitel-Chakra) und liegt am höchsten Punkt des Kopfes, hier ist Violett angesagt. Dieses Scheitel-Chakra – der »tausendblättrige Lotus« – ist das wichtigste Energiezentrum. Der Energiefluß findet von oben nach unten und umgekehrt statt.

Den einzelnen Chakras werden die Edelsteine mit den entsprechenden Farben zugeordnet. (Die Edelstein-Therapie ist Gegenstand des folgenden Kapitels, siehe S. 186 ff). Die Protagonisten der Bemühungen, den edlen Steinen ihr Geheimnis zu entlocken, gehen davon aus, daß die Steine ein gewaltiges Energiepotential oder Kraftfeld konzentrieren, das durch »Farbe, Muster, Einschlüsse, Form, Größe, Wachstumsstruktur und Schliffform einzigartig ist und konstant Schwingungen ausstrahlt« (Klinger-Raatz). Diese Schwingungen können uns erreichen, weil unsere Energiezentren oder Chakras selbst in bestimmten Farben schwingen. Die Wirkung dieser Schwingungen läßt sich als Reinigung oder Aufladung der entsprechenden Zentren vorstellen. Die Form oder der Schliff eines Steines kann diese Schwingungen erheblich differenzieren. Dieses System wird von den führenden Vertretern der Edelsteinmagie noch weiter differenziert, indem neben den Energiezentren noch feinstoffliche Körper, gleichsam Speicher der Schwingungen, angenommen werden. Ein solcher komplexer feinstofflicher Körper ist unsere Aura, die aus dem »physischen Körper, Seelenkörper und Geistkörper« (Klinger-Raatz) besteht. Diese Einzelkörper bestehen wiederum aus verschiedenen Schichten. Die dichtesten Schwingungen des Seelenkörpers bilden beispielsweise das Gemüt. Unsere Gedanken bilden die dichtesten Schwingungen des Geistkörpers usw. U. Klinger-Raatz beschreibt die Verbindung von Aura und Energiezentren so:

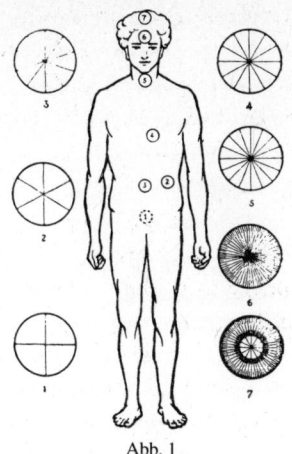

Abb. 1

Abb. 2

Abb. 1 gibt die Lage der sieben Chakras an. Symbolisch werden sie durch
Lotusblüten dargestellt. Die Anzahl der Blütenblätter entspricht den Nadis
(Energiekanälen), die von jedem Chakra ausgehen (in der Zeichnung durch
Kreise mit Radien dargestellt).
Abb. 2 zeigt die Chakras, wenn die Yogasitzhaltung eingenommen wird.
Die Kundalini oder Schlangenkraft ruht im ersten Chakra.

»Die Zentren (7) gehen durch alle feinstofflichen Körper der Aura hindurch und auch durch unseren leiblichen Körper, wo sie an der Wirbelsäule jeweils in einem Punkt enden... Die Aufgabe der Energiezentren ist der Austausch von feinstofflicher Energie und die Transformation der Energie in verschiedene Schwingungsfrequenzen... Die Aufgabe der Energiekörper ist das Sammeln und Speichern der feinstofflichen Energien.«

Klinger-Raatz entwickelt diesen Ansatz noch weiter, indem sie die Edelsteine als Tore zu den »Engeln«, den feinstofflichen Wesen um uns, ansieht. Diese »Engel« werden durch die Farbe der Edelsteine gleichsam angezogen und gerufen. Nach ihrer Auffassung sind nicht alle Steine mit Engeln verbunden, sondern nur die durchsichtigen und »lichtvollsten«. Haben sie Einschlüsse, etwa in Form eines Regenbogens, dann weist dies auf Besonderheiten des Engels hin. Die anderen Edelsteine, wie etwa Jaspis, Malachit, Perle, Türkis, Lapislazuli und Hämatit, denen allen gemeinsam ist, daß sie nicht durchsichtig sind, sind mit den Naturgeistern verbunden, aus »denen einmal Engel entstehen können«. In dieser sicherlich sehr originellen Edelsteinmagie von Frau Klinger-Raatz spielt auch die Form der Edelsteine eine sehr große Rolle: Oval geschliffene Steine haben einen besonderen Zugang zu unserem physischen Körper – diese Engel bringen neues Leben in unseren Körper. Die achteckig, quadratisch oder rechteckig geschliffenen Steine, die auch eine entsprechende Auraform haben, wirken – im Gegensatz zu den oval geschliffenen Steinen, die die feinstofflichen Körper aktivieren – auf die grobstofflichen Kräfte. Die runden Steine aber, die Engel mit einer kugelförmigen Form sind, beeinflussen unseren Geistkörper. Tropfenförmige Edelsteine sind gleichsam der Schlüssel zu unserer Seele. Der Tropfen, der gleichsam das Männliche und

Weibliche symbolisiert, ist das Tor zu unserer Seele. Solche Edelsteine ordnen die gegensätzlichen Kräfte und Bestrebungen und bewirken eine Harmonie in unserer Seele.

Diese Neuansätze von Frau Klinger-Raatz verdeutlichen, welche Möglichkeiten die Edelsteine dem Menschen eröffnen, wenn sich an ihnen etwas als wahr erweist. Wenn die Edelsteine, wie schon der mittelalterliche Wunderglaube annahm, etwas Göttliches sind oder die göttliche Macht und Kraft reflektieren – sie sollen ja ursprünglich das Gewand Satans geziert haben –, so ist ihre Macht viel umfassender als man bisher annahm.

Die Entwicklung der Edelsteinmedizin

Die Edelsteinmedizin dürfte ihren Ausgangspunkt in Indien haben. In den erhaltenen medizinischen Werken der Inder, die bis auf die ältesten Schriften, die Veden, zurückgehen, stehen die Edelsteine als Heilmittel an erster Stelle. Man bezeichnet diese Medizin auch als die »ayurvedische«. Ayurveda, wörtlich übersetzt »das Wissen von der Verlängerung des Lebens«, ist Teil einer altindischen Sammlung, dem Atharvaveda, der sehr viel altes Wissen über die Heilkraft von Stoffen und auch Pflanzen enthält, und steht in Indien für den Gesamtkomplex der alten einheimischen Medizin. Im 1. Jahrhundert n. Chr. wurde dieses Wissen von den berühmten Ärzten Caraka und Susruta systematisiert. Von Caraka, Leibarzt des Königs Kaniska, dessen Gemahlin er bei einer schweren Geburt das Leben gerettet haben soll, stammt das Lehrbuch »Carakasamhita«. Das andere berühmte Lehrbuch, aus der Feder Susrutas, trägt den Titel: »Susrutasamhita«. Die wichtigste Anwendungsformen sind Elixiere aus zerriebenen Edelsteinen. Die Anwendung von Edelsteinen zu Heilzwecken hat sicherlich auch seine Ursachen darin, daß die Inder eine Vorliebe zu den edlen Steinen haben, die überdies in ihrer Heimat reichlich vorkommen.

Das Wissen der Inder über Edelsteine ist sehr umfangreich und hat eine eigene Literaturgattung ähnlich den europäischen Steinbüchern hervorgebracht. Schon ihren Göttern schreiben sie den Besitz von besonders kostbaren Steinen zu. So glänzte auf Vishnus Brust der Wunderstein »Kaustubha«. In der alten indi-

Susruta heilt Kranke. Im Vordergrund stellen seine Gehilfen Arzneimittel her.

schen Literatur spielt ein magischer Stein, der Cintamani, eine wichtige Rolle: Er vermag alles herbeizuschaffen, woran sein Besitzer augenblicklich denkt. Neun Edelsteine: Diamant, Rubin, Katzenauge oder Beryll, Perle, Hyazinth, Koralle, Smaragd, Topas und Saphir, gelten als die kostbarsten, die wiederum in zwei Untergruppen eingeteilt werden. Die »großen« Edelsteine sind: Diamant, Rubin, Perle, Saphir und Smaragd. Die anderen werden als die Nebenedelsteine (uparatna) bezeichnet.

Die indischen Steinbücher heben folgende Eigenschaften der edlen Steine hervor:

Der Ursprung (utpati): Edelsteine sind wie in Europa meistens göttlichen Ursprungs, oder sie sind im Kopf eines Menschen, Schlange oder Frosches entstanden.

Die Wirkung (phala): Edelsteine können die Gesundheit, die Psyche und besonders das Schicksal eines Menschen beeinflussen.

Die Kaste (jati): Die einzelnen Steinarten werden den vier Kasten zugeordnet (Brahmane, Rajanya, Vaishya, Shudra – Priester, Krieger, Bauer, Händler und Diener).

Weiterhin unterscheidet man die Farbe (varna), Fehler oder Vorzüge (dosa bzw. guna), den Wert und die Nichtzugehörigkeit zur echten Art (Fälschungen).

Die Inder ordneten die Edelsteine bestimmten Planeten und Himmelsrichtungen zu:

Himmelsrichtung	*Planet*	*Edelstein*
Mitte	Sonne	Rubin
Osten	Venus	Diamant
Südosten	Mond	Perle
Süden	Mars	Koralle
Südwesten	Rahu (ein mysteriöser Planet, König der Planeten)	Hyazinth
Westen	Saturn	Saphir
Nordwesten	Jupiter	Topas
Norden	Ketu (9. Planet)	Katzenauge (Beryll)
Nordosten	Merkur	Smaragd

Zur Erläuterung folgt ein Auszug aus dem Steinbuch des Naha-hari, das den Titel «Rajanighantu» trägt. (Übers. nach Garbe, Leipzig 1882):

Der Diamant
Der Diamant besitzt die sechs Geschmäcke (süß, sauer, sal-zig, scharf, bitter und zusammenziehend), heilt alle Krank-heiten, lindert alle Übel und ist ein Wohlbefinden erzeugen-des, den Körper stärkendes Elixier.
Denjenigen Diamanten nenne man einen Schatz, welcher durchsichtig, wie ein Blitz leuchtend, glatt, prächtig, leicht, einritzend, sechseckig, scharfkantig und mit regelmäßigen Ecken versehen ist.
Als fehlerhaft geartet, meide man dagegen einen Diamanten, welcher aschfarbig, mit einem Krähenfuß gezeichnet, mit einem Riß behaftet, rund, stumpf oder fleckig ist; welcher durch einen Tropfen oder einen Sprung verunstaltet ist; wel-cher von schwarzblauer Farbe, platt oder rauh ist.
Vier Färbungen des Diamanten gibt es: weiß, rötlich, gelb, und blauschwarz, mit Bezug worauf die Kenner das wahre Wesen desselben der Reihe nach als das des Brahmanen, des Rajanya, Vaisya und Shudra bezeichnen. Wenn er je in der bestimmten Kategorie getragen wird (d. h. der weiße von Brahmanen, der rötliche von Kriegern etc.), so schafft er Ansehen in reichem Maße und höchstem Wohlstand; falls man ihn aber außer der Ordnung (d. h. z. B. der weiße von den Kriegern) trägt, dann wird er für die Menschen zum Unheil. Heilvoll ist er nur, wenn er je nach der Kaste getragen wird.
Wenn ein Diamant auf einer Steinplatte, auf noch so vielen

Probiersteinen durch harte Gegenstände nicht zerrieben wird, wenn er mit anderen Steinen oder eisernen Hämmern geschlagen wird und nicht zerbricht, und wenn er einen anderen Stein mühelos zerspaltet, selbst aber nicht zerstückelt wird, so wird er von Kennern als echt, preiswürdig und sehr wertvoll bezeichnet.

Der weiße Diamant (Diamant-Brahmane) ist das wirksamste unter den Elixieren und gewährt den gleichen Erfolg wie die medizinische Wissenschaft. Der Rajanya (Krieger-Diamant) vertreibt den Männern Runzeln und graue Haare und besiegt schnell den Tod. Der Yaishya (Bauer-Diamant) verschafft in hohem Grade die Fähigkeit, Schätze herbeizuschaffen. Der Shudra (Blauschwarzer Diamant) beseitigt alle Krankheiten.

Sehr alt scheint auch die Benutzung von Edelsteinen zu Heilzwecken bei den Chinesen zu sein. In dem schon bei den Zauberpflanzen erwähnten Bon-tsau-gang-mu des Li Schi-dschen wer-

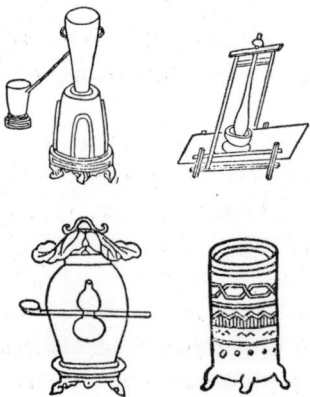

Alte chinesische Apparaturen zur Herstellung von Elixieren.

Chinesische Ärzte bereiten eine Arznei.

den nur 14 Edelsteine, aber 92 gewöhnliche Steine als Heilmittel aufgeführt. So soll Lapislazuli (»Ch'ing-chin-shi«) Vergiftungen und Krebs heilen. Die Perle (»Chen-chu«) hält das Ausfließen des Markes zurück, lindert Körperhitze und wirkt gegen Schreckhaftigkeit. Die Koralle schließlich hilft gegen Lebererkrankungen und Vergiftungen.

Im alten Orient kann von einer eigentlichen Edelsteinmedizin nicht gesprochen werden, es sei denn, das bloße Tragen von Amuletten und Edelsteinen wurde als Heilmittel angesehen. Ägypter und Juden trugen Amulette, um Unheil von sich abzuwehren. Der Edelstein am Hals Abrahams soll jeden Kranken, der ihn sah, sofort geheilt haben.

Auch in der klassisch-griechischen Zeit findet man keine Belege für eine im engeren Sinne medizinische Benutzung von Edelsteinen. In dem schon erwähnten rein mineralogischen Steinbuch des

Theophrast finden sich keine Angaben über die Heilwirkung von Steinen, außer der Hinweis, daß die grüne Farbe des Smaragdes dem Auge wohltue. Selbst in den Lehrgedichten des Nikander (2. Jhdt. v. Chr.), der die Mittel gegen die Bisse giftiger Tiere (Theriaka) und gegen Vergiftungen durch Speisen (Alexipharmaka) aufzählt, findet sich nur der Gagat. Zuverlässigere Nachrichten über die antike Edelsteinmedizin enthalten die Werke von Plinius, Dioskurides und Galen. Obwohl es das erklärte Ziel des Plinius ist, die Torheiten der Magier über die Steine zu widerlegen, ist er kein Gegner der medizinischen Verwendung von Edelsteinen. In seinem Steinbuch (37. Buch der Naturgeschichte) behandelt er über 200 Steine. Eine beachtliche Anzahl dieser Steine sind allerdings aus der Phantasie geschürfte Wundersteine. Die seit altersher im Mittelmeerraum bekannten Edelsteine wie Bernstein, Achat und Nephrit erkannte Plinius durchaus als Heilmittel an. So sei der sizilianische Achat ein Mittel gegen die Stiche der Spinnen und Skorpione, denn durch die Luft Siziliens würden die giftigen Skorpione vertilgt werden. Plinius' Zeitgenosse Dioskurides (1. Jhdt. n. Chr.) behandelt im 5. Buch seiner »Arzneimittellehre« über 100 Steine, darunter auch Edelsteine wie Lapislazuli, Malachit, Hämatit, Gagat, Nephrit und Bernstein. Von allen Edelsteinen gilt ihm der Hämatit als am besten für die Medizin geeignet, da er sich leicht zerreiben läßt und frei von Schmutz und Durchsetzungen ist. Seine Heilkraft besteht in seiner erwärmenden und zusammenziehenden Wirkung. Wenn man ihn zerreibt, in einer Flüssigkeit auflöst und mit Honig vermischt, glättet er Narben, besonders im Augenbereich. Mit Frauenmilch vermischt, heilt er Triefäugigkeit und blutunterlaufene Augen. Mit Wein zusammen wirkt er gegen Harnverhalten und Scheidenausfluß. Aufgelöst in Granatapfelsaft wirkt er ge-

gen Blutspeien. Im allgemeinen ist er ein gutes Mittel gegen alle
Arten von Augenleiden. Der Gagatstein eignet sich besonders für
Räucherungen. Epilepsie, Nervenleiden und hysterische Krämpfe werden von ihm geheilt. Auch ist er ein Abwehrmittel gegen
Schlangen. Der berühmte Arzt Galenos (131–201 n. Chr.) kennt
offenbar nur dieselben Steine wie Dioskurides und kann nur sehr
wenige neue Beobachtungen über Heilwirkungen hinzufügen.

Hippokrates und Galenos, die berühmtesten Ärzte der Antike.
(Holzschnitt 16. Jhdt.)

Die wichtigsten spätantiken Steinbücher sind die orphischen
»Lithika« und der »Damigeron Latinus«. Die Sekte der Orphiker,
die ihren Namen von dem sagenhaften Sänger und Dichter Orpheus ableitete, gab es schon im 6. Jahrhundert v. Chr. in Athen
und hielt sich bis in die christliche Zeit hinein. Zum Glaubensgut
dieser Sekte gehörte, daß die Seele nach dem Tod geläutert
werden müßte. Hierzu waren besonders religiöse Weihen und
von Orpheus gelehrte Sühnemittel erforderlich, die aus unbluti-
gen Opfern, Gebeten, magischen Handlungen und der Anwendung von Kräutern und Steinen bestanden. Das orphische Stein-

buch, das nach Meinung der Wissenschaft aus dem 4. Jahrhundert n. Chr. stammte, gehört in den Umkreis des religiösen Kultes der Sekte. Neunundzwanzig Steine werden behandelt, von denen der wichtigste der Bergkristall ist. Wer mit ihm einen Tempel betritt, dessen Gebete werden erhört. Er heilt besonders Nierenleiden. Danach kommt der Diamant, der mit dem Milchstein verwechselt wird. Mit Honig vermischt, gilt er als gutes Mittel, um den Wöchnerinnen das Stillen zu erleichtern. Der Achat, der die Farben von Jaspis, Sarder und Smaragd in sich vereinigt, ist für den Mann ein Aphrodisiakum, schützt gegen Skorpionenstich und lindert das Fieber. Der Hämatit heilt Augenleiden.

Der lateinische Damigerin (etwa 5. Jhdt. n. Chr.) enthält in 50 Kapiteln eine Aufzählung der meisten Edelsteine. Die echten Steine wie Diamant, Smaragd etc. werden als Amulett getragen, während die Halbedelsteine zu Pulver zerrieben und äußerlich als Salben und innerlich als Tinkturen angewandt werden. Für den Beryll, der zu den echten Steinen zählt, wird folgender Gebrauch angezeigt:

»Nimm den Beryll, ritze das Bild des Raben ein, und unter seinen Füßen das des Meerkrebses; dann binde etwas von dem Sadebaum und etwas von dem Herz des Vogels unter den Stein und trage ihn, wie du willst.«

Den Höhepunkt erreichte die Edelsteinmedizin bei den Arabern, die zuerst die magische Verwendung der Edelsteine als Amulette und Talismane strikt von der medizinischen trennten, die eine ganze Skala von chemischen Verfahren einschließt, wie wir sie auch heute noch bei der Herstellung von Arzneimitteln kennen. Sie werden gepulvert, geröstet, mit anderen Stoffen vermischt, gelöst in Wasser und Wein und schließlich zu Pillen und Latwergen verarbeitet. Als Grundwerk für die magische Verwendung

Der Sänger Orpheus auf einem Mosaik. Durch seinen Gesang konnte er sogar Tiere, Blumen und Steine zum Tanzen bringen.

der Edelsteine dient der Pseudo-Aristoteles »De lapidibus« (Über die Steine). Dieses Werk, dessen arabische Fassung nur als Handschrift in Paris existiert, wurde wahrscheinlich im 7. Jahrhundert verfaßt und dann ins Lateinische übersetzt. Es enthält 32 Kapitel, die von der Beschreibung der Edelsteine bis zu den Mineralien reichen. Um ihre magische Wirkung zu entfalten, müssen die Edelsteine in goldenen Ringen getragen werden. Man geht heute davon aus, daß die Araber ihr Wissen über die Edelsteine von den Persern übernommen haben. Das berühmteste Werk dieser Art stammt aus der persischen Medizinschule von Dschondisapor. Es ist die Arzneimittellehre des Abu Mansur Muwastak bin ali Harawi (um 980), der die Edelsteine u. a. als Mittel gegen Vergiftungen benutzte. Ausführlich behandelt er Diamant, Rubin, Saphir, Smaragd, Jaspis, Lapislazuli, Malachit,

Hämatit, Bernstein und Perle. Neu ist vor allem die Verarbeitung der Edelsteine in Arzneimixturen. Harte Steine wie Saphir, Smaragd und Rubin werden zum erstenmal dem Arzneischatz zugeführt und gelangen dann später in die mittelalterliche Medizin. Als Quelle der persischen Medizin, besonders der medizinischen Anwendung der Edelsteine, gilt wiederum Indien.

Das bekannteste arabische Steinbuch stammt aus der Feder von Abul Abbas Ahmed ben Jusuf ben Ahmed Tifaschi (gest. 1253 in Kairo). In 25 Kapiteln beschreibt er ihre Entstehung, Eigenschaften, Verfälschungen und medizinische Verwendung und erörtert dabei: Perle, Hyazinth, Smaragd, Beryll, Balsrubin, Zirkon, Granat, Diamant, Katzenauge, Benzoar, Türkis, Karneol, Achat, Onyx, Magnetit, Smirgel, Malachit, Lapislazuli, Koralle, Obsidian, Amethyst, Hämatit, Nephrit, Jaspis, Bergkristall und Talk.

Nur spärlich dagegen werden die Edelsteine von dem berühmten arabischen Arzt Ibn Sina Avicenna (980–1037) in seinem Lehrbuch »Canon medicinae« (Kanon der Medizin) abgehandelt. Dabei folgt er seinem Vorbild Galenos. Als Heilmittel nennt er Perle, Koralle und Bernstein. Im fünften Buch des »Kanons« beschreibt er die zusammengesetzten Arzneimittel, zu denen der berühmte Edelsteinlatwerg »Confectio de Hiacintho« gehört. Diese Arzneimischung aus Hyazinth und Lapislazuli war bis ins europäische Mittelalter ein beliebtes Mittel gegen Herzerkrankungen und Pest. Der Anhang des »Kanons« enthält eine Abhandlung über »Die Herzmittel«, worin auch ausführlich über die herzstärkende Wirkung des Hyazinths gesprochen wird. Bei den harten Edelsteinen denkt Avicenna weniger an eine medizinische Anwendung. Seine beliebtesten Mittel enthalten Perlen, Korallen und Bernstein, die auch leicht zu bearbeiten sind.

Avicenna, der »Prinz der Ärzte«.

Eine berühmte Edelsteinmixtur ist aus dem 11. Jahrhundert über-
liefert, die in dem nur in lateinischer Übersetzung erhaltenen
Werk des Mesue junior beschrieben wird: Das »Electuarium ex
Gemmis Johannis Mesuae« setzt sich aus folgenden gepulverten
Edelsteinen zusammen: Perle, Saphir, Sardonyx, Hyazinth, Gra-
nat, Smaragd, Koralle, Bernstein, Pflanzen wie Basilikum und
Borstenkraut etc., und Ambra und Moschus. Das Ganze wird mit
Honig vermischt. Im ganzen Mittelalter war es ein geschätztes
Mittel, das sich natürlich nur die Könige und Würdenträger
leisten konnten, gegen Krankheiten des Herzens, des Magens, der
Leber und der Gebärmutter. Auch psychische Leiden sollte es
lindern.

Das arabisch-orientalische Wissen um die heilkräftige Wirkung
der Edelsteine, das in den zahlreichen arabischen Steinbüchern
niedergelegt ist, wurde besonders von Constantinus Africanus

197

Seite eines Rezeptbuches der Schule von Salerno um 1200.

(geb. 1010 in Carthago) dem Abendland vermittelt, der die wichtigsten medizinischen Werke der Araber ins Lateinische übersetzte. Die arabische Mineralogie dokumentiert er in seinem Werk »De gradibus«. Weiterentwickelt wurde die arabische Edelsteinmedizin durch die Medizinschule von Salerno in Italien. Das Rezeptbuch (das »Antidotarium«) von Salerno, das das Vorbild für alle späteren Werke dieser Art war, enthielt vornehmlich folgende Steine: Bergkristall, Hämatit, Gagat, Koralle und Perle, während die echten Steine fehlten.

Auf die Steinbücher des frühen Mittelalters wurde schon verwiesen, die nur Wiederholungen aus bekannten Werken der Antike, besonders des Plinius, enthalten. Einen Höhepunkt erlebte die Edelsteinmedizin dagegen wieder in den Werken der Hl. Hildegard von Bingen.

Im berühmten 4. Buch ihrer »Physika«, das ein eigenes Steinbuch ist, schreibt sie über den Saphir:

»Er ist warm und wächst zur Mittagszeit, wenn die Sonne so stark brennt, daß sie die Luft dadurch verbaut und der Sonnenglanz nicht klar erscheint... Ein Mensch, der ein Häutchen in seinem Auge hat, halte einen Saphir in seiner Hand und erwärme ihn darin oder am Feuer und berühre das Häutchen mit dem feuchten Stein. Das mache er drei Tage lang morgens und nachts, und es wird kleiner werden und verschwinden... Wer dumm ist, weil jegliche Wissenschaft in ihm fehlt, und klug sein möchte, es aber nicht sein kann, und dabei nicht Bosheit erhofft und sich nicht nach ihr ausstreckt, der bestreiche oft nüchtern seine Zunge mit einem Saphir, so daß dessen Wärme und Kraft mit der warmen Feuchtigkeit des Speichels die schädlichen Säfte, welche das Verständnis im Menschen verscheuchen, unterdrücken. Auf diese Weise gewinnt der Mensch gutes Verständnis. Und wer im Zorn sehr aufgeregt wird, nehme sofort einen Saphir in den Mund, und der Zorn wird erlöschen und aufhören.«

Vom Diamanten sagt sie:

»Ist jemand hinterlistig, tückisch, böswillig, verlogen, jähzornig und trunksüchtig, so wird er von diesen Lastern geheilt, wenn er den Diamanten in dem Mund trägt. Wasser und Wein mit dem Diamanten behandelt, sind heilkräftig bei Gicht, Gehirnschlag und Gelbsucht. Wegen seiner großen Härte verabscheut ihn besonders der Teufel.«

Oder vom Luchsstein:

»Der Luchsstein ist warm. Er entsteht nur aus einer ganz bestimmten Art des Urines des Luchses. Der Luchs ist nämlich kein unzüchtiges, geiles und unreines Tier, sondern hat immer das gleiche Temperament. Seine Kraft ist so groß, daß sie auch Steine durchdringt. Deshalb hat er auch ein scharfes Gesicht, so daß er nicht leicht erblindet. Aus seinem Urin entsteht nicht immer der

Luchsstein, sondern nur, wenn die Sonne sehr heiß brennt und eine linde, einschmeichelnde und wohlgemäßigte Luft weht. Denn dann erfreut sich zuweilen das Tier an der Wärme und Reinheit der Sonne und der Lieblichkeit der schönen Luft, und will es dann Urin lassen, so gräbt es mit einem Fuß ein Loch in die Erde und läßt da seinen Urin hinein. Von der Wärme der Sonne gerinnt und wächst hiernach der Luchsstein. Hat jemand ein starkes Magenleiden, so lege er ihn eine kurze Stunde in Wein, Bier oder Wasser und nehme ihn dann heraus. Die Flüssigkeit wird von den Kräften des Steines durchdrungen und keinerlei Fieber oder Seuche, vom Tod abgesehen, ist im Magen so stark, daß er nicht dadurch gereinigt oder geheilt wird, es müßte nur der Tod unmittelbar bevorstehen.«

Ein mittelalterlicher Arzt bei der Arzneibereitung.

Seit etwa Mitte des 13. Jahrhunderts entdeckte man bei den Edelsteinen keine neuen Heilwirkungen; man begnügte sich mit dem alten Wissen, besonders wandte man die Rezepturen der arabischen Ärzte an, deren Werke größtenteils ins Lateinische übersetzt waren. Damit verbunden war gleichzeitig eine andere Einstellung zu der Krankheit. Für die Hl. Hildegard von Bingen waren die Krankheiten durch den Teufel bedingt. Deshalb war es auch notwendig, daß, wie schon erwähnt, neben der Anwendung von Edelsteinen der Teufel durch Gebete oder religiöse Formeln verbannt werden mußte.

Eine mittelalterliche Apotheke.

Die arabische Medizin basierte dagegen auf der Viersäftelehre, die davon ausging, daß eine falsche Mischung der Säfte zu einer Krankheit führte. Schon der Gründer dieser Lehre, der griechische Arzt Hippokrates, empfahl z. B. gegen heiße Krankheiten kalte Mittel. Besonders geeignet für eine solche auf Rationalität und Zweckmäßigkeit begründete Lehre waren die Edelsteine, weil man ihre physikalischen Eigenschaften leicht feststellen konnte. Etwa zu Beginn des 14. Jahrhunderts erfuhr der Glaube an die Wirksamkeit der Edelsteinmedizin erste Kritik: In

200 Versen verspottete ein deutscher Dichter die »Toren«, die eine Heilung ihrer Krankheit durch edle Steine erwarteten.

Die Neuzeit brachte auch tiefgreifende Veränderungen für die Medizin mit sich. In der Renaissance und im Zeitalter der Reformation wollte man von der zum Dogma erstarrten Philosophie des Aristoteles und der Scholastik nichts mehr wissen. Man entdeckte wieder Plato, besonders in seiner neuplatonischen Umformung und Weiterentwicklung. Diese geistige Wende führte aber auch zu einem verstärkten Interesse an Mystizismus und Aberglauben. Die Forderung: Statt des Aristoteles, Galenos und Avicenna zurück zu den Sachen selbst!, die in der zeitgenössischen medizinischen Literatur erhoben wurde, endete in einer Art astrologischer Medizin, deren Verfechter sich Jatromathematiker nannten. Der Neuplatonismus mit seiner Mikrokosmos-Makrokosmos-Vorstellung, die den Menschen zu einem Abbild des Kosmos machte, wies den Sternen einen beherrschenden Einfluß auf das Menschenschicksal zu: Jedes Organ im Menschen entspreche einem Planeten oder Himmelszeichen und stehe unter dessen Herrschaft.

Führender Vertreter dieser Jatromathematik war Agrippa von Nettesheim (1486–1535), der das gesamte magische und okkulte Wissen seiner Zeit zu einem System vereinigte. Wie schon im Kapitel über die Zauberpflanzen dargelegt, glaubte man, daß im ganzen Kosmos und in der Natur ein System von gegenseitiger Anziehung (Sympathie) und Abstoßung (Antipathie) herrschte, bis hin in den Bereich zwischenmenschlicher Beziehungen (z. B. Freund-/Feindschaft). Edelsteinen wurden entsprechend anziehende und abstoßende Kräfte zugeschrieben. So begünstigt der Jaspis die Geburt, weil er ein Kind anzieht. Der Achat zieht die Beredsamkeit, der Smaragd aber den Reichtum an. Die abstoßen-

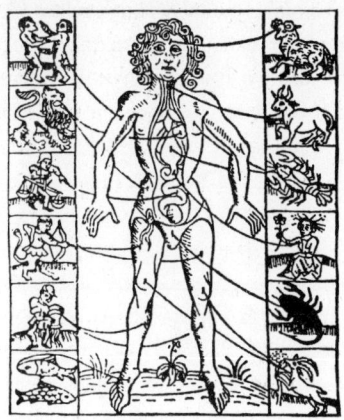

Tierkreismann (= Aderlaßmännchen), der die Beziehungen von
Tierkreiszeichen, Planeten und Körperteilen angibt.

den Kräfte des Saphirs kann man sich bei der Behandlung der
Pest zunutze machen. Ein sicheres Mittel, die Heilwirkung eines
Steines zu erkennen, sind die Signaturen. Ein roter Stein, wie
etwa der Jaspis, hilft bei Blutungen etc. Der Amethyst verhindert
die Trunkenheit, das galt schon seit der Antike. Bei den anderen
Steinen erscheint die Heilwirkung als oft recht willkürlich angenommen, da kein Bezug zu der betreffenden Krankheit zu erkennen ist. Der Smaragd soll angeblich gegen Unkeuschheit, der
Achat gegen Gifte, die Koralle gegen Magenleiden und der Topas
gegen Liebesraserei wirken.

Diese Richtung in der Medizin, welche die Wirkung der Edelsteine in Verbindung mit kosmischen und astrologischen Kräften
brachte, die für uns heute kaum noch nachvollziehbar sind und
uns phantastisch anmuten, wurde bald revidiert. Im 16. und vor
allem im 17. Jahrhundert trat immer häufiger auch in der Medizin

an die Stelle der theoretischen Spekulation das Experiment. Am Anfang dieser neuen Richtung in der Heilkunde, die man als Jatrochemie bezeichnet, steht Paracelsus. Wenngleich er sich noch nicht des Experimentes bediente, so versuchte er dennoch, die Lebensvorgänge mit den damaligen chemischen Anschauungen zu erklären. Die ganze Körperwelt besteht nach Paracelsus aus Festem (»Sal«) und Flüchtigem (»Mercurius«). Durch chemische Verfahren wie Destillieren, Sublimieren und Kalzinieren kann man die flüchtigen Teile den Substanzen entziehen, Extrakte und Essenzen oder Elixiere (verbrennbare Reststoffe) herstellen. Die unverbrennlichen Stoffe (»Salia«), zu denen auch die Edelsteine zählen, eignen sich hauptsächlich als Arzneimittel. Die späteren Jatrochemiker führen die Heilwirkung der Edelsteine auf ihren Gehalt an »metallischem Sulphur« zurück und erklären ihre Wirksamkeit als Amulett damit, daß sich dieser flüchtige Stoff durch das Tragen am warmen Körper verflüchtige und durch die Poren der Haut dringe.

Zu den bevorzugten Edelsteinen der Jatrochemiker gehörten Granat, Saphir, Sarder, Hyazinth und Smaragd. Um aus ihnen den Mercurius zu gewinnen, der als verantwortlich für die Heilkraft galt, wurden sie komplizierten chemischen Verfahren unterworfen. In einer Anleitung aus dem Jahre 1696 heißt es:

»Die Edel-Gestein zu präparieren: Die Preziosen Steine Rubin, Smaragd, Hyazinth und Granat werden in einem Schmelztiegel gebrannt. Sodann mit Rosenwasser abgelöscht, getrocknet und in einem Mörser zu Pulver zerstoßen. Danach auf einem Reibstein mit Rosen-Boragen und dergleichen herzstärkenden Wassern subtiler abgerieben und trocknen lassen.«

Bei der chemischen Bearbeitung der Edelsteine setzte sich aber bald die Erkenntnis durch, daß diese Steine selbst mit den scharfen Reagenzien kaum zu verändern sind; folglich, so war zu schließen, mußte auch ihre Wirkung im Körper nur sehr gering sein. Dazu kam noch der Umstand, daß im Zeitalter der Reformation und der Glaubensspaltung die zahlreichen Kriege Edelsteine zu einem sehr teuren Artikel machten. In dem ältesten deutschen Arzneibuch, dem »Dispenatorium« des Valerius Cordus aus dem Jahre 1599, wurden für die Edelsteinlatwerge die teuren Steine durch leichter zu beschaffende ersetzt. Dieser Umstand spricht sicherlich dafür, daß selbst die Apotheker den Edelsteinen keine große Heilkraft mehr zusprachen.

Edelsteinhändler, Mitte 15. Jhdt. Edelsteine waren während der Reformationszeit und des Dreißigjährigen Krieges ein teurer Luxusartikel.

Aus Kostengründen wurden selbst aus der berühmten »Confectio Hiacintho« die Edelsteine Perle, Saphir, Smaragd, Topas und auch das Gold und Silber weggelassen. Sie bestand fortan nur noch aus roten Korallen, Zitronensamen, Safran, Myrrhe, Rosen, rotem Sandelholz und gebranntem Hirschhorn. Natürlich verschwanden die Edelsteine nicht mit einem Male aus den Rezepturen, sondern wurden bis ins 19. Jahrhundert hinein verordnet, wenngleich auch selten und bei entsprechend hoher Bezahlung der Therapie. Im 18. Jahrhundert schrieb der Arzt W. Baumer das Buch »Naturgeschichte aller Edelsteine«, das sich gegen ihre medizinische Anwendung richtete. Baumer beklagt sich darin:

»Ich verwundere mich, daß, so vieler Ermahnungen der gelehrtesten und aufrichtigsten Männer ungeachtet, doch noch manche Edelsteine nicht ohne Schaden des Beutels, und gemeine Steine nicht ohne Nachteil der Gesundheit unter die Arzneien gemischt werden. O! wie viel Mühe und Arbeit kostet es nicht, eingewurzelte Vorurteile aus den Köpfen zu vertreiben?«

Das Buch schließt mit der Forderung, »daß diese unnützen Dinge nicht allein in den medizinischen Vorschriften mögen gestrichen, sondern auch aus den Apotheken gänzlich mögen vertrieben werden«.

Dieser Wunsch Baumers hat sich heute erfüllt. In der Schulmedizin und auch in den Apotheken ist kein Platz mehr für Edelsteine. Die Edelsteinmedizin lebte im Gefolge der Esoterikwelle seit Mitte der 70er Jahre wieder auf. Heute sind allein im deutschsprachigen Raum mehr als zwei Dutzend Edelsteinbücher auf dem Markt, die auch die medizinische Anwendung beschreiben. Die moderne Edelsteintherapie basiert heute auf der Chakra-Lehre, die schon dargestellt wurde (siehe S. 182 ff). Auch über die Zuordnung der einzelnen Edelsteine zu den Chakras besteht weitgehende Übereinstimmung.

Ziel der Edelsteintherapie ist die Reinigung, Aufladung und Harmonisierung dieser sieben Energiezentren. Die Prozedur selbst ist von Heiler zu Heiler verschieden. Voraussetzung ist, daß die Edelsteine echt sind. Zunächst werden sie gereinigt, was unter fließendem Wasser oder in Salzwasser geschehen kann.

Die Zuordnung der Edelsteine zu den Chakras

Chakra	Farbe	Edelsteine
1. Basis-Chakra	Rot	Achat
		Granat
		Rubin
		Jaspis
		Hämatit
2. Sex-Chakra	Orange	Karneol
3. Nabel-Chakra	Gelb	Bernstein
		Tigerauge
		Topas
4. Herz-Chakra	Grün	Aventurin
		Chrysopras
		Turmalin
	oder Rosa	Koralle
		Rosenquarz
5. Kehlkopf-Chakra	Blau	Türkis
		Opal
		Aquamarin
6. Drittes Auge	Indigo	Lapislazuli
		Saphir
		Bergkristall
7. Scheitel-Chakra	Violett	Diamant
		Amethyst

(Die Zuordnung des Diamanten erscheint zunächst über-raschend. Aber wir erinnern uns, daß der berühmte Unglücks-diamant saphirblau [»der Blaue Diamant«] war.)

Eine konsequente Anwendung der Chakra-Lehre erfordert, daß man die verschiedenen Steine auf die zugehörigen Chakras legt. Oder aber man legt nur grüne Steine auf alle Chakras, wofür sich besonders der Malachit eignet. Auch der Bergkristall besitzt die Eigenschaft, alle Chakras zu harmonisieren, indem er die Stauungen beseitigt. Eine Variante besteht darin, die Steine intuitiv auszuwählen und auf die Chakras zu legen. Empfohlen wird auch, die Behandlung durch einen Partner durchführen zu lassen. Er legt die Steine auf den Körper des Patienten und wandert dann mit beiden Händen über die auf den Chakras liegenden Steine. Nach einer solchen Behandlung müssen die Steine wieder sorgfältig gereinigt werden. Vor der Behandlung werden Meditationsübungen vorgeschrieben, um die feinstofflichen Körper und die Energiezentren zu sensibilisieren und eine Verbindung mit den Farbschwingungen der Steine herzustellen.

Die klassischen Methoden der Edelsteintherapie sind noch heute in Gebrauch. Man kann die Steine pulverisieren und dann zu Salben, Latwergen und Tinkturen verarbeiten. Flüssige Heilmittel stellt man her, indem man den Stein in ein Glas Wasser legt und mehrere Stunden oder über Nacht stehenläßt. Das Wasser wird dann durch die Energien des Steines aufgeladen. Die »Essenz« des Steines – dies erinnert an die Jatrochemie – geht dann in das Wasser über. Bergkristall- und Diamantwasser sollen den ganzen Körper stärken, Rubinwasser das Herz. Man kann auch die lebensspendenden Energien der Sonne mitbenutzen: Ein Edelstein mit einer bestimmten Farbe wird in eine Schale gelegt und diese mit Säften von gleicher Farbe gefüllt. In die Sonne gestellt, lädt sich der Edelstein nun auf.

Zur Edelsteintherapie gehört natürlich auch das Heilen mit Kristallen, was überdies den Vorzug hat, daß es billiger ist. Kristalle

– man nimmt am besten Quarzkristall – besitzen die Eigenschaft, Energien zu speichern, zu konzentrieren und zu übertragen. Quarzkristallen wird von altersher die Eigenschaft zugeschrieben, den menschlichen Körper mit dem Kosmos in Gleichklang zu bringen. Die Wirkung des Kristalls kann verstärkt werden, wenn man die Pyramidenform wählt. Auf diese Weise soll man sich auch die besondere Molekularstruktur des Quarzes zunutze machen können: Das Quarz ist nämlich spiralförmig gewachsen, so daß der Energiestrom gleichsam in einer engen Spirale aus der Spitze der Pyramide fließt. Wer auch immer mit einem Kristall arbeitet, dessen Energien werden verstärkt. Das Kristall ist somit ein Universalheilmittel, das gegen alle Krankheiten eingesetzt werden kann. Zur Heilung bestimmter Krankheiten oder erkrankter Organe legt man das Kristall an die betreffende Körperstelle. Zusammen mit dem gestörten Energiefeld wird auch das erkrankte Organ in einen Zustand der Harmonie versetzt. Kristallheiler heben besonders hervor, daß mit dieser Art von Therapie die unteren Chakren beeinflußt werden könnten. Auch kann die durch eine falsche Edelsteintherapie in Unruhe versetzte Kundalinikraft gedämpft werden. Ähnlich wie Amulette, kann man auch Kristalle ständig tragen. Das gesamte Energiefeld des Körpers wird dann stimuliert und angeregt. Wenn man es am Hals trägt, so regt es die Schilddrüse an und hilft bei Atmungsproblemen. Die körpereigenen Abwehrsysteme kann man verstärken durch ein über dem Herzen getragenes Kristall, das besonders die Thymusdrüse aktivieren soll.

Astrologie und Edelsteine

Für die frühen Kulturen des alten Orients standen Edelsteine und Planeten in enger Beziehung. Beide waren göttlicher Natur und wirkten durch ihre Farbe. Schon die Babylonier verglichen die damals bekannten Himmelskörper Sonne, Mond, Venus, Merkur, Saturn, Jupiter und Mars mit den sieben auffallendsten Farben des Regenbogens, dem sogenannten Sonnenspektrum. Wenngleich sich im Laufe der Jahrtausende auch einzelne Änderungen ergaben, so werden bestimmten Planeten doch übereinstimmend dieselben Farben zugeschrieben, wie aus der nachfolgenden Tabelle zu entnehmen ist:

Planet	Babylonier	Spätes Mittelalter (1624)
Sonne	Orange	Gelb
Mond	Silber	Weiß
Venus	Blau	Grün
Merkur	Gelb	Purpur
Saturn	Schwarz/Grün	Schwarz
Jupiter		
Mars	Rot	Zinnoberrot

Die Zuordnung der Edelsteine zu den Planeten scheint zwar aufgrund der Farbe einfach zu sein, aber zugleich ist sie auch verwirrend. Seit der Antike und dem Mittelalter nämlich pflegte man alle roten Steine Rubine, alle grünen Smaragde, alle gelben

Gott thront über dem Sphärensystem: die zwölf Häuser, die zwölf Tierkreiszeichen, die sieben Planeten und die Erde.

Topase und alle blauen Saphire zu nennen. Eine an der Tradition orientierte Aufstellung der Planetensteine muß auch die Frage lösen, welche Farbe den neuentdeckten Planeten (1781 Uranus, 1846 Neptun, 1930 Pluto und 1977 Chiron) eigen ist. Dem Uranus wollte man die Farben Violett, Lila, Indigo oder Dunkelgelb zuweisen. Bei Neptun soll Blau oder Indigo vorherrschen. Pluto gilt als dämonischer Planet, denn bald nach seiner Entdeckung brach eine der schlimmsten Katastrophen über die Menschheit herein. Es hatte den Anschein, als ob gleichsam Kräfte aus dem Erdinnern – Pluto war in der Antike der Gott der

Unterwelt – sich über die Welt ergossen. Braun dürfte die zu ihm passende Farbe sein. Der Planet Chiron ist die Brücke zwischen Tod (Saturn) und Leben (Uranus). In der Mythologie war Chiron ein großer Weissager und Astrologe. Seine Sichtung im Jahre 1977 fällt zusammen mit dem Beginn der New-Age-Bewegung. Je mehr man sich in die Mythologie vertieft, um so deutlicher scheint seine Verbindung zum New-Age-Zeitalter. Silbergrau – die Übergangsfarbe zwischen Schwarz und Weiß – ist die einzige Farbe, die zu diesem für die Menschheit so hoffnungsvollen Planeten paßt. Beschränken wir uns auf den Kernbereich, kommen wir demnach zu folgenden Planetenfarben (alle Planetenfarben haben natürlich eine große Schattierung):

Planet	*Farbe*
Sonne	Orange
Mond	Grün
Merkur	Gelb
Venus	Blau
Mars	Rot
Jupiter	Dunkelblau/Purpur
Saturn	Schwarz
Uranus	Weiß
Neptun	Violett
Pluto	Braun
Chiron	Silbergrau

Bei der Festlegung eines Planetensteines sind neben der Farbe auch die Grundfunktion oder die dem Planeten zugeschriebenen psychologischen Eigenschaften zu berücksichtigen.

Systematische Übersicht über die Planetensteine

1. Sonne   Diamant, Chrysoberyll, Rubin, Sonnenstein, Quarze.
Symbole für den Vater, das schöpferische Prinzip,
Verstand, Rationalität.
Der Diamant und das Bergkristall werden in der
Tradition der Sonne zugewiesen; wir aber glauben,
daß sie eher zum Chiron passen.

2. Mond   Perle, Smaragd, Nephrit, Jade, Malachit, Mondstein (Wasseropal, Selenit), Goldberyll, Quarze.
Symbole für das Mütterliche, Weibliche, Gefühl,
Seele, Phantasie. Das Grün als Farbe der Vegetation und des Wachstums paßt sehr gut zu diesen
psychologischen Eigenschaften.

3. Merkur   Gelber Saphir, Edeltopas, Bernstein, Tigerauge,
gelber Achat, gelber Topas.
Gelb hat von altersher eine Beziehung zu Geist
und Intelligenz. Deshalb sind diese Steine Symbole für Verstand, Urteilskraft, Erfindungsgabe.

4. Venus   Amethyst, Aquamarin, blauer Zirkon, Koralle,
blauer Saphir.
Symbole für Gefühl, Empfindung, Hingabe, Liebe,
Schönheit, Reichtum.

5. Mars   Rubin, Granat, Karfunkel (unter diesem Namen
faßte man in der Vergangenheit alle roten Steine
zusammen), Spinell, Hämatit, roter Jaspis, roter
Karneol.

Symbole für Libido, Begehren, Tat, Kampf,
Energie und Durchsetzungsvermögen.

6. Jupiter   Lapislazuli, alle Arten des Amethyst, Almadin,
Türkis, Heliotrop, Labrador, Chalcedon und Saphir.
Symbole für Weisheit, Macht, Frömmigkeit.

7. Saturn   Onyx und Gagat; in der Tradition werden ihm
auch der Aquamarin und Türkis zugeschrieben.
Symbole für Tod bzw. Todestrieb, Strenge, Gewalt, Selbstdisziplin.

8. Uranus   Diamant, Bergkristall; in der Tradition auch
Aquamarin und Türkis.
Der Planet Uranus galt immer als zwiespältig, am
besten symbolisiert durch die Mischfarbe Blaugrün
des Aquamarin. Manche beschrieben ihn als bös-
artig, aber er sollte auch mit der Erfindergabe und
den schöpferischen Kräften in Verbindung stehen.
Zu seinen Eigenschaften zählten: Unruhe, Frei-
heitsdrang, aber auch Trunksucht.
Dies dürfte falsch sein; Uranus ist Leben, Erleuchtung und der Durchbruch der Kundalinikraft.
Uranus symbolisiert das höhere Bewußtsein. Der
Diamant, der König unter den Edelsteinen, ist auch
das Sinnbild der Metamorphose, der Verwandlung
des Geringeren zum Höheren. Schon in der Edelsteinmetaphorik der Dichter hatte er diese Bedeutung. Das Weiß des Diamanten und des Bergkristalls steht auch für Anfang und Neubeginn

des New-Age-Zeitalters. Die Menschen werden sich verändern und eine neue Spiritualität erlangen. Der Planet Chiron war der Vorbote dieser neuen Zeit.

9. Neptun   Amethyst, Opale, Turmaline.
Seine Farbe, das Violett, ist zwiespältig; sie vereinigt Feuer (rot) und Kälte (blau). Die Wirkung Neptuns ist überwiegend negativ: Täuschung, Hinterlist und Falschheit etc. Aber er soll auch das Verständnis fördern. Ob der Amethyst der passende Stein ist, muß dahingestellt bleiben. Im Mittelalter war der Amethyst der Stein des Friedens und der Genesung, der keinem Unglück brachte. Die Kirchenfürsten trugen ihn als Ringstein.

10. Pluto   Quarze, Granat.
Er ist das Symbol der »unterirdischen Mächte«, des Dämonischen, der Aggressionen und des Todestriebes. Braun scheint uns die passende Farbe zu sein.

11. Chiron   Perle.
Chiron ist das Tor zum Leben und symbolisiert uralte Menschheitserinnerungen. In der christlichen Symbolik bedeutet Christus, der Erlöser der Welt, die Perle, die alle Schätze aufwiegt. Aber Perlen können auch Tränen sein, und jeder Übergang in eine neue Zeit ist nicht frei von Problemen, Schmerzen, Verlust und Trauer.

Die Edelsteine des Tierkreises

Mit der Zuweisung einer bestimmten Farbe zu einem Planeten ist auch die Frage entschieden, welche Farbe zu den einzelnen Tierkreiszeichen gehört. Die Planeten als Herrscher der Tierkreiszeichen bestimmen auch deren Farben. Den vier neuen Planeten – Uranus, Neptun, Pluto und Chiron – wird jeweils eine Mitregentschaft über ein Tierkreiszeichen eingeräumt. Bei Pluto und Chiron ist noch umstritten, in welchem Zeichen sie herrschen. Uranus ist der Herrscher des Wassermannes, Neptun der des Fisches und bei Pluto entscheiden wir uns für den Skorpion als zugeordnetes Tierkreiszeichen. Chiron soll im Schützen oder in der Waage herrschen. Wir entscheiden uns für die letztere Möglichkeit.

1. Widder	Roter Jaspis, Sardonyx, Chalcedon, Rubin, Karneol.
2. Stier	Orange Karneol, Sarder, Smaragd, grüner Turmalin, Rosenquarz.
3. Zwillinge	Topas, Tigerauge, Chrysopras, Onyx, Achat.
4. Krebs	Heliotrop, Sarder, Hyazinth, Aventurin.

5. Löwe	Goldquarz, Jaspis, Sardonyx.	
6. Jungfrau	Beryll, Saphir, Smaragd, brauner Jaspis.	
7. Waage	Goldtopas, Opal, Beryll, Jaspis, Perle.	
8. Skorpion	Sarder, Chrysopras, Beryll.	
9. Schütze	Hyazinth, Türkis, blauer Jaspis, Chalcedon.	
10. Steinbock	Katzenauge, Granat.	
11. Wassermann	Diamant, Bergkristall, Aventurin, Falkenauge.	
12. Fische	Amethyst, Saphir, Hämatit.	

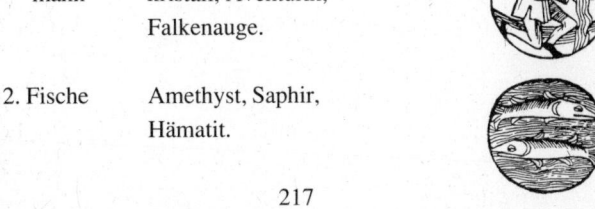

Monatssteine

Dies sind die Geburtssteine, die der Träger entsprechend seinem Geburtsmonat auswählt. Dahinter steht die astrologische Anschauung, daß die Sonne im Laufe eines Jahres alle 12 Tierkreiszeichen durchwandert und in jedem etwa einen Monat verweilt. Da aber das astrologische Jahr nicht mit dem Kalendermonat beginnt, sondern am 21. – Beginn 21. März mit dem Tierkreiszeichen Widder – , wird der entsprechende Monatsstein jeweils am 21. bestimmt. Wer also am 1. September geboren ist, der soll den Stein tragen, der für die zwischen dem 21. August und dem 21. September Geborenen gilt. Folglich sind die Monatssteine von den Tierkreiszeichen bestimmt und können aus der obigen Tabelle bestimmt werden.

Die Edelsteine in Magie und Medizin von A–Z

Vorbemerkung: Aus den meisten Edelsteinen der nachfolgenden Liste können Elixiere hergestellt werden. In der Darstellung der gebräuchlichsten Verfahren folgen wir Gurudas »Gem Elixirs and Vibrational Healing«, Vol. 1).
Benötigt werden sterile Gefäße aus Glas und destilliertes Wasser. Die Edelsteine müssen echt sein und dürfen möglichst keine Bearbeitung (Schliff oder Polierung) aufweisen.

1. *Kochmethode:* Die Edelsteine werden in Meersalz oder pulverisiertem Quarz gereinigt; sodann werden sie 10–15 Minuten lang in einem Glasgefäß gekocht. Die besten Zeitpunkte sind Sonnenaufgang, Mittagszeit oder Sonnenuntergang. Auf diese Weise erhält man die Uressenz oder -tinktur, von der 7 Tropfen in reines Quellwasser gegeben werden müssen, um das eigentliche Edelsteinelixier zu erhalten.

2. *Sonnenmethode:* Man legt die Edelsteine in eine Glasschale, die mit destilliertem Wasser gefüllt ist; man umgibt sie zusätzlich noch mit Quarzen oder Rubinen, um den Aufladungseffekt durch das Sonnenlicht zu erhöhen. Empfehlenswert ist es auch, die Schale auf eine natürliche Oberfläche (z. B. Boden) zu stellen und gleichzeitig zu meditieren. Nach 2 Stunden ist der Edelstein aktiviert, und das Wasser kann in eine Glasflasche umgefüllt werden. Beachtet werden muß, daß vor einer Wiederbenutzung der Geräte eine Sterilisierung unumgänglich ist.

Die Pharmazie ist die Königin; zu ihren bevorzugten Heilmitteln
zählen die Edelsteine.

Achat

Unter diesem Namen faßt man eine ganze Edelsteinfamilie zusammen: Roter Achat oder Karneol, Obsidian, Laubachat oder
Moosachat, Chalcedon, Weißer Achat oder Anacthit, Hirsch-
hornstein und Stephansstein.

Alte Magie und Medizin: Der älteste Achat stammte aus Ägypten
und wurde Menusstein genannt. Die Chinesen kennen ihn unter
dem Namen »Ma-nao« (Pferdehirn), da seine untereinanderge-

mengten Streifen einem Pferdehirn ähnlich sind. In der griechisch-römischen Antike war der A. ein Mittel gegen Schlangen und Skorpionenbiß. In der Magie war er ein Liebesstein. Auch Durst soll er löschen können. Dem Roten A. wird in der arabischen Medizin die Kraft zugeschrieben, Blutungen zu stillen, eine Geburt zu erleichtern und vor Bezauberungen, bösem Blick und Hypnose zu schützen. Die Hl. Hildegard weiß noch zu berichten, daß man mit seiner Hilfe die Epilepsie vertreiben kann, »wenn Wasser, in dem der Achat bei wachsendem Monde drei Tage gelegen hat, beim Bereiten der Speisen für Patienten zehn Monate hindurch verwendet wird«. Auf diese Weise vertrieb man auch Schlafwandelsucht und Wahnsinn.

Moderne Edelsteinmedizin: Der A. beeinflußt das Basis-Chakra. Dem Elixier des Roten A. wird Wirksamkeit gegen Tumorerkrankungen nachgesagt, auch soll er die Sauerstofftherapie und Regeneration unterstützen. Ein Elixier aus Laubachat wird gegen Lymphdrüsen-, Nieren- und Lebererkrankungen eingesetzt.

Amethyst

Der Name leitet sich vom griechischen »amethystos« (vor Trunkenheit schützend) ab. Man unterscheidet zwei Arten, den violetten Korund und den häufigeren violetten Quarz.

Alte Magie und Medizin: Er ist der Ringstein der katholischen Bischöfe; als segenspendender Stein bringt er nur Glück und Genesung. Im Buddhismus gilt der A. als Bewirker frommer Sammlung. Rosenkränze aus A. sind besonders wirkungsvoll für die Gebetserhörung. Je länger man den A. zwischen den Fingern beim Beten hält, desto tiefer wird der Seelenfrieden. Auch bei anderen Völkern gilt der A. als glücksbringender Stein. Die Hebräer nennen ihn »Shakunda« (Glücksbringer). In der Antike war er ein Heilmittel gegen die Trunksucht. Alkoholiker wurden mit gepulvertem A. geheilt. Die römischen Trinkgefäße waren mit A. besetzt, weil man hoffte, sich aus solchen Bechern keinen Rausch anzutrinken. Wenn man auf diesen Edelstein die Namen des Mondes und der Sonne schrieb und ihn mit den Haaren eines Hundes und mit Schwalbenfedern an den Hals hing, war man gegen jede Art von Zauberei geschützt. Frauen, denen bisher der Kinderwunsch versagt blieb, verhilft er zu besonders schönen Babys, wenn er im Gürtel getragen wird. Auch Sehnsucht und Trauer werden durch ihn beseitigt. Er heilt die Heimwehkranken und führt sie sicher zu ihrer Familie zurück. Je mehr A. man besitzt, um so größer ist die Zahl der Schutzgeister. Man kann ihn auch zum Wahrsagen benutzen, denn er zeigt im Traum dem Träger an, ob er seinem Freund wirklich vertrauen kann. Wer als Soldat in den Krieg zieht, der soll den Stein an einer seidenen Schnur am Hals tragen und kein Feind kann ihm beikommen. In Form eines Skarabäus geschnitten, soll er gegen Verwundung schützen. Nach Camillus Leonardus (16. Jhdt.) ist der A. ein besonderer Beschützer der Pferde und ihrer Reiter, wenn ein galoppierendes Pferd darauf geschnitten war, dessen Reiter ein Szepter in der Hand hält. Damit die magischen Kräfte des A. voll zur Entfaltung kommen, muß man ihn am dritten Finger der linken Hand tragen. Die Hl. Hildegard hält den A. für ein wahres Schönheitsmittel, wenn man ihn mit Speichel befeuchtet und damit die Flecken und Pusteln im Gesicht bestreicht. Hält man den Stein in warmes Wasser und läßt ihn dann in reines Wasser abtropfen, so erhält man ein Hautreinigungsmittel, das auch gegen Hauttumore wirken soll.

Moderne Edelsteinmedizin: Ist dem Scheitel-Chakra zugeordnet; das Elixier wird verwandt gegen Streß, Kopfschmerzen, Migräne, Schlaflosigkeit und Magenverstimmung. Es stimuliert auch, wenn infolge von Streß und Überarbeitung keine Visionen auftreten.

Aquamarin

Dieser meergrünblaue Stein gehört zu der Gruppe der Berylle; aber aufgrund seiner Rolle in der Edelsteinmagie verdient er eine herausgehobene Behandlung.

Alte Magie und Medizin: Er macht seinen Träger froh und reich, hilft in allen Dingen der Liebe, aber er weckt auch die Eifersucht. Wenn man ihn ins Wasser legt und von der Sonne bestrahlen läßt, erhält man einen Trank, der den Teufel vertreibt. Man wird überdies beredt und leutselig. Der A. ist der Schutzstein der Seeleute und Abenteurer, denn er wehrt plötzlich eintretende Unglücksfälle ab und schützt gegen Gifte. Wenn man sich vor Streit und Zank schützen will, trägt man ihn als Ring, auf dessen Unterseite eine Krähe und auf dessen Oberseite eine Kröte eingeschnitten ist. Doch man muß sich davor hüten, die Seiten zu vertauschen: Schlimmes Unheil kann die Folge sein. Der A. ist der Beschützer der Unschuld, was ihn zu einem beliebten Geschenk für Verlobte macht. Früher benutzte man geschliffene A. als »Brillen« (von Beryll abgeleitet) gegen die Kurzsichtigkeit. Schon sehr früh stellte man aus ihm Elixiere gegen Schwäche, Aufstoßen, Seufzer und Leberleiden her. Pulverisiert und mit Wasser vermischt, wurde er gegen Blasen und Nierenleiden verordnet. Drüsenanschwellungen beseitigte er, wenn man ihn um den Hals hängte.

Moderne Edelsteinmedizin: Beeinflußt das Kehlkopf-Chakra; das Elixier soll bei Kehlkopfleiden und Krankheiten im oberen Brustraum wirken, auch entspannen und Angstzustände beseitigen.

Bergkristall

Besteht gewöhnlich aus hellem, farblosem und durchsichtigem Quarz. Wenn er braune bis schwarze Farbe hat, nennt man ihn Rauchtopas.

Alte Magie und Medizin: Bereits 1500 v. Chr. benutzten die Ägypter und Babylonier diesen Stein für ihre Amulette. Die Äthiopier sollen ihre toten Könige in Sarkophagen aus reinstem B. aufbewahrt haben, deren Körper vor Verwesung geschützt gewesen sein sollen. Auch im Kapuzinergewölbe in Wien werden in 150 Kristallvasen die Herzen der verstorbenen Mitglieder des kaiserlichen Hauses aufbewahrt. Bei den Japanern heißt der B. »Sinsho« und wird als »Stein der Konzentration« besonders geschätzt, weil er den »Atem der weißen Schlange« in sich trage. In der älteren Magie benutzte man Kristalle für das Kristallsehen oder die Kristallomantie, ein Verfahren der Wahrsagekunst, das auf den optischen Reizungen beim Betrachten der im Licht schimmernden Kristalle beruhte. Auf diese Weise konnten auch Visionen erzeugt werden. Der wohl berühmteste Kristall, der Shew-Stone oder »Lapis sacer et mysticus«, gehörte John Dee (1527–1608), der behauptete, diesen Stein 1582 von einem Engel erhalten zu haben.

Dem B. werden besondere magische Kräfte nachgesagt. Er kann die Kräfte der Individualseele so steigern, daß man mit der Weltseele in Kontakt treten und im Schicksalsbuch der sieben Welten lesen kann. Wer einen solchen Kristall bei sich trägt, kann die Gedanken der anderen durchschauen. Der B. hat ein inneres Licht, das vor bösen Nachstellungen, Neid und Mißgunst schützt. Jedes Haus, in dem er aufbewahrt wird, ist vor einem Gewitter sicher. Wenn man ihn um die Nieren legt, bringt er Heilung. Stillenden Müttern hilft zerriebener B., der mit Honig vermischt

John Dee mit seinem Stein.

wird. Die Hl. Hildegard schätzte ihn als ein Heilmittel gegen Kropfleiden und Herz-, Magen- und Leibschmerzen. Als »gefrorenes Eis« lindert er Fieber und Durst.

Moderne Edelsteinmedizin: Beeinflußt das Dritte Auge; das Elixier ist wirksam gegen Schwindel, Gleichgewichtsstörungen, Blutungen und Durchfall. Es kann gegen eine Vielzahl von Krankheiten benutzt werden, da es die Eigenschaft hat, Energien zu speichern und zu konzentrieren. Wenn man es auf eine erkrankte Körperstelle legt, kann es den Energiefluß an dieser Stelle wieder herstellen bzw. aktivieren (siehe auch Kapitel »Die Entwicklung der Edelsteinmedizin«, S. 186 ff).

Bernstein

Diese goldhelle, organische Substanz besteht aus dem fossilen Harz ausgestorbener Nadelbäume (Pinites succinifer). Das Wort Bernstein leitet sich ab von »Bornstein« oder »Brennstein«, was auf »börnen« = brennen zurückgeht. Er zählt zu den ältesten Schmuck-, Amulett- und Medizinsteinen der Menschheit.

Alte Magie und Medizin: Die Ägypter haben schon 3200 v. Chr. aus dem B. Amulette hergestellt. In der Antike nannte man ihn Lynkur (Luchsstein), weil man annahm, er sei aus dem verhärteten Urin des Luchses (vgl. S. 199) entstanden. Die magnetische und elektrische Eigenschaft des B., geriebene Späne anzuziehen, ist bereits dem Griechen Theophrast bekannt gewesen. Mit seiner Hilfe sollen Hellseher die Zukunft weissagen können, wobei aber die richtige Mondstellung beachtet werden muß. Nicht nur in Nordeuropa, sondern auch in Italien gilt der B. als Liebesstein, dessen anziehende Kräfte eine treulose Geliebte wieder zurückholen können. Rot und undurchsichtig geworden, sei er nämlich ein Zerstörer der Liebe. In diesem Fall muß man ihn verbrennen und drei rote Rosen in die Flamme halten. Ist der B. geschmolzen, dann findet man in der Asche einen Niederschlag in Form eines goldfarbenen Tropfens. Man bindet ihn an ein Haar der Geliebten und ruft dreimal ihren Namen in Richtung ihres Wohnortes. Die so Angerufene wird von der Sehnsucht gepackt und kehrt wieder zurück. Besonders umfangreich sind antike Berichte über die Heilwirkung des B. Zerrieben, pulverisiert und mit Honig vermischt, war er ein Mittel gegen Magen- und Darmerkrankungen. Nach Plinius soll er gegen angeschwollene Mandeln und andere Halskrankheiten wirksam sein. Andere Autoren empfehlen ihn als Heilmittel gegen Wahnsinn. Die römischen Dichter Juvenal (60–140 n. Chr.) und Martial (40–102 n. Chr.) berichten, daß die Lebemänner während der Sommermonate Bernsteinkugeln zur Kühlung in den Händen halten. Vielleicht entspricht dem der Brauch der Chinesen, in ihre Kopfkissen Bernsteinstücke zu legen. Besonders reichhaltig sind die Angaben über die medizinische Verwendung des B. bei den arabischen Ärzten. Ibn al Beithar schreibt: »Der persische Name des B. ist Kahraba, d. h.

Persische Ärzte bei der Arzneizubereitung.

Strohräuber, weil er geriebenes Stroh anzieht. B. ist kalt und trocken; er heilt mit kaltem Wasser getrunken alle Blutflüsse, sei es aus einer Wunde in der Brust, sei es aus der Nase oder der Gebärmutter oder Hämorrhoiden. Er stärkt und erfreut das Herz, unterstützt dessen Bewegungen und beseitigt Herzklopfen, auch dasjenige, welches von der gelben Galle herrührt. Wegen der Verbindung des Herzens mit dem Magenmund ist er bei Schmerzen des Unterleibes und des Magens nützlich. Außer Magenschmerzen heilt er auch Diarrhöen (Durchfälle), stillt mit Rosenwasser getrunken das Erbrechen und beseitigt Harnzwang; sogar Knochenbrüche und Quetschungen heilt der B. bei innerlicher Anwendung schneller. Gepulvert wird er auf Brandwunden aufgestreut. Um den Hals getragen, beseitigt ein Stück B. die heißen Geschwülste, heilt Gelbsüchtige und bewahrt Schwangere vor einer Fehlgeburt.«

B., der auch ein Ersatzmittel für Weihrauch war, wurde als Räucherungsmittel benutzt; wenn man sein Haar bei Vollmond in Bernsteindämpfe hielt, so erfreute man sich noch lange eines dichten Haarwuchses. Bis in die Neuzeit hinein galten seine

Dämpfe als heilsam gegen Asthma. Das Bernsteinöl (Oleum succini) wurde gegen Neuralgien und Rheumatismus verschrieben.

Moderne Edelsteinmedizin: Er wirkt auf das Nabel-Chakra; das Elixier heilt Schilddrüsenkrankheiten und soll wirksam gegen Gedächtnisschwund sein.

Beryll

Der bekannteste Stein dieser Familie, der Aquamarin, wurde schon besprochen. Die anderen Arten sind der Alexandrit (tiefgrün bis burgunderrot), der Chrysoberyll (gelbgrün) und der hellgelbe einfache Beryll. Zu den Chrysoberyllen zählt auch der Chyastolith oder Kreuzstein.

Alte Magie und Medizin: Sehr viele geheime und magische Kräfte sollen in den Beryllen schlummern. Der Alexandrit kann Glück oder Leid bringen, was letztlich davon abhängt, ob der Träger in einer Beziehung zu dem Planeten des Alexandrit, dem Mars, steht. In Rußland war er der Edelstein der geheimen Bündnisse. Die Chyastolithe oder Kreuzsteine, die als Zeichnung in ihrem Bruch ein Kreuz haben, gelten als Schutzsteine. Ihren Träger schützen sie vor Gefahren, die ihnen in den Träumen vorher angekündigt werden. Der Chyastolith ist aber auch mit den Geistern verbunden. Diese magische Kraft wird besonders den grauen Chyastolithen zugeschrieben. Man stellt sich diese Geister als Gnome, graue Mönche und zarte, durchsichtige und schleierhafte Wesen vor. Der Chrysoberyll soll die Sinnlichkeit bezähmen, gute Geschäfte vermitteln, vor Dieben schützen, Sprachfehler heilen, die Konzentration erhöhen und den Sehern und Astrologen okkulte Gaben verleihen. Alle Berylle besitzen die Gabe, ihrem Träger die Liebe derer zuzuwenden, mit denen

er zusammenlebt. Sie sind ein Heilmittel gegen Brust- und Hals-
leiden, Gelbsucht und Wahnsinn. Beruhigend wirken sie bei
Alpträumen und schwerer Aufregung.

Moderne Edelsteinmedizin: Der Chrysoberyll wirkt auf das
Herz-Chakra; das Elixier hilft bei Krankheiten des Verdauungs-
traktes, der Herzkranzgefäße und vor allem gegen Arterienver-
kalkung. Das Elixier des Alexandrit heilt Krankheiten der Milz
und ist ein Mittel gegen Leukämie.

Chrysopras

Es handelt sich um eine grüne Chalcedonvariante.

Alte Magie und Medizin: Nach den orphischen Lithika (siehe
S. 141) soll dieser Stein gegen Zauberei wirksam sein. In der
byzantinischen Zeit trug man ihn an der Handwurzel. Auf diese
Weise verschaffte er ein »scharfes Auge«, half gegen Magenleiden und beseitigte Anschwellungen. Die Hl. Hildegard weist ihm
zahlreiche Kräfte zu:

»Der Ch. entsteht nach Sonnenuntergang; er hat nächtliche Kraft,
wenn der Mond durch die Einwirkung der Sonne am mächtig-
sten, d. h. halbvoll ist. Er vertreibt Gicht, beruhigt den Zornigen
und Aufgeregten, so daß er kein Wort reden kann, wenn man ihm
den Stein an die Kehle legt. Er hebt die Macht der Gifte auf,
lindert heftige Anfälle bei Epileptikern, und wenn jemand vom
Teufel besessen ist, soll man Wasser über den Stein gießen und
dabei sprechen: ›Ich, oh Wasser, gieße dich über den Stein in jene
Kraft, mit der Gott die Sonne und den Mond erschaffen hat.‹
Sodann soll man es dem Unglücklichen zu trinken geben.«

In einem mittelhochdeutschen Gedicht, Volmars Steinbuch, werden dem Ch. geradezu übernatürliche Kräfte zugeschrieben:

»Jeden Dieb, der da gefangen wird, oder Räuber, den man

enthaupten will, zur Stunde an befreit, wenn derselbe den Stein in den Mund nähme.«

Moderne Edelsteinmedizin: Beeinflußt das Herz-Chakra; das Elixier wirkt bei Leiden der Vorsteherdrüse, Hoden, Eileiter und Eierstöcke.

Diamant

In seiner reinsten Form ist er farblos und wasserhell; es gibt jedoch auch gelbe, blaue und sogar schwarze Varianten.

Alte Magie und Medizin: Wegen seiner Härte und seines Glanzes nannten ihn die Griechen »Adamas« (der Unbezwingliche). Schon Plinius sagt: »Der Diamant ist unbesiegbar. Er läßt sich nicht durch Feuer zerstören, überhaupt nicht erhitzen und nimmt den Geruch des Rauches nicht an. Nur dem frischen, warmen Bocksblut widersteht er nicht. Wenn man dies über ihn sprengt, dann zerfällt er in Atome.«

Bei den Chinesen rankt sich um ihn folgender Glaube: »Die Menschen der auswärtigen Reiche schlagen den Diamanten mit eisernen Mörserkeulen und sind trotzdem nicht imstande, ihn zu beschädigen; wenn man ihn aber mit einem Widderhorn schlägt, so zergeht er wie Eis.«

Bei den Indern ist er ebenfalls ein hochgeschätzter Edelstein. Der Besitzer eines D. läßt die äußere Spitze anbohren. Sein Nachfolger macht dasselbe. Je mehr Bohrlöcher ein D. hat, um so wertvoller ist er.

Die magische Kraft des D. ist so stark, daß er, neben einen Magnetstein gelegt, sogar verhindern kann, daß dieser Eisen anzieht. Wenn der Magnetstein es schon angezogen hat, entreißt es ihm der Diamant. Nach archaischer Anschauung hat der D. seine Geburtsstätte unter Giftschlangen und ist dadurch selber

Mittelalterliche Arzneihändler bieten ihre Ware an, darunter sind auch Edelsteine.

giftig geworden. Aus diesem Grund muß man sich vor ihm in acht nehmen. Die Geschichte zweier berühmter Edelsteine wurde schon in dem Kapitel »Faszination und Magie der Edelsteine in der Neuzeit« (siehe S. 170 ff) erzählt. Einem so herausgehobenen Stein werden natürlich zahlreiche Heilkräfte zugeschrieben.

Bei den Indern ist er ein Allheilmittel, das gegen alle Krankheiten hilft, alle Schmerzen lindert und den Körper stärkt. In der Antike war er ein wirksames Heilmittel gegen Blasen- und Nierensteine, da er ja aufgrund seiner Beschaffenheit alle Steine bricht. In der Praxis ging man so vor, daß man einen D. an eine eiserne Nadel steckte und ihn in die Harnröhre einführte. Man muß sich aber hüten, einen D. zu verschlucken. Denn unweigerlich würde er alle Gedärme zerreißen. Aus diesem Grund benutzte man Diamantpulver und Diamantelixier als Abtreibungsmittel. Nach mittelalterlichem Glauben kann er nur durch Blei oder Bocksblut zerbröselt werden. Auch die Hl. Hildegard behandelt ihn ausführlich. Im Gegensatz zu der antiken und arabischen Anschauung, daß der D. die Zähne zerstört, wenn man ihn in den Mund nimmt, lehrt sie:

»Ist jemand böswillig, hinterlistig, verlogen, trunksüchtig und jähzornig, so wird er von all diesen Leiden geheilt, wenn er einen Diamanten in den Mund nimmt.«

Diamantelixiere aus Wasser und Wein sind heilkräftig gegen Gicht, Gelbsucht und Fallsucht.

Moderne Edelsteinmedizin: Wirkt auf das Scheitel-Chakra; das Elixier beseitigt alle Blockaden in den feinstofflichen Energiezentren und zwischen ihnen.

Gagat

Auch schwarzer Bernstein genannt, ist nichts anderes als bituminöse, polierfähige Braunkohle.

Alte Magie und Medizin: Der G. ist der Talisman der Kaufleute und Reisenden. Der griechische Dichter Nikander schreibt ihm in seinem Lehrgedicht »Theriaka« die Kraft zu, giftige Schlangen zu vertreiben.

Der schon öfter erwähnte Arzt Dioskurides empfiehlt den Rauch dieses brennbaren Steines als Heilmittel gegen Fallsucht und Hysterie. Auch soll man ihn den Mitteln gegen Gicht und überhaupt allen schmerzlindernden Arzneien zusetzen. In Wein gekocht, lindert er Zahnschmerzen. Aber schon bei den antiken Ärzten finden sich Warnungen vor dem Rauch, der sogar Anfälle hervorrufen soll. Die orphischen Lithika beschreiben seine Anwendung als die Menstruation förderndes Mittel so:

> Und wenn eine Frau umwandelt den zaubererfüllten Qualm,
> Und in den inneren Körper den hochaufwirbelnden aufnimmt,
> Rasch dann fließt im Inneren herab viel dunkler Blutsaft,
> Welcher im weiblichen Körper zuunterst verschlossen
>   zurückblieb.

Aber sie freut sich dann, wenn beim Glühen des Steines sie
   wahrnimmt,
Wie aus dem Leib sofort ihr die Blutansammlung fließt,
Denn sie entgeht dadurch endlos andauernder Krankheit.

Mit Terpentin und Wachs vermischt, beseitigt er Anschwellungen und Geschwülste. In der Spätantike war der G. geradezu ein Allheilmittel: In Wasser gekocht, vertreibt er Spulwürmer, an den Kopf gebunden lindert er Kopfschmerzen, Gebärenden hilft er, wenn sie ihn in der Hand halten, angezündet und in Wein gelöscht, vertreibt er den Schweiß und regt die Herztätigkeit an, vermischt mit Traubensaft, fördert er den Stuhlgang bzw. beseitigt Durchfälle. Mit »Gagatwasser« heilte man im Mittelalter lose Zähne.
Moderne Edelsteinmedizin: Das Elixier soll gegen Tumore wirken.

Granat
Umfaßt eine ganze Familie von Silikaten, deren Farbe zwischen Hell- und Dunkelrot schwankt. Eine Variante ist der Almadine oder Karfunkel. Der Name leitet sich ab von lat. »Carbunculus alabandicus«. Bei der kleinasiatischen Alabanda fand man diesen Stein in größeren Mengen.
Alte Magie und Medizin: Der G. ist ein seit altersher in der Magie und Mystik geschätztes Mittel. Er soll unkeusche Gedanken vertreiben, vor Blitzen schützen und vor Pestilenz bewahren. Der Träger wird vor den schädlichen Einflüssen der Dämonen bewahrt. Schließlich stärkt er auch dessen Energien und Kräfte, damit er sich gegen Enttäuschungen zur Wehr setzen kann. In der Kristallomantie wird er zum Hellsehen benutzt. Dem Schatzsucher zeigt er verborgene Schätze an und öffnet verschlossene

Mit Hilfe des Granates soll man geheime Schätze finden können.

Stätten. Wer einen Granaten in seinem Ring trägt, wird vor schlimmen und schreckhaften Träumen bewahrt. Dem Karfunkel werden große Heilkräfte zugeschrieben: Legt man ihn aufs Herz, stillt er Schmerzen und beseitigt die Aufregung. Unruhe und Herzpochen legen sich. Bei den Arabern ist er ein am Gürtel zu tragender Schutzstein gegen Seuchen. Überdies verhütet er Verwundung und hilft, einen Feind zu besiegen. Während der Kreuzzüge benutzte man ihn als Mittel gegen Pest, Blutkrankheiten und andere Leiden. Auch sollte er Gifte unwirksam machen. Legte man ihn einem Toten mit ins Grab, sollte er dessen Verwesung verhindern.

Moderne Edelsteinmedizin: Wirkt auf das Basis-Chakra; das Elixier stimuliert ebenfalls dieses Chakra.

Hämatit

Die deutsche Bezeichnung lautet Blutstein; es handelt sich um kristallisiertes Eisenoxyd von stahlgrauer bis eisenschwarzer Farbe. Das Mineral ist undurchsichtig.

Alte Magie und Medizin: Der Name verrät schon, daß es ein uraltes Mittel gegen Blutungen ist. Dies beruht darauf, daß Eisenoxyd das Bluteiweiß zum Gerinnen bringt. Die alten Ägypter legten ihn unter das Kopfkissen der Mumien und ließen Sprüche aus dem Totenbuch darauf gravieren. Die chinesischen Ärzte behaupteten, seine Heilkräfte kämen nur dann zur Entfaltung, wenn man ihn in Gold fassen würde.

Auch in der Medizin der Antike war er wohlbekannt. Bevor man ihn jedoch zur Anwendung brachte, mußte er kalziniert werden. Dieses Verfahren bestand darin, daß man den Stein mit Wein übergoß, mit Hilfe eines Gebläses zum Glühen brachte und dann mit süßem Wein ablöschte. Dieses Verfahren mußte zweimal wiederholt werden. Mit Frauenmilch verrieben, war er dann eine Arznei gegen tränende Augen. In den Schriften der antiken Ärzte finden sich noch weitere Anwendungsbereiche: Mit Granatapfelsaft eingenommen, hemmt er Magen-, Lungen- und Gebärmutterblutungen. Auch gegen Leberleiden ist er ein Heilmittel. Bei dem berühmten Galen ist er hauptsächlich als Augenmittel benützt worden.

Man unterscheidet auch männliche und weibliche Hämatite. Die ersteren sollen gegen Augenleiden besonders wirksam sein. Die weiblichen H. werden mit Eiweiß vermischt und heilen dann Blutergüsse.

In Italien hat der H. den Beinamen Hexenstein, weil vor ihm die Hexen flüchten. Überdies schützt er vor dem bösen Blick. Aber nicht jeder H. hat diese heilsame Wirkung. Der griechische Arzt Dioskurides beschreibt den geeigneten H. so:

»Der beste H. muß hart, von gesättigter Blutfarbe und dabei leicht zu zerreiben sein. Er darf keine Adern und nichts Unreines in sich haben.«

Moderne Edelsteinmedizin: Wirkt auf das Basis-Chakra; das Elixier ist ein blutreinigendes Mittel und hilft gegen Nierenerkrankungen.

Heliotrop

Der Heliotrop, auch Blutjaspis genannt, ist eine Chalcedonart von lauchgrüner Farbe, durchsetzt von roten Punkten.

Alte Magie und Medizin: In der Vergangenheit wurde er sehr häufig mit dem Hämatit verwechselt. Schon im alten Orient wurde er als Schmuck- und Amulettstein benützt. Der ägyptische König Nechepsos (600 v. Chr.) soll ein solches Amulett in Form einer Schlange besessen haben, die Strahlen aussandte. Die Schlange symbolisierte bei den Ägyptern die Tierkreiszeichen Jungfrau–Waage–Skorpion oder Weisheit–Mitgefühl–Stärke.

Der griechische Arzt Galen, der dieses Amulett beschrieb, bestätigte dessen magische Heilkraft. Er selbst hatte sich eine Halskette aus H. machen lassen, die zwar nicht die Form des Amulettes des ägyptischen Königs hatte, aber dennoch sehr wirksam gegen Magenschmerzen und Blutungen war. Im Mittelalter kam die Legende auf, dieser Stein habe am Fuße des Kreuzes Christi gelegen und auf ihn sei das Blut aus den fünf Wunden Christi getropft. Der H. stillt Blutungen, hilft bei Herzklopfen, Wassersucht und Verdauungsstörungen. Wenn man eine blutsaugende Fledermaus in ihn eingraviert, so verleiht er Macht über die Dämonen. Wer einen solchen Stein ererbt hat, der kann mit Hilfe der Seele des Verstorbenen die Zukunft schauen. Noch im 16. Jahrhundert empfiehlt ihn Cardano gegen Darm- und Magenerkrankungen. Voraussetzung aber ist, daß der Stein die Magengrube berühre. Die magischen Kräfte des H. kommen am besten zur Entfaltung, wenn der Mond zunimmt.

Moderne Edelsteinmedizin: Wirkt auf das Herz-Chakra; das Elixier ist eine Arznei gegen Krankheiten des Knochenmarks, der Milz, von Herz, Hoden, Eierstöcken und Gebärmutter. Es soll sehr hilfreich bei Meditationen sein und eine höhere Spiritualität aufkommen lassen.

Hyazinth

Seit dem 17. Jahrhundert bezeichnet man damit den roten bis rotgelben edlen Zirkon. Mit dem H. wird oft der Hessonit-Granat verwechselt. Der arabische H. ist eine rötlich-lila Rubinart.

Alte Magie und Medizin: Der Hyazinth erhielt seinen Namen nach der dunkelblauen Farbe, die wir von der bekannten Zierpflanze gleichen Namens kennen. Der von den Griechen so bezeichnete Stein muß also blau gewesen sein, und es dürfte sich um den blauen Saphir gehandelt haben. Dies veranschaulicht, wie schwierig es ist, die überlieferten Edelsteinnamen und die damit verbundenen magischen Vorstellungen mit den uns bekannten Edelsteinen in Einklang zu bringen. Ferner muß man dabei berücksichtigen, daß in der Antike Hunderte sogenannter »Wundersteine« existierten, die aus der Sage und Mythologie stammten. In der Überlieferung wurden sie in zahlreichen Fällen mit den tatsächlich existierenden Steinen verwechselt.

Man hebt bei dem H. hervor, daß er Kühlung verschaffe, so daß er sogar Kohlenfeuer löschen könne. Böse Geister sind mit seiner Hilfe schnell vertrieben. Die Ärzte schreiben ihm die Kraft zu, eine Geburt zu erleichtern. In Essig aufgelöst, heilt er Husten, Frakturen und Melancholie. Seine Heilkräfte werden besonders in der arabischen Medizin geschätzt. Wer den Stein um den Hals und um den Finger trägt, kann sich unbesorgt unter Pestkranke begeben. Eine Ansteckung muß er nicht befürchten. Man heilt damit auch Erstickungsanfälle, böse Träume, nächtliche Samenergüsse, Blähungen und Verdauungsstörungen. Die Hl. Hildegard benützt ihn bei entzündeten Augen und Halluzinationen. Mittelalterliche Ärzte heben auch hervor, daß er Fehlgeburten herbeiführen könne.

Moderne Edelsteinmedizin: Beeinflußt das Stirnauge; das Elixier wirkt auf Hypophyse und Zirbeldrüse.

Jade

Andere Bezeichnungen dieses grünlich-graugelben bis weißen Steines, der zur Gruppe der Hornblenden gehört, sind Nephrit und Beilstein.

Alte Magie und Medizin: J. wird seit der prähistorischen Zeit im Fernen Osten, besonders in China, zur Herstellung von Beilen (daher der deutsche Name Beilstein), zur Verzierung von Dolchen und Schwertern, aber vor allem für Amulette und Schmuckmittel jeder Art benutzt. Aus China, wo es in gewaltigen Blöcken gebrochen wird, kommt es in die anderen Teile der Welt. Schon um 4000 v. Chr. wurde J. im Zweistromland zu Amuletten verarbeitet, die besonders von schwangeren Frauen getragen wurden. Neben der grünen Farbe, welche die Hoffnung symbolisierte, spielte auch die Vorstellung des »Jadebeiles« eine Rolle, das die Gebärende am Oberschenkel trug und das gleichsam den Geburtskanal öffnen sollte. Solche Geburtsamulette in Gestalt von Beilen, in denen mystische Zeichen eingraviert sind, haben sich in großer Zahl bei Ausgrabungen in Mesopotamien gefunden. Auch in China hat J. diese magische Kraft, denn bei der Geburt des Konfuzius soll auch ein solches Amulett gegenwärtig gewesen sein. Sicherlich ist J. eines der ältesten magischen Arzneimittel der Menschheit. Bis heute konnte aber noch nicht erklärt werden, weshalb es bei verschiedenen Völkern mit unterschiedlichen Kulturen als Hilfsmittel bei der Geburt benutzt wurde. Auch die antiken Ärzte, z. B. Dioskurides, meinten, daß J. eine Fehlgeburt verhinderte und Schmerzen bei der Geburt linderte, wenn die Schwangere ein Amulett aus diesem Stein an den Oberschenkeln trug. In der arabischen Medizin war J. hochgeschätzt; wer J. an seinem Gürtel trug, hatte auf seiner Pilgerreise nichts zu befürchten. Sie soll sogar Durst stillen können. In den Schriften der arabischen Ärzte wird erwähnt, daß J. die sexuellen Begierden unterdrückt, eine Schwangerschaft verhindert, und – falls sie eingetreten ist – die Frau vor einer Fehlgeburt bewahrt. Darüber hinaus vertreibt sie die bösen Geister, die fast alle psychischen Leiden verursachen. Vor allem aber wirkt sie gegen Blasen- und Nierensteine. Diese Heilkraft verschafft ihr den Namen »Nephrit« (griechisch »nephros« = Niere). Als »Nierenstein« soll sie die Eigenschaft haben, Blasen- und Nierensteine zu lösen.

Moderne Edelsteinmedizin: Das Herz-Chakra wird von ihr beeinflußt; das Elixier hat Einfluß auf die Stimmungslage und das Seelenleben eines Menschen. Vor allem soll es die Sensibilität erhöhen.

Jaspis

Eine undurchsichtige Chalcedonart von roter, gelber und brauner Farbe wird heute unter diesem Namen zusammengefaßt. Den grünen J. mit roten Punkten nennt man Heliotrop.

Alte Magie und Medizin: Wie bei Jade schon erwähnt, ist es sehr schwierig zu bestimmen, was die alten Schriftsteller unter einem bestimmten Edelsteinnamen verstanden. Dieses Problem stellt sich erneut bei dem Namen Jaspis. Einige Erklärer wollen diesen Namen von Aspis, einer Schlangenart, ableiten. Schon in der

Der Jaspis gehört zu den acht wichtigsten Edelsteinen dieser alten Tabelle.

Antike wurde geglaubt, dieser Stein werde im Gehirn der Schlange gebildet und dann abgesondert, wobei er dann die Farben der Schlange annehme. Was die Alten über grünen J. berichteten, bezieht sich mit Sicherheit auf die Jade. Der rote und braune J. wurde besonders von den alten Ägyptern benutzt. Die Amulette der ägyptischen Göttin Isis mußten aus rotem J. hergestellt werden. Sie trugen die Aufschrift »Blut der Isis«. Die antiken Ärzte benutzten ihn, um Blutungen aus der Nase, Wunden und der Gebärmutter zu stillen. Die blutstillende Wirkung beruht sicherlich nicht auf bloßem Glauben, denn der rote J. enthält Eisenverbindungen, die bekanntlich das Bluteiweiß zum Gerinnen bringen. *Moderne Edelsteinmedizin:* Wirkung auf das Basis-Chakra.

Karneol

Damit wird eine Gruppe von fleischfarbenen bis weißen Steinen bezeichnet, die zu den Chalcedonen gehören. Von dem Fundort Sardinien leitet sich die Bezeichnung Sarder ab. Verwechslungen mit dem Roten Achat sind in der Überlieferung recht zahlreich.

Alte Magie und Medizin: Schon in den ältesten Zeiten fand er als Siegel, Talisman und Zaubermittel Verwendung. In der Antike war er ein Schutzstein gegen Unfälle und Giftanschläge. Albertus Magnus (siehe S. 161) behauptet von ihm, daß er »die Seele von schwermütigen Gedanken befreit und die Dämonen und die Furcht vertreibt«. Er stillt Blutungen aus allen Körperteilen, macht die Zähne wieder weiß und schützt Zahnfleisch vor Geschwüren. Im Mittelalter wurde er zu einer Essenz verarbeitet, von der vier bis zehn Tropfen als Heilmittel gegen Ruhr, »innere Hitze« und schlechtes Gedächtnis sehr geschätzt waren.

Moderne Edelsteinmedizin: Einer der wichtigsten Steine, um das Sex-Chakra zu beeinflussen. Das Elixier heilt Kreislauferkrankungen.

Koralle

Die rote oder edle Koralle besteht aus den inneren Hartteilen des Korallenpolypen.

Rote Koralle

Alte Magie und Medizin: Schon in der Antike war sie ein Amulett für Frauen und Kinder. Bei Plato kann man lesen:

241

»Die K. ist gut als Halsband für Kinder, um sie vor der Fallsucht zu bewahren. Sie hat eine besondere Verbindung mit der Natur, denn die beste rote K., die man als Halsband trägt, wird blaß, wenn der Träger krank wird, und nimmt ihre frühere Farbe wieder an, sobald er genesen ist.«

In der Antike war der Glaube verbreitet, daß die K. die Wirkung der Gifte zerstöre, den bösen Blick unschädlich mache und gepulvert mit Saatgut vermengt, die Felder sehr fruchtbar mache. Die arabischen Ärzte beschreiben sie als ein Mittel, das Geschwülste vertilgt, Geschwüre reinigt und Löcher in der Haut füllt, die durch Wunden entstanden sind. Auch Blutflüsse und Harnbeschwerden soll die Koralle beseitigen. Tauben soll man gepulverte K. mit Balsamöl in den Gehörgang träufeln.

Paracelsus kennt nur die weiße Koralle, die man Isis nennt. Nach seiner Meinung ist sie ein Talisman gegen Furcht, Versuchung durch den Teufel, Blitzschlag, Fallsucht und alle Arten von Gift.

M. Lorenz erwähnt in ihrem Buch »Die Magie der Edelsteine« die Korallenamulette eines namentlich nicht genannten »berühmten Magiers« in den ersten Jahren des 19. Jahrhunderts, der die Verwendung so beschreibt:

»Ich kenne die Kunst, Amulette aus Korallen herzustellen. Man muß sie unter Anrufung von Gottes Gnaden an einen Faden binden und beten, daß alles Leid von der Person abgewendet werde, die das Amulett tragen soll. Es schützt dann vor Feuer und Wassernot, heilt Trübsinn und Krankheiten und wandelt Leid in Freuden.«

Moderne Edelsteinmedizin: Das Basis-Chakra wird aktiviert; das Elixier harmonisiert alle Energiezentren und feinstofflichen Körper. Es beseitigt innere Spannungen, Unruhe und Angstzustände.

Lapislazuli

Ein blauer Lasurstein mit gelben und weißen Punkten, der zu den natürlichen Ultramarin-Verbindungen gehört; in der Vergangenheit wurde er öfter mit der Kupferlasur und sogar mit dem Saphir verwechselt.

Alte Magie und Medizin: Schon 1500 v. Chr. wurde er von den ägyptischen Priestern als »Stein des Himmels« besonders geschätzt. Das sanfte Leuchten, das von ihm ausgeht, macht ihn

Eine Seite aus dem ägyptischen Papyrus Eber, ca. 1500 v. Chr.

geradezu zum Stein der Harmonie und Freundschaft. Er flößt neuen Lebensmut ein und befreit Kinder und ängstliche Personen von ihrer Furcht. Sehr weitreichend ist auch sein Anwendungsbereich in der alten Medizin: Man legt ihn ins Wasser und benutzt das Elixier, um Augenkrankheiten zu heilen. Wenn man ihn erwärmt, heilt er angeschwollene Glieder. Gegen Krämpfe und Fallsucht wirkt er als Pulver, das mit Eigelb vermischt wird. Bei Ohnmachtsanfällen legt man den Stein zwischen die Augenbrauen. L. vertreibt auch die Warzen und häßliche Auswüchse auf

Händen und Gesicht. Dies geschieht am besten dadurch, daß man ihn pulverisiert und dann in die Wunde einige Körnchen streut. Viertagefieber heilt man, indem man pulverisierten L. mit Fenchel und Senfsamen vermischt. Die arabischen Ärzte sehen in ihm ein Mittel, um die »schwarze Galle« und alle »rohen Säfte« aus dem Blut zu vertreiben. Er heilt Melancholie und Asthma. Ein vorzügliches Mittel ist er auch gegen Geschwüre, und aufgelöst in Essig, wirkt er gegen Lepra. Auch bei den Indern beeinflußt er die Galle. In den alten Quellen wird häufig der L. mit der Kupferlasur verwechselt, der jedoch eine schwächere Wirkung zugeschrieben wird.

Moderne Edelsteinmedizin: Wirkt auf das Stirnauge; das Elixier beeinflußt Krankheiten des Kehlkopfes und der Bronchien günstig. Es soll auch gegen Mandelentzündung wirken.

Magnetit

Oder Magneteisenstein, der in der Vergangenheit auch zu den Edelsteinen gezählt wurde. Dieser schwarze, glänzende und undurchsichtige Stein gehört zu der Gruppe der Spinelle.

Alte Magie und Medizin: Der M. kommt ursprünglich aus Indien, wo ihn die Ärzte wegen seiner Heilwirkung sehr schätzen. Er heilt Gelbsucht und Geschwüre. Für Männer ist er ein hervorragendes Liebesmittel.

Ausführlich beschäftigt sich Plinius mit dem M., von dem es nach seiner Meinung fünf Arten gibt, und alle von hoher Heilkraft. Der M. befähigt den Träger sogar, die Stimmen der Götter zu hören. Grundsätzlich kann der Stein jede Krankheit heilen, wenn man ihn in seine Hände nimmt und schüttelt. In den orphischen »Lithika« wird erwähnt, daß man mit ihm auch die Treue einer Frau erproben kann:

Doch ich ermahne noch weiter,
zu erforschen die Gattin, ob sie das eigene Lager
noch heilig bewahrt und auch ihren Leib vor einem anderen
    Mann.
Bring' den Magnetit herein und verbirg ihn unter das Bett.
Laß' sie mit ihren Lippen ein Lied summen.
Wie tief sie auch sanft entschlummert ist,
wenn sie die Arme um dich legt und nach dir verlangt,
und sie die Göttin Aphrodite mit frechen Lüsten reizt,
dann stürzt sie aus dem Bett und liegt langgestreckt auf dem
    Boden.

Die arabischen Ärzte empfehlen Gebärenden, sich diesen Stein
umzuhängen oder in die Hand zu nehmen, wenn sie recht bald
niederkommen wollen. Bei Vergiftungen trinkt man pulverisierten M. mit Milch vermischt. Unverzüglich erbricht man das Gift.
Verwundeten kann man die Eisenspitzen aus dem Körper entfernen, wenn man ihnen Magnetpulver mit Frauenmilch vermischt
verabreicht. Hängt man sich den Stein um den Hals, bessert sich
das Gedächtnis. Die Hl. Hildegard rät, Tobsüchtigen einen mit
Speichel befeuchteten M. über die Stirn zu streichen, um sie zu
beruhigen. Krämpfe, besonders in den Waden, lassen sich sofort
durch Bestreichen mit einem M. beseitigen.
Moderne Edelsteinmedizin: Beeinflußt das Basis-Chakra; das
Elixier übt eine heilsame Wirkung auf den ganzen Körper aus
und harmonisiert die Energiezentren. Heilt besonders Krankheiten, die auf einer Fehlfunktion des endokrinen Drüsensystems
beruhen.

Malachit

Bei diesem grünen Stein handelt es sich um ein Kupferkarbonat. Früher hieß er in Deutschland »Molacks«, was eine Verstümmelung des griechischen »Malaku« (Malve) ist. Wegen der gleichen Farbe (Malvengrün) wurde die Bezeichnung auch auf den Stein übertragen.

Alte Magie und Medizin: Schon die alten Ägypter kannten den M. unter dem Namen »Mafek«. Bei ihnen fand er hauptsächlich als Augenmittel und vor allem als Schönheitsmittel der Frauen

Eine Ägypterin (1200 v. Chr.) beim Schminken. Der grüne Malachit spielte in der ägyptischen Kosmetik eine bevorzugte Rolle.

Verwendung. Bei den Griechen heißt er »Chrysokolla« (Goldlot). Er schützt vor Blitzschlägen, verleiht Glück und Gesundheit. Wer ihn als Amulett über dem Herzen trägt, schützt sich vor Herzkrankheiten und unglücklicher Liebe. Trinkgefäße aus M. sind besonders ratsam, denn sie stärken das Herz des Weintrinkers und bringen ihn in Kontakt mit den Göttern. Auf diese Weise soll er sogar die Sprache der Tiere verstehen. Der M. ist ein Symbolstein, der bei Gefangenen die Hoffnung auf Freiheit wachhält. Recht umfangreich ist seine medizinische Anwendung. Doch heben die alten Quellen die Gefahr einer Vergiftung

246

hervor, wenn die Dosis zu hoch ist. M. enthält nämlich bis zu 70 % Kupferoxyd.

Bei Plinius findet sich folgende Notiz: »Mit Wachs und Öl gemischt, dient er dazu, Wunden zu reinigen. Er trocknet sie aus und zieht sie zusammen. Mit Honig vermischt, wird er bei Diphterie und hochgradiger Atemnot gegeben. Er ist ein vorzügliches Brechmittel. Man setzt ihn auch den Augensalben zu, um Augennarben zu behandeln, besonders aber den grünen Pflastern, um Schmerzen zu lindern und Narben zu entfernen.«

Bei den arabischen Ärzten liest man: »Der M., im Halsband oder im Fingerring getragen, schützt vor epileptischen Anfällen. Darum lassen Könige ihre Kinder den Stein von ihrer Geburt an tragen, um sie gegen diese Krankheit zu schützen.« Bei den Arabern wird er äußerlich als ein Hautheilmittel benutzt. Er hilft gegen Skorpionen- und Bienenstiche. Mit Essig vermischt, ist er eine Arznei gegen Hautjucken, Flechten, Ekzeme und Aussatz. Bei den Indern ist er nicht nur ein Talisman gegen Cholera, sondern auch ein Heilmittel gegen Koliken und Rheumatismus. Dieser Stein wurde wie zahlreiche andere Edelsteine bis in das 18. Jahrhundert in den Apotheken vorrätig gehalten. In einem Lexikon von 1739 kann man über den M. nachlesen:

»Es werden diesem Stein ein ganzer Haufen von Tugenden beigelegt und sollen sie ganz so gut sein, wie Spießglas zum Purgieren (d. h. Gebrauch als Abführmittel) von oben und nach unten, wenn der Molackl (= Malachit) fein zerstoßen und auf 6 Gramm eingenommen wird. Er soll die Herzbangigkeit und die Kolik vertreiben und der Frauen Reinigung zuwege bringen. Auch tut der Malachit das Blut verstellen, wenn er auf die offne Wunde mit seidenen Fäden gebunden wird; alte Schäden, die überhaupt nicht mehr gut werden wollen, reinigt der Malachit und macht sie wieder zu verharschen, wenn sie offen zu Tage gelegen haben. Das Zucken und Ziehen in den Gliedern, was sehr schmerzhaft ist, und im Oktober und November am meisten vorkommt … verhindert der Malachit, wenn man ihn auf die schmerzhaften Gelenken bindet …«

Moderne Edelsteinmedizin: Das Herz-Chakra wird aktiviert; das Elixier hilft bei Frauenkrankheiten, Menstruationsstörungen und Unfruchtbarkeit. Auch Magenleiden werden günstig beeinflußt.

Mondstein

Der farblose, fast durchsichtige Stein gehört zu den Feldspaten. Wegen seines bläulich-weißen, milchigen Schimmers, den er ausstrahlt, nennt man ihn Mondstein oder Selenit.

Alte Magie und Medizin: Diesem Stein werden schon in der Antike wundersame Kräfte zugeschrieben. Bei Aristoteles heißt er Bahtah, von dem er eine merkwürdige Fabel berichtet: Als die Söldner Alexander des Großen sich das Land der äußersten Finsternis verirren, wo kein Sonnenlicht mehr hinkommt, finden sie diesen Stein. Doch jähes Entsetzen packt sie. Mit offenem Mund starren sie vor sich hin. Der Pulsschlag hört auf. Mit Sicherheit wären sie gestorben, wenn nicht ein kleiner Vogel aus dem Ozean aufgetaucht wäre. Bei seinem Anblick löst sich ihre Erstarrung, und sie können sich von diesem Ort entfernen.

Auch der arabische Schriftsteller Al Kazwini erwähnt in seiner »Kosmographie« die magnetischen Kräfte des M., die von ihm ins Phantastische gesteigert werden. Dort heißt es:

»In der Kupferstadt hat sich etwas Sonderbares begeben. Man sagt, wer ihre Mauer erklimmt und in die Stadt hineinsieht, beginnt zu lachen und wird in das Innere der Stadt hineingezogen, ob er will oder nicht. Inmitten der Stadt erhebt sich eine hohe

Säule, an der ist ein glänzender Magnetstein befestigt, so daß alle Augen, sofern sie von der Mauer in die Stadt hineinsehen, diesen Stein erblicken müssen. Er zieht die Menschen an, so daß sie fortwährend unter Lachen hineingehen und bei der Säule bleiben müssen. Nichts kann die Menschen, die hier lachend bleiben müssen, erlösen, es sei denn, daß aus dem nahen Meer ein kleiner, schwarzer Vogel geflogen käme, der kleiner als ein Sperling ist und sich auf die Säule niederläßt. Wenn der Blick der Lachenden auf ihn fällt, so werden sie erlöst, vorausgesetzt, Allah gefällt es. Nur dieser kleine Vogel, der Farfar heißt, hebt die Wirkung des Steines auf. Er ist schwarz, hat rote Streifen an seinem Körper und rote Augen. Auch seine Füße sind rot. Wenn er sich auf den Stein setzt, so hört augenblicklich das Lachen auf und die Menschen können fortgehen.«

Dieser arabische Autor erwähnt noch, daß man aus dem Stein Salbenbüchsen machen kann, in denen sich Medikamente jahrelang frisch halten. Besonders stark wird dieser Stein vom Mond beeinflußt. Angeblich verändert sich seine Farbe je nach den Mondvierteln. Seinem Träger zeigt er einen Feind an, indem sein sanftes Licht zu blitzen anfängt, wenn sich ein Übeltäter nähert. Seine magnetische Kraft bewirkt, daß alle Untergebenen seines Trägers treu und gehorsam sind.

Moderne Edelsteinmedizin: Das Kehlkopf-Chakra steht unter seinem Einfluß; das Elixier hilft bei Streß und Angst und Krankheiten des Beckenbereiches.

Onyx

Bezeichnung für eine Steinfamilie, die zur Quarz-Chalcedongruppe gehört; es gibt den schwarzen und weißen Onyx. Sind nur weiße Streifen in dem Stein, so spricht man von dem Sardonyx.

Alte Magie und Medizin: Der O. ist vielleicht einer der ältesten Edelsteine der Menschheit überhaupt. Bei Ausgrabungen im Zweistromland wurden zahlreiche Ringsteine und Amulette gefunden. Auch bei den Chinesen stand der O. in hohen Ehren, da aus ihm das Privatsiegel des Kaisers hergestellt wurde. Keiner der Untertanen durfte den O., der bei ihnen »Joc« bzw. »Tu« hieß, als Siegelstein benutzen. Die Juden wiesen ihm einen besonderen Platz zu: Der Brustschmuck der Hohenpriester, den sie bei den rituellen Handlungen trugen, war mit Knöpfen aus O. an ihrem Gewand befestigt. In der Antike wurde er zur Herstellung von Gemmen und Kameen benutzt (siehe S. 148). Er ist ein ausgesprochener Saturnstein und sollte nur von Menschen getragen werden, die unter diesem Planeten geboren sind. Allen anderen bringt er nur Kummer, schlechte Träume und ruft bei ihnen Melancholie hervor.

Bei den Arabern gilt der schwarze O. als ausgesprochener Unglücksstein, der seinem Träger nur Trauer und Kummer bringt. Schon Plinius berichtet, daß diesen Stein nur Sklaven und Aussätzige berühren. Kinder, denen man den O. umhängt, bekommen Speichelfluß, weinen und sind unruhig.

Dem O. wird auch die Eigenschaft zugeschrieben, unsichtbar zu machen. Hierzu sind jedoch umfangreiche Vorbereitungen notwendig: In einer Neumondnacht des August wird Seetang mit dem Herzen einer jungen Wachtel zusammen zu einem Trank gekocht, den man sieben Tage und sieben Nächte in einem Gefäß stehen lassen muß. Sodann wird er mit drei Tropfen reinen Öls begossen. Um Mitternacht wird ein wenig von dieser Flüssigkeit unter dem O. in den Ring gegossen. Die Höhlung wird mit reinem Bienenwachs verschlossen, das aus einem Bienenstock stammen muß, der in einem Holunderstrauch nistet. Auf diese Weise kann man unsichtbar werden und von Feinden nicht gesehen werden.

Die antiken Ärzte brannten diesen Stein und benutzten ihn für Pflaster und Elixiere. Bei Dioskurides lesen wir, daß diese Pflaster Anschwellungen zerteilen, Magenschmerzen lindern und Entzündungen des Zahnfleisches heilen. Er erleichtert auch eine Geburt, weil er Mutter und Kind schnell trennt. Dahinter steht der magische Glaube, daß dieser Stein Feindschaft sät, wenn er zwischen zwei Personen gelegt wird. Nützlich ist er auch gegen Schlangenbiß, vor allem auch gegen Schwermütigkeit und Melancholie. Dahinter steht die Signaturenlehre, die der schwarzen Farbe eine Heilwirkung bei der Melancholie (griech. = Schwarzgalligkeit) zuschreibt. Nach Ansicht des griechischen Arztes Galenos wird die Melancholie durch ein Übermaß an schwarzer Galle hervorgerufen. In pulverisierter Form angewandt, beeinflußt der O. Herzschwäche und unregelmäßigen Blutkreislauf. Günstig wirkt er auch auf alle Arten von Augenleiden und Krätze.
Moderne Edelsteinmedizin: Das Elixier wird empfohlen bei Nieren- und Herzkrankheiten.

Opal

Dieser Stein, der aus wasserhaltigen Kieselsäuren besteht, ist in reinem Zustand farblos. Infolge von Beimischungen kann er die gesamte Farbpalette umfassen. Man bezeichnet ihn dann als Sonnen-, Flammen-, Lachs-, Gold-, Moos-, Milch- oder Wachsopal.
Alte Magie und Medizin: Man leitet seinen Namen entweder von dem altindischen Wort »upala« (Stein) oder von einer griechischen Silbe »op«, die »Auge« oder »sehen« bedeutet, ab. Die letztere Ansicht beruht darauf, daß man den O. als besonders

günstig für geschwächte Augen oder zur Wiederherstellung des Sehvermögens ansah. Da der O. gegenüber seiner Umgebung (Flüssigkeit, Trockenheit und Hitze) sehr empfindlich ist und ein sehr auffälliges Farbenspiel zeigt, spielt er in der Magie eine wichtige Rolle. Man sagt ihm aber eher schlimme als gute Eigenschaften nach. Wegen seines zauberhaften und mysteriösen Farbenspiels scheint er wie der »böse Blick« auf die Menschen zu wirken. Wer ihn trägt, erleidet Unglück und Krankheit. Seine zerstörerische Kraft ist so groß, daß er Liebende und Familienmitglieder entzweien kann. Das geheimnisvolle Licht kann so sehr blenden, daß der Träger unsichtbar wird. Aus diesem Grund soll der O. bei Dieben sehr beliebt sein. In Rußland herrscht der Glaube, daß derjenige, der einen O. am Finger trägt, niemals gute Geschäfte abschließen kann.

Eine indische Sage erzählt, wie der O. entstanden ist: Der Gott Brahma schuf sich eine sehr hübsche Frau, in die sich auch die

Der indische Gott Vishnu.

beiden anderen Götter, Vishnu und Shiva, verliebten. Brahma ließ herrliche Pflanzen und Tiere entstehen, damit sich diese Frau daran erfreuen konnte. Alles wurde von Vishnu verschönt, damit die Augen der Hübschen geblendet wurden. Doch der Gott Shiva zerstörte alles. Aus Rache verwandelte Brahma die Frau in ein Nebelgebilde. Damit sie aber noch erkannt wurde, lieh jeder Gott ihr seine Farben, Brahma blaues Licht, Vishnu gelbes und Shiva rotes. Um diese unglückliche, schillernde Frau zu erlösen, verwandelte sie Brahma in einen Stein, den Opal.

Da unter den schillernden Farben immer das Grün hervorsticht, galt er als ein Heilmittel für die Augen. Wer einen O. besitzt, wird niemals augenleidend.

Moderne Edelsteinmedizin: Wirkt auf das Kehlkopf-Chakra; das Elixier des dunklen Opals ist ein Heilmittel gegen Depressionen. Es beeinflußt auch Erkrankungen der Hoden, der Eierstöcke und der Bauchspeicheldrüse. Das Elixier des hellen Opals hilft bei Augenleiden.

Perle

Die P., die in bestimmten Muschelarten entsteht, leitet ihren Namen von lateinisch »pillula« (Pille) ab; wegen ihres Glanzes und ihrer Farbenreinheit ist die wertvollste Perlensorte die orientalische, die aus dem Persischen Golf und Ceylon stammt.

Alte Magie und Medizin: Die Inder rechnen die P. zu den fünf Edelsteinen (Diamant, Rubin, Smaragd, Saphir und Perle), die das magische Halsband Vishnus zieren. Bei ihnen ist sie das Sinnbild des Reichtums. Die Araber sehen in ihr ein Symbol belohnter Demut. Nach einer arabischen Legende sind die P. aus Evas Reuetränen entstanden; folglich bedeuten die P. Tränen. In der christlichen Symbolik ist Christus die P., die alle Schätze der Welt aufwiegt. Die P. in der Muschel symbolisiert die unbefleckte Empfängnis Marias.

Kleopatra, die Königin der Ägypter, soll die schönste aller P.

Blick in ein mittelalterliches Laboratorium. Zwei Ärzte bereiten ein Elixier.

besessen haben. Bei einem Gastmahl mit dem Römer Antonius löste sie diese P. in einem Becher mit Weinessig auf und leerte ihn. Es sei jedoch angemerkt, daß Weinessig eine P. nicht auflösen kann.

Man hält die P. auch für medizinisch wirksam: Sie befreit das Blut von der schwarzen Galle und beseitigt Herzklopfen und Angstgefühle. Zu Pulver zerrieben und unter eine Salbe gemischt, heilt sie Augenleiden. Nach Ansicht arabischer Ärzte heilt ein Perlenelixier den Aussatz. Bei Wechselfieber wird sie mit Fleisch gekocht und unzerkleinert in einer Brühe getrunken. Dem französischen König Karl IV. gab man einen Absud aus P., um ihn vom Wahnsinn zu heilen. Allgemein glaubt man, daß die P. magnetische Kräfte ausstrahlen und auf diese Weise die Lebenskraft des Trägers erhöhen.

Moderne Edelsteinmedizin: Einfluß auf das Kehlkopf-Chakra;

das Elixier heilt Rückenleiden und Magenkrankheiten, besonders wenn sie streßbedingt sind. Es beseitigt vor allem die inneren Spannungen.

Rubin

Der echte Rubin ist eine hellrote bis tiefrote Korundart. Wegen seiner Härte und seines Glanzes steht er dem Diamanten am nächsten.

Alte Magie und Medizin: Der R. ist ein Symbol der Klugheit und des Fleißes. Durch Veränderung seiner Farbe warnt er vor Giften und Feinden. Seinen Träger bewahrt er vor Trübsinn, Lastern und verbrecherischen Neigungen. Bei den Arabern ist er ein Talisman gegen Blitze, vertreibt den Durst und die bösen Träume und schützt vor Erstickung. Gelegentlich wird er auch als Stein beschrieben, der seinen Träger in einen tiefen Schlaf versetzen kann. Der R. ist jedoch auch mit schädlichen Kräften ausgestattet, wie die Geschichte des Eierrubins von Parma zeigt: Seit Jahrhunderten war er im Besitz der Herzöge von Este, ohne daß er irgendeinen Schaden anrichtete. Als jedoch Cesare Borghia (1475–1507) den Herzog ermordete und diesen R. seiner Schwester schenkte, veränderte sich der Charakter des Steines. Lucretia Borghia trug ihn immer dann, wenn sie zum letztenmal mit einem Mann eine Liebesnacht verbrachte, ehe sie ihn ermorden ließ. Später nahm ihr Bruder ihr diesen Unglücksring ab und trug ihn selbst. Kurze Zeit später fiel er in Spanien. Fortan lag der Ring in der Schatzkammer der spanischen Regierung.

Natürlich schreibt man einem solchen herausgehobenen Stein wie dem R. auch zahlreiche Heilkräfte zu. In dem berühmten Steinbuch »Rajanighantu« von Narahari heißt es:

»Der R. schmeckt süß und klebrig; er wirkt gegen Wind und Galle und gibt ein vorzügliches Elixier ab für diejenigen, welche die richtige Anwendung des Edelsteins kennen.«

Avicenna (980–1037) beschreibt ihn vor allem als ein herzstärkendes Mittel. In dem Buch »Über die Kräfte der einfachen Heilmittel« des Ibn al-Beithar ist zu lesen:

»Dieser Stein ist temperiert. Er besitzt die Eigentümlichkeit, das Herz zu erfreuen und zu stärken. Er ist ein wunderbares Mittel gegen Gifte. Es scheint, daß diese Eigenschaft nicht an die Teile des Steines gebunden ist, sondern daß sie sich offenbart, wie beim Magnet die Eigenschaft, das Eisen aus der Ferne anzuziehen. Es genügt hier anzugeben, daß wir durchaus nicht glauben, die Körperwärme wirke auf den in den Organismus gelangten R., indem sie ihn auflöst oder mit den Eigenschaften vermischt, wie dies der Fall ist beim Safran und anderen Substanzen… Was nun den Ort seiner Wirkung anbelangt, so ist es offenbar, daß der Stein mit dem Blut zum Herzen gelangt; je näher er der kranken Stelle angewandt wird, um so wirksamer ist er… Die Alten haben von der aufheiternden Eigenschaft des Steines gesprochen, welche zur Geltung kommt, wenn man ihn trägt, namentlich aber, wenn man ihn in den Mund hält. Dies beweist, daß der R., um Freude zu erzeugen, nicht nötig hat, eine Umwandlung seiner Bestandteile oder seiner Qualitäten zu erleiden; da er nicht einmal mit den erkrankten Teilen in Berührung zu kommen braucht, genügt es, daß sich sein aktives Prinzip von ihm löst.«

Andere arabische Ärzte halten ihn für wirksam gegen Hämorrhoiden. Im Mittelalter und während der Kreuzzüge benutzte man ihn auch als Pestmittel. Als Pulver soll er Fäulnis und Zersetzung der Organe verhindern.

Moderne Edelsteinmedizin: Beeinflußt das Basis-Chakra; das Elixier wirkt ebenfalls auf dieses Zentrum.

Saphir

Der S. ist ein königsblauer Edelkorund; weniger geschätzt sind der weiße S. oder Leukosaphir und der gelbschimmernde Topas-saphir.

Alte Magie und Medizin: In der Magie spielt vor allem der kornblumenblaue S. eine Rolle. Schon seit der Antike begleitet ihn der Ruf des Mysteriösen und Fabelhaften. Die Bibel erwähnt ihn als einen der Grundsteine des »Himmlischen Jerusalems« – ein heiliger Stein, der als Leitstein Kaiser- und Königskronen zierte.

Auch im alten Ägypten trugen die Oberpriester einen solchen Stein an der Brust. Ihrem Beispiel folgten die jüdischen Hohenpriester, die mit dem S. ihr Brustschild schmückten. Die römischen Priester des Jupiter trugen ihn als Symbol des leuchtend blauen Himmels. Seit dieser Zeit wird er mit dem Planeten Jupiter in Verbindung gebracht. Bei den Buddhisten ist er der Stein der Wahrheit, des Seelenfriedens und der Freundschaft.

Man schreibt ihm magische Kräfte zu. So soll er vor verborgenen Gefahren warnen, Vergiftungen anzeigen und Wünsche in Erfüllung bringen. Wer ihn als Amulett trägt, steht unter seinem Schutz. Er hält alle Dämonen und alles Böse von ihm fern. Aus diesem Grund ist er der Schutzstein der Medien, Sensitiven und Okkultisten.

Sehr umfangreich sind auch die Berichte über seine medizinische Verwendung. Als Pulver empfiehlt ihn Dioskurides gegen Skorpionenstiche und Darmgeschwüre. Äußerlich angewandt, heilt er Anschwellungen, Bindehautentzündungen und Hornhauterkrankungen. In dem Steinbuch »Damigeron Latinus« aus dem 5. Jhdt. n. Chr. findet sich eine längere Bemerkung über den S. Fraglich ist jedoch, ob damit der blaue Korund gemeint ist, den wir heute als Saphir bezeichnen. Es könnte sich auch um den Lapislazuli handeln, wie einige Interpreten annehmen:

»Dem S. ist von Gott große Ehre zuteil geworden. Diesen Stein pflegen Könige an der Stirn zu tragen, denn er gewährt großen Schutz. Seine Kräfte sind diese: Er bewahrt den Menschen vor jeglicher Mißgunst und macht ihn Gott angenehm; er erhält den Körper gesund und in guter Farbe. Umgebunden vermindert er den reichlich fließenden Schweiß und entfernt von seinem Träger eine allzu große Hitze der inneren Organe. Außerdem bildet er, mit Milch zerrieben und aufgelegt, für alte Geschwüre ein großes Heilmittel. Er heilt auch Tränenfistel und Schmerzen in der Stirn. Mit Milch getrunken, beseitigt er Leibschmerzen, und sollte jemand eine Wunde in den Eingeweiden haben, dann reibe seinen Leib mit dem in Milch zerriebenen Stein ein. Er wird bald genesen. Falls jemand einen Fehler an der Zunge habe, so bestreiche er in gleicher Weise mit dem zerriebenen Stein die Zunge. Er wird geheilt werden. Auch heilt er alle alten und frischen Wunden, wenn er zerrieben und mit Milch aufgetragen wird... Wer aus diesem Stein einen Skarabäus (ein Amulett in Gestalt eines Mistkäfers) schneidet, der wird die Zukunft richtig voraussagen können.«

Auch die Hl. Hildegard von Bingen stimmt im wesentlichen mit dieser Art von Anwendung des S. überein. Doch bei ihr wird er auch als Anti-Aphrodisiakum benutzt:

»Wenn eine Frau wider ihren Willen von der Liebe eines Mannes belästigt wird, wobei der Teufel seine Hand im Spiel hat, so gieße sie oder ein anderer dreimal Wein über den S. und spreche dabei: Ich gieße Dich über diesen Wein in die lodernde Glut. So wie Gott Deinen Glanz vom Teufel weggezogen hat, so nehme die leidenschaftliche Liebe dieses Mannes von mir!«

Der berühmte Paracelsus braute 1520 einen Likör, der gegen Magenkrämpfe wirkte. Er nannte ihn zwar sein »großes Geheimnis«, aber spätere Untersuchungen ergaben, daß er Saphirstäubchen enthielt. Noch im 17. Jahrhundert stellte man aus dem Saphir folgende Tinktur her, die gegen Gifte und die Pest wirksam sein sollte:

»Nehme pulverisierten Saphir, gieße Uringeist aus Knabenurin darauf und lasse es einige Tage ziehen. Alsdann wird sich eine blaue Tinktur herausziehen. Gieße dann Brandtwein darauf und ziehe die Tinktur über den Hahn ab.«

Moderne Edelsteinmedizin: Wirkt auf das Dritte Auge.

Smaragd

Ein grüner Edelstein, der zur Familie der Berylle gehört.

Alte Magie und Medizin: Der S. ist der Edelstein, der lange vor dem Diamanten, Rubin und Saphir im Mittelmeerraum bekannt war. Der Hauptlieferant war Ägypten. Auf dem Brustschild der Hohenpriester der Juden war er der dritte Stein. Nach Herodot soll der berühmte Ring des Polykrates ein S. gewesen sein. Geradezu überschwenglich äußert sich Plinius im 37. Buch seiner Naturgeschichte über diesen Stein:

»Wahr ist, daß wir hochbeglückt sind vom Grün der Kräuter und der Blätter der Bäume, aber dies ist nichts im Vergleich zu dem Entzücken, das wir beim Beschauen des Smaragdes empfinden, denn mit was auch immer wir seine Farbe vergleichen mögen, sie übertrifft alles an erfreuendem Grün.«

Wenn die antiken Steinschneider ihre überanstrengten Augen wieder stärken wollten, arbeiteten sie eine Zeitlang an dem S. Die Römerinnen trugen S. mit Perlen zusammen, damit sie auf diese Weise vor Schmerzenstränen sicher waren. Denn der S. besaß die

Kraft zu verhindern, daß die Perlen Tränen entstehen ließen. Im »Damigeron Latinus« wird behauptet, daß der S. in Form eines Skarabäus (Mistkäfers), auf dessen Unterseite eine stehende Isis eingraviert wird, die Kraft hat, seinem Träger die Zukunft vorauszusagen. Voraussetzung aber ist, daß der Besitzer des Steines keusch lebt. Eine Frau kann anhand der abgedunkelten Farbe eines S. feststellen, ob ihr Geliebter untreu geworden ist.

Schon bei Theophrast galt der S. als ein Augenheilmittel. Diese Heilwirkung findet sich bei allen späteren Autoren. Bei den griechischen Ärzten wurde der Stein zerrieben und mit attischem Honig vermischt. Äußerlich angewandt, war er dann ein Mittel gegen Augenkrankheiten und bösartigen Aussatz (Elephantiasis). In dem indischen Steinbuch des Narahari findet man folgende Bemerkung:

»Der S. wirkt als Gegengift; er ist kalt und schmeckt süß, abführend, beseitigt akuten Durchfall, wirkt gegen Galle, reizt den Appetit, schafft Wohlbefinden und vernichtet dämonische Einflüsse.« Diese Angaben finden sich auch bei den arabischen Ärzten. Dort kann man noch nachlesen, daß er Gebärenden eine leichte Geburt ermöglicht und ein Neugeborenes, wenn man ihm den Stein um den Hals hängt, vor Fallsucht bewahrt. Noch im 19. Jahrhundert fand der S. Anwendung in der Medizin. Die meisten anderen Edelsteine waren zu dieser Zeit aus den Apotheken schon verschwunden. Man bezweifelte ihre Wirkung, weil selbst ihre Fragmente dem Scheidewasser (Salpetersäure) widerstanden. Folglich konnten sie auch nicht von der Magensäure aufgelöst werden. Aber beim S. war dies anders. Man beobachtete, daß er sich im Feuer in ein weißes, durchsichtiges Kristall verwandelte. Deshalb wurde angenommen, daß auch die Wärme des Magens eine ähnliche Wirkung hervorbrachte.

Moderne Edelsteinmedizin: Einfluß auf das Herz-Chakra; das Elixier heilt Herzkrankheiten und die damit verbundenen psychosomatischen Störungen wie Angst, Unruhe etc.

Topas

Darunter versteht man den Edeltopas, der eine gelborange Farbe hat und zu den Aluminiumsilikaten gerechnet wird.

Alte Magie und Medizin: Im Altertum glaubte man, daß die Kräfte dieses Steines eng mit dem Mond verbunden sind und sich mit den einzelnen Mondphasen verändern. Bei herannahendem Gewitter und bei großer Hitze soll der Stein elektrisch werden und auf seinen Träger einwirken. Einige Besitzer werden hellsehend und können zukünftige Ereignisse prophezeien. Wer einen T. trägt, besitzt die Gabe, seine Gedanken folgerichtig zu ordnen und hat sogar »Geistesblitze«. Als Talisman oder Amulett beruhigt er die Nerven und schützt vor Aufregung und Ärger.

Im Mittelalter war er ein beliebtes Schutzmittel gegen Hexerei und schwarze Magie. Gift und andere Gefahren zeigt er seinem Besitzer an, indem er die Farbe wechselt. Die erste Erwähnung der Heilkräfte des T. finden sich in dem »Damigeron Latinus«: »Wenn jemand durch einen Trunk Wein von Sinnen kam, so gib dem Rasenden den im Mörser zerriebenen Stein mit Wasser zu trinken. Daraufhin binde ihm einen solchen Stein um den Hals, und er wird genesen.«

Die arabischen Ärzte schenkten diesem Stein keine besondere Beachtung. Im Steinbuch des Narahari heißt es: »Der T. schmeckt sauer und ist kalt; er wirkt gegen Wind und ist ein vorzügliches Mittel zur Stärkung des Appetits. Den Männern, welche ihn tragen, verleiht er langes Leben, Schönheit und Verstand.«

Andere indische Ärzte schreiben ihm die Kraft zu, die Fruchtbarkeit der Frauen zu erhöhen. Die mittelalterlichen Ärzte benutzten ihn als Gegenmittel gegen Gifte. Angeblich stillt er sogar Blutungen, heilt Fallsucht und vertreibt schlechte Träume. Bei der Hl. Hildegard von Bingen heilt er neben Aussatz und Augenkrankheiten besonders Fieber und Milzleiden. Die Anwendung wird folgendermaßen beschrieben:

»Bei Fieber zieht man in weiches Brote mit Hilfe eines geschliffenen Topasen drei Furche und gießt Wein hinein. Man spiegelt sein Gesicht in den Wein und spricht den Segen: Ich sehe mich in diesem Spiegel gleichsam wie Cherubin und Seraphin Gott betrachten. Dieses Fieber soll er von mir nehmen.

Wer ein Milzleiden hat, legt sich frühmorgens einen T. auf Herz und spricht den Segen: Gott, der in allem und über alles herrscht, soll nicht seine Huld von mir nehmen, sondern mich in seiner Gnade bewahren, stärken und beraten.«

Moderne Edelsteinmedizin: Beeinflußt das Nabel-Chakra; das Elixier hat eine allgemein beruhigende Wirkung und löst innere Spannungen.

Türkis

Dieser blaue bis grüne Stein ist ein Aluminiumphosphat.

Alte Magie und Medizin: Im alten Ägypten war er ein besonderer Schutzstein für Reiter und ihre Pferde. Er scheint wie kein anderer Stein zum Talisman geschaffen zu sein. Wenn man in ihn einen Wunsch hineinspricht, so wird er erfüllt. Der T. bringt Gesundheit und Reichtum seinem Träger, besonders wenn er ihn bei Verhandlungen trägt und Verträge damit siegelt. Im Mittelalter war er der Stein der jungen Mädchen, der ihre Tugend bewachte und sie vor dem bösen Blick schützte. Hochgeschätzt ist dieser Stein besonders bei den Mohammedanern, die ihn sogar mit Koransprüchen verzieren. Der T. besitzt die Eigenschaft, daß er jede Krankheit seines Trägers durch Veränderung seiner Farbe anzeigt. Der Überlieferung nach heilt er Augenkrankheiten, Darmgeschwüre und Skorpionenstiche. Im indischen Steinbuch des Narahari ist er ein Gegenmittel gegen alle nur denkbaren Gifte.

Moderne Edelsteinmedizin: Übt Einfluß auf das Kehlkopf-Chakra aus; das Elixier ist ein Stärkungsmittel bei allen Krankheiten.

Turmaline

Dieser Edelstein kam erst Anfang des 18. Jahrhunderts nach Europa. Es gibt über 50 Farbenvarietäten, von denen der rote und der grüne, der dem Smaragd ähnelt, sich der größten Wertschätzung erfreuen.

Alte Magie und Medizin: Bei einem so jungen Edelstein konnte sich noch kein Aberglaube bilden. Gelegentlich schreibt man ihn dem Neptun zu.

Moderne Edelsteinmedizin: Aufgrund ihres Farbenreichtums (schwarz, rot, hell, grün und blau) beeinflussen die Turmaline die entsprechenden Chakras. Die Turmalinquarze sollen besonders das Scheitel-Chakra öffnen können. Die Elixiere aus den einzelnen Farbenvarianten heilen Krankheiten der Organe, die den einzelnen Chakras zugeordnet sind. Der schwarze T. hilft bei Arthritis, der rote T. beseitigt Fruchtbarkeitsstörungen, der helle T. beeinflußt Magenleiden günstig, der grüne T. ist ein Heilmittel bei Herzleiden, und der blaue T. hilft bei Kehlkopfleiden.

Teil III

Die Magie
der Duftstoffe

Arten und Gewinnung der Duftstoffe

Seit der Morgendämmerung menschlicher Kultur galten Duftstoffe als Medien magischer Kräfte. Auch die ursprüngliche Bedeutung des Wortes »Parfüm« leitet sich aus dieser Funktion ab: Die wörtliche Übersetzung (»par« und »fumus« – »durch« bzw. »Rauch«) weist auf die Verwendung von aromatischen Pflanzen als Räucherwerk hin, um böse Geister vertreiben oder fernhalten und gute anlocken oder halten zu können.

Dämonen stinken übel, Götter duften auf das angenehmste. Der christlichen Legende nach strömten die christlichen Heiligen selbst bei ihrer Verwesung einen Wohlgeruch aus. Der Teufel aber, Inbegriff des Bösen – »Höllenpfuhl« –, peinigt die Nase wie Pech und Schwefel.

In zahlreichen Sprachen finden sich noch Hinweise auf den ursprünglich untrennbaren Zusammenhang von Duft, Rauch und Seele. Im Hebräischen heißt »ruach« »Atem«, »Wind« und »Geist«, während das stammverwandte »reiach« »riechen« oder »Duft« bedeutet. Das griechische Wort »thymos« = »Seele« ist verwandt mit dem lateinischen »fumus« = »Rauch«.

Die magische Beziehung von Seele und Geruch fand auch ihren Niederschlag in der alten Medizin und Alchimie. Für den griechischen Arzt Galenos war die Nase ein »Abzugskanal« des Gehirns und das Nasensekret eine Art Gehirnflüssigkeit. Erst seit dem 17. Jahrhundert ist in der Medizin bekannt, daß die Nase keine offene Verbindung zum Gehirn hat. Da man sich den Geruch oder den Duft als einen feinen, nicht tastbaren Stoff vorstellte, wurde er häufig auch als das eigentliche Wesen der Dinge angesehen. Bei den griechischen Philosophen war der Äther das fünfte Element, das wegen seiner feinstofflichen Beschaffenheit als eines der wichtigsten Elemente angesehen wurde. Später bürgerte sich dafür auch der Begriff der »Quintessenz« ein, abgeleitet aus den beiden lateinischen Wörtern »quintus« = »fünfter« und »essentia« = »Wesen«; heute steht er für »das Wesentliche«, den »Kern« oder den »Geist« einer Sache. Duftstoffe, die aus Pflanzen hergestellt werden, tragen die Bezeichnung »Essenz«, weil sie der »Pflanzengeist« sind, der den Pflanzen gleichsam als ihre Seele mit Hilfe der Destillation entzogen wird. Bekannt sind der Melissengeist, Himbeergeist, Wacholdergeist und der Weingeist. Für die letztere Essenz ist auch die Bezeichnung »Spoiritus« (lat. »spiritus« = »Seele«) üblich, die sehr anschaulich auf ihre Quelle im Reich der Magie verweist. Gleiches gilt für die Bezeichnung »ätherische Öle«.

Natürliche Duftstoffe werden von Pflanzen oder Tieren gewonnen. Mit dem Aufschwung der Chemie im 19. Jahrhundert wurde die Palette der Duftstoffe durch die künstlich hergestellten erheblich erweitert. Da sich mit ihnen jedoch im Volksglauben keine Geschichte verknüpft, spielen diese künstlichen Riechstoffe in Magie und Esoterik verständlicherweise keine Rolle, es sei denn, daß man sie als billige Ersatzmittel für die etwa hundert natürlichen Duftstoffe anbietet, von denen viele in Kulturgeschichte, Mythologie und Religion große Bedeutung besitzen.

Unter den natürlichen Duftstoffen bilden naturgemäß die »ätherischen Öle«, die in der überwiegenden Mehrheit in den Drüsen oder Ölzellen der Pflanzen gebildet werden, das Hauptkontingent. Von den über 100 000 geschätzten Pflanzenarten enthalten ungefähr 1700 ätherische Öle, die in den verschiedensten Pflan-

268

zenteilen, von den Blüten bis zu den Wurzeln, produziert werden und die auch bei der gleichen Pflanze auffällige Duftnuancen aufweisen. So kann das Öl aus den Wurzeln einer Pflanze anders duften als das aus ihren Blüten oder Blättern.

Ätherische Öle sind komplizierte chemische Verbindungen, deren »odophoren« (= für den Geruch verantwortlichen) Bestandteile ungleichmäßig im Pflanzenkörper verteilt sind. Zu den pflanzlichen Duftstoffen gehören auch die oft miteinander verwechselten Harze, Balsame und Kampfer. Harze sind zähflüssige bis feste chemische Gemische, Balsame halbflüssige bis dickflüssige Substanzen, Kampfer körnige bis kristalline Stoffe. Dies kann anschaulich an den »Absonderungen« der Ölzellen der Kiefer erläutert werden. Beim Anbohren des Stammes der Kiefer tritt zunächst eine Mischung aus ätherischem Öl und Harz heraus, die man als Balsam bezeichnet. Von diesem dickflüssigen Gemisch bleibt nach der Verdunstung das Harz oder Rohterpentin zurück. Durch Destillation kann man daraus das ätherische Terpentinöl gewinnen. Das Wort »Kampfer«, das von dem Kampferbaum abgeleitet ist, diente ursprünglich zur Bezeichnung des festen, kristallinen Hauptbestandteils des Kampferöls. In übertragenem Sinne bezeichnet man auch die festen Bestandteile einiger anderer ätherischer Öle wie beispielsweise des Thymols, Menthols etc. als Kampfer (Thymiander-Kampfer, Pfefferminz-Kampfer etc.).

Die folgende Tabelle (nach E. Horn: Das Parfum, München 1967) zeigt an, welche Pflanzenteile ätherische Öle bzw. Harze oder Balsame liefern:

Blüten	Rosen, Nelken, Narzissen, bittere Orangen (Neroli), Akazien (Cassie), Jasmin, Veilchen
Blätter und Stengel	Patschuli, Geranien, Verbenen, Veilchen
Blätter und Zweige	Orangen, Bergamotten, Mandarinen
Früchte	Hibiskus (Moschuskörner), Vanille, Anis, Kümmel
Fruchtkerne	Aprikosen, Tonkabohnen
Fruchtschalen	Zitrusfrüchte
Wurzeln und Wurzelstock	Sassafras, Vetivergras, Iris, Ingwer
Das gesamte Kraut	Pfefferminze, Lavendel, Verbenen
Stamm und Äste	Zimtbaum, Zeder, Sandelbaum, Kampferbaum
Harze und Balsame	Zistusstrauch (Labdanum), Weihrauch, Styrax Benzoe

Bei den natürlichen Duftstoffen tierischen Ursprungs handelt es sich um Exkremente oder Ausscheidungen der endokrinen Drüsen (»Pheromone«: griech. »pherein« = leiten und »hormon« = anregen), die zur Anlockung von Geschlechtspartnern oder Abgrenzung von Lebensräumen, »Revieren«, dienen. Auch die Menschen produzieren Pheromone, die oft unbewußt wahrgenommen werden und deren Botschaft und Signalwirkung durch die Zivilisation mit ihrer künstlichen Duftwelt zum größten Teil aufgehoben wurde. Bei den Naturvölkern in Neuguinea oder im Amazonasgebiet soll diese Wahrnehmungsbereitschaft für solche Duftstoffe noch vorhanden sein. Wie im Tierreich ist ihre wichtigste Funktion, um den Sexualpartner zu werben. Die männlichen Pheromone sollen ein moschusartiges Aroma haben, während die weiblichen etwas süßlicher riechen sollen. Überdies verändern sich die weiblichen Pheromone im Laufe des Monatszyklus, so daß ein Mann zur Zeit des Eisprungs besonders von einer Frau angezogen wird.

Kulturgeschichtlich bedeutsame tierische Duftstoffe:

Ambra (auch Amber)

Eine kotig riechende Substanz, wahrscheinlich ein Exkrement oder krankhaftes Stoffwechselprodukt des Pottwals. Sie wird aus den beulenartigen Anschwellungen des Unterleibs dieses Tieres herauspräpariert oder schwimmt in großen oder kleinen Klumpen an der Meeresoberfläche.

Pottwal.

Moschus

Das Wort leitet sich aus dem Sanskrit »muskas« = Hoden ab. Der vornehmlich in Nordasien beheimatete Bisambock oder das Moschustier trägt zwischen Nabel und Rute einen taschenartigen, drüsigen Beutel, der ein salbenartiges Sekret, den Moschus, enthält. Das männliche Tier wird besonders in der Brunstzeit von Oktober bis Dezember gejagt. Der Inhalt des Beutels, der sehr

Moschustier und Moschusbeutel.

scharf riecht, hat in der Regel ein Gewicht von 30 Gramm. Es ist ein typisches Pheromon, das im Liebesspiel der Tiere eine Rolle spielt. Der amerikanische Moschus wird von der Zibetkatze oder Bisamratte gewonnen, die ihn in zwei kleinen Drüsensäcken am Unterleib bildet und bei Reizungen ausscheidet.

Zibet

Von der Zibetkatze gibt es drei Arten: die asiatische, afrikanische und die in Südeuropa beheimatete Ginsterkatze. Der Zibet (arab.:

Zibetkatze.

272

»zabat« = Schaum) ist eine butterartige Masse, die im After der
Tiere gebildet wird und sich in einem Beutel nahe dem Darmaus-
gang sammelt. Dieses streng riechende Sekret ist ein Pheromon,
das das Tier produziert, wenn es gereizt oder erregt wird, um
seinen Artgenossen eine Gefahr zu signalisieren.

Bibergeil oder Castoreum
Der Biber beiderlei Geschlechtes hat zwischen After und den
Geschlechtsteilen zwei Drüsensäcke, die nach der Tötung des
Tieres herausgeschnitten und in Rauch getrocknet werden. Das
in trockenem Zustand harte und glänzende Sekret hat einen
baldrian- bzw. lederartigen Geruch.

Biber und Bibergeilbeutel.

Diese tierischen Duftstoffe sind im Naturzustand sehr unansehn-
lich, und ihr Geruch ist sicherlich nicht jedermanns Geschmack.
Daß diese tierischen Duftstoffe eine so magische Anziehungs-
kraft ausübten, mag vielleicht auch daran liegen, daß es sich um
Pheromone handelt, deren chemische Struktur geeignet ist, auch
auf den menschlichen Körper einzuwirken. Man hat beobachtet,

daß Frauen einem Parfüm den Vorzug geben, das diese tierischen Duftstoffe enthält. Nach den Wechseljahren sollen sie aber diesen »hormonellen Spürsinn« verlieren.

Methoden und Verfahren, um die pflanzlichen und tierischen Duftstoffe zu gewinnen, sind sehr alt und wurden in primitiven Formen schon bei den alten Ägyptern und Indern praktiziert. Die wichtigsten Verfahren sind:

Enfleurage

Das Wort ist abgeleitet von franz. »enfleurage« = »Blumenduftgeben«. Bei dieser sehr alten Methode, die heute nur noch bei Jasmin und Tuberose angewandt wird, werden die Blütenriechstoffe durch Fett absorbiert. Die frisch geernteten Blüten werden auf beiderseitig mit Fett bestrichene Glasplatten gestreut. Nach einem Tag werden die alten Blüten entfernt und durch neue ersetzt. Dieser Vorgang wird circa drei Monate lang wiederholt, bis die Fettschicht auf den Glasplatten mit den ätherischen Ölen reichlich gesättigt ist. Die Platten werden dann in Alkohol getaucht, der die Duftstoffe sofort aufnimmt. Nach dem Auswaschen des Fettes bleibt reines Blütenöl zurück, das man »absolue d' enfleurage« nennt. Diese kalte Absorption wird auch als »enfleurage à froid« bezeichnet.

Mazeration

Die ätherischen Öle der Blüten und Pflanzenteile können auch mit heißem Fett (in der Regel 60 °Celsius) herausgezogen werden. Schon der griechische Arzt Dioskurides berichtet, daß man Rosenöl durch Auskochen der Blüten in Olivenöl gewinnen kann. Nach einiger Zeit wird das heiße Fett abgegossen und mit neuen Blüten vermischt. Zuletzt werden dem Fett mit Hilfe von Alkohol die Duftstoffe entzogen. Das Verfahren heißt »enfleurage à chaud« oder »maceration«.

Expression
Das »Auspressen« wird angewandt, um aus den Schalen der Zitrusfrüchte, Bergamotten, Mandarinen, Orangen und Zitronen, das ätherische Öl zu gewinnen. Das Öl wird dann mit Schwämmen aufgesogen und weiterverarbeitet.

Destillation
Die Methode der Destillation war schon bei den alten Kulturvölkern bekannt. Bei den Ägyptern und Griechen wurden die Pflanzenteile in einem offenen tönernen Kessel erhitzt, über dem Holzstäbe mit Schichten von Wolle lagen. Die Dämpfe verdichteten sich in der Wolle. Nach einer gewissen Zeit waren sie gesättigt, wurden ausgepreßt und durch neue ersetzt. Das sich auf der Oberfläche ansammelnde Öl wurde abgeschöpft.

Destillationskessel.

Die Araber verbesserten diese primitive Art der Destillation, indem sie Kühlschlangen und einen helmartigen Deckel (Alambik) erfanden.

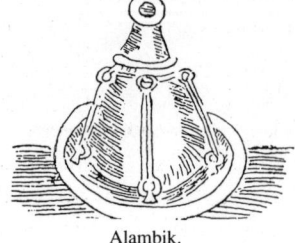

Alambik.

Im 19. Jahrhundert wurden dann die zerkleinerten Pflanzenteile mit heißem Wasserdampf erhitzt, der das ätherische Öl heraustrieb. Nach der Abkühlung schlug der Dampf sich samt dem Öl in einem besonderen Behälter, der »Florentiner Flasche«, nieder, die nahe dem Boden eine Abflußvorrichtung für das schwere Wasser und etwas höher eine für das leichtere Öl hatte.

Destillationsanlage aus dem 16. Jhdt.

Infusion

Eine Weiterentwicklung der Mazeration, bei der das Material in Alkohol eingeweicht wird. Dieses Verfahren wird besonders bei Harzen, Moosen und den tierischen Duftstoffen wie Ambra, Moschus etc. angewandt.

Extraktion mit Hilfe flüchtiger Lösungsmittel

Gegen Ende des 19. Jahrhunderts benutzte man flüchtige Lösungsmittel wie Butan, Petroläther, um den Pflanzen das Öl zu entziehen. Die Palette der flüchtigen Lösungsmittel wurde stän-

Parfümfabrik in Nizza, 19. Jhdt.

dig vergrößert und das Verfahren der Extraktion verfeinert, so daß man bedenkenlos alle Öle einschließlich der tierischen Duftstoffe gewinnen konnte. Auf diese Weise ist es möglich, den Destillationsprozeß zeitlich so zu verkürzen, daß die Duftstoffe mit ihrer komplizierten chemischen Struktur sich nicht verändern. Das flüchtige Lösungsmittel wird in großen Trommelanlagen möglichst kurz mit dem pflanzlichen oder tierischen Material zusammengebracht, abgepumpt und dann destilliert. Nach dem

Destillationsprozeß bleibt eine wachsartige Masse zurück, die einem weiteren Reinigungsprozeß unterzogen wird. Durch Behandlung mit Alkohol scheidet man die Wachse aus und erhält am Schluß das reine Öl, die »essence absolue«.

Gerüche oder Düfte mit Worten zu beschreiben, ist außerordentlich schwierig, zumal sie bei den Menschen auch selbst unterschiedliche Geruchserlebnisse hervorrufen. Um aber Duftstoffe genau zu kennzeichnen, benötigt man ein Klassifikationssystem, das die subjektive Wahrnehmung soweit als möglich ausschaltet. Da in der nachfolgenden Erörterung eine große Anzahl von Duftstoffen behandelt wird, müssen die Duftnamen vorweg erläutert werden. (Die folgende Liste orientiert sich an K. H. Berg: Duftwirkung auf der Spur, Gießen 1988)

Duftwirkungen

aromatisch	süßer Geruchseindruck, vornehmlich aus dem Geschmacksbereich
balsamisch	süßer, weicher und warmer Geruchseindruck
bitter	deckt sich mit dem betreffenden Geschmacksbegriff
blumig	z. B. der Duft von Veilchen und Maiglöckchen
blumig-fruchtig	blumiger Geruch (siehe oben) mit fruchtigem Anteil (z. B. Himbeere)
Citrusnote	frischer und leichter Geruchseindruck
coniferig	Duft von Fichte, Tanne etc.
erdig	Geruch von Erde und Moder
erogen	sexuell erregend
fettig	Duft von Schmalz und Wachs
frisch	Obstduft, besonders Apfel, Himbeere etc.

herb	Duft von Hölzern, Moosen etc.
heuartig	Geruchseindruck von Wiesenpflanzen; z. B. Cumarin
holzig	Duft von ätherischen Ölen aus Hölzern, wie z. B. Sandelholzöl, Zedernholzöl
jasminig	Duft der Jasminblüten
kampferartig	frischer Duft, der sich besonders in den Coniferenölen findet
krautig	Geruchseindruck von Kräutern und Lavendel
leicht	Zusammenfassung von frischen, fruchtigen und blumigen Duftnoten
minzartig	frischer Duft, der an Pfefferminze erinnert
moosig	holziger und lederiger Duft
naphtalinartig	mottenkugelartiger Geruch, den besonders tierische Duftstoffe haben
narkotisch	schwüler, ermüdender und betäubender Duft
orientalisch	gewürzartiger Duft
sauer	Duft von Essig und verdorbener Milch
schwer	Geruchseindruck der Balsame, Moose und tierischen Duftstoffe
stechend	wenn bei verschiedenen Düften einer hervorsticht
süß	süßlicher, angenehmer Duft, z. B. der Vanilleschote
warm	Geruchseindruck tierischer Duftstoffe
würzig	Duft von ätherischen Ölen, wie z. B. aus Zimt, Nelken

In der Geschichte der Osmologie, der Wissenschaft von den Gerüchen (von griech. »osme« = »Geruch«) mangelt es nicht an

Versuchen, die zahlreichen Düfte auf wenige Grundklassen zurückzuführen. Der bekannte französische Parfümeur Eugen Rimmel hat im 19. Jahrhundert aufgrund seiner großen praktischen Erfahrung folgende Einteilung vorgeschlagen (Le Livre des Parfums, Paris 1884):

Serie	Vertreter
rosenartig	Rose
jasminartig	Jasmin
Orangengerüche	Orangenblüten
Tuberosengerüche	Tuberose
Veilchengerüche	Veilchen
balsamartig	Vanille
Gewürzgerüche	Zimt
nelkenartig	Gewürznelke
kampferartig	Kampfer
Sandelgerüche	Sandelholz
Zitronengerüche	Zitrone
Kräutergerüche	Lavendel
Minzengerüche	Pfefferminze
Anisgerüche	Anis
Bittermandelgerüche	Bittere Mandel
Moschusgerüche	Moschus
Ambragerüche	Ambra
Fruchtgerüche	Birne, Apfel, Ananas etc.

An dieser Klassifizierung können, stellvertretend für zahlreiche andere Versuche, die Schwächen und Nachteile aufgezeigt werden. Die Einteilung ist zu wenig objektiv und beruht hauptsächlich auf Geruchseindrücken. Die Vanille soll wie Balsam riechen,

Anis und der Gewürznelke wird der Gewürzgeruch abgespro-
chen, und dasselbe widerfährt der Zitrone und Orange, die keinen
Fruchtgeruch haben sollen. Nicht überzeugend ist auch, daß
Moschus und Ambra nicht zu einer Klasse zusammengefaßt
werden. Überzeugender ist schon der Versuch Hennings (Der
Geruch, Leipzig 1924), durch Experimente mit Versuchsperso-
nen eine Geruchsskala zu konstruieren. Henning fand sechs
Grundgerüche, die ineinander übergehen können:

würzig	oder	*gewürzhaft*
blumig	oder	*duftend*
fruchtig		
harzig	oder	*balsamig*
faulig		
brenzlig		

Die beiden Klassifizierungen zeigen anschaulich, daß unsere
Sprache kaum geeignet ist, Gerüche zu beschreiben. Für vergan-
gene Hochkulturen und manche Naturvölker, deren Sprache für
jeden Duft ein eigenes Wort besaß, gilt dies vielleicht nur mit
Einschränkung, aber grundsätzlich steht auch heute noch das
Urteil Hennings (Der Geruch, S. 63):
»Die erste und nicht geringste Schwierigkeit der Geruchsfor-
schung liegt in dem Mangel an geeigneten sprachlichen Ausdrücken, die unser Geruchserlebnis beschreiben. Kein Gebiet
leidet so sehr unter sprachlichen Unvollkommenheiten, wie der
Geruch. Zwar sind jedem die Geruchserlebnisse leicht zugäng-
lich, allein man kann sich nicht eindeutig beschreibend über den
sinnlichen Gehalt der Erlebnisse verständigen.«

Kulturgeschichte der Duftstoffe.
Ihre Verwendung in Kultus, Magie und Medizin

Da die Wohlgerüche als etwas Göttliches galten, umschmeichelten die Menschen der alten Hochkulturen die Nasen ihrer Götter mit Duftstoffen. Die Ägypter brachten dem Sonnengott täglich drei Räucheropfer dar. Bei Aufgang der Sonne: Gummiharz, am Mittag: Myrrhe und bei Sonnenuntergang: Kyphi. Dieser geheimnisvolle Stoff, dessen Zusammensetzung von den griechischen Ärzten Dioskurides und Galenos und dem Historiker Plutarch (46–120 n. Chr.) beschrieben wird, enthält 16 Bestandteile: Honig, Wein, Rosinen, großer und kleiner Wacholder, Kardamom, Kalmus, Galgan, Balsamharz, Myrrhe, Aspalathus (eine Ginsterart im Mittelmeerraum), Steinklee, Mastixharz, Asphalt, Feigenblätter, Ampfer. In dem Papyros Eber (98, 12) wird folgendes Rezept angegeben: »Nimm trockene Myrrhen, Wacholderbeeren, Weihrauch, Kau, Mastixzweige, Bockshorn, Hebut aus Nordsyrien, Inekuun, Rosinen. Diese sind zu zerstoßen, in Eins zu mischen und ans Feuer zu stellen.« Diese Räucherung sollte den Geruch des Hauses und der Kleider angenehm machen.

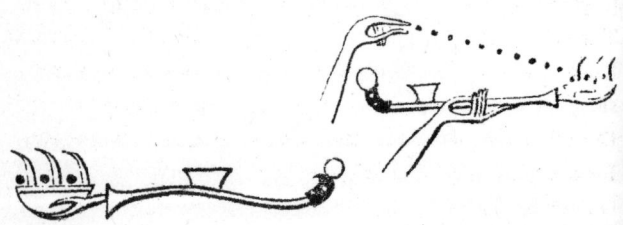

Ägyptische Räucherpfannen.

Bei wichtigen Staatsanlässen wurde das Räucheropfer dem Gott vom ägyptischen König selbst dargebracht. Das abgebildete Relief in Abydos zeigt den König Sethos (1304–1290 v. Chr.), der dem Totengott Sokaris räuchert. In der linken Hand hält der

Relief in Abydos: König Sethos räuchert dem Gott Sokaris.

König die Räucherpfanne, die in der Regel Weihrauch, Myrrhe, Balsam, Mastix, Storax, Krokus, Kassia, Zimt, Iris oder flüssiges Myrrhenharz, auch Stakte genannt, enthielt. In der rechten Hand trägt er eine Schnabelvase mit Wein oder parfumiertes Öl für das Trankopfer. Das Räucherwerk wurde gewöhnlich in Form von Kugeln oder Pastillen in die Räucherpfanne geworfen. Man hielt sie in der rechten Hand und warf mit der linken die Kugeln hinein. Der Wohlgeruch war das Symbol des ewigen Lebens der Götter. Bei den religiösen Feiern und Prozessionen kam es zu gewaltigen Duftentfaltungen, die auf diese Weise die Zuschauer dem Tod entreißen und an dem ewigen Leben der Götter teilnehmen lassen sollten. Bei einer Prozession zur Zeit der Ptolemäerkönige trugen 120 Kinder goldene Becken, die mit Safran, Myrrhe und Weihrauch gefüllt waren. Von allen Räuchermitteln genoß der Weihrauch das höchste Ansehen. Er war das Privileg der Götter und des siegreich heimkehrenden Königs, der von seinen Priestern beim Einzug in die Hauptstadt mit diesem Duftstoff begrüßt wurde. Der Weihrauch, den man auch den »Göttlichmacher« nannte, hatte eine reinigende Kraft. Alle Räume der Tempel waren von seinem Duft erfüllt. Seine Zubereitung wurde von den Priestern als Geheimnis gehütet. Es soll sogar Bücher gegeben haben, in denen der Gott Thot die Herstellung des »reinen angenehmen Weihrauchs« beschrieb. Übrigens nannte man alles, was wohl roch, den »Schweiß der Götter«. Bei dem Opfer salbte man den Gott mit seinem Geruch, dem Schweiß, der aus seinem Fleisch kam. Pflanzen, die Duftstoffe lieferten, hatten einen göttlichen Ursprung. Von der Myrrhe wird berichtet, daß »Horus weinte und das Wasser aus seinen Augen auf die Erde fiel und wuchs«. Daraus entstand diese begehrte Duftpflanze. Bei diesen Räucherungen wurden auch Gebete gesprochen:

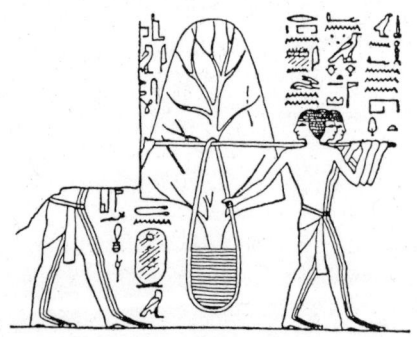

Weihrauchbaum (Relief im Tempel Deir el-Bahari).

»Ich komme zu dir … mit der Salbe dich zu salben, welche ausging aus dem Horusauge. Salbe dich damit! Sie wird deine Gebeine verknüpfen, deine Glieder vereinen, dein Fleisch an dich binden. Sie wird den widrigen Schweiß lösen, so daß er zu Erde fällt. Nimm ihren Duft an dich, damit dein Duft süß sei, wie der Duft des Re (Sonnengott), wenn er aufsteigt am Horizont und die Götter des Horizontes sich an ihm freuen.«

Auch bei dem Verbrennen der Opfertiere wurden große Mengen von Duftstoffen benötigt. Der griechische Historiker Herodot (II, 40) beschreibt ein solches Brandopfer:

»Wenn sie den Stier abgehäutet und ein Gebet gesprochen haben, nehmen sie die ganze Bauchhöhle heraus, die Eingeweide und

Feier im Tempel der Isis. Im Vordergrund bereitet ein Priester ein Brandopfer vor.

das Fett aber lassen sie im Körper; ferner trennen sie die Schenkel und das Steißbein, die Schulterblätter und den Hals ab. Wenn sie das getan haben, füllen sie den übrigen Körper des Stieres mit reinen Broten, Honig, Rosinen, Feigen, Weihrauch, Myrrhe und anderem Räucherwerk. Wenn sie ihn damit angefüllt haben, verbrennen sie ihn unter reichlichem Zugießen von Öl.«

Auch in dem ausgebildeten Totenglauben und -kult der Ägypter spielten die Duftstoffe eine wichtige Rolle, die ja, wie erwähnt, das ewige Leben der Götter symbolisierten. Am Tage der Beerdigung und an den Festen, bei denen den Toten geopfert wurde, saßen die Freunde und Verwandten des Toten festlich gekleidet zusammen, aßen, tranken und erfreuten sich an den Liedern des Harfenspielers. In einem solchen Lied werden auch Duftstoffe erwähnt. In ihm heißt es:

»Feiere den schönen Tag! Stell' dir Salben hin und feines Öl für deine Nase und Kränze und Lotusblumen für den Leib deiner schönen Schwester, die dir zur Seiten sitzt! Laß Gesang und Musik vor dir sein! Wirf alles Traurige hinter dir! Denk an die Freuden, bis daß jener Tag kommt, an dem man landet im Lande, das die Leute schweigen läßt.«

Eine der wichtigsten Fürsorge der Ägypter für ihre Toten war die Balsamierung. Man wollte den Körper möglichst vollständig erhalten und sein natürliches Aussehen bewahren. Nach ihrer Rückkehr sollte die Seele wieder ihren gewohnten Aufenthalt vorfinden. Dahinter steht die Vorstellung, daß ein vollständig erhaltener Körper auch der Seele die Unsterblichkeit bewahrt. Die Ägypter konnten sich hierbei auf das Vorbild ihrer Göttin Isis berufen, die den in vierzehn Stücken zerrissenen Körper ihres Gatten Osiris wieder zusammensetzte und balsamierte. Mit Hilfe ihrer Zauberkräfte konnte sie ihn sogar wieder zum Leben erwecken. Fraglich ist aber die Ansicht des griechischen Geschichtsschreibers Herodot, der berichtete, die Ägypter seien die ersten gewesen, die an die Unsterblichkeit der Seele und ihren Kreislauf geglaubt hätten. Bei dem Tod eines Menschen gehe sie

Duftkegel, die sowohl die Herrin als auch die Dienerin auf dem Kopf trugen.

Eine Szene aus dem Alltagsleben der Ägypter. Eine Halskette wird gegen Duftstoffe getauscht.

in ein lebendes Wesen ein, das gerade geboren werde. Wenn sie nach dreitausend Jahren alle Wesen, die es auf dem Lande, dem Wasser und der Luft gebe, durchlaufen habe, kehre sie in einen Menschen zurück. Wenn für die Ägypter tatsächlich ein solcher Kreislauf existiert hätte, dann wäre gerade Osiris, der Gott der Unterwelt und Schützer der Toten, nicht mehr so wichtig gewesen. Dies widerspräche aber allen anderen Quellen, die wir zu diesem Thema haben. Es mag dahingestellt bleiben, aus welchen Gründen die alten Ägypter ihre Toten einbalsamierten und mumifizierten. Jedenfalls sorgte dieser Brauch dafür, daß in dem Reich am Nil ständig ein großer Bedarf an Räucherwerk und Duftstoffen bestand. So wissen wir von der Königin Hatschepsut (18. Dynastie, 1505–1484 v. Chr.), daß sie eine Expedition in das Weihrauchland Punt schickte, das zwischen Erythräa und Somaliland lag, um die Produkte ihres Landes vor allem gegen die gelben Körner aus dem geronnenen Saft des Weihrauchbaumes einzutauschen. Nach Herodot gab es drei Arten von Balsamierung der Toten, die folgendermaßen durchgeführt wurden (II.86 ff):

»Zuerst ziehen sie mit einem gekrümmten Eisendraht durch die Nasenlöcher das Gehirn heraus; genaugenommen jedoch ziehen sie nur einen Teil von ihm auf diese Weise heraus, den anderen dadurch, daß sie auflösende Substanzen hineinleiten. Sodann schneiden sie mit einem scharfen äthiopischen Stein den Leib an den Weichteilen entlang auf und holen alle Eingeweide heraus; wenn sie ihn gereinigt und mit Palmwein ausgespült haben, spülen sie ihn noch einmal mit zerriebenem Räucherwerk. Sodann füllen sie die Bauchhöhle mit unvermischter zerriebener Myrrhe, Kassia und den übrigen Spezereien, außer mit Weihrauch (Anmerkung: Der Weihrauch ist nur für Götter und Könige vorgesehen), und nach Ausführung der Füllung nähen sie ihn wieder zu. Wenn sie das gemacht haben, balsamieren sie die Leiche mit Natron ein und verwahren sie siebzig Tage. Sie länger einzubalsamieren, ist nicht erlaubt. Nach Ablauf der siebzig Tage waschen sie den Körper, umwickeln ihn mit Streifen aus Leinwand, das von Byssos kommt und mit Gummi überstrichen wird, sodann übergeben sie ihn den Angehörigen… So also behandeln sie die Leichen auf die teuerste Art. Die Toten derjenigen, die die mittlere Ausführung wollen, weil sie die Kosten scheuen, werden wie folgt behandelt. Sobald sie Klistierspritzen mit Zedernöl

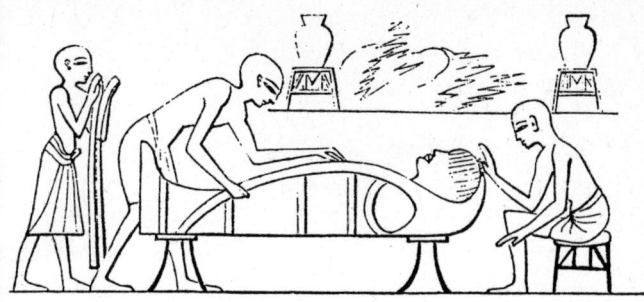

Einbalsamierung. Oben kann man die Gefäße mit den Duftstoffen erkennen.

gefüllt haben, füllen sie damit die Bauchhöhle des Toten, ohne ihn aufzuschneiden oder den Leib auszunehmen. Sie spritzen das Öl durch den After hinein. Nachdem sie das Klistier am Ausfließen gehindert haben, balsamieren sie den Toten an den vorbestimmten Tagen ein. Am letzten Tag aber lassen sie das Zedernöl aus der Bauchhöhle heraus, das sie vorher eingeführt hatten. Dieses hat aber eine solche Kraft, daß es den Magen und die Eingeweiden in aufgelöstem Zustand mit sich herausführt. Das Fleisch aber löst das Natron auf, so daß von dem Toten nur die Haut und die Knochen übrigbleiben. Danach geben sie den Leichnam zurück, ohne etwas weiteres daran gemacht zu haben. Die dritte Einbalsamierungsart, welche die weniger Betuchten vorziehen, ist folgende. Nachdem sie mit Rettichöl und Salzwasser die Bauchhöhle ausgespült haben, balsamieren sie den Leichnam siebzig Tage lang ein und geben ihn dann zurück.«

Diese Mumien wurden mehrmals im Jahr herausgeholt und mit Trankopfer und Räucherwerk bedacht. Überdies goß man ihnen wohlriechendes Öl über den Kopf. Hierbei sprach man Gebete, von denen einige überliefert sind:

»Oh vergöttlichter … das Myrrhenöl an dich, das aus dem Gottesland kommt, um deinen Geruch durch den Gottesgeruch zu verschönern!« Oder der Priester betete: »Vergehe nicht, verwese nicht, laß deinen Duft nicht übel werden!«

Außer dieser sehr verschwenderischen Benutzung der Duftstoffe bei den religiösen Zeremonien und dem Totenkult wurden sie auch zur Körperpflege angewandt. Dafür benutzte man Salben und Salböle, denen die wohlriechenden Stoffe zugesetzt wurden. Durch diese Salböle, die man als die ersten Parfüms bezeichnen könnte, schützten sich die Menschen vor der allzu großen Austrocknung der Haut und der Einwirkung des Schweißes. Da diese Öle auch schmutzlösend waren, waren sie ein vorzügliches Reinigungsmittel. Wenn die späteren antiken Schriftsteller den übermäßigen Gebrauch der Salben und Öle tadelten, so vergaßen sie nicht die ursprüngliche nützliche Funktion dieser Stoffe zu erwähnen. Bei dem griechischen Vielschreiber Athenaios (3. Jhdt. n. Chr.) heißt es:

»Man salbte sich mit Fett ein, damit die Körper nicht zu sehr verhärteten, nachdem das Wasser des Bades vertrocknet war.« Oder bei dem Philosophen Demokrit (5. Jhdt. v. Chr.): »Wer gesund bleiben will, muß das Innere des Körpers mit Honig, das Äußere mit Öl befeuchten.«

Aus Rezepten, die die Priester an die Wände des Tempels von Edfu in Oberägypten schrieben, wissen wir, daß die Öle pflanzliche Duftstoffe enthielten. Für die teuren Öle der hochgestellten Persönlichkeiten wurden bis zu 14 verschiedene Sorten von Weihrauch benötigt. Zur Herstellung eines solch feinen Öls brauchte man bis zu sechs Monaten. Aus späteren Berichten ist bekannt, daß die »ägyptische Salbe« oder Metopium folgende Bestandteile hatte: Bittermandelöl mit Olivenöl, Kardamom, Andropogon-

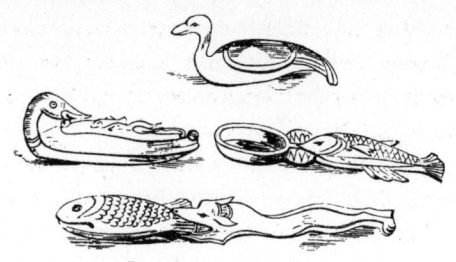

Ägyptische Salbengefäße.

grasöl, Kalmus, Honig, Wein, Myrrhe, Balsamkörner, Galbanum, Terpentin aus der Terpentinpistazie.

Billige Salböle gewann man dadurch, daß man die Pflanzenteile in Olivenöl legte. Wie wir aus Reliefs entnehmen können, war die Salbung eine wichtige Zeremonie. Sie war eine Ehrenbezeugung für Gäste, die an einem Mahl teilnahmen. Das Aussetzen des Einölens war ein Zeichen der Trauer.

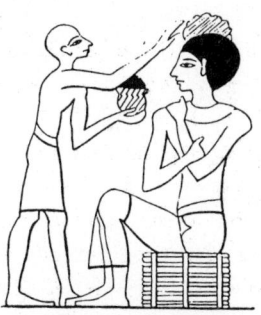

Ein Sklave salbt einen Gast.

Die benachbarten Völker des Zweistromlandes, die Sumer, Babylonier, Assyrer und Perser, standen den Ägyptern in der hohen Wertschätzung der wohlriechenden Stoffe und ihres ausgiebigen

Gebrauches nicht nach. In einer der ältesten Dichtungen der Menschheit, dem babylonischen Gilgamesch-Epos, wird erwähnt, daß Upanischtim, den man als den babylonischen Noah bezeichnen könnte, zum Dank für seine Rettung aus der Sintflut Zedernholz und Myrrhe verbrannte. Die Wirkung beschreibt der unbekannte Autor so: »Und angenehm stieg den Göttern der Duft in die Nase.« Der griechische Geschichtsschreiber Herodot berichtet, daß die Babylonier ihre Körper mit kostbaren Düften zu parfümieren pflegten. Bei ihren Gelagen brannten ständig Räucherpfannen.

Babylonische Salbenbehälter und Parfümflaschen, der rechte Behälter mit Keilschriftzeichen.

In dem Tempel von Assur wurde eine Keilschrifttafel gefunden, die zu der Bibliothek des Tiglatpilesar (1115–1089 v. Chr.) gehörte. Darin wird detailliert die Herstellung eines wohlriechenden Öles beschrieben:
»Verarbeitung von Blüten, Öl, Kalmus für den Festtag, um sie auf den Kopf des Königs zu schütten … Wenn du Blüte, Öl, Kalmus zu einer Salbe verarbeiten willst, wenn du die Blüte jedes Kalmus mit seinem Grün geprüft hast, wirst du einen feuerfesten Topf aufstellen mit Wasser aus dem Brunnen des Palastes von

Assur, das frisch und gut erhitzt werden muß. Sodann gieße es in einen großen Bottich. Schütte einen Becher Myrte, die gut durchsiebt wurde, auf das Wasser ... Laß es über Nacht stehen, damit alles feucht wird. Bei Sonnenaufgang seihe es durch ein Gefäß durch. Der Rückstand wird entfernt. Drei Becher Zyperngras wasche in dem Wasser. Das Minderwertige entferne. Drei Becher Myrte und zwei Becher Kalmus, gut zerquetscht und durchsiebt, wirst du auf das Wasser mit diesen Duftstoffen in das Gefäß schütten. Vierzig Becher von diesem Wasser, das mit den Duftstoffen über Nacht gestanden hat, wirst du abmessen. Dann fülle Öl in das Gefäß, zünde Feuer an und rühre den Inhalt um. Wenn das Öl, das Wasser und die Duftstoffe ineinander übergehen, das Feuer emporschlägt und das Öl Schaum aufwirft, wirst du den Topf zudecken, abkühlen lassen und zwei bis drei Tage stehen lassen ... Dann ein Fläschchen für das Öl zurecht machen. Das Öl mit dem Tuch in das Fläschchen durchseihen. Der Schmutz und der Rückstand auf dem Boden des Topfes wird entfernt.«

Wir können annehmen, daß auf diese Weise auch die Ägypter ihr Salböl hergestellt haben. Statt Olivenöl haben die Bewohner des Zweistromlandes das Sesamöl benutzt, das auch den Vorzug hat, daß es nicht so schnell ranzig wird. Leider sind die Keilschrifttexte, welche die Beschreibung der Herstellung von wohlriechenden Wassern enthalten, aufgrund ihres Erhaltungszustandes schwer lesbar. Aber es wird ein Weihwasser mit einer Honigzugabe erwähnt. Wie verbreitet der Gebrauch der Duftstoffe im Zweistromland gewesen sein muß, beweisen auch die Gebete und Hymnen der Sumerer. In einer Bußliturgie, die ein Priester sprechen mußte, heißt es:

»Nimm an sein Geschenk, nimm entgegen sein Lösegeld, das er auf dem Boden des Wohlergehens von dir wandele! Mit Fülle und Überfluß möge er deinen Hochsitz ausstatten! In deinem Haus sei seine Pflege ständig! In Öl möge er deine Türschlösser wie in Wasser baden! Mit erlesenstem Öl möge er reichlich deine Türlaibungen tränken! Hinstreuen möge er dir Zedernwohlgerüche, feinstes Granatapfelparfum und vollste Weizenkörner!«

In einem Hymnus aus Lagasch, der sich mit dem Tempelbau beschäftigt, wird auch der tierische Duftstoff Ambra erwähnt. Bevor der Tempelbau begann, wurden die Steine oder Ziegel mit Ölen bestrichen:

»Mit Honig, fürstlichem Öl, bestem Öl bestrich er die Steine. Ambra und Essenzen machte er zu … Alle Ausländer sprengten Öl und Zedernharz mit ihm … Auf die Ziegelform klopfte er, brachte die Ziegel hervor und schaute froh auf den Stempel … Dann bestrich er ihn mit Essenzen vom Chaschurbaum und Ambra.«

Assyrischer Altar, auf dem Priester Duftstoffe verbrennen.

Man glaubte offenbar, daß durch die Wohlgerüche die Götter der Unterwelt von diesem Ort ferngehalten würden. Auch einem Mädchen wurde am Tage seiner Verlobung Öl über das Haupt

Einer jungen Ägypterin wird am Tag ihrer Verlobung Öl über das Haupt gegossen.

gegossen, um sie durch diesen Abwehrzauber vor den Dämonen zu schützen.

Die Perser übernahmen nicht nur die raffinierte Duftkultur ihrer Vorgänger im Zweistromland, sondern bereicherten sie noch durch einige Erfindungen, die bis in unsere Tage gebräuchlich sind. So sind die Duftkissen, die man in Kleider einnäht, nachweisbar persischen Ursprungs. Der persische König Datis ließ bei seinem Zug nach Griechenland 300 Talente Weihrauch in Delos verbrennen. Als Xerxes anfänglich gut bei seinem Feldzug in Griechenland vorankam, opferte man bei jeder Siegesnachricht in seiner Heimat Räucherwerk und streute auf alle Wege Myrte. Die Perser schätzten besonders Duftstoffe aus Harzen: Storax, Benzoe, Myrrhe, Weihrauch, Aloe, Landanum, Galbanum, Uschak (eine Art Ammoniakgummi), Opoponax. Der Name des Terpentins, das man aus den Terpentinpistazien gewann, ist persischen Ursprungs. Die Palette der Duftstoffe wurde durch Narden und Kostusöl bereichert. Ob die Perser das Rosenwasser oder -öl erfanden, ist fraglich, da es im Yajurveda, einer sehr alten Hymnensammlung der Inder, erwähnt wird. Die Orientalen, die die Rose besonders schätzten und sie als die Vollendung aller

Vor dem persischen Großkönig wird Räucherwerk verbrannt.

Blüten ansahen, schrieben die Entdeckung des Rosenwassers der schönen Gemahlin des persischen Kaisers Jehanger zu. Der Legende nach gewahrte sie auf den mit Rosenwasser gespeisten Kanälen des Parkes eine Ölschicht. Als sie ihre Hand hineintauchte, war sie mit einem duftenden Ölfilm bedeckt. Sofort ließ sie das Öl abschöpfen und benannte das neue Parfüm nach ihrem Gatten »Atri-i-Jehangiri«. Sicherlich hat das Rosenöl im Mittelmeerraum eine lange Tradition, wie auch entsprechende Berichte des Dioskurides und Plinius beweisen. So schreibt Plinius (1. Jhdt. n. Chr.):

»Man koche 5 1/2 Pfund iuncus adoratus (wahrscheinlich handelt es sich um eine Bartgraspflanze, Andropogon) in 20 1/2 Pfund Öl unter stetem Umrühren. Dann wird durchgeseiht und die Blumenblätter von 1000 nicht feuchten Rosen werden mit den zuvor mit wohlriechendem Honig gesalbten Händen in das Öl gedrückt. Nachdem man diese Mixtur eine Nacht hat stehen lassen, wird das Öl abgepreßt. Wenn sich alle Unreinigkeiten in

296

dem Öl abgesetzt haben, wird das Öl in ein anderes Gefäß abgegossen und die abgepreßten Rosenblätter werden von neuem mit 8 1/2 Pfund frischem Öl übergossen. Nach eintägigem Stehen wird es wieder abgepreßt. Dies ist das oleum secudarium (Öl der zweiten Wahl). Will man dies bis zur dritten und vierten Mazeration fortsetzen, so gießt man die gleiche Menge Öl in die Rosen und preßt es dann ab. Auf diese Weise bereitet man das Salböl der ersten bis vierten Wahl.«

Nach der Eroberung Persiens durch die Araber war Bagdad das Zentrum des Rosenwasserhandels. Durch die Weiterentwicklung der Destillationstechnik und der Erfindung des schon erwähnten Alembik wurde das Rosenwasser in großen Mengen hergestellt. So mußte die wegen ihres Rosenanbaus berühmte persische Provinz um Schiras im Laufe von sieben Jahren 30 000 Flaschen Rosenwasser als Tribut nach Bagdad liefern. Die Kreuzritter brachten dann im 13. Jahrhundert die Kenntnis von dem Rosenwasser nach Europa. Auch die anderen duftenden Wässer, die man aus den Orangen- und Jasminblüten in Persien herstellte und als »Araq« bezeichnete, kamen auf diesem Weg nach Europa.

Das Hohelied des Alten Testamentes ist sicherlich eine der duftreichsten Dichtungen der Weltliteratur. Es enthält nicht nur eine fast vollständige Aufzählung der bei den Juden üblichen Duftstoffe, sondern auch viele Details über ihren Gebrauch. Einige Proben sollen dies veranschaulichen:

»Mein Freund ist mir ein Büschel Myrrhen, das zwischen meinen Brüsten hängt. Mein Freund ist mir eine Traube Kopher (= Henna) in den Weingärten zu Engeddi.«

»Wer ist die, die heraufgeht aus der Wüste wie ein gerader Rauch, wie ein Geräuch von Myrrhen, Weihrauch und allerlei Pulver eines Spezereihändlers?«

»Deine Brüste sind lieblicher denn Wein, und der Geruch seiner Salben übertrifft alle Gewürze. Deine Lippen, meine Braut, sind wie triefender Honigseim. Honig und Milch ist unter deiner Zunge, und deiner Kleider Geruch ist wie der Libanons. Meine Schwester, liebe Braut, du bist ein verschlossener Garten, eine verschlossene Quelle, ein versiegelter Born. Dein Gewächs ist wie ein Lustgarten von Granatäpfeln, mit edlen Früchten, Zypern (= Henna) und Narden. Narden mit Safran, Kalmus und Zimt, mit allerlei Bäumen des Weihrauchs, Myrrhen und Aloes, mit allen besten Würzen.«

»Seine Backen sind wie die wachsenden Würzgärtlein der Apotheker. Seine Lippen sind wie Rosen, die mit fließenden Myrrhen triefen.«

Diese Stellen aus dem Hohelied belegen, daß Duftstoffe außer im Kultus und zur Körperpflege auch als eine Art Aphrodisiakum im Liebesspiel benutzt wurden. In allen Verführungsszenen der Bibel spielt Parfüm eine Rolle. Ruth kam parfümiert zu Boas. Judith war für Holofernes ein berauschendes Bouquet, und Esther betörte Ahasver durch die Düfte, die ihrem Körper entströmten. Wie bei allen Völkern des alten Orients fand wohlriechendes Räucherwerk bei den Opfern seine wichtigste Anwendung. Schon Moses hatte für seine Räucherungen einen besonderen, mit Gold überzogenen Altar, der nur zum Verbrennen des Räucherwerkes benutzt wurde. Die jüdischen Hohepriester mußten morgens und abends auf einem solchen Rauchaltar, der vor dem Vorhang des Allerheiligsten stand, opfern. Im 2. Buch Moses, Kap. 30, ist das Rezept für das Räucherpulver überliefert: Balsam, Stakte, Galbanum und Weihrauch. Der Balsam ist nach dem Urteil des Plinius nur in Judäa angebaut worden. Durch Einschnitte gewann man einen dünnflüssigen, blaßgelben und sehr wohlriechenden Saft. Die Balsamstaude durfte nur in den königlichen Gärten angebaut werden. Nach der Zerstörung Jerusalems wurden im Triumphzug in Rom Balsamstauden mitgeführt. Aber gleichzeitig sorgte man dafür, daß der Anbau in Ägypten fortgesetzt wurde. Denn die Einnahmen aus den jüdischen Balsamgärten waren einst so groß, daß Antonius sie seiner Geliebten Kleopatra schenkte. Bei der Stakte handelt es sich um das Harz des Myrrhebaumes, das durch Auspressen der Rinde gewonnen wurde. Dieser Duftstoff, den man auch die »Träne Arabiens« nannte, war eine rötliche, ölige Masse, der man keine weiteren Öle zusetzte. Galbanum wurde aus dem Saft einer in Syrien wachsenden Asantart hergestellt. Bei den antiken Ärzten war dieser Duftstoff als Arznei bei Schlangenbiß sehr geschätzt. Die Verwendung dieser Duftstoffe bei religiösen Zeremonien und öffentlichen Anlässen muß gewaltig gewesen sein, wenn wir den Quellen glauben dürfen. So berichtet der jüdische Historiker

Ein jüdischer Hohepriester vor dem Rauchaltar.

Balsamstaude
(Balsamodendron opobalsamum)

Myrrhe
(Balsamodendron myrrha)

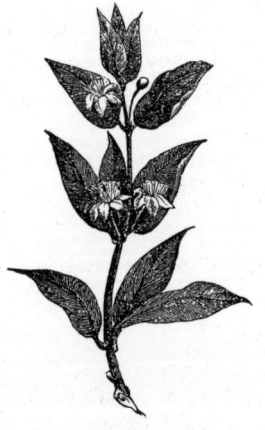

Myrte
(Myrtus communis)

Josephus (37–95 n. Chr.), daß König Salomo außer Hunderttausenden von goldenen und silbernen Kannen und Gefäßen aller Art 20 000 goldene und ebensoviele silberne Rauchfässer, in
denen das Räucherwerk in den Tempel getragen wurde, sowie
50 000 Rauchpfannen, in denen man das Feuer vom großen Altar
zum kleinen im Tempel brachte, besessen habe. Bei der Leichen-
feier des Königs Herodes sollen 1500 Diener Krüge mit Duftstoffen getragen haben.

Eine Stelle im 2. Buch Moses, Kap. 33, beschreibt auch Räucherungen im privaten Bereich:

»Und wenn Moses in die Hütte kam, so kam die Wolkensäule
hernieder und stand in der Tür der Hütte und redete mit Moses.
Josua, der Sohn Nuns, der Jüngling, wich aber nie aus der Hütte.«

Der Weihrauch war fester Bestandteil der Speiseopfer. Im 3. Buch
Moses, Kap. 2, heißt es:

»Wenn eine Seele dem Herrn ein Speiseopfer tun will, so soll es
von Semmelmehl sein, und man soll Öl darauf gießen und Weihrauch darauf legen … da soll der Priester seine Hand voll nehmen
von dem Semmelmehl und Öl zusammen mit dem ganzen Weihrauch und anzünden.«

Bei allen anderen Opfern wird kein Weihrauch erwähnt, und
beim Schuldopfer ist er sogar, wie Öl auch, ausdrücklich untersagt.

Den Brauch des Einsalbens hatten die Juden sicherlich bei den
Ägyptern gelernt. Wie bei den Ägyptern Skulpturen gesalbt
wurden, so wurden alle Geräte des Kultus mit dem heiligen
Salböl gesalbt, dessen Nachahmung und Gebrauch anderen Personen außer den Priestern verboten war und mit dem Tode
bestraft wurde. Die Bestandteile dieses Öls werden im 2. Buch
Moses, Kap. 30, angegeben: Myrrhe, Zimt, Kalmus, Kassia und

Ein jüdischer Hohepriester, bekleidet mit dem edelsteinverzierten Brustschild, hält ein Gefäß mit Weihrauch in der Hand.

Öl. Den antiken Quellen zufolge wurde der Zimt, der aus dem Bast des Zimtbaumes gewonnen wurde, aus Äthiopien und Ostafrika geholt. Kassia wurde ebenfalls aus dem Bast einer Zimtbaumart gewonnen, die vornehmlich in Ostafrika wuchs. Dieser Bast ist korkenartiger und im Geschmack schärfer als Zimt. Kalmus, das aus der gleichnamigen wohlriechenden und aromatischen Wurzel gewonnen wird, ist im Orient seit altersher zuhause. Welche Bedeutung man der Salbung beimaß, erkennt man daran, daß Samuel als erster die Könige Saul und David salbte, die auf diese Weise zu »Gesalbten des Herrn« wurden. Von dieser rituellen Verwendung des heiligen Öls hebt sich der tägliche Gebrauch von billigen, aber gut riechenden Ölen ab, der in den heißen Regionen schon von der Hygiene her geboten war. Aber auch hierbei mußten die Juden Vorschriften beachten. Bei einem Trauerfall mußte das Einölen abgesetzt werden. Man vergleiche hierzu das 2. Buch Samuel, Kap. 14:

»Trage Leid und ziehe Trauerkleider an! Salbe dich nicht mit Öl, sondern benimm dich wie eine Frau, die lange Zeit wegen eines Verstorbenen getrauert hat!«

Die jüdischen Frauen schätzen sehr hoch die weißen Blüten des Hennastrauches, der im Hebräischen Kopher heißt. Die Griechen übersetzten dieses Wort mit Kypros, das wieder in der »Zyprischen Salbe« auftaucht, die man aus den Blüten eines auf der Insel Zypern wachsenden Baumes herstellte. Die Blätter dieser Pflanze benutzte man zum Einfärben der Fingernägel, Handflächen und Fußsohlen.

Hennastrauch.

Im späteren Judentum hat sich von dieser üppigen Verwendung der Duftstoffe im religiösen Kultus nur noch wenig erhalten. Anstelle des Opfers trat das Gebet. Nur bei der »Hawdala« (hebr. = »Trennung«), einer Zeremonie, bei der nach Sonnenuntergang der Sabbat beendet wird, genießt der Betende ein wohlriechendes Gewürz (hebr. »Besomim«), das in der sogenannten Besomimbüchse aufbewahrt wird. Die Wohlgerüche, die aus dieser Dose entströmen, sollen gleichsam an die »Sabbatwonnen« erinnern. Manche Interpreten erkennen in diesem Brauch der Juden ein

Relikt aus der mosaischen Zeit, als man mit Räucherwerk auch die bösen Geister vertreiben wollte. Bei keinem anderen Kultgerät hatte der Künstler soviel Freiheit wie bei der Gestaltung der Besomimbüchse. Sie erscheint in der Gestalt von Blumen, Früchten und Tieren, aber in der Mehrzahl hat sie die Form eines Turmes. Vielleicht sollte dies an das Hohelied (5, 13) erinnern: »Seine Wangen wie ein würziges Bild gleich Türmen von Wohlgeruch.« Überzeugend scheint auch die Erklärung, daß die Form des Turmes aus einer Zeit stammt, als in Westeuropa Gewürze und Duftstoffe so teuer waren, daß man sie im Stadtturm aufbewahrte. Nach Entzifferung der Linear B-Schrift im Jahre 1953 durch die beiden Engländer M. Ventris und J. Chadwick wurde offenbar, daß die Minoer, die Vorfahren der Griechen, wie ihre benachbarten orientalischen Völker eine hochentwickelte Duftkultur besaßen. Auf den Tafeln, die in dem Palast von Pylos auf dem Festland gefunden wurden, war zu lesen, wie hoch die Parfüm- und Salbenherstellung zu dieser Zeit schon entwickelt und wie spezialisiert sie war. Es gab einen Chef der Parfümerie, der die Bezeichnung »ipseura« führte. Mehrere Salbenköche werden in den entzifferten Tafeln namentlich aufgeführt. So lieferte ein gewisser Alxoitas dem Salbenkoch Thyestes folgende Stoffe für die Parfüm- bzw. Salbenherstellung:

Koriander	576 l
Zypersamen	576 l
Früchte	240 l
Wolle	6 kg
Wein	576 l
Honig	58 l
Most	58 l

Die Wolle wurde entweder benötigt, um daraus das Fett als die Salbengrundlage herzustellen, oder man benötigte sie, um das Salböl durchzuseihen. In den anderen Tafeln werden noch Zyperngras, Kümmel und Salbei erwähnt, der im Kultus eine große Bedeutung zu haben schien. Da von dem Salbeiöl nur sehr geringe Mengen hergestellt wurden, kann man davon ausgehen, daß es sich um ein kostbares heiliges Öl der Minoer handelte.

Die Griechen und die Römer entwickelten, wie uns die zahlreichen literarischen und archäologischen Quellen verraten, eine ausgesprochene Neigung für Wohlgerüche, und zu ihrem Luxus gehörten duftende, die Sinnenlust erregende Salben, Öle und Parfüme. Da es überdies in der Antike jedermann gestattet war, den Göttern zu opfern, und solche Opfer auch bei den unbedeutendsten Anlässen üblich waren, erhöhte sich der Bedarf an Weihrauch, Myrrhe etc. erheblich. Der griechische Schriftsteller Lukian (120–180 n. Chr.), der in seinen Werken die Mißstände seiner Zeit mit scharfem Spott kritisiert, geißelte auch die Überhandnahme der Rauchopfer (Zeus tragodios):

»Wenn ich nicht sofort nach Arabien gegangen wäre, hätte mich der widerwärtige Dampf umgebracht. Kaum wollte selbst in einem so großen Wohlgeruch und Überfluß an Duftstoffen und bei dem massenhaften Gebrauch von Weihrauch meine Nase jenen schmutzigen Geruch vergessen und verlernen. Selbst jetzt noch bekomme ich Übelkeit, wenn ich nur daran denke!« Oder an einer anderen Stelle (Über die syrische Göttin):

»Ihr Tempel hat von der Räucherung einen Wohlgeruch, wie er Arabien nachgesagt wird. Dort weht er den Fremden entgegen und verläßt dich nicht, wenn du gehst, sondern bleibt an deinen Kleidern hängen!«

Besonders beliebt war bei den Griechen das Einreiben mit Ölen

und Salben, von denen es für jeden Körperteil eine spezielle
Salbe gab. Die ägyptische Salbe, die schon erwähnt wurde, war
für Schenkel und Füße vorgesehen. Die phönizische (Bitteröl und
Balsam) für Kinnbacken und Brust; die minzenduftende Sisym-
brionsalbe für die Arme; die Amarakasalbe, die hauptsächlich
Majoran enthielt, für Haar und Augenbrauen; die Serpyllonsalbe
oder das Thymianöl benutzte man für Knie und Nacken.

Wie man sich eine Toilettenszene einer griechischen Dame vorzustellen hat, schildert ebenfalls Lukian (Erotes 30):

»Wenn einer die Frauen vom nächtlichen Lager am Morgen
aufstehen sieht, dann hält er sie häßlicher als die Affen … Dann
treten die alten Kammerfrauen und die Scharen der ebenso häßlichen Zofen im Kreise um sie herum und bearbeiten ihnen das
häßliche Gesicht mit unzähligen Schminken. Denn weit entfernt,
sich mit dem reinen Quell frischen Wassers die Verschlafenheit
wegzuwaschen und dann sogleich an eine vernünftige Arbeit zu
gehen, suchen sie mit einer Unzahl der verschiedensten Schminken, die unschöne Farbe ihres Gesichtes zu verbessern, und, wie

wenn es zu einem feierlichen Festzug ginge, müssen die Zofen die mannigfaltigsten Schönheitsmittel anwenden, gar nicht zu reden von den unzähligen silbernen Wannen und Kannen, den Fläschchen und Spiegeln und Büchschen, wie sie in solchen Mengen keine Apotheke hat, den unzähligen Schachteln, gefüllt mit Lug und Trug, in denen Mittel, um die Zähne zu polieren und die Augenbrauen und Wimpern künstlich zu schwärzen, aufgestapelt sind. Die meiste Zeit aber vergeuden sie mit der Pflege der Haare. Die einen behandeln die Haare mit Mitteln, die die Kraft haben, unter den Strahlen der Mittagssonne das Haar rot zu färben, wie man Wolle färbt, und geben ihnen dadurch einen rötlichblonden Glanz, weil ihnen die natürliche Beschaffenheit ihrer Haare selbst häßlich vorkommt. Ist dies aber nicht der Fall und finden sie ihr von Natur schwarzes Haar schön, so verschwenden sie das Vermögen ihrer Männer für Parfüms, so daß ihr Haar nach allen Wohlgerüchen Arabiens duftet.«

Relativ spät übernahmen die Römer den Luxuskult der Duftstoffe von den Griechen und orientalischen Völkern. Ursprünglich hatten sie auf ihren Räucheraltären nur Spelt verbrannt. Als sie auf ihren Eroberungszügen in Griechenland die wohlriechenden Salben, Balsame, Öle und Parfüms kennenlernten, wurde zunächst der Verkauf dieser Stoffe von den Zensoren verboten, die in Rom das Sittenrichteramt ausübten. Bei Plinius lesen wir:

»Wann zuerst die Anwendung von Salben von den Römern übernommen wurde, kann man nicht mit Sicherheit sagen. Fest steht nur, daß nach der Besiegung des Königs Antiochos und der Eroberung Asiens (im Jahre 188 v. Chr.) die Zensoren P. Licinius Crassus und L. Julius Cäsar durch eine eigene Anordnung den Verkauf von exotischen Salben untersagten. Dies war die damalige Bezeichnung. Doch, beim Herkules, einige mischten sie sogar in den Wein und in die Getränke! Den bitteren Geschmack schätzte man so hoch, daß man den verschwenderischen Wohlgeruch am Körper innerlich und äußerlich genießt.«

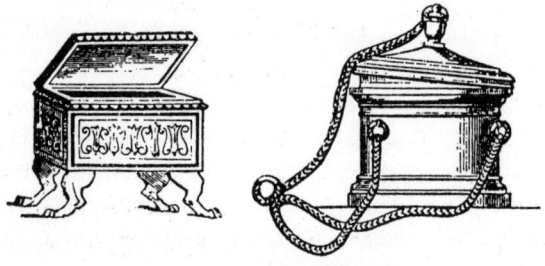

Truhe für Räucherwerk und Räucherfäßchen.

Aber schon bald wurde in Rom die Verwendung der Duftstoffe auf die Spitze getrieben, der Kampf gegen die aus dem Orient eingedrungenen Stoffe erwies sich als zwecklos. Wie die Ägypter versahen auch die Römer ihre Statuen in Tempeln und in Theatern mit den angenehmen Düften. Bei der Bestattung der Poppaea ließ Nero eine ganze Jahresernte Weihrauch verbrennen. Manche Römer duffteten so stark, daß der Satiriker Juvenal (60–140 n. Chr.) schrieb: »Crispinus duftet bereits morgens so stark nach Amomum (ein Duftstoff, der noch nicht sicher bestimmt ist), als kaum zwei Leichenbegräbnisse verströmen.«

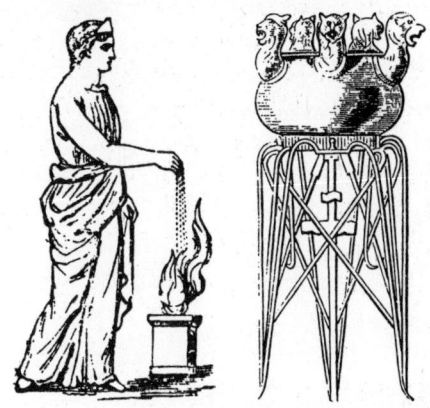

Römische Räucheraltäre.

Im Jahre 95 v. Chr. wurde durch ein Gesetz der Gebrauch des Räucherwerkes festgelegt und bestimmt, welchen Göttern die einzelnen Duftstoffe zu räuchern sind. Diese Zuordnung ist der erste Hinweis für die religiöse Verwendung der Duftstoffe.

Saturn   Kostus. Die Römer unterschieden zwischen der
            weißen arabischen und schwarzen indischen
            Kostuswurzel, die einen sehr gewürzhaften Ge-
            ruch hat.
Jupiter   Kassia und Benzoe. Benzoe ist ein Harz aus der
            Rinde eines in Indien einheimischen Baumes.

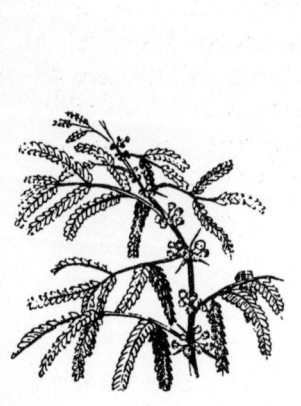

Kassia.

Aloebaum.

Echter Safran.

Juno	Moschus.
Mars	Aloe. Aloe ist das dunkelbraune, harte Holz eines in Hinterindien beheimateten Baumes.
Sol (Sonnengott)	Safran. Die stark duftenden und gelben Blütennarben des in Persien beheimateten Safran liefern getrocknet den Duftstoff.
Luna (Mondgöttin)	Mastix. Mastix ist das Harz eines im Mittelmeergebiet sehr verbreiteten Strauches.
Merkur	Zimt.
Venus	Ambra.

Nach anderen Quellen opferte man dem/der

Saturn	Storax oder Styrax. Dieses Gummiharz wird aus dem in Südeuropa und Kleinasien wachsenden Styraxbaum gewonnen.
Jupiter	Lorbeer.
Mars	Laudanum. Es ist das Harz einer strauchartigen Pflanze, die man heute besonders auf Kreta antrifft. Die kleinen Harztröpfchen, die die Pflanze ausschwitzt, werden mit Lederriemen ausgekämmt.
Sol	Aloe.
Luna	Weihrauch.
Merkur	Mastix.
Venus	Safran.

Auffällig ist in den römischen Quellen der immer wiederkehrende Hinweis auf die sexuelle Wirkung der Duftstoffe. Ohne sie schien der Liebesakt nicht denkbar. Die römischen Prostituierten

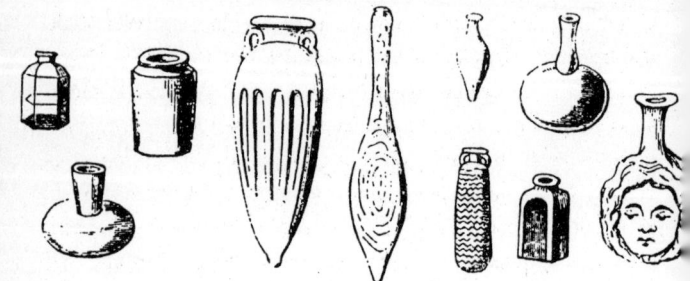

Römische Parfümflaschen.

bedienten sich ausgiebig der Duftstoffe als Anlockmittel. Die Parfümeure und Parfümverkäuferinnen wurden mit der Prostitution in Verbindung gebracht und standen in demselben Ruf wie die Dirnen, Strichjungen, Kupplerinnen und Bordellwirte. »Anständige« Leute, die ihren Dienst in Anspruch nahmen, traten nur mit verhülltem Gesicht in ihre Läden. Da diese als Bordelle galten, hielten sich die reichen und angesehenen Römer ihre eigenen Parfümeure und Parfümeusen. Wenn man den antiken Berichten Glauben schenken darf, fand der Liebesakt geradezu in einer Duftwolke statt. Die Auswahl der passenden Parfüms gehörte zu den wichtigsten Vorbereitungen eines Tête à tête. Die beiden Liebenden ließen sich den ganzen Körper mit duftenden Salben und Ölen einreiben, nachdem sie sich vorher in parfümiertem Wasser gebadet hatten. Im Schlafzimmer wurden Weihrauch oder andere Duftstoffe verbrannt. Das Bett selbst war mit Blumengirlanden umlegt und mit Rosen bestreut, die Möbel dufteten nach Narden- und Zimtöl. Das anstrengende Geschäft der Liebe unterbrach man häufig, um sich mit Salben und Parfüms wieder zu erfrischen.

Die Araber und vor allem ihr Prophet Mohammed nehmen in der Geschichte der Duftstoffe einen wichtigen Platz ein. Wer heute den berühmten Topkapipalast in Istanbul mit seiner einmaligen Sammlung islamischer Kostbarkeiten und Reliquien besucht, kann nicht nur in einem goldenen Schrein den Mantel Mohammeds bewundern, den er auf seinen langen Irrfahrten trug, sondern auch eine ganze Kollektion wunderbarer Parfümgefäße, in denen der Prophet seine Lieblingsdüfte aufbewahrte. Mohammed war geradezu versessen auf wohlduftende Parfüms. Zu seiner Zeit waren die arabischen Parfüms schon weltberühmt. Die kostbarsten dieser »Galija«, wie die Araber ihre Parfüms nannten, waren Ambra und Moschus, die miteinander gemischt wurden. Nach den alten Rezepten mußte geriebener Moschus und geschmolzenes Ambra in den frühen Morgenstunden bei Windstille mit Öl vermischt werden. Dazu benötigte man eine »mahara«, eine Schale aus Stein, in der das Ambra zerschmolzen wurde. Das Parfümöl selbst wurde in einem Gefäß aus Porphyr hergestellt, wobei zum Rühren nur Löffel aus Gold oder Silber genommen werden durften. Selbstverständlich mußten die Stoffe für dieses feine Öl völlig rein sein und durften keine Beimengungen enthalten, mit denen sie gewöhnlich verfälscht wurden. So berichtet der arabische Gelehrte al Kindi, daß Moschus mit dem Pulver getrockneter syrischer Äpfel verfälscht werden kann. Gewiefte arabische Parfümhändler vermischten die Moschuskörner mit dem Blut frisch getöteter Böckchen. In der »Enzyklopädie über Parfüms« von Nuwairi (14. Jahrhundert) ist über den Umgang mit Moschus zu lesen:

»Moschus wird von Haaren und Beimengungen gereinigt und durch dichte chinesische Seide gesiebt, bis er fein wie Staub geworden ist. Dann zerreibt man ihn in einem Mörser aus Gold oder auf einem Reibstein aus Glas mit einem gläsernen Reiber.« Von Mohammed ist auch der Ausspruch überliefert: »Was ich in dieser Welt liebe, sind Frauen und Parfüms. Danach schließe ich die Augen und stärke meinen Geist im Gebet. Die Parfüms sind die Nahrung, die mein Denken belebt.« Aber nicht wegen ihrer Wohlgerüche, sondern aus medizinischen und hygienischen Gründen kommen die Duftstoffe in den Vorschriften für die islamischen Gläubigen sehr häufig vor. So schreibt der Prophet vor:

»Man weise niemals ein Parfüm ab … die Korinthe ist sehr gutes Essen; sie vertreibt die Müdigkeit und parfümiert den Mund und den Atem… Wer Sellerie ißt und danach schlafen geht, hat einen wohlriechenden Mund und bekommt keine Zahnschmerzen. Parfüme dein Haus mit Weihrauch und Bohnenkraut … Bade am Freitag, parfüme deinen Körper und ziehe reine Kleider an!« Die folgenden Vorschriften verraten seine tiefe Leidenschaft für Duftstoffe: »Daß derjenige, dem man Basilikum anbietet, es niemals verweigere, denn es riecht sehr angenehm … Wie der wahre Gläubige, so ist auch die Zitrone, denn sie riecht angenehm und hat ein vortreffliches Parfüm.«

Der Prophet selbst aber schätzte die Moschusparfüme über alles. Sein ganzer Harem wurde mit diesem Duftstoff parfümiert. Überdies wurden seine Gemächer mit Aloe und Kampfer beräuchert. Bei der Rückkehr von seinen Reisen mußte ihn seine Lieblingsfrau Aicha mit Sukh, einem Moschusparfüm, einreiben. Den Frauen schrieb er vor, daß sie sich nach der Menstruation mit Parfüms einreiben sollten. Von einer seiner Frauen ist der Ausspruch überliefert:

»Wir d. h. die Frauen dürfen uns mit einem Hauch von ›Kist‹ oder ›Zufr‹ parfümieren.«

Die Aussprüche Mohammeds über die Heilkraft der Duftstoffe ergeben eine fast vollständige islamische Aromatherapie. Wer Zahnschmerzen hat, soll Selleriegrün essen. Aussatz und Krätze können mit dem Duft der Narzisse geheilt werden. Einer schwangeren Frau soll man Weihrauch verabreichen, damit sie ein reines Herz bekommt. Wenn sie ein Mädchen in ihrem Schoß trägt, so wird es einmal sehr schön sein, denn es wird sich üppig entwickeln und breite Hüften bekommen. Als Mohammeds Schwiegersohn Ali über Vergeßlichkeit klagte, empfahl ihm Mohammed ebenfalls den Genuß von Weihrauch. In der arabischen Medizin gelten drei Öle als Universalheilmittel: Hina (aus der Hennapflanze), Ud (aus Aloe) und Jannat al-Fardaws, das wörtlich übersetzt »Tor zum höchsten Himmel« bedeutet; es ist eine Duftkomposition mehrerer Stoffe, die besonders von den Sufis benutzt wird.

Arabisches Räuchergefäß und das Gulabdan, ein Behälter für das Parfüm, mit dem man Gäste besprengte.

Eine unerschöpfliche Fundgrube, um die Vorliebe der Araber für wohlriechende Stoffe zu belegen, sind die Erzählungen aus »Tausend und eine Nacht«. So kauft eine Frau bei nur einem Gang beim Gewürzhändler: osmanische Quitten, Pfirsiche aus Oman, Jasmin und Wasserlilien aus Syrien, zarte Herbstgurken, Zitronen, Sultansorangen, duftende Myrten, Tamarinden, Chrysanthemen, rote Anemonen, Veilchen, Granatapfelblüten, weiße Hekkenrosen; beim Gewürzkrämer: Pistazienkerne, arabische Rosinen, Mandeln; beim Zuckerbäcker: Törtchen mit Moschus, Mandelkuchen, Zitronenzucker; beim Parfümhändler: Rosenwasser, Orangenblütenwasser, Lilienwasser, Weidenblütenwasser, Rosenwasser mit Moschus, Körner von Weihrauch, Aloeholz, Ambra, Moschus. Bekannt ist auch das Parfüm »Nadd«, das aus Moschus, Ambra und Aloe besteht.

Wie schon anfangs erwähnt, verdankt die arabische Parfümerie ihren hohen Stand der Weiterentwicklung der Destillierkunst.

»Das Öl«. Titelblatt einer arabischen Schrift über die Ölgewinnung.

Eine zusammenfassende Darstellung der Gewinnung der ätherischen Öle findet sich im 12. Kapitel des Arzneibuches des Mesue, der zwischen dem 8. und 10. Jahrhundert lebte. Er kannte auch schon destilliertes Rosen- und Bernsteinöl. Seit dem 9. Jahrhundert ist Rosenwasser ein wichtiges Heilmittel der arabischen Medizin, das unter anderem auch bei Augenkrankheiten benutzt wurde. Für den innerlichen Gebrauch empfahl man Rosenzukkeröl.

Wie bei den Römern spielten die Duftstoffe auch bei den Arabern eine wichtige Rolle in der Erotik. Im »Duftenden Garten des Scheik Nefzaui«, einem arabischen Liebeslehrbuch, das im 19. Jhdt. in Europa bekannt wurde, wird beschrieben, wie man eine Frau mit köstlichen Parfüms verführen kann. Dort heißt es:

»Errichte morgens früh vor der Stadt ein herrliches Zelt aus bester Seide, geschmückt mit Kostbarkeiten. Laß es dann von Wohlgerüchen durchströmen, von Ambra, Moschus und anderen Düften wie Rose, Orangenblüte, Narzisse, Jasmin, Hyazinthe, Nelke. Stelle goldene Räucherpfannen in das Zelt, die mit den köstlichsten Wohlgerüchen gefüllt sind. Hüte dich aber, von all den Wohlgerüchen etwas aus dem Zelt ausströmen zu lassen. Ist das ganze Zelt voll von süßen Düften, dann setz dich auf deinen Thron und laß die Frau holen! Laß sie in dein Zelt bringen und verweile dort allein mit ihr. Sie wird in Verzückung geraten, ihre Glieder werden sich lösen. Schließlich wird sie das Bewußtsein verlieren, und du wirst Besitz von ihr nehmen.«

Bevor wir die Geschichte der Duftstoffe im Abendland weiter verfolgen, wollen wir einen Blick auf den asiatischen Kontinent werfen, wo die meisten exotischen Aromata wachsen. Eines der ältesten Parfüms in China ist Moschus, das in den medizinischen Lehrbüchern schon einige Jahrhunderte vor Christi Geburt als Heilmittel empfohlen wird. Die chinesischen Ärzte wenden diesen tierischen Duftstoff bei fast allen Beschwerden an, besonders

aber gegen Geschwüre, Starrkrampf, Lähmungen bei Schlangenbiß, Wurmkrankheiten und Verstopfung. Selbst solche schweren
Infektionskrankheiten wie Cholera soll Moschus zumindestens
lindern. Dies beruht darauf, daß Moschus, wie übrigens zahlreiche Duftstoffe, das Nervensystem anregt und Puls, Atmung und
Schweißsekretion erhöht. Der beste Moschus kommt aus dem
tibetanisch-chinesischen Hochland, wo das Moschustier beheimatet ist. Moschus wird aber auch zu Räucherungen benutzt, die
öffentlich und privat beim Ahnenkult vollzogen werden.

Räucherkessel.

Von Konfuzius (551–479 v. Chr.), dessen Lehren seit dem 1.
Jhdt. n. Chr. die herrschende Staatsdoktrin des chinesischen
Reiches waren, ist der Ausspruch überliefert: »Räucherwerk
überdeckt schlechte Gerüche, und Kerzen erleuchten die Herzen
der Menschen.« Der Weihrauch, der in China erst im 2. Jhdt. n.
Chr. bekannt wurde, trägt die Bezeichnung »Der Duft des Han«,
die auf folgende Anekdote zurückgeht:
In der Regierungszeit des Kaisers Wuh verliebte sich ein gewis-
ser Han Schou, der Hauslehrer eines Staatsmannes war, in dessen
Tochter Dja Yüh. Kaiser Wuh, der von ausländischen Gesandten
Weihrauch erhalten hatte, schenkte davon etwas seinem Mini-

Moschusjagd in China.

ster. Dieser Weihrauch hatte die Eigenschaft, daß er noch nach über einem Monat seinen Duft von der Kleidung ausströmte. Dja Yüh, die die Liebe ihres Lehrers erwidern wollte, schenkte ihm einige kostbare Körner dieses Duftstoffes. Ohne es zu ahnen, verriet auf diese Weise Han Schou sein Liebesverhältnis. Der Staatsmann zwang die beiden, sofort zu heiraten.

Dieselbe Rolle, die der Weihrauch im Orient und im Mittelmeerraum spielte, hatte im asiatischen Raum der Kampfer inne. Er wurde zu öffentlichen und privaten Räucherungen, für die Einbalsamierung der Toten und als Heilmittel benutzt. Zwar kommen die schriftlichen Zeugnisse erst aus dem 6. Jhdt. n. Chr., aber vieles spricht dafür, daß dieser Duftstoff eine viel ältere Tradition hat. Außer dem echten oder Laurineen-Kampfer (lat. Cinnamonum camphora) sind bei den ostasiatischen Kulturvölkern noch der Sumatra- oder Bornekampfer und der in Indochina wachsende Blumea- oder Ngaikampfer im Gebrauch. Die beiden letzteren Sorten werden wegen ihres hohen Preises fast ausschließlich nur noch bei religiösen Handlungen und für die teuersten Parfüms

Zweig des Kampferbaumes.

benutzt. Der Kampfer ist das ätherische Öl, das in den Blättern, der Rinde, im Mark und bei alten Bäumen auch im Holz des Kampferbaumes vorkommt, der bis zu 5 Meter dick und 20 bis 50 Meter hoch werden kann. Man zerkleinert das Holz in Späne und gewinnt das rohe Kampferöl durch Wasserdampfdestillation. Aus diesem Öl kristallisiert sich dann der Kampfer aus, der dann einem weiteren Reinigungsvorgang unterworfen wird. Die Araber brachten ihn zuerst nach Spanien, von wo er dann im übrigen Europa bekannt wurde. Die Hl. Hildegard von Bingen erwähnt ihn als Heilmittel in ihrer »Physika«. Lange bevor im 19. Jahrhundert Chamberland die bakterientötende Wirkung der ätherischen Öle entdeckte und sie als Heilmittel gegen die Pest einsetzte, benutzten die Chinesen das Chaulmoogra-Öl (chin. Da fong-dsi), das aus den Samen eines in Hinterindien beheimateten Baumes (Gynocardia odorata) hergestellt wird.

In dem berühmten Arzneibuch »Bon-tsau-gang-mu« aus dem 16. Jahrhundert wird die Herstellung des Öles so beschrieben:

»Nimm 2 kg von dem Samen, jedoch nicht von dem, der schon

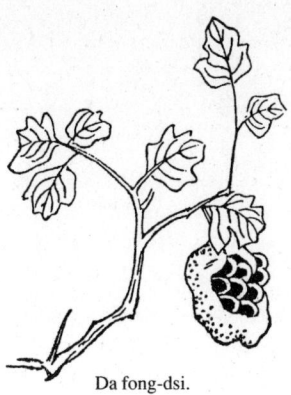

Da fong-dsi.

gelb geworden ist. Entferne und zermahle das Innere zu Pulver. Dieses bringe in einen irdenen Topf und verschließe ihn. Dann erhitze das Ganze in einem Wasserbad, aus dem kein Dampf entweichen kann, bis daß das Öl ein schwarzes Aussehen bekommen hat.«

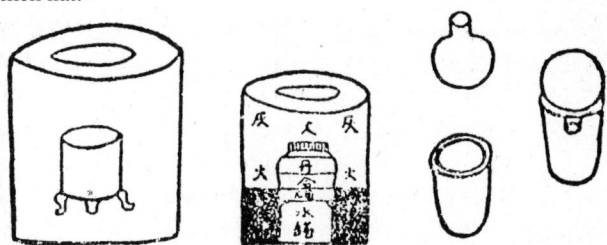

Chinesische Geräte zur Ölherstellung.

Schon im 13. Jahrhundert lobte der Arzt Dschu Dan-ki die Heilkraft des Chaulmoogra-Öles bei der Behandlung des Aussatzes. Noch in unserem Jahrhundert galt es als ein hilfreiches Mittel gegen die Lepra.

Der an den indischen Königs- und Fürstenhöfen betriebene verschwenderische Gebrauch der Duftstoffe, mit denen der indische Subkontinent so reichlich gesegnet ist, stand dem Luxus der Orientalen und der Griechen und Römer nicht nach. Schon die ältesten Schriften der Inder, die Veden, enthalten ausführliche Beschreibungen und Anweisungen für das Rauchopfer. Es mußte aus einem duftenden Holz bereitet sein und wurde in jeder der vier Himmelsrichtungen angezündet. In die Flammen warf man ein heiliges Kraut namens Kusa, das bis heute nicht eindeutig bestimmt wurde. Der indische Dichter Kalidasa (um 400 n. Chr. ?) gibt in dem bekannten Drama »Sakuntala« eine Beschreibung eines solchen Rauchopfers, das der Vater der Sakuntala darbietet:

Die Flammen des Feuers, die um den Altar,
der mit Holzscheiten gut genährt und mit Kusa
umstreut ist, lodern, mögen dich
jetzt reinigen mit den Düften aller Gaben,
die, recht geopfert, Unheil von dir fern halten!

Dieser duftende Rauch hat, wie bei orientalischen Völkern, eine abwehrende Kraft, welche die bösen Dämonen vertreiben kann. Einen besonderen Rang nimmt bei den Indern das Sandelholz ein, das aus dem Kernholz oder Holz der älteren Stämme des Sandelbaumes gewonnen wird. Dieses Holz, das von den Ameisen gemieden wird, gebrauchte man für Kultbauten, Götterbildnisse und Räucherungen, häufig zusammen mit Aloe und Muskatnuß. In dem Yogasystem schreibt man dem Sandelholz die Kraft zu, das unterste Chakra zu beeinflussen und zu aktivieren. Die dort schlummernde Kundalinikraft wird erweckt und verbindet sich mit dem obersten Chakra, das der Sitz der Weisheit ist. Auf ihrem

Weg dorthin werden alle anderen Chakras zum Erblühen gebracht. Alle feinstofflichen Zentren des Körpers werden aktiviert und miteinander in ein harmonisches Verhältnis gebracht. Daß das Sandelholz eine sexuell stimulierende Wirkung hat, wurde auch von der medizinischen Forschung bestätigt. Analysen des Achselschweißes des Mannes ergaben, daß er Androstenol enthält. Dieser Stoff, der dem männlichen Geschlechtshormon Testosteron in seinem chemischen Aufbau ähnelt, riecht wie Sandelholz. Vermutlich sendet das Sandelholz die gleichen Signale an das andere Geschlecht aus wie der erogene Achselschweiß des Mannes. Diese Wirkung des Sandelholzes war offenbar auch schon dem Autor des Liebeslehrbuches »Ananaga Ranga« bekannt, das um 1500 erschienen ist. Ein gewisser Kalyana Malla erklärt in der Einleitung, daß er diese Einführung in die Liebeskunst für den Sohn eines Lodi-Fürsten verfaßt habe. Im 7. Kapitel gibt er Rezepte für bezauberndes Rauchwerk an: »Man zerreibe zusammen: Sandelholz, Kunkuma (ein rotes Pulver, das aus Gelbwurz und Alaun besteht und mit Zitronensaft

Ein indischer Parfümeur bietet seine Waren an.

gefärbt ist), Kostuswurzel, schwarze Sandel, Suvasika-puspha (eine unbekannte Pflanze), Andropogon muricatum und die Rinde der Deodaru-Zeder. Dieses Pulver vermische man mit Honig und lasse es gut trocknen. Dieses Präparat nennt man ›Cintamani Dupha‹, das heißt ›Weihrauch, der die Gedanken beherrscht‹.«

Kalyana Malla merkt an, daß man sich – in erotischer Hinsicht – mit diesem Weihrauch zum Herrn der ganzen Welt machen kann. Er führt noch ein anderes Rezept an:

»Man vermische zu gleichen Teilen Kardamonum-Körner, Weihrauch, die Pflanze Garur-wel, Mondsamen, Monisperum glabrum, Sandelholz, die Blüten des aurikelfarbigen Jasmin und bengalisches Krapp. Dieser Weihrauch ist ebenso wirksam wie das vorhergehende Rezept.«

Bei der Verwendung des Weihrauches als erotisches Räuchermittel haben die Inder Erkenntnisse der modernen Wissenschaft vorweggenommen. Der australische Wissenschaftler M. Stoddard fand im Weihrauch einen Stoff, dessen chemische Struktur Ähnlichkeit mit der von Sexualhormonen des Menschen hat. Das heute wieder geschätzte Gummiharz »Elemi«, das aus dem Baum Canarium luzonicum Asa Gray gewonnen wird, wurde von den Indern schon seit Jahrhunderten für religiöse Räucherungen und duftende Salben benutzt.

Zwar schrieb Buddha seinen Anhängern vor, sich allen Schmuckes, wohlriechender Mittel, Spezereien und Zierrates zu enthalten, aber seine Nachfolger, besonders aber die Buddhisten der lamaistischen Richtung in Tibet, messen dem Rauchkult eine hohe Bedeutung bei. Im Freien werden die gigantischen Räucheraltäre errichtet, die große Ähnlichkeit mit unseren Kalköfen aus der früheren Zeit haben. In den Klöstern selbst räuchert man in Weihrauchgefäßen, in Lampen und mit Räucherstäbchen, die mit

Duftstoffen getränkt sind. Die verschiedenen Harzsorten, unter denen eine aus einer Abart des Wacholderbaumes gewonnen wird, werden in der einheimischen Sprache als »Nahrung der Götter« bezeichnet. Die Götter lieben den Wohlgeruch, der gleichsam ihre Speise ist. Der Lamaismus kennt eine Gruppe Halbgötter oder Geister, die den Namen »Disa« tragen, was wörtlich übersetzt »Gerüche Verzehrender« bedeutet. Diese Disas nehmen die Gestalt von Insekten an und umschwärmen dann die Blüten und die Kadaver, von denen sie sich ernähren. Wie wichtig die Duftstoffe für den lamaistischen Kultus sind, ersieht man daran, daß Ngarjuna, der Begründer des Mahayana-Buddhismus, eine Schrift über die Anfertigung von Räucherkerzen verfaßt hat, die in deutscher Übersetzung lautet: »Perlschnur des Kleinodes der Weihrauchbereitung«.

Tibetischer Räucheraltar (Song-Boom).

Von ranghohen Mönchen werden aus Ton, dem duftende Kräuter zugesetzt werden, Figuren modelliert; gelegentlich werden solche Figürchen auch ganz aus Harzen oder wohlriechenden Hölzern hergestellt. Wie bei allen Buddhisten findet auch das Sandelholz ausgiebig Verwendung, aus dem die Standbilder gefertigt sind. Für die Herstellung der Amtsstäbe der führenden Mönche und Äbte nimmt man das aromatische Akaru-Holz. Diese Holzart und das Sandelholz dienen auch als Material für die Almosennäpfe der Mönche. In den lamaistischen Klöstern hängen an der Decke große, mit getrockneten Kräutern angefüllte Kissen. Die ihnen entströmenden Düfte gelten als heilwirksam. Aber nicht nur der Wohlgeruch ist Teil des lamaistischen Kultes, sondern auch die üblen Gerüche haben eine religiöse Bedeutung. Symbolisch reinigt sich eine Mönchsgemeinde von ihren Sünden, indem der Lama eine Teigpuppe formt und alle Sünden hineinbannt. Danach werden übelriechende Stoffe verbrannt, und Mönche, Tücher vor ihrem Mund, bringen die Teigfigur außerhalb der Klostermauern und zerstückeln sie. Der Lamaismus kennt auch das Phänomen des »Odor sanctorum« (Duft der Heiligen), auf das in der Einleitung zu diesem Abschnitt schon hingewiesen wurde. A. David-Neel berichtet in ihrem Buch »Land der Is. In Chinas wildem Westen« (Wien 1952) von folgendem Erlebnis in dem Lamakloster Sakyong:

»Die Pilger ziehen dorthin, um Zeugen eines Wunders zu sein. Dem Leichnam eines ehemaligen Großlamas des Klosters, der in einem prunkvollen Mausoleum bestattet ist, entströmt ein wohlriechendes Öl, das durch die Fugen des Grabmals sickert. Das Wunder dauert schon seit einer langen Reihe von Jahren an. Die seit dem Tod des Lamas verstrichene lange Zeit und der Umstand, daß sein Leichnam in Salz getrocknet und mumifiziert wurde, ehe man ihn ins Mausoleum einmauerte, schließen die Möglichkeit aus, daß die Flüssigkeit von der Verwesung herstammen könnte.«

Im frühen Christentum war die Haltung zu den Räucherungen und Duftstoffen zwiespältig. Man konnte sich auf das Neue Testament berufen, in dem berichtet wird (Johannisevangelium 13), daß Maria die Füße Christi mit einem Pfund Narde salbte. Bei der Narde handelt es sich um eine Pflanze aus der Familie der Valerianaceen. Die Wurzel und die Blätter liefern ein angenehmes, nach Baldrian und Moschus duftendes Öl. Die Antike kannte verschiedene Arten von Narden, von denen die Spica-Narde besonders geschätzt war. Zu erwägen ist auch, ob an dieser Bibelstelle Narde nicht als Oberbegriff für Duftstoffe gebraucht wurde.

Narde.

Im Johannisevangelium (19, 39) wird weiter berichtet:
»Es kam aber Nikodemus, der vormals in der Nacht zu Jesus gekommen war, und brachte Myrrhen und Aloe von annähernd hundert Pfund.«
Auf diese Vorbilder beriefen sich diejenigen Christen, die nach dem Bericht des Tertullian (150–230 n. Chr.) noch Räucherungen vornahmen. Man nannte sie »Thurificati« (von lat. »Thus« = »Weihrauch« und »facer« = »machen«) und stieß sie aus den

christlichen Gemeinden aus. Augustinus schätzte die Wohlgerüche hoch ein, denn er bemerkt in den »Confessiones« (X, 32): »Über die Versuchung der Wohlgerüche ängstige ich mich nicht zu sehr. Sind sie nicht da, so verachte ich sie nicht, stets bereit, sie auch zu entbehren.«

Es ist fraglich, ob vor dem 4. Jahrhundert, als das Christentum noch keine Staatsreligion war, Räucherungen stattfanden. In dieser Zeit bestand die Gefahr, daß man solche Bräuche mißverstanden und als heidnisch gedeutet hätte. Ab dem 5. Jahrhundert gibt es Zeugnisse, die die Räucherung des Altares mit Weihrauch vorschreiben. In der ältesten Kirchenordnung aus dem 7. Jahrhundert wird die Weihrauchräucherung beim Aufzug des Bischofs zum Altar vorgeschrieben. Theologisch wurde dieser Ritus mit Stellen aus dem Neuen Testament wie Lukas 1, 8 gerechtfertigt:

»Und es begab sich, da er des Priesteramtes waltete vor Gott, als seine Ordnung an der Reihe war, traf ihn nach dem Brauch das Los, zu räuchern; und er ging in den Tempel des Herrn. Und die ganze Menge des Volkes war draußen und betete zur Stunde des Räucherns. Es erschien ihm aber der Engel des Herrn und stand zur rechten Seite am Räucheraltar. Und als Zacharias ihn sah, erschrak er, und es kam ihm eine Furcht an.«

In der Offenbarung des Johannes 8, 3 heißt es:

»Und ein anderer Engel kam und trat an den Altar und hatte ein goldenes Räuchergefäß, und ihm ward viel Räucherwerk gegeben, daß er es gäbe zum Gebet aller Heiligen auf dem goldenen Thron. Und der Rauch des Räucherwerks stieg auf mit dem Gebet der Heiligen von der Hand des Engels vor Gott. Und der Engel nahm das Räuchergefäß und füllte es mit Feuer vom Altar und schüttete es auf die Erde.«

Im frühen Mittelalter wurde die Räucherung, die »Incensation« (von lat. »incensare« = »anzünden«) genannt wurde; bei der Kirch- und Glockenweihe, bei Prozessionen, Beerdigungen und in der Messe üblich. Bis zum Ausgang des Mittelalters hatte die »Incensation« eine feste Form angenommen, die dann in den Konzilen verbindlich vorgeschrieben wurde. Der Weihrauch wird mit einem kleinen Löffel in ein an Kettchen schwebendes und leicht zu schwingendes Gefäß, dem sogenannten Rauchfaß, auf glühende Kohle gestreut, während das Kreuzzeichen darüber gemacht wird. Das geschlossene Rauchfaß wird dann in einem oder mehreren Doppelzügen gegen die zu beräuchernde Person oder Sache geschwungen.

Im 16. Jhdt. erlaubte Papst Pius V., den Weihrauch, der durch den Raubbau knapp geworden war, durch Perubalsam zu ersetzen. Diese bräunlichgelbe Flüssigkeit, die einen vanilleartigen Geruch hat, wird aus einem 20 Meter hohen Baum aus der Familie der Schmetterlingsblütler gewonnen, der in den Bergwäldern der Costa del Balsamo (Balsamküste) beheimatet ist. Die Spanier fanden im Jahre 1530 dieses Wundheilmittel vor, als sie Zentralamerika eroberten. Die zwischen Rinde und Holz gelegene balsamhaltige Schicht wird kurz mit einer Fackel angeschwelt und dann mit einem Lappen abgedeckt, damit der Balsam den Stoff durchtränkt. Durch Pressen und Auskochen des Lappens in Wasser erhält man den Perubalsam, der in der Luft nicht eintrocknet. In der Medizin wird er innerlich und äußerlich angewandt.

In der Liturgie wird der Weihrauch, der in der katholischen Kirche nur in seiner echten Form benutzt werden darf, in zwei Fällen nicht verbrannt. Bei der Weihe der Osterkerzen am Karsamstag werden fünf gesegnete Weihrauchkörner in Kreuzesform eingefügt.

Selbst bei der Hinrichtung schwenkt ein Priester das Weihrauchfaß.
(Holzschnitt aus dem 17. Jhdt.)

Dies soll an die Spezereien erinnern, die dem Leib Christi im Grabe beigegeben waren. Außerdem werden den Reliquien, die der Bischof für die Weihe von Altären unter Verschluß hält, drei Weihrauchkörner beigelegt.

Zwar ist es jedermann geläufig, daß heute noch die katholische Kirche den Weihrauch in der Liturgie der Messe benutzt, von dessen Geruch sich jeder Besucher einer Kirche am Sonntag überzeugen kann, aber der Öffentlichkeit ist unbekannt, daß es unter den Kirchenbediensteten eine Art Weihrauchsucht gibt. Die katholische Kirche ist sehr darauf bedacht, nichts von diesen Fällen an die Öffentlichkeit kommen zu lassen. Der Weihrauch wird suchtmäßig in Rauchform (Schnüffelsucht) oder gekaut aufgenommen. 1981 wiesen die beiden Leipziger Toxikologen

D. Martinetz und K. Lohs nach, daß der Weihrauch beim Verbrennen Tetrahydrocannabinole freisetzt, die als psychoaktive Stoffe des Haschischs bekannt sind. Diese Haschischinhaltsstoffe können sich sowohl beim Räuchern als auch beim Kauen im Magen bilden. So betrachtet, wäre der Weihrauch eine Rauchdroge und hätte in abgeschwächter Form beim Meßopfer der katholischen Kirche dieselbe Funktion wie die Zauberpflanzen bei den Mysterien. In diesem Zusammenhang muß auch an die schon erwähnte Entdeckung von Stoddard erinnert werden, der im Weihrauch Stoffe nachwies, die eine Ähnlichkeit mit Sexualhormonen haben. Im Ritual der Kirche könnte Weihrauch also in der Lage sein, die sexuellen und ekstatischen Kräfte der Menschen zu aktivieren.

In der griechisch-orthodoxen Kirche hat sich von der großzügigen Verwendung der Duftstoffe bei den Juden einiges mehr erhalten. Der orthodoxe Bischof weiht einen neuen Altar, indem er mit Wachsmastix kleine Reliquiensplitter in einem Holzgefäß unter dem Altartisch fest verschließt. Diese duftende Substanz besteht aus: Mastix, Weihrauch aus Smyrna, Aloe, Thymian, Fichtenharz und weißem Weihrauch. Mastix ist das Harz eines im Mittelmeer beheimateten Strauches (Pistacia lentiscu). Angebaut wird er auf der griechischen Insel Chios, die auch den Beinamen »Mastixinsel« trägt. Der Name kommt von griech. »mastazo« = »ich kaue«, weil es im Orient von altersher Brauch ist, ihn zum Vergnügen oder um sich einen guten Atem zu verschaffen, zu kauen.
Das heilige »Myron« oder Salböl der orthodoxen Kirche setzt sich aus einer ganzen Palette von kostbaren Duftstoffen zusammen. Die Quellen geben zwischen 24 und 40 wohlriechende

Mastixstrauch.

Stoffe an! Vor der Oktoberrevolution gab es im Kreml einen Saal, die »Myron-Kochkammer«, wo auf einem prächtig verzierten Herd in drei riesigen silbernen Kesseln das heilige Öl hergestellt wurde. Das Herstellungsverfahren begann am Montag der Karwoche und dauerte bis zum Gründonnerstag. Während dieser Zeit wurden die 40 aromatischen Stoffe unter Zusatz von Wein und Rosenöl gekocht. Das Feuer unter dem Herd wurde vom rangältesten Bischof, dem Metropoliten, angezündet, während andere hohe Geistliche Gebete und heilige Formeln sprachen. Nach Beendigung dieser Zeremonie wurde der Inhalt der Kessel in 12 Alabasterkrüge gefüllt, die am Fuße des Altars der »Zwölf-Apostelkirche« im Kreml abgestellt wurden.

Während der Kreuzzüge, vom Ende des 11. bis zum Ende des 13. Jhdts., kam es zwischen dem Abendland und den Völkern des Orients zu intensiven Kontakten. Die Kreuzfahrer lernten die hoch entwickelte Duftkultur der Mohammedaner kennen und brachten die wohlriechenden Stoffe mit nach Europa. Die Damen der ritterlichen Gesellschaft schätzten bald die Kunst der Parfümierung. Im Parzival des Wolfram von Eschenbach heißt es:

– in Muscheln, Büchsen, Töpfchen
und serpentinen Näpfchen
die kostbarsten Aromata.
Es streuten Ambra und Theriak
Ihre Düfte; auf dem Boden lag
Kardamom, Kerbel und Muskat,
daß man mit den Füßen darauf trat,
wodurch ihr Wohlgeruch sich vermehrt.

Kardamom ist eine kampferartig duftende Gewürzpflanze, deren Früchte, die Kardamomen, kurz vor der Reife eingesammelt und getrocknet werden. Diese in Westasien und im Mittelmeergebiet wachsende Pflanze wird heute zur Likör- und Lebkuchenherstellung benutzt.

Die Geschichte der Duftstoffe im Abendland ist sehr eng mit der Entwicklung der Destillierkunst verknüpft. Zunächst diente die hochentwickelte Destilliertechnik der Araber dazu, um aus dem Wein Weingeist herzustellen, der als Lebenswasser (aqua vitae), als gebranntes Wasser und später von dem Alchimisten Arnold de Villanova (1235–1312) als Alkohol bezeichnet wurde. Ihm

Blick in einen mittelalterlichen Parfümladen.

333

gelang auch schon die Destillation von Rosmarin- und Terpentinöl, die beide zu dem »oleum mirabile« (Wunderöl) vermischt
wurden. Es war Jahrhunderte lang in der Medizin ein wichtiges
äußerliches Heilmittel, bis im 17. Jahrhundert das Terpentinöl
weggelassen wurde und das Duftwasser den Namen »Eau de
reine d' Hongrie« (Wasser der ungarischen Königin) erhielt.
Obwohl es in dieser Zeit keine ungarische Königin gab, wurde
später die Legende gesponnen, ein heilkundiger Einsiedler habe
die Königin Elisabeth von Ungarn von Gicht und Altersschwäche
geheilt und das angewandte Rezept als das »Ungarische Wasser«
benannt. Sogar Ludwig IV. ließ sich damit behandeln. Einen
wesentlichen Beitrag zur Verbreitung der Kenntnis der Destillation leistete der Straßburger Arzt Hieronymus Brunschwig
(1450–1534) mit seinem 1500 erschienenen »Destillierbuch«. Zu
dieser Zeit betrug die Zahl der bekannten ätherischen Öle gerade
dreizehn. 50 Jahre später waren es schon circa 40, und im Jahre
1589 kannte man 108 Öle. Diesen gewaltigen Fortschritt verdankte man der Verfeinerung der Destillationstechnik und der
Differenzierung zwischen den fetten, ausgepreßten und den de-
stillierten Ölen, die zuerst von Della Porta (1537–1615) in seinem
Destillationsbuch (1563) herausgearbeitet wurde. Mit den zahlreichen neuentdeckten ätherischen Ölen schwand auch die Bedeutung der gebrannten Duftwasser, deren Grundlage der Weingeist bildete. Neben dieser medizinischen Verwendung der
ätherischen Öle, die gleichsam die »Essenz« einer Pflanze enthielten, haben wir aus dieser Zeit auch die ersten Hinweise für
eine magische Anwendung der wohlriechenden Stoffe. Agrippa
von Nettesheim (1486–1535) gibt in seinem Hauptwerk, »Über
die okkulte Philosophie« (Köln 1510), eine detaillierte Beschreibung von Räucherungen, bei der die bekannten Stoffe aus der

Antike benutzt werden. Da man in dieser Zeit den Menschen als Abbild (Mikrokosmos) des gesamten Kosmos (Makrokosmos) auffaßte und sein Leben durch die Gestirne bestimmt sah, wurden die Räucherungen einzelnen Planeten zugeordnet. Die nachfolgende Übersicht (»Über die okkulte Philosophie«, I, 24) gibt neben dem Wochentag, der von dem Planeten beherrscht wird, auch sein Element an:

1. Sonne: Sonntag – Feuer

Man nehme Safran, Ambra, Moschus, Aloeholz, Balsamholz, Lorbeer, Gewürznelken, Myrrhe und Weihrauch. Dies wird alles zerstoßen und in einem solchen Verhältnis gemischt, daß der Geruch am angenehmsten ist. Das Pulver wird sodann mit Adlerhirn oder dem Blut eines weißen Hahns vermischt. Sodann formt man Pillen daraus.

2. Mond: Montag – Erde

Diese Räucherung bereitet man aus dem Kopf eines gedörrten Frosches, aus den Augen eines Stiers und dem Samen des weißen Mohns. Dazu kommt Weihrauch und Kampfer. Alles wird mit dem Menstrualblut einer Jungfrau oder Gänseblut vermengt.

3. Mars: Dienstag – Feuer

Dafür nehme man: Wolfsmilch, Bdellium, Ammoniak, die Wurzeln von beiden Nieswurzgattungen, Magnetstein und ein wenig Schwefel. Das alles wird mit Rabenhirn, Menschenblut und dem Blut eines schwarzen Katers vermengt. Bdellium ist das Gummiharz der in Indien und Afrika wachsenden Baumgattung Balsamodendron. Sein Geruch erinnert an Myrrhe.

4. Merkur: Mittwoch – Wasser

Dazu nehme man: Mastix, Weihrauch, Gewürznelken, Fünffingerkraut und Achat. Dazu kommt noch Fuchs- oder Wieselhirn und Elsternblut.

5. Jupiter: Donnerstag – Luft
Dafür nimmt man Eschensamen, Aloeholz, Storax, Benzoeharz, Lasurstein und die Spitzen von Pfauenfedern. Dazu kommt noch Storch- oder Schwalbenblut oder Hirschgehirn.

6. Venus: Freitag – Luft
Die Räucherung besteht aus: Moschus, Ambra, Aloeholz, roten Rosen und roten Korallen. Dies alles vermischt man mit Sperlingshirn und Taubenblut.

7. Saturn: Samstag – Wasser
Dafür nimmt man den Samen des schwarzen Mohns, Bilsenkrautsamen, Alraunwurzel, Magnetstein und Myrrhen. Darunter mischt man das Gehirn eines Katers oder Fledermausblut.

Den Tierkreiszeichen sind folgende Räucherungen zugeordnet:

1. Widder	Myrrhe
2. Stier	Kostuswurzel
3. Zwillinge	Mastix
4. Krebs	Kampfer
5. Löwe	Weihrauch
6. Jungfrau	Sandelholz
7. Waage	Galbanum
8. Skorpion	Saft des Kraftkrautes (Panax)
9. Schütze	Aloeholz
10. Steinbock	Asant
11. Wassermann	Wolfsmilch
12. Fische	Thymian

Galbanum ist der Milchsaft, der aus den Stengeln eines persischen Doldengewächses austritt. Asant ist das knoblauchartig riechende Gummiharz eines Doldenblütlers, der in Kleinasien beheimatet ist.

Auch die bei den heidnischen Völkern verbreitete Vorstellung, daß man böse Geister mit Hilfe von Räucherungen vertreiben könnte, lebte wieder auf. Die verheerenden Seuchen, die seit dem 14. Jahrhundert Europa heimsuchten, wurden auf den schlechten Duft oder Hauch, der von den Kranken ausging, zurückgeführt. Um sich dagegen zu schützen, erfand man einen Mund- und Nasenschutz, den »Doktorschnabel«. Die Pestärzte des Mittelalters waren mit solchen »Gasmasken« ausgerüstet, deren schnabelförmiger Vorsatz mit aromatischen Kräutern angefüllt war. Als die wissenschaftliche Bakteriologie am Anfang dieses Jahrhunderts ihren Aufschwung nahm, wurden Abbildungen des mittelalterlichen, offenkundig unwissenden Pestarztes als Beleg für den gewaltigen Fortschritt der Schulmedizin angeführt. Aber heute wissen wir, daß Duftstoffe eine außerordentlich hohe keimtötende Wirkung haben, wie in dem Kapitel Aromatherapie noch ausführlich dargestellt werden wird.

Auch bei dem sogenannten Pomander, einer kleinen Kugel, die aus Ambra, Benzoeharz, Storax etc. bestand, handelte es sich um ein Schutzmittel gegen Krankheiten. Man trug diese Kugel um den Hals oder hielt sie in der Hand, um von Zeit zu Zeit daran zu riechen. Dieser Pomander hat auch die Form von kleinen kugelförmigen Behältern, die mit Duftstoffen gefüllt waren.

Der Holzschnitt auf der folgenden Seite gehört zu einer Serie von fünf Karikaturen, die Badius 1502 veröffentlichte, um den Mißbrauch der fünf Sinne anzuprangern. Im »Boot der närrischen Düfte« befinden sich drei Damen, von denen eine einen Blumen-

Das Boot der närrischen Düfte. Eine der Frauen hält einen Pomander in der Hand.

strauß in der Hand hält, während die mittlere an einem Pomander riecht, den sie von einem Dufthändler erworben hat. Während der Renaissance, »der Wiedergeburt« der Antike, brachte man in Italien die alte Kunst der Parfümerie auf eine bisher nie gekannte Höhe. Die Entdeckung Amerikas bereicherte die Palette der Duftstoffe durch neue und exotische Gerüche. So lernte man die Vanille kennen, deren Schoten erst bei langsamem Austrocknen ihr wunderbares Aroma entfalten. Das Perubalsam, das schon erwähnt wurde, diente zeitweise als Ersatz für den echten Weihrauch. Von Italien brachte Katharina von Medici (1519–1589), die Gemahlin des französischen Königs Heinrichs II., den Luxus der Duftstoffe nach Paris. Man muß aber auch berücksichtigen, daß stark riechende Parfüms in dieser Zeit notwendig waren. Da man es mit dem täglichen Waschen nicht so genau nahm, benötigte man Duftstoffe, um den starken Körpergeruch zu überdecken. Ludwig XIV., der Sonnenkönig, stank so abscheulich, daß schon deshalb seine Zeitgenossen Abstand von ihm hielten. Die Kloaken befanden sich außerhalb der Privathäuser und Schlösser, was dazu führte, daß Paris gerade zur Sommerzeit in eine fürchterliche Gestankwolke gehüllt war. Straßen und Häuser rochen so widerlich, daß der Gebrauch sehr starker Parfüms damals zur höheren Lebensqualität gehörte. Die Wohnung des Herzogs Richelieu war so stark parfümiert, daß Bedienstete erkrankten. Das Königsschloß Versailles hieß »Cour parfumée«, der parfümierte Hof. Die Dubarry führte auch Pillen aus Ambra, die Seragliopillen, ein, die innerlich parfümieren sollten.

Mitte des 18. Jahrhunderts setzte eine Gegenbewegung ein, die von dem Philosophen Rousseau (1712–1778) begründet wurde: »Retournons à nature« – Zurück zur Natur! Parfümierte Bäder waren wieder Mode. Überhaupt wurden Badehäuser wieder erlaubt, die im 15. Jahrhundert nach dem Auftreten der Syphilis in Europa allgemein verboten worden waren. Denn die mittelalterlichen Badestuben waren Stätten der Prostitution gewesen, vor allem in Frankreich. Marie Antoinette, die Gattin Ludwigs XVI., schränkte den Gebrauch der starken Parfüms erheblich ein und brachte milde Duftstoffe, wie den von Veilchen oder Rosen, in Mode. Die Französische Revolution beendete abrupt den Parfümluxus, der als »aristokratisch« angeprangert wurde. Napoleon I., der sich jeden Morgen über Kopf und Schultern Kölnisch Wasser gießen ließ, erlaubte im beschränkten Umfang an seinem Hof wieder die Duftstoffe.

Nicht nur in Frankreich hat sich der bürgerliche Gebrauch der Duftstoffe im 19. Jahrhundert allgemein durchgesetzt. Seit Ludwig IV. war Frankreich das Vorbild der übrigen europäischen Gesellschaft, Inbegriff der nachahmenswerten zivilisatorischen Errungenschaften.

Das »Kölnisch Wasser«, das Napoleon so sehr schätzte, veranschaulicht jedoch, daß es auch in den anderen Ländern eine

Ein französischer Parfümverkäufer zur Zeit Ludwigs XV. (1743–74).

Parfümtradition gab. Das Rezept für das »Eau de Cologne«
brachte ein gewisser Paolo Feminis von Mailand nach Köln, wo
er mit »Französischem Kram« handelte. Sein Neffe Johann Maria
Farina, der 1766 starb, verbesserte dieses Rezept, so daß er heute
als der eigentliche Begründer des sagenhaften Rufes des »Kölnischen Wassers« gilt. Den großen Erfolg verdankte Farina vor
allem der vereinfachten Herstellung dieses »Wunderwassers«.
Es wurde nicht durch eine zeitraubende Destillation, sondern
durch den Zusatz der schon fertigen Duftstoffe in Alkohol hergestellt. Das bekannte Markenzeichen »4711« des Kölnisch
Wasser ist ursprünglich eine Hausnummer, die im Jahre 1792 der
Quartiermeister der französischen Armee in Köln der Faktorei in
der Glockengasse verpaßt hatte. In den Wasserzetteln priesen die

Hersteller dieses Parfüm als ein »Wunderwasser« an. In einer Zeit, da man die Hygiene so gering achtete, war dies sicherlich keine Übertreibung. Der Alkohol und die darin gelösten Duftstoffe wirkten bakterientötend. Friedrich der Große benutzte das Wunderwasser aus Köln als Heilmittel gegen sein Gichtleiden.

Gegen Ende des 19. Jahrhunderts erlebte die Parfümkultur noch einmal ein goldenes Zeitalter. Zwar lag über den Städten nicht mehr der Gestank der Kloaken, aber die ungestüme Industrialisierung und besonders die zahlreichen chemischen Fabriken verursachten einen ebenso grauenhaften Geruch. Wie in dem Kapitel über die Kulturgeschichte der Edelsteine ausführlich dargestellt wurde, entstand auf diesem Hintergrund eine Vorliebe für kostbare Edelsteine und Materialien. In der Literatur, in der dieser Drang nach dem Schönen, Ungewöhnlichen und Erlesenen ebenfalls seinen Niederschlag in einer ganzen Stilrichtung, der »Décadence«, fand, spielten auch die Parfüms eine wichtige Rolle. Auf die grundsätzliche Problematik, Düfte mit Worten zu beschreiben, wurde in der Einleitung zu diesem Abschnitt ausführlich hingewiesen. Der Klassiker der Décadence, Joris-Karl Huysmans (1848–1907), beschreibt in seinem Roman »À rebours«, wie der Held des Esseintes das Natürliche oder die Realität durch »einen Traum von Realität« ersetzen will. Ein Auszug aus diesem Roman vermittelt einen Eindruck von der raffinierten und ästhetizistischen Duftkultur:

»Gelangweilt von der Hartnäckigkeit dieses eingebildeten Aromas, beschloß der Herzog des Esseintes, sich in wirkliche Parfüms zu tauchen, in der Hoffnung, diese Nasenbehandlung werde ihn heilen oder wenigstens veranlassen, daß dieser lästige Geruch ihn nicht mehr verfolge. Er begab sich in sein Ankleidezimmer. Dort standen nahe bei einem antiken Taufbecken, das ihm als

Waschgefäß diente, unter einem breiten Spiegel von getriebenem Eisen Flaschen in allen Größen und allen Formen auf Regalen übereinander. Er stellte sie auf einen Tisch und teilte sie in zwei Serien ein: die eine mit den einfachen Parfüms, Extrakten und Spirituosen, die andere mit den zusammengesetzten Parfüms, die man mit dem allgemeinen Ausdruck Buketts bezeichnet. Er war schon seit Jahren in der Wissenschaft des Riechens geübt und war überzeugt, durch den Geruch die gleichen Genüsse empfinden zu können wie durch das Gehör und das Gesicht, indem jeder Sinn infolge seiner natürlichen Neigung und Angewöhnung genugsam empfindlich sei, neue Eindrücke aufzunehmen, sie zu verzehnfachen und zu verarbeiten… Und nun saß der Herzog in seinem Ankleidezimmer und sann darauf, ein neues Bukett zu erfinden. Er war von einem Augenblick des Zögerns erfaßt, den die Schriftsteller nur zu gut kennen, wenn sie nach Monaten der Ruhe ein neues Werk beginnen. Er fing an, die Flaschen mit Mandel und Vanille zu wägen, um Heliotrop herzustellen. Dann besann er sich anders und entschloß sich, mit der Riecherbse zu beginnen. Doch die Formeln für das Verfahren waren ihm entfallen. Er tastete sich vor. Im allgemeinen herrscht bei dem Duft dieser Blume die Orange vor; er versuchte mehrere Zusammensetzungen, erreichte schließlich den richtigen Ton, indem er der Orange die Tuberose und die Rose hinzufügte, die er mit einem Tropfen Vanille verband. Die Ungewißheiten verschwanden; ein leichtes Fieber erfaßte ihn. Er fühlte sich zur Arbeit angeregt und beschloß, weiter zu gehen und einen markigen Satz loszulassen, dessen stolzes Geprassel das Geflüster dieses arglistigen Parfüms niederwürfe, das noch immer im Zimmer lastete. Er experimentierte mit dem Amber, dem Tonkinmoschus, dem Patschuli, dem schärfsten aller pflanzlichen Parfüms, dessen Blume ein Geruch von Schimmel und Rost entströmte... Mit einem Verdufter spritzte er im Zimmer eine Essenz umher, aus Ambrosia, Mitcham-Lavendel, Riecherbse und Bukett gebildet, eine Essenz, die, wenn sie von einem Künstler destilliert wäre, den Namen verdiente, den man ihr zuerkannt hat: »Extrakt einer blühenden Wiese«. In diese »blühende Wiese« führte er dann eine eigene Fusion von Tuberose, Orangenblüte und Mandel ein; und alsbald entstand künstlicher Flieder, und der Wind schien leise durch blühende Linden zu streichen und drückte eine ihrer zarten Ausströmungen auf den Boden nieder, die dem Extrakt der englischen Linde ähneln. Dann ließ er durch einen Ventilator die duftenden Wellen entfliehen und behielt nur die Landschaft bei, die er erneuerte und deren Dosis er verstärkte, um ihre Rückkehr zu erzwingen. Bald stiegen Hüttenwerke gen den Himmel auf. Ein starker Geruch von Fabriken, von chemischen Produkten verbreitete sich, und doch hauchte die Natur noch in dieser verpesteten Luft ihre süßen Düfte aus.

Der Herzog bearbeitete und wärmte zwischen seinen Fingern eine Storaxkugel, und ein höchst eigentümlicher Geruch verbreitete sich im Zimmer, ein Geruch, widerlich und köstlich zugleich, dem entzückenden Geruch der Jonquille (gelbe Narzisse mit starkem Orangenblütenduft) und dem häßlichen Gestank der Guttapercha (Ledergummi aus Sumatra) und dem Steinkohlenteer ähnlich. Er desinfizierte sich die Hände, legte sein Harz in einen hermetisch verschlossenen Kasten, und die Fabriken verschwanden. Dann schleuderte er zwischen die wieder belebten Linden und Wiesen einige Tropfen »New Mown Hay« (Heuparfüm), und mitten in der zauberhaften Landschaft, ihres Flieders beraubt, stiegen Heugarben empor, die eine neue Jahreszeit suggerierten und ihre feinen Ausströmungen aushauchten.

Endlich, als er diesen Augenblick genügend genossen hatte, versprengte er eiligst noch einige exotische Parfüms, leerte seine Verdufter, verflüchtete seine konzentrierten Essenzen, ließ all dem Balsam die Zügel schießen, und in dem heißen aufregenden Dunst des Raumes entwickelte sich eine wahnsinnig sublimierte Temperatur, die seinen Atem beschleunigte.

Er flüchtete in sein Arbeitszimmer zurück und öffnete das Fenster weit, glücklich, sich in frischer Luft baden zu können. Aber plötzlich war es ihm, als wenn der Wind ihm einen unbestimmten Geruch von Bergamottenessenz entgegentrieb, mit dem sich der Jasmingeist, die Kassie und das Rosenwasser verband. Er atmete schwer auf.

Der Geruch wechselte und veränderte sich, ohne zu verschwinden. Ein unbestimmter Duft von Tolutinktur (einem braunen, nach Vanille und Benzoe duftenden Harz, das aus dem Baum Myroxylon balsamum gewonnen wird. Der Name kommt von der Stadt Tolu in Venezuela), von Perubalsam, von Safran, verschmolzen mit einigen Tropfen Amber und Moschus, stieg jetzt aus der schlafenden Stadt empor, von dem Fuße der Anhöhe her, und plötzlich vollzog sich eine Metamorphose. Die getrennten Gerüche verbanden sich nämlich mit der Frangipan (Jasminblütenparfüm), dessen Geruch die Elemente und die Analyse herbeigeführt hatten, über das Tal Fontenay bis zum Festungswerk hinauf. Sie erschütterten seine erschöpften und angegriffenen Nerven noch mehr, so daß er ohnmächtig an der Fensterbrüstung niedersank.«

Die Gestalt des Herzogs des Esseintes, der sich an exotischen Düften, Blumen und Edelsteinen berauscht, mag zwar der Phantasie Huysmans' entsprungen sein, aber in der täglichen Praxis der Duftkultur des Fin de Siécle gibt es viele Beispiele, die

Blumenuhr.

einzelne Züge des extravaganten Herzogs belegen. So konstruierte man eine Blumenuhr, die sich die Tatsache zunutze machte,
daß die Blumen zu unterschiedlichen Zeiten ihre Blütenkelche
öffnen und ihren Duft entfalten. Der bekannte französische Parfümeur E. Rimmel stellt in seinem Buch »Livre des Parfums«
(Paris 1884) eine solche Blumenuhr vor:

I.	Rose	V.	Winde	IX.	Kaktus
II.	Heliotrop	VI.	Geranie	X.	Flieder
III.	Wasserlilie	VII.	Stillkraut	XI.	Magnolie
IV.	Hyazinthe	VIII.	Nelke	XII.	Veilchen

Über die Verwendung von Parfüms für magische Operationen im
Okkultismus des 19. Jahrhunderts besitzen wir wertvolle Zeugnisse in den Werken des Eliphas Levi (1810–1875), der in dem

Buch »Dogme et Rituel de la haute Magie« (»Dogma und Ritual der hohen Magie«), Paris 1856/60, die von ihm erprobten Lehren der zeremoniellen Magie beschreibt. Im 2. Band, Seite 117, des französischen Originals werden auch die verschiedenen Duftstoffe beschrieben, die bei den Räucherungen benutzt werden.

1. Sonntag
Die Räucherung findet von Mitternacht bis 8 Uhr am Morgen oder von 3 Uhr nachmittags bis 10 Uhr abends statt. Der Magier trägt eine purpurfarbene Robe, goldene Tiara und Armreifen. Das Räucherbecken und der Dreifuß sind mit Lorbeer geschmückt. Es wird eine Mischung aus Zimt, Weihrauch, Safran und rotem Sandelholz geräuchert.

2. Montag
Der Magier ist mit einer weißen Robe bekleidet, die mit Silberplättchen besetzt ist. Dazu trägt er eine Halskette aus Perlen, Kristall und Mondstein. Die Tiara ist mit einem gelben Seidentuch bedeckt, das das hebräische Monogramm Gabriels enthält. Die benutzten Duftstoffe sind: weißes Sandelholz, Kampfer, Ambra, Aloe und pulverisierter Gurkensamen.

3. Dienstag
Der Magier ist völlig in Rot gekleidet. Duftstoffe erwähnt Levi für diesen Tag nicht.

4. Mittwoch
Die Kleidung ist grün; dazu kommt ein Perlenhalsband. Die Duftstoffe sind: Benzoeharz, Mastix, Storax, Narzisse, Lilie, Bingelkraut, Erdrauch und Majoran.

5. Donnerstag

Die Robe ist scharlachrot; auf der Stirn trägt der Magier ein Zinnschild mit den Sigillen des Geistes Jupiters und den drei Worten: Giarar, Bethor und Samgabiel. Die Duftstoffe sind: Weihrauch, Ambra, Balsam (nähere Angabe fehlt), Paradieskörner (Kardamom, eine Ingwerart), Mastix und Safran.

6. Freitag

Die Robe ist azurblau; die Decken haben eine grüne und rosarote Farbe. Die bevorzugten Blumen sind die Rose, Myrte und Olive. Duftstoffe werden diesmal nicht erwähnt.

7. Samstag

Die Duftstoffe sind Windenharz, Alaunpulver, Schwefel und Asant (Teufelsdreck).

Räucherungen und der Kult der Duftstoffe spielten sicherlich auch in den zahlreichen magischen Zirkeln und Orden eine Rolle, die das Erbe der alten Rosenkreuzer und der Illuminaten fortsetzen wollten. Durch die sogenannte Arkandisziplin, die den Mitgliedern solcher Geheimorden ein Schweigegebot auferlegt, dringen Einzelheiten über den praktizierten Ritus nur selten an die Öffentlichkeit. Dem Autor dieses Buches liegen interne Zirkulare der Fraternitas Saturni, einer sexualmagischen Geheimloge, vor, die 1928 von Eugen Grosche (Ordensname Gregor Gregorius) gegründet wurde. Diese Loge arbeitete offiziell auf der Grundlage der Lehre von Aleister Crowley (1875–1947), der weitgehend auch das Gedankensystem des berühmten O.T.O. (Ordo Templi Orientis, Orden des orientalischen Tempels) oder der »Orientalischen Templer« aufgenommen hat. Nach Auskunft meines Informanten, der ein enger Mitarbeiter von E. Grosche war, stammen die Unterlagen aus der Feder seines Lehrers. Nach ihnen lassen sich die Zusammensetzungen der geheimen Planetenparfüms der Fraternitas Saturni und vielleicht auch des O.T.O. bestimmen:

Sonne	Weihrauch, Sandelholz, Ambra; als Parfüm benutzen es die Löwegeborenen.
Mond	Ylangblütenöl, Jasminöl, Patschuli; es eignet sich für den Krebsgeborenen.
Mars	Rotes Drachenblut (ein Harz, das aus verschiedenen Pflanzen gewonnen wird; meistens stammt es vom kanarischen Drachenbaum, der bis zu 20 Meter hoch wird), Pfefferöl, Koriander; das Parfüm von Widder und Skorpion.
Venus	Benzoeharz, Rosenöl, Ambra, Neroli, Ylang; für Stier und Waage.
Merkur	Mastix, Melisse, Lavendel; geeignet für Zwillinge und Jungfrau.
Saturn	Patschuli, Myrrhe, Zypresse, Kampfer; das Parfüm für Wassermann und Steinbock.
Jupiter	Narde, Zeder, Jasmin, Nelke; für Schütze und Fische.

Sicherlich mag es für ein Mitglied einer geheimen Gesellschaft möglich sein, Düfte, die ihm vielleicht persönlich sehr unangenehm sind, zu ertragen, aber solche Zuordnungen von Parfüms zu Planeten oder Tierkreiszeichen konnten sich bisher nicht durchsetzen. Gerüche und Düfte sind doch etwas Individuelleres als Edelsteine, die entsprechend astrologisch klassifiziert werden. Ungeklärt ist auch, welche Duftstoffe den neuen Planeten Uranus, Pluto und Chiron zuzuordnen sind. Für Uranus schlägt E. Keller Sandelholz und Zeder vor (»Handbuch der ätherischen Öle«). Ganz allgemein sollte man auch seinen Rat beherzigen, daß sich jeder bei der Auswahl von Planeten- oder Tierkreiszeichen-Parfüms auf seine eigene Nase verlassen sollte.

Duftstoffe und Sexualität

Émile Zola, dessen Romanzyklen wir ein fast fotografisches Bild der Gesellschaft und der Menschen seiner Zeit verdanken, war ein ausgesprochener Geruchsfanatiker. Die Düfte und Gerüche spielen in seinen Romanen eine so eminente Rolle, daß einer seiner Zeitgenossen eine Abhandlung über »Die Düfte in den Romanen Zolas« schrieb. Zola galt als ein solcher Geruchsexperte, daß ein gewisser Dr. Tardif, der ein vielbeachtetes Werk über »Düfte und Parfüms – Ihr Einfluß auf den Geschlechtstrieb« verfaßte, sich vorher an den bekannten Schriftsteller wandte. In einem Brief legte er ihm folgende Fragen vor:

»Wird der Mensch ebenso leicht wie das Tier durch Geruchsempfindungen beeinflußt, welche Beziehungen zum sexuellen Akt haben?

Vorausgesetzt, daß diese Wirkung der Düfte existiert, ist sie in gleicher Weise offenbar für alle Klassen der Gesellschaft, für alle Kategorien von Menschen, aus denen sie sich zusammensetzt?

Werden die Neulinge in der Liebe, die aber feine Sinne und Intelligenz besitzen, werden die über die Liebe Aufgeklärten, und endlich die Einfachen, wie der Bauer oder der Städter von materieller oder moralischer Inferiorität in bezug auf ihren Körper, werden alle diese verschiedenen Typen in gleicher Weise durch dieselben Gerüche beeinflußt?

Oder gibt es wohl beim Mann und bei der Frau eine Beziehung zwischen ihrem intellektuellen und sozialen Niveau und dem Parfüm, das sie verführt?

Empfindet der Mann mehr Vergnügen, in Beziehung mit einer parfümierten Frau zu sein, als die Frau, welche bei einem Mann den Gebrauch von Parfümen feststellt? Welcher von den beiden zieht den Gebrauch von Parfümen vor?

Ist der Gebrauch von Parfüm beim Mann gleichbedeutend mit Intelligenz, aber auch Verweichlichung und Verdorbenheit?

Gibt es eine Beziehung zwischen dem Grad der Intelligenz einer Frau und dem von ihr bevorzugten Parfüm?«

Die Antwort Zolas zeigt, welche Bedeutung er dem Geruchssinn in der menschlichen Sexualität beimaß.

»Ach, mein Herr, Sie stellen mir zu zahlreiche und komplizierte Fragen, als daß ich darauf antworten könnte. Meine wenigen Beobachtungen haben sich nur auf den der Frau eigentümlichen, natürlichen Geruch bezogen. Derselbe ist verschieden bei den einzelnen Individuen, und ich bin überzeugt, daß er bisweilen auf den Geschlechtstrieb einen bedeutenden Einfluß ausübt, der gewisse große Leidenschaften erklärt. Es ist sicher, daß der Geruchssinn eine der Schlingen ist, in welchem die Natur den Mann fängt, um die Fortpflanzung der Art zu sichern. Betrachten Sie die Tiere zur Zeit der Brunst; und – füge ich hinzu – betrachten Sie den Menschen, obgleich hier genaue Beobachtungen fehlen. Es würde über dieses Thema ein ganzes Buch zu schreiben sein. Natürlich, wenn der Instinkt in Tätigkeit tritt, kann eine Perversion des Instinktes stattfinden. Da wären wir bei Ihrem Gegenstande. Die künstlichen Parfüme sind sicherlich wie der Schmuck eine von der Frau unternommene Versuchung für den Mann. Das kann von beiden Teilen bis zur krankhaften Übertreibung geschehen. Die Perversität, die Monstruosität kommen zuletzt.

Ich glaube in der Tat, daß die Frau sich mehr parfümiert als der Mann, ebenso wie sie sich mehr schmückt; und es scheint ebenso bewiesen, daß in dem Maße, wie die Intelligenz sich steigert, auch das Feingefühl zunimmt und zur Perversion führt. Wenn der Geruchssinn seine Entartung hat, so glaube ich indessen, daß sie bei allen Klassen gefunden werden kann.«

Diese Meinung Zolas, der er auch in zahlreichen seiner Romane Geltung verschaffte, wird auch heute von der Wissenschaft geteilt. Es wurde schon erwähnt, daß das Sandelholz und der Weihrauch Stoffe enthalten, deren chemische Struktur Ähnlichkeit mit der von menschlichen Sexualhormonen besitzt. Ätherische Öle können wie menschliche Hormone wirken und beispielsweise den Menstruationszyklus einer Frau beeinflussen. Diese hormonellen Ersatzstoffe wirken auch sehr schnell, weil mit der Aufnahme des Duftes durch die Nase sofort eine Empfindung ausgelöst wird, die die Sexualdrüsen aktivieren kann. Eine solche Geruchswirkung hängt aber im hohen Maße von der Tageszeit, Temperatur, dem Wetter und vor allem der körperlichen und seelischen Beschaffenheit der betreffenden Person ab. Dies ist sicherlich ein Nachteil gegenüber den anderen sexuell anregenden Mitteln, die eingenommen oder auf die Geschlechtsorgane aufgetragen werden – diese Aphrodisiaka aber entfalten ihre Wirkung erst nach Minuten oder gar erst nach Stunden.

Die Verbindung von Nase und Genitalorganen, die im Volksglauben seit der Antike angenommen wird, wurde in der medizinischen Forschung gegen Ende des 19. Jahrhunderts näher untersucht. Schon die antiken Dichter haben großnasige Männer für besonders potent gehalten. Auch bei Frauen galt eine große und lange Nase als Zeichen ausgeprägter Sexualität. Man glaubte an der Nase selbst Stellen zu entdecken, die eine Ähnlichkeit mit Schwellkörpern von Penis bzw. Vagina haben, die sich bei sexueller Erregung vergrößern sollten. Als Beweise für die Vermutung führte man das Nasenbluten an, das gehäuft in der Pubertät auftreten würde. Man sprach sogar von einem genitalen Nasenbluten oder einer Menstruation durch die Nase. Nach dem heutigen medizinischen Kenntnisstand teilt man diese Ansichten nicht mehr. Bekannte Wüstlinge in der Geschichte, wie etwa der Kaiser Heliogabalus, haben sich für ihre Ausschweifungen großnasige Menschen gesucht. Dies gilt auch für Frauen, wie die berüchtigte Johanna von Neapel, deren Liebhaber gut entwickelte Nasen haben mußten.

Überhaupt standen die Duftstoffe, wie im kulturgeschichtlichen Kapitel schon erwähnt, von altersher in einer sehr engen Beziehung zu der menschlichen Sexualität. Einige interessante Details, die das Verhältnis von Sexualität und Duftstoffen näher erhellen, seien noch nachgetragen. Die Parfümierung der männlichen bzw. weiblichen Geschlechsteile läßt sich schon bei den Ägyptern nachweisen. Für die weiblichen Genitalien benutzte man das schon erwähnte Kyphi. In einem fast 3000 Jahre alten Papyrusrezept heißt es: »Man stellt daraus für die Frauen Kügelchen her, um unter ihnen zu räuchern. Sodann dienen sie auch als Pillen für die Vagina, damit daraus ein angenehmer Geruch strömt.« Es gibt Hinweise, daß sich dieser Brauch bis in das 16. Jhdt. n. Chr. erhalten hat. So erwähnt der italienische Arzt Prospero Alpini, daß die ägyptischen Frauen ihre Vagina mit Ambra und Zibet parfümieren. Er weist daraufhin, daß die Frauen anderer Völker die Genitalhaare abschneiden, die Ägypterinnen aber sich ausschließlich um den Geruch der Vagina kümmern. Neben den Genitalorganen wandten die Ägypter ihre Aufmerksamkeit auch dem Mundgeruch zu. Üble Mundgerüche versuchten sie durch Pillen zu beseitigen. Der medizinische Papyrus Eber (1500 v. Chr.) gibt folgendes Rezept:

»Nimm trockene Myrrhen, Wacholderbeeren, Weihrauch, Mastixzweige, Bockshorn, Rosinen etc. Dieses wird zerstoßen, vermischt und auf das Feuer gestellt.«

Zu dieser Mischung gab man Honig und formte Kügelchen daraus. Die Perser benutzten als uraltes Mittel den Asant oder Teufelsdreck, mit dem die Männer ihr Glied einrieben. Der griechische Arzt Hippokrates (ca. 460–370 v. Chr.) empfahl zur Hebung der Geschlechtslust der Frau die Einführung von Myrrhe in die Vagina.

Auf die erotischen Parfüms der Inder und Araber wurde schon in dem Kapitel »Kulturgeschichte der Duftstoffe« hingewiesen. Arabische Ärzte haben auch die Parfümierung der Genitalorgane im Abendland eingeführt. Im 11. Jhdt. verfaßte eine Ärztin namens Trotula, die der salernitanischen Ärzteschule zugerechnet wird, ein Buch mit dem Titel »Zum Nutzen der Frauen und zu ihrem Schmuck, wie des Gesichtes und ihrer Vagina«. In dieser berühmten Ärzteschule von Salerno wurden die Duftstoffe auch bei sexuellen Erregungszuständen eingesetzt. So lautet ein Spruch dieser Schule, um übermäßige Gliedsteife zu beseitigen: »Kampfer durch die Nase kastriert die Männer.« In keinem mittelalterlichen Klostergarten fehlte die duftende Weinraute, der man nachsagte, sie verhindere Erektionen. Das aus ihr hergestellte gebrannte Wasser, der vinum rutae, gehörte zur Standardausrüstung jeder Klosterapotheke. Als sexuell beruhigendes Mittel schätzten die Mönche den Baldrian, der in allen möglichen Formen, als Tinktur, Essenz etc. zur Anwendung kam. In der Renaissancezeit kam zur geheimen Kosmetik der Geschlechtsteile noch das Kämmen und Frisieren hinzu. Aus dem 18. Jhdt. wird berichtet, daß die Kurtisane Madame Dubarry mit großem Aufwand ihre Vagina geradezu in eine Duftglocke hüllte, um auf diese Weise den französischen König Ludwig XV. an sich zu fesseln. Die von ihr bevorzugten Düfte stammten von der Nelke und Ambra. Eine wahre Fundgrube für duftende Aphrodisiaka sind die Werke des Marquis de Sade. Seine Romanfiguren reiben sich nicht nur den Penis, sondern auch die Hoden mit gebrannten Wässerchen ein. Die Teilnehmer an den Orgien werden mit stimulierenden Flüssigkeiten mit Jasmingeruch überschüttet.

Bisher wurden nur Duftstoffe erwähnt, die entweder eine Ähnlichkeit mit menschlichen Sexualhormomen haben oder den Gerüchen bestimmter Körperregionen des Menschen gleichen. Es gibt jedoch ein Phänomen aus dem Bereich der erotischen Düfte, das auf dem natürlichen Geruch von jungen Mädchen beruht. In der Geschichte der erotischen Duftstoffe ist es als der sogenannte Sunamitismus eingegangen. Der Name geht auf das junge Mädchen Abishag aus Sunam zurück, das den hochbetagten König David durch ihre körperlichen Ausdünstungen zu neuem Leben erweckte. Im Alten Testament (1. Buch der Könige, 1–4) wird dies so erzählt:

»Als aber der König David alt war und hochbetagt, konnte er nicht warm werden, wenn man ihn auch mit Kleidern bedeckte. Da sprachen seine Großen zu ihm: ›Man suche unserem Herrn, dem König, eine Jungfrau, die vor dem König stehe und ihn umsorge und in seinen Armen schlafe und unseren Herrn, den König, erwärme.‹ Und sie suchten ein schönes Mädchen im ganzen Gebiet Israels und fanden Abishag von Sunam und brachten sie dem König. Und sie war ein sehr schönes Mädchen und umsorgte den König und diente ihm. Aber der König kannte sie nicht.«

Daß die körperlichen Ausdünstungen junger Mädchen eine heilsame Wirkung haben, war bis in das Zeitalter der Renaissance der Heilkunst unbekannt geblieben. Da entdeckte einer der zahlreichen Verehrer der Antike in Rom ein marmornes Weihedenkmal mit folgender Inschrift:

AESCULAPIO ET HYGIAE
SACRUM
C. OPPIUS C. L. LEONAS
VI. VIR. ET. AUG.
HONORATUS. IN. TRIBU.
CL. PATRUM ET LIBERUM.
CLIENTIUM. ET. ADSENSUS.
PATRONI. SANCTISSIMIS
COMMUNICIPIBUS. SUIS. D. D.
QVORUM DEDICATIONE
SINGULIS DECURIONIBUS
* III. AUGUSFALIBUS * II. ET.
COLONIS. CENAM. DEDIT.
L. D. D. D.

Übersetzt lautet diese Inschrift: Dem Äskulap (römischer Gott der Heilkunst) und der Sanitas (Göttin der Gesundheit) setzt dies L. Clodius Hermippus, welcher 115 Jahre und 5 Tage durch Ausdünstungen junger Mädchen lebte, worüber sich auch nach seinem Tode die Ärzte nicht wenig wundern. Ihr Nachkommen führt Euer Leben auf diese Art.

Es kann heute kein Zweifel mehr bestehen, daß es sich bei dieser lateinischen Inschrift um eine Fälschung handelt. Allgemein war bei den Renaissanceärzten die Theorie verbreitet, daß der Geruch und besonders die körperlichen Ausdünstungen eines Menschen beim Einatmen sich in Lebensgeist oder Spiritus verwandeln. Auf diese Weise könne gleichsam der Lebensgeist von einem Menschen auf den anderen übergehen. Der englische Philosoph Francis Bacon (1561–1626) überträgt diesen Gedanken auf die körperlichen Gerüche junger Leute, denen er eine Heilkraft zuschreibt. Nach seiner Meinung »können die Geister junger Personen einem alten Körper, wenn sie in ihn kommen, entweder das Leben wiederbringen oder ihn durch eine lange Zeit beständig gesund erhalten.« Ähnlich wie sein Vorgänger, der italienische Renaissance-Philosoph Marsilius Ficino (1433–1499), lobt er das Beispiel des Königs David. Doch er fügt hinzu, daß die Wirkung der Ausdünstungen der schönen Abishag noch stärker gewesen wären, wenn man dieses Mädchen wie die persischen Jungfrauen mit Myrrhe und anderen duftenden Salben eingerieben hätte. Aus dem 16. und 17. Jahrhundert berichten Ärzte über ihre praktischen Erfahrungen mit dem »Sunamitismus«. So will der italienische Arzt Capivaccio (gest. 1589) einen reichen Aristokraten, der völlig entkräftet war, dadurch geheilt haben, daß er ihn zwischen zwei jungen und gesunden Mädchen schlafen ließ. Der Arzt Forestus (1522–1597) rettete einem schwer erkrankten Bologneser das Leben, indem er ihn Tag und Nacht bei einer zwanzigjährigen Amme schlafen ließ. Auch der holländische Arzt Boerhave (1668–1738) will auf diese Weise einem deutschen Prinzen das Leben gerettet haben. In der Medizin des 17. Jahrhunderts, besonders aber bei jüdischen Ärzten, die ja auf ein berühmtes Beispiel aus dem Alten Testament verweisen konnten, war der Sunamitismus sehr verbreitet. Deshalb sah sich der Leibarzt des Bischofs von Münster, Johann Heinrich Cohausen (1665–1750) genötigt, gegen diese Behandlungsmethode eine satirische Schrift zu verfassen. Doch diese materialreiche Schrift hatte eine ganz andere Wirkung als sich der Autor erhofft hatte. Der Sunamitismus wurde einer breiten Öffentlichkeit bekannt. Gerade in Frankreich, das im 18. Jahrhundert das Zentrum der europäischen Lebewelt war, mußte eine solche pikante Heilmethode größtes Interesse wecken. Zahlreiche Lebemänner wollten dem Vorbild des Königs David nacheifern. Was ursprünglich von den Renaissanceärzten als Heilverfahren erdacht wurde, um einem alten Körper neue »Lebensgeister« einzuflößen, verkümmerte zu einer raffinierten Form der Ausschweifung. Der bekannte Sexualwissenschaftler Iwan Bloch veröffentlichte 1901 unter dem Pseudonym Hagen ein Buch über die »Sexuelle Osphreologie«, in dem er ausführlich das Treiben der Sunamiterinnen in Paris beschreibt. Seine Hauptquelle ist das seinerzeit berühmte Werk von dem Vielschreiber Retif de la Bretonne (1734–1806) mit dem Titel »Palais-Royal« (1790), dessen zweiter Teil von ihm folgendermaßen zusammengefaßt wird:

»Die berühmteste Sunamiterinnenhändlerin war Madame ›Janus‹ wie Retif de la Bretonne sie nennt. Sie hielt mehr als 40 junge Mädchen aus Vorstädten und der Provinz zur Verfügung ihrer Kunden. Selten bediente sie sich einiger im Zentrum von Paris geborener Mädchen. Als ehemalige Haushälterin eines berühmten Arztes verstand Madame Janus ihr Handwerk vortrefflich. Ihre Schützlinge wurden in einem abseits gelegenen Haus ›Jenseits des Boulevards‹ für ihren Beruf ausgebildet. Sie bekamen die gesündesten Speisen und mußten sich durch tägliche Bewegungen kräftigen. Madame Janus nahm für den der ›Wiederherstellung‹ bedürftigen Greisen einen Louidor für die Nacht. Jedes Mädchen erhielt 6 Francs, sie selbst 12. Beim ersten Mal war sie selbst zugegen und ließ zunächst den Greis in ein aromatisches Bad steigen, worauf sie ihn massierte und abtrocknete, bis eine vollständige Frische und Reinheit seines Körpers erreicht war. Daraufhin legte sie ihm einen festen Maulkorb an und legte ihn zu den beiden Sunamiterinnen ins Bett, so daß deren Haut genau die seinige berührte.

Ein Mädchen konnte nur 8 Nächte hintereinander diesen Dienst versehen. Die beiden ersten Sunamiterinnen wurden dann durch zwei andere ersetzt und konnten sich ausruhen, nahmen Bäder an den beiden ersten Tagen und vergnügten sich vierzehn Tage lang, bis die Reihe wieder an sie kam. Denn ein Greis hatte drei Paar Mädchen nötig.

Die größte Aufmerksamkeit wurde der Erhaltung der Jungfräulichkeit der Sunamiterinnen gewidmet. Denn ein Verlust derselben machte die Mädchen, besonders während einer Schwangerschaft, eher schädlich als nützlich für die Greise. Wenn ein Greis ein Mädchen verführte, schadete er nach Ansicht der Kenner nicht nur sich selbst, sondern verlor auch noch eine am ersten Tag deponierte Summe.

Ein Mädchen versah den sunamitischen Dienst nur drei Jahre lang nach dem Eintritt der Pubertät. Früher oder später beherrschte sie den Greis und wehrte seine Ausdünstungen ab, ohne daß sie eine Wirkung bei ihr hatten, wenn sie unverbraucht war. Wenn sie aber eine schon ältere Sunamiterin war, dann wurde er von den schädigenden Ausdünstungen wieder beeinflußt, die er auf sie absonderte. Eine Sunamiterin, die täglich in Anspruch genommen wurde, konnte überhaupt nur ein Jahr dienen. Zur Steigerung der sunamitischen Wirkung war das eine Mädchen stets eine Blondine, das andere eine Brünette. Madame Janus bediente sich zu ärztlichen Zwecken eines im Hause wohnenden Arztes namens Hermipus.«

Daß eine solche Dienstleistung für die jungen Mädchen nicht besonders angenehm war, kann man dem Bericht der beiden Sunamiterinnen Rose und Oeillette entnehmen, den ich in Übersetzung wiedergebe:

»Bevor wir zu ihm hineingingen (gemeint ist ein alter Bankier), sind wir sehr genau von Mama Janus instruiert worden. So passierten uns keine Pannen. Er legte sich ins Bett mitten zwischen uns, wobei er sich möglichst eng an uns schmiegte. Ich versichere Ihnen, daß dies besonders im Sommer sehr mühevoll ist! Dafür bedarf es der ganzen Freundschaft, die wir der Mama schulden. Es ist auch notwendig, daß wir für uns etwas verdienen, wenn wir die Ermüdung, Ungesundheit, Sonderbarkeit ... und Widerwärtigkeiten unseres Berufes ertragen sollen. Ein Greis, der hustet, spuckt, niest, schwitzt ... und tausend andere Dinge macht, ist bestimmt nichts Angenehmes. Ah! Endlich haben wir es geschafft! Wir sehnen den Augenblick unserer Freiheit herbei wie die Gefangenen der Bastille und wünschen den Tag zu sehen.«

Gelegentlich werden in der älteren medizinischen Literatur auch Fälle von tierischem Sunamitismus erwähnt. So berichtet der schon erwähnte Francis Bacon von der Heilung und Regenerierung alter Menschen durch junge Hunde, die man eine Nacht lang an ihren Körper gelegt hatte.

Mit dem Ende des galanten Zeitalters verschwindet auch der Sunamitismus aus der Medizin. Wenngleich man zugestehen muß, daß diese Heilweise im 18. Jahrhundert zu einer Ausschweifung entartet ist, muß man sie im Lichte der modernen Hormonforschung anders beurteilen. Dies ist auch der Grund, weshalb der Sunamitismus so ausführlich dargestellt wurde. Wenn man davon ausgeht, daß auch die Menschen hormonähnliche Botenstoffe, die Pheromone, verströmen, könnten auch die körperlichen Ausdünstungen besonders junger Menschen entsprechend wirken: Über den Geruchssinn würden die Drüsen der inneren Sekretion aktiviert, und es würde zu einer Erhöhung des Hormonspiegels, besonders der Sexualhormone, kommen. Bei jungen Menschen, die sich in der Pubertät befinden, ist eine stärkere Aktivität des gesamten Drüsensystems vorauszusetzen, was auch zu einer Erhöhung dieser hormonalen Botenlockstoffe führt. Man kann also in dem Sunamitismus ein Heilsystem sehen, das sich die erhöhte hormonelle Aktivität von jungen Menschen in der Pubertät zunutze macht. Die Wirkung der verströmten Pheromone würde man noch dadurch erhöhen, daß man die jungen Mädchen mit Duftstoffen einsalbt, die eine ähnliche oder die gleiche chemische Struktur wie diese Botenlockstoffe haben. Die tierischen Duftstoffe, Ambra, Moschus und Zibet, die aus den Sexualdrüsen bestimmter Tiere stammen, wurden schon beschrieben. Sie sind Pheromome, die das menschliche Sexual-drüsensystem beeinflussen und aktivieren können. Ihr Duft erin-nert an den Geruch bestimmter Körperteile des Menschen, so daß sie sich vorzüglich eignen, den spezifischen Körpergeruch zu erhöhen und noch zu verstärken. Paul Jellinek wies nach, daß die graue Ambra sehr dem Regionalgeruch der Kopfhaare ähnelt. Auch im Geruch der Geschlechtsteile schwarzhaariger Men-schen glaubt er diesen Duft zu erkennen. Die verschiedenen Nuancen, die den Moschusgeruch charakterisieren, nämlich scharf ammoniakalisch, süß-nußartig und herb-animalisch, glaubt er in den Gerüchen verschiedener Körperpartien wieder-zuerkennen. Die scharf-ammonikalische Duftnote findet sich wieder in den »Eingangs- oder Pfortengerüchen« des Uro-Geni-talbereiches, wo er durch die Spuren sich zersetzenden Spermas und Harns entsteht. Die süß-nußartige Komponente ähnelt dem Geruch der Kopfhaare und der schwarzbehaarten Hautregionen. Die herb-animalische Note erinnert an den Achsel- und Genital-bereich, besonders rothaariger Menschen. Der scharf-süße Ge-ruch des Zibet ruft Erinnerungen an Schweiß und Fäkalien wach. Außer in Weihrauch und Sandelholz, die schon behandelt wur-den, finden sich noch in anderen ätherischen Ölen sexualhormon-ähnliche Wirkstoffe. Man spricht hierbei von Hormonersatz oder

Phytohormonen (pflanzliche Hormone). Weibliche Sexualhormone, Östrogene, enthalten die Öle von Anissamen, Fenchel und Eukalyptus. Fenchel und Anis sind alte Hausmittel, um die Milchsekretion stillender Frauen anzuregen. Andere Öle wie Rose, Neroli, Jasmin und Ylang-Ylang, das aus den auf einigen westafrikanischen Inseln wildwachsender Cananga-Bäumen gewonnen wird, sind stark wirkende Aphrodisiaka. Es ist aber noch nicht geklärt, ob sie durch den Geruchssinn die Sexualdrüsen anregen oder selbst Phytohormone enthalten. Paul Jellinek hebt bei einer Reihe von pflanzlichen Duftstoffen die Ähnlichkeit mit körpereigenen Gerüchen des Menschen hervor. Das afrikanische Geraniumöl, das eine terpentinartig-käsige Note besitzt, vergleicht er mit dem Duft der Genitalregion von blondhaarigen Menschen. Das Irisöl hat neben seinem Veilchengeruch eine süß-fettige-schweißige Komponente, die an den Duft des Kopfhaares erinnert. Das Kostuswurzelöl hat einen ranzig-schwülen Duft, der dem der Kopfhaarregion ähnelt und in höheren Konzentrationen fast dem Achselgeruch schwarzhaariger Menschen gleichen soll. Der balsamische Geruch des Labdanumharzes hat eine schweißige Note. Dem Schweiß von blonden Menschen soll das leicht säuerlich riechende Myrrhenharz gleichen. Der erotisch wirkende Rosenduft entfaltet seine Wirkung dadurch, daß er aufgrund seiner üppig ausgeformten Blütenblätter im Geruchsgedächtnis Erinnerungen an eine gut entwickelte Frau wachruft. Die narkotische Duftwirkung des Rosenöls wird durch Assoziationen, die in der Phantasie entstehen, noch gesteigert. Der Duft einer noch geschlossenen Rose fordert zum Vergleich mit den herben Linien eines noch jungfräulichen Mädchens auf. Das Styraxharz mit seinem süßen, animalisch-balsamischen Geruch ähnelt dem Schweiß eines Menschen.

Styraxpflanze.

Weihrauchbaum
(Boswellia thurifera).

An die schweißigen Ausdünstungen des Menschen erinnert auch der etwas vanilleartig duftende Tolubalsam. Dasselbe gilt für den Duft des Weihrauchs. Das Zypressenöl, von dem in der Zwischenzeit bekannt ist, daß es weibliche Sexualhormone enthält, zeigt Anklänge an Ambra, und seine säuerliche Duftnote deckt sich mit den Gerüchen der Kopfhaarregion und des Genitalbereiches blondhaariger Menschen.

Einen wesentlichen Beitrag zur Klassifizierung der erotischen Düfte leistete der schon mehrfach erwähnte Paul Jellinek, der nicht von einem erotischen Duft, sondern von Duftkomplexen ausging, die teilweise nicht nur aus verschiedenartigen, sondern sogar kontrastierenden Geruchswirkungen bestehen. Eine Klassifizierung ist überhaupt nur möglich, wenn aus den verschiedenartigen Duftnoten der Gesamteindruck bestimmt oder der Duft der wichtigsten Komponenten nebeneinander gestellt wird. Danach unterteilt Jellinek die wichtigsten ätherischen Öle mit erotischen Wirkungen folgendermaßen:

narkotisch	Rosenöl, Nerolilöl, Veilchen.
	Das Bewußtsein wird eingeschläfert; Gefühls-empfindungen und Phantasievorstellungen können ungehindert eindringen.
schwül	Akazie, Flieder, Ginster, Jonquille (eine Nar-zissenart), Orangenblüte, Orchidee.
	Dieselbe Wirkung wie *narkotisch*; die Duftnote enthält animalische Komponenten wie Moschus etc.
beruhigend	Lavendel, Flieder.
	Diese Duftstoffe haben dieselbe Funktion wie die unter *narkotisch* und *schwül* genannten Öle. Nur ist die Wirkung schwächer.
frisch und stimulierend	Zitronenöl, Thymianöl, Lemongrasöl.
	An sich gilt ein erfrischender Duft als anti-erogen; kommt jedoch eine stimulierende Wir-kung hinzu, so ist die Hauptwirkung erotisch.
stimulierend	Kassia, Reseda.
	Der von der nüchternen Verstandestätigkeit be-freite und auf Erotik eingestellte Geist wird durch diese Duftnoten für weitere sinnliche Eindrücke empfänglich gemacht.
narkotisch-stimulierend	Nelke, Hyazinthe.
schwül-stimulierend	Jasmin, Tuberose, Maiglöckchen.

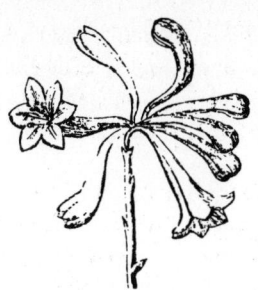

Tuberose (ostindische Hyazinthenart).

Eine berühmte erotische Duftkomposition, die ursprünglich zu Zwecken der Räucherung gebraucht wurde, ist »Chypre«. Dies ist der französische Name für Zypern und weist daraufhin, daß dieses Räucherwerk von den Kreuzfahrern nach Europa gebracht wurde. Im 14. Jahrhundert verstand man darunter eine Mischung aus Labdanum, Styrax, Kalmus und Tragant (der rötliche, klebrige Gummi des Bocksdorns). Im 18. Jahrhundert gab es zwei Kompositionen, die diesen Namen trugen. Die erste Mixtur bestand aus Eichenmoospulver, Moschus, Ambra und Zibet. Die zweite enthielt Eichenmoos, Orangenblüten, Benzoe, Styrax, Zibet, Bittermandel, Kardamomen, Rosenblätter, Nelkenstiele, Sandelholz und Kampfer.

Dieser ältere Typ des »Chypre« hatte eine ausgesprochene schwüle und narkotische Eigenschaft, die beim Räuchern durch den sich bildenden Kohlenstoff bzw. das Kohlendioxyd noch unterstrichen wurde. Sein erotischer Gesamteindruck beruhte auf den Pheromonen der tierischen Duftstoffe wie des Moschus etc., den pflanzlichen Wirkstoffen der ätherischen Öle, die z. B. im Sandelholz enthalten sind, und den Ähnlichkeitsriechstoffen, wie z. B. dem Styrax, das eine an den menschlichen Schweiß erinnernde Duftnote hat. Die neuzeitlichen Chypre-Kompositionen enthalten vor allem stimulierende Duftstoffe wie Zimtöl, Nelkenöl, Korianderöl, Kumarin, Vanillin und Irisöl.

In jüngster Zeit versuchte Ann Worwood (»Liebesdüfte«) eine Einteilung der erotischen Duftstoffe in männliche und weibliche Parfüms bzw. Öle durchzuführen. Hierbei verwertete sie auch die neuesten Erkenntnisse über die Pheronome und pflanzlichen Hormone.

Weibliche Öle	Angelika, Benzoe, Bergamotte, Fenchel, Geranium, Hyazinthe, Jasmin, Jonquille, Kamille, Koriander, Lavendel, Limette, Majoran, Mandarine, Muskatnuß, Muskatellersalbei, Neroli, Patschuli, Petigrain, Piment (Nelkenpfefferöl), Rose, Rosmarin, Tonkabohne, Veilchen, Verbene (Eisenkrautöl), Ylang-Ylang, Zypresse.
Männliche Öle	Ambra, Anis, Basilikum, Benzoe, Bergamotte, Geranium, Ingwer, Jasmin, Kardamom, Kiefer, Kümmel, Lorbeer, Melisse, Mimose, Muskatblüte, Muskatellersalbei, Myrrhe, Narzisse, Orange, Patschuli, Pfefferöl, Rosenholz, Sandelholz, Vanille, Vetiver (die Wurzel einer asiatischen Graspflanze), Weihrauch, Zedernholz, Zimt, Zitrone.

Wenig überzeugend bei dieser Klassifizierung ist die Doppelnennung von Ölen wie z. B. Jasmin, Patschuli, etc., die sowohl der »aromatische Mann« als auch die »aromatische Frau« benutzen.

Die Aromatherapie oder die medizinische Verwendung der Duftstoffe

Für die medizinische Duftstofftherapie gibt es die älteren Namen medizinische Osmologie (von griech. »Osme« = »Duft«) und osmologische Heilkunde. Jüngeren Datums sind Osmotherapie und heute die allgemein gebräuchliche Bezeichnung Aromatherapie. Eine Abgrenzung der Osmotherapie von der Aromatherapie hat sich nicht durchsetzen können. So wollte man unter Osmotherapie (M. Furlenmeier: »Mysterien der Heilkunde«) eine harmonisierende Beeinflussung der Seele und des vegetativen Nervensystems durch Duftstoffe sehen, da die Duftstoffe eine wohltuende und harmonisierende Wirkung auf das Nervensystem des Menschen ausüben sollten und man mit nur sehr geringen Dosen der Duftstoffe auskommt. Die Aromatherapie sei eine eher negative Osmotherapie, die sich die keimtötende Wirkung bestimmter ätherischer Öle zunutze machte. Sie benutzte höhere Dosen, die dem Körper unter Umgehung der Riechorgane durch Pillen und Injektionen zugeführt werden. Diese Trennung der beiden Anwendungsbereiche ist historisch bedingt. Vor der Entdeckung der Sulfonamide und des Penicillins bezeichnete man in Frankreich die antibakterielle Anwendung der Duftstoffe als »Aromathérapie«, was sich sehr leicht eindeutschen ließ.

Die tierischen und pflanzlichen Duftstoffe haben in ihrer Mehrzahl mehr oder weniger die folgenden medizinischen Eigenschaften:

– *Stimulierung der endokrinen Drüsen*
  Im vorangegangenen Kapitel wurden schon die Pheromone
  und pflanzlichen Hormone beschrieben, die vor allem auf das
  Sexualdrüsensystem wirken. Basilikum, Geranie, Kiefer, Ros-
  marin und Salbei beeinflussen die Tätigkeit der Nebennieren-
  rinde. Minze und Jasmin wirken auf die Hypophyse anregend.
  Knoblauch soll ein wirksames Mittel für die Schilddrüse sein.
– *Bakterientötende bzw. -hemmende Wirkung pflanzlicher Öle*
  Dieselbe Wirkung üben sie auf Pilze, Parasiten und Viren aus.
– *Entspannung, Beruhigung oder Anregung des vegetativen
  Nervensystems*

Aus dieser Aufstellung ersieht man, daß die Duftstoffe einen
großen Anwendungsbereich haben. Aber zugleich stellt sich
auch die Frage, die in den zahlreichen Werken über Aromatherapie nur am Rande gestreift wird, ob die Duftstoffe in Anbe-
tracht einer solchen weitreichenden pharmakologischen Wirkung auch giftig sein können. Eigentlich sollte diese Thematik
jeder Arbeit über Aromatherapie vorangestellt werden. Denn der
Laie, der die Wohlgerüche dieser Stoffe einatmet, denkt wohl zu
allerletzt daran, daß »alle Dinge Gift sind und nichts ohne Gift
ist« (Paracelsus). M. Furlenmeier hat in seinem Buch »Mysterien
der Heilkunde« einige Beispiele über die Giftigkeit von ätherischen Ölen zusammengestellt. So können beispielsweise Öle des
Salbeis, Wermuts, Rainfarns und Lebensbaumes aufgrund ihres
Gehaltes an Thujon in geringen, therapeutischen Dosen sehr
heilsam sein, bei einer Überdosierung dagegen kann es zu Nie-
ren- und Leberschädigungen mit tödlichem Ausgang kommen.
Andere ätherische Öle führen bei falscher Dosierung und zu
langer Einwirkung zu Reiz- und Allergieerscheinungen auf der

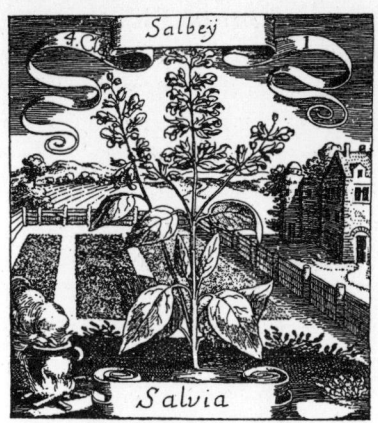

Salbei *(Salvia offizinalis)*;
er enthält den Stoff Thujon, der bei Überdosierung tödlich wirkt.

Haut, Entzündungen des Magens und Darms und vor allem zu Leber- und Nierenschäden.

Daß Weihrauch Bestandteile enthält, die sich auch im Haschisch befinden und süchtig machen kann, wie Fälle unter dem Kirchenpersonal der katholischen Kirche beweisen, wurde schon im Kapitel »Kulturgeschichte der Duftstoffe« dargestellt.

Der Verlauf einer Vergiftung durch ätherische Öle und tierische Duftstoffe erfolgt in der Regel in vier Stadien:

1. *Stadium:* Da die meisten Präparate Essenzen, also Kombinationen von Alkohol und den Duftstoffen sind, tritt schon beim intensiven Riechen aufgrund des Alkoholgehaltes eine Wirkung ein. Melissenöl ist krampflösend im Bereich der Verdauungsorgane und beruhigt das Nervensystem. Bei Überdosierung tritt Pulsverlangsamung ein und die Atmung wird

spürbar schwächer. Dies hat zur Folge, daß der Patient sich
müde und benommen fühlt.

2. *Stadium:* Salbei und Rosmarin führen schon in kleineren
   Dosen Krämpfe herbei, die an Epilepsie erinnern und Bewußt-
   seinsstörungen verursachen.
3. *Stadium:* Zustand der vollkommenen Narkose.
4. *Stadium:* Kennzeichnend für dieses Stadium sind schwere
   Krämpfe, Lähmung des Atems und Pulsstillstand. Diesen
   tödlichen Zustand kann z. B. eine Überdosis von Safran herbeiführen.

Safranpflanze; eine Überdosis wirkt tödlich.

Grundsätzlich sollte man bei der Verwendung von Duftstoffen
beachten, daß jede längere Benutzung zu Vergiftungserscheinungen führen kann, die sich zunächst nur in Kopfschmerzen und
leichten Magen- oder Darmstörungen äußern können. Man sollte
sich hierbei auf seine Nase verlassen. Denn eine längere und
höhere Medikation wird nicht mehr als angenehm und wohltuend
empfunden. Deshalb muß dringend davor gewarnt werden, ei-
genmächtig und ohne Beratung durch einen erfahrenen Heilpraktiker unser Geruchsorgan zu umgehen und sich solche Stoffe zu

injizieren oder in Kapseln einzunehmen. Dies könnte zu schweren gesundheitlichen Störungen führen.

Die schriftlichen Zeugnisse und die archäologischen Funde aus der altorientalischen Zeit und der griechisch-römischen Antike lassen den Schluß zu, daß Duftstoffe, besonders in Form von Räucherwerk und Salben, auch für medizinische Zwecke benutzt wurden. Eine wichtige Rolle spielten die Wohlgerüche in der arabischen Medizin, die sich hierbei auf das Vorbild und die Ratschläge Mohammeds berufen konnte.

In der Medizin der Sufis, der islamischen Mystiker, haben sich bis heute die wichtigsten Lehren der arabischen Medizin erhalten, die auf dem Koran und vor allem den Lehren der Ärzte Avicenna, Rhazes und Suguti basieren. Das Öl oder die Essenz der Pflanze, durch Auspressen oder Destillation gewonnen, trägt den Namen »Attar«. Es enthält niemals Alkohol, weil er nach Meinung der Sufis die Pflanzenessenz, die gleichsam auch die Seele ist, zerstört. Die wichtigsten Attars sind Amber, Weihrauch, Myrrhe, Veilchen, Sandelholz, Moschus, Rose, Jasmin, Hina, 'Ud und Jannat al Fardaws. Bei den drei letzten Ölen handelt es der Reihe nach um Hennaöl, Aloeöl und einer Duftkomposition, die ein gewisser Sufi-'attar, ein Dufthersteller, erfunden haben. Bei seinen mystischen Übungen sei er in den höchsten Himmel gelangt und habe einen wunderbaren Duft gerochen, den er bei seiner Rückkehr zur Erde zu imitieren versucht habe.

Grundsätzlich werden die Öle nicht eingenommen, weil die Magensäfte die Essenz zerstören und dabei auch Alkohol entstehen würde. Es gibt zwei Arten der Anwendung. Die häufigste besteht darin, das Öl in den Bart, auf das Kinn, über die Vorderseite des Hemdes und in das Handgelenk einzureiben; oder man trägt das Öl mit einem Tupfer auf der Innenwindung der rechten Ohrmuschel auf, die sich unmittelbar über der Ohröffnung befindet, weil an dieser Stelle fünf Nerven zusammenlaufen.

Die Anwendungsbereiche sind nach Moinuddins »Heilkunst der Sufis« die verschiedenen Seelenzustände, von denen es folgende Stufen gibt: Zustand des Egoismus, des Herzens, der Seele, der göttlichen Geheimnisse, der Nähe und der göttlichen Vereinigung. Von Stufe zu Stufe nehmen die für jeden Zustand kennzeichnenden physischen Leiden und geistigen Ungleichgewichte ab. Den untersten Zustand, der als »Maqam an-nafs« (Zustand des Egoismus) bezeichnet wird, wird folgendermaßen charakterisiert:

Physische Leiden	Alkoholismus, Überessen, Fettleibigkeit, Gicht, Augenleiden, Blindheit, Gelbsucht, Krebs, Herzleiden. Wirksames Öl (attar): Rose, Sandelholz, Weihrauch, Moschus.
Geistige Ungleich-gewichte	Depressionen, sexuelle Perversionen, grundloses Weinen, Furcht, Ängstlichkeit, Selbstsucht, Verrücktheit, Geisteskrankheiten. Wirksames Öl (attar): Veilchen, Rose, Weihrauch.

Auch das wichtigste medizinische Lehrbuch der Tibeter, das »Gyü-shi«, der »Baum der Gesundheit«, enthält Angaben über die medizinische Verwendung der Duftstoffe. In diesem aus vier Büchern bestehenden Werk werden 404 Krankheiten beschrieben, zu deren Heilung folgende aromatische Pflanzen benutzt werden:

Aloe	Zur Anwendung kommen das Öl und das Harz dieser bei den Tibetern heiligen Pflanze. Da der Duft böse Geister vertreibt, setzt man diese Pflanze zur Behandlung von Geisteskrankheiten ein.
Asant	Das stark riechende Gummiharz der Wurzel trägt auch den Namen »eine der drei kostbaren Halter des Lebenswindes«. Die Tibeter schätzen es als Wurmheil- und als Liebesmittel. Es verhindert Blähungen und lindert Herzkrankheiten.
Baldrian	Auch »Wiesenweihrauch« oder »Haar der Elementargeister« genannt. Ein Heilmittel gegen Herz- und Geisteskrankheiten.
Gewürznelke	Eines der »sechs guten Dinge«; sie wird auch als »Blume der Götter« bezeichnet, weil sie die Lebensader stärkt und auch bei Lebererkrankungen wirksam ist.
Gichtrose	Eine Rhododendronart mit duftenden Blättern; die Tibeter schätzen sie als Mittel zur Lebensverlängerung. Gilt auch als wirksam gegen Tripper.
Kardamom	Eines der »sechs guten Dinge«; heilt Erkrankungen der Niere.
Koriander	Beseitigt den heißen Schleim im Magen; allgemein ein Heilmittel gegen Magen- und Darmleiden.
Lavendel	Auch Schönfrucht genannt; sie ist die Blume der »Elementargeister«. Heilmittel gegen Nervenleiden aller Art.

Mönchspfeffer	(lat. Vitex agnus castus); eine duftende Heilpflanze, die gegen Fieber und »Hitze« eingesetzt wird.
Muskatnuß	Andere Bezeichnung: »König des Weihrauchs«; zählt zu den »sechs guten Dingen«. Ein Heilmittel gegen Blähungen und Herzerkrankungen. Eine der wichtigsten Arzneien der Tibeter gegen Geisteskrankheiten.
Orchidee	Es handelt sich um das Khaskhasgras, dessen angenehm duftende Wurzel gegen Erbrechen hilft.
Safran	Heilsam bei Gallen- und Leberererkrankungen.
Sandelbaum	Benutzt wird der weiße S.; er beseitigt Blähungen und verhindert Vereiterungen von Wunden.
Wacholder	Bei den Tibetern eine heilige Pflanze, die bei den religiösen Räucherungen benutzt wird. Darüberhinaus ein geschätztes Fiebermittel.
Weihrauch	Zur Anwendung kommt die schwarze Form (Commiphora mukul); der Duft vertreibt böse Geister und hilft bei Geisteskrankheiten.

Auf die umfangreiche Verwendung von tierischen und pflanzlichen Duftstoffen in der europäischen Medizin des Mittelalters und der frühen Neuzeit wurde schon in dem Kapitel »Kulturgeschichte der Duftstoffe« eingegangen. Bis Mitte des 18. Jahrhunderts konnte man weit über hundert ätherische Öle destillieren. Doch nach den großen Pestepidemien, als die Duftstoffe in größeren Mengen nicht nur in den schon beschriebenen »Doktorschnäbeln«, sondern auch zur Räucherung von Krankenzimmern, Kirchen und öffentlichen Plätzen benutzt wurden, schwand ihre Bedeutung für die Medizin, und man schätzte sie vor allem als Kosmetika. Was nach dem goldenen Zeitalter der

Parfümerie, wie man auch das 18. Jahrhundert in der Geschichte der Duftstoffe bezeichnet, für die Medizin noch übriggeblieben ist, kann man in dem Buch »Volksarzneimittel und einfache, nicht pharmazeutische Heilmittel gegen Krankheiten des Menschen« (Hannover 1877) nachlesen, das aus der Feder des Göttinger Medizinprofessors F. Ossiander stammt. Die »Duftheilkunde« bestand in dieser Zeit gerade aus 20 Stoffen:

Ambra, Moschus	gegen Impotenz
Eau de Luc (bernstein-	
saures Ammonium)	Brustkrampf, Husten
Emmanation (Ausdünstun-	
gen von faulen Stoffen)	Impotenz
Essig	Pest
Feder, die angebrannt wird	Ohnmacht, Hysterie
Honiggeruch	lebensverlängernd
Hopfengeruch	Schlaflosigkeit
Juchtenleder	Hysterie
Justitia triflora	Husten
Kampfer	Husten
Katzenkraut	Schnupfen
Mastix	Hysterie, Epilepsie
Meerrettich	Schwindel
Salmiakgeist	Fallsucht
Schafgarbe	Schlaflosigkeit
Schlüsselblume	Husten
Schwefel räuchern	Pest
Storax	Pest
Weihrauch	Pest
Weinessig	Ohnmacht

Zehn Jahre später, im Jahre 1887, entdeckte Chamberland die bakterientötende Wirkung der ätherischen Öle. Er wies nach, daß Origanum, Zimt, Engelwurz und Geranium aus Algerien Pest- und Milzbranderreger abtöteten. Die Bakteriologen Morel und Rochaix fanden in den 20er Jahren des 20. Jhdt. noch weitere keimtötende Öle. So tötet Zitronenessenz Typhusbakterien und Eitererreger (Staphylokokken) in 5 Minuten und Diphteriebakterien in 20 Minuten ab. Dämpfe mit Zitronenessenz sind wirksam gegen den Erreger der Hirnhautentzündung, Typhus, Lungentuberkulose und diverse Infektionskrankheiten.

Einen wesentlichen Beitrag leistete der französische Chemiker R. M. Gattefossé, der auch den Namen »Aromathérapie« prägte, mit seinen Arbeiten über die keimtötende Wirkung der ätherischen Öle. Als er bei einer Explosion in einem Labor in der südfranzösischen Stadt Grasse eine schwere Verbrennung erlitt, stellte er fest, daß die Wunde nach der Behandlung mit reinem Lavendelöl sehr schnell abheilte. Eine Vereiterung und anschließende Narbenbildung blieben zur großen Überraschung der Ärzte aus. Seine Ergebnisse faßte er 1928 in dem Buch mit dem Titel »Aromathérapie« zusammen.

Schon 1903 hatten die englischen Bakteriologen Rideal und Walker ein Verfahren entwickelt, um die keimtötende Wirkung der ätherischen Öle nachzuweisen. Es beruht auf dem »Phenol-Koeffizenten«. Man mißt, welche Miminaldosis von ätherischen Ölen notwendig ist, um eine bakterienhaltige Nährlösung keimfrei zu machen. Zum Vergleich zieht man eine 5,6 prozentige Phenollösung heran.

Der französische Arzt Valnet, der die Forschungen Gattefossés fortsetzte und im Zweiten Weltkrieg Verwundete mit ätherischen Ölen behandelte, wies mit einem anderen Verfahren die gleichen

Werte nach. Er untersuchte, welche Minimaldosis (in cm³) erforderlich ist, um einen Liter einer mit Kloakenwasser verseuchten Fleischbrühlösung keimfrei zu machen.

Öl	bakterientötende Dosis (in °/oo)
Thymian	0,70
Origanum	1,00
Kassia	1,70
Rose	1,80
Gewürznelke	2,00
Eukalyptus	2,25
Pfefferminze	2,50
Lavendel	3,50
Rosmarin	4,30
Wacholder	6,00

Heute weiß man auch genau, welche chemischen Verbindungen – es gibt weit mehr als 2000 in den ätherischen Ölen – für diese bakterientötende Wirkung verantwortlich sind. Es handelt sich hierbei vor allem um die Terpene, die größte Stoffklasse unter diesen Verbindungen. Dann folgen Phenol, Aldehyd und Alkohol.

Valnet machte auch darauf aufmerksam, daß bestimmte ätherische Öle geeignet sind, Toxine, die wasserlöslichen Giftstoffe, von Schlangen zu neutralisieren. Bei den Jägern in Südfrankreich ist es seit altersher üblich, Hunde, die von Vipern gebissen wurden, mit frischem Lavendel einzureiben. Auf diese Weise kann die Giftwirkung neutralisiert werden. Die gleiche Wirkung wird dem Besenginster zugeschrieben. Es ist altes Erfahrungs-

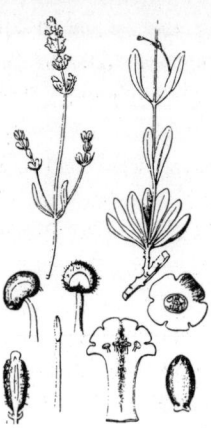

Breitblättriger Lavendel.

wissen der Schäfer, daß Tiere, die reichlich Besenginster gefressen haben, Schlangenbisse überleben können.

Außerhalb Frankreichs wurden wichtige Beiträge zur Aromatherapie in Rußland und Deutschland geleistet. Ende der 60er Jahre behandelte der russische Medizinprofessor Gassanow in Baku über 33 000 Patienten mit Duftstoffen. Er benutzte jedoch keine ätherischen Öle, sondern ließ die Pflanzendüfte aus riesigen Pflanzenarealen auf seine Patienten einwirken. Zur Anwendung kamen: Rosmarin, Edelgeranie, Edellorbeer und Santalin. Prof. Gassanow behandelte damit sehr erfolgreich Schlafstörungen, Asthma und nervöse Störungen. Das Ergebnis faßt er so zusammen: »Der Duft übt einen positiven Einfluß auf eine ganze Reihe pathologischer Prozesse aus, wirkt auf das zentrale Nervensystem, auf regulatorisch-koordinatorische Fähigkeiten der Gehirnrinde, auf das Gedächtnis und die geistigen Fähigkeiten des Menschen, auf die Tätigkeit der Atmungsorgane, den Blutkreislauf und auch auf die sexuelle Aktivität.« (»Arten der physiokulturellen Heilbehandlungsmethode, die unter den Bedingungen der Zentralen Zone der Gesundheit in Baku durchgeführt werden«, 1974).

Fast zur gleichen Zeit entwickelte der deutsche Arzt H. Karsten in seinem Sanatorium eine Dufttherapie, die er bei psychosomatischen Krankheitsbildern wie Kopfschmerzen, Erregbarkeit, Schlafstörungen etc. anwandte. Den Duft von Baldrian, Melisse, Lavendel setzte er bei Schlafstörungen und Kopfschmerz ein, den von Pfefferminze bei nervösen Magenbeschwerden. Den Patienten, die innerhalb von vier Wochen zwanzigmal therapiert wurden, wurden die Duftstoffe durch Inhalation, Duftkissen, Kräuterkissen und mit Hilfe von Aerosolen zugeführt. In zwei »Duftpavillons« setzte Dr. Karsten Patienten der Wirkung lebender Pflanzen aus, die wie die Geranie, Melisse, Sanatalin und Lavendel eine beruhigende Wirkung auf Menschen haben, oder wie Rosmarin, Lorbeer und Thymian stimulierend sind. In enger Kooperation mit Prof. Klages von der Universität Aachen, der in seiner Schrift »Über den Geruchssinn des Menschen und seinen Erlebniswert bei Gesunden und Kranken« auf die Wichtigkeit des Geruchserlebens in der Medizin hingewiesen hat, entwickelte Karsten die Ansätze des russischen Professors weiter. Sieben pflanzlichen Duftstoffen muß nach seinen Forschungen ein therapeutischer Effekt zugesprochen werden. Die Wirkung der Duftstoffe auf seine Patienten beschreibt er folgendermaßen (»Duft-Farb-Ton-Therapie«, 1983): »Bestimmte Arten von Reizungen der Sinneszellen, die der Riechschleimhaut im oberen Teil des Nervengangs angehören, werden über das Riechhirn als Geruch wahrgenommen. Zum einen wirken die Duftstoffe durch Inhalation direkt auf das vegetative Nervensystem und werden somit für den körperlichen Bereich wirksam. Zum anderen sprechen sie den Menschen über den Geruchssinn an; der gewählte Duft wirkt sympathisch und hat damit unmittelbar psychische Wirkung.«

Die von Dr. Karsten benutzten Duftstoffe und ihre Wirkung

Duftstoff	Wirkung	Krankheiten
Melisse	krampfstillend	Schlaflosigkeit, Magenbeschwerden
Lavendel	beruhigend	Neurosen, vegetative Dystonie (Herzklopfen, Kreislaufstörungen)
Baldrian	stark beruhigend	Schlaflosigkeit, Erschöpfungszustände
Rosmarin	kreislaufanregend	Durchblutungsstörungen
Edellorbeer	kreislaufanregend	Kreislaufstörungen
Santolin	beruhigend	Bluthochdruck
Geranie	beruhigend	Erkrankungen des Nervensystems, Neurosen, Schlaflosigkeit

Eine neue Dimension erhielt die Aromatherapie durch die Einbeziehung der östlichen Weisheitslehren. B. Tisserand unternahm in seinem Buch »The Art of Aromatherapy« (1977) den Versuch, die ätherischen Öle mit der chinesischen Yang-Yin-Lehre zu verbinden. Diese umfassende Polaritätslehre beruht auf dem Gedanken, daß die universelle Lebenskraft Ch'i aus zwei ineinander verschlungenen Energieströmen besteht. Das Yang-

Prinzip, das durch einen ungeteilten Querstrich dargestellt wird, steht für den Himmel, die Sonne, das Männliche, das Erzeugende und das Harte. Sein Gegenpol, das Yin-Prinzip, dessen Symbol der geteilte Querstrich ist, stellt die Erde, den Mond, das Weibliche, das Empfangende und das Weiche dar. Diese beiden Prinzipien sind jedoch nicht voneinander getrennt, sondern sie gehen ineinander über. Diese Polaritätslehre versinnbildlicht der Kreis, dessen eine Hälfte der Yang-Bereich mit dem Yin-Punkt ist, während die andere für das Yin-Prinzip mit dem Yang-Punkt steht.

Symbolische Darstellung von Yang-Yin; die acht Trigramme stellen die möglichen Paarkombinationen von Yang (–) und Yin (– –) dar.

Auch in der Medizin kommt diese universelle Lehre von den beiden Gegensätzen zur Anwendung. So unterscheidet man in der Anatomie Yang- und Yin-Organe.

Yang	*Yin*
Haut	Körperinneres
Rücken	Leib
hohle Organe	massive Organe
Herz	Milz
Leber	Lungen, Nieren

381

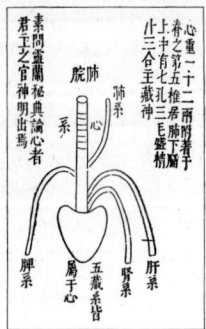

心重十二兩附著于
脊之第五椎肺下懸
什中有七孔三毛盛精汁
三合主藏神

素問靈蘭祕典論心者
君王之官神明出焉

肺系　肺系
肺　心
胉系　五藏系皆屬于心　腎系
肝系

Das Herz ist ein Yang-Organ;
es wird durch einen roten Vogel
dargestellt.

九節　肺系
兩耳　六葉

Die Lunge ist ein Yin-Organ;
sie hat die Gestalt eines Tigers.

382

Wie aus der symbolischen Darstellung zu ersehen, liegt im Yang-Bereich ein Yin-Punkt und umgekehrt. Folglich kann ein Yin-Organ wie die Lunge unterhalb des Rückens (Yang) liegen. Umgekehrt befindet sich die Leber (Yang) in dem Leib (Yin). Aber es ist auch möglich, daß ein Yang-Organ (das Herz) in einem Organ derselben Klasse liegt (Rücken). Auch der umgekehrte Fall ist möglich: Milz (Yin) im Leib (Yin).

Auch die Krankheiten werden nach dem Polaritätsprinzip eingeteilt.

Yang	*Yin*
äußerlich bedingte Krankheiten	bedingt durch innere Ursachen
Fieber	Erkältungen
Krankheiten des oberen Teils des Körpers	des unteren Teils
der Atmungsorgane	Zirkulationsstörungen

Wenn Yang überwiegt, tritt eine Yin-Krankheit auf; überwiegt Yin, eine Yang-Krankheit. Ein Übermaß an Yang äußert sich im Fieber, ein Übermaß an Yin im Frösteln. Die Entstehung einer Krankheit hängt aber auch von der harmonischen Mischung der fünf Elemente Holz, Feuer, Erde, Metall und Wasser, ab. Diese Elemente erzeugen und zerstören sich in bestimmten Kreisläufen, wie das folgende Schema zeigt:

Holz erzeugt Feuer	Holz zerstört Erde
Feuer erzeugt Erde	Erde zerstört Wasser
Erde erzeugt Metall	Wasser zerstört Feuer
Metall erzeugt Wasser	Feuer zerstört Metall
Wasser erzeugt Holz	Metall zerstört Holz

Den wichtigsten Organen werden Elemente, Planeten, Farben und Gerüche zugeordnet:

Organ:	Herz	Leber	Milz	Lunge	Nieren
Element:	Feuer	Holz	Erde	Metall	Wasser
Planet:	Mars	Jupiter	Saturn	Venus	Merkur
Farbe:	Rot	Grün	Gelb	Weiß	Schwarz
Geruch:	bitter	sauer	süß	scharf	salzig

In der Arzneimittellehre wirkt sich der Yang-Yin Gegensatz so aus:

Yang	Yin
scharfe und heiße Stoffe	kalte und bittere Stoffe
erregende Mittel	zusammenziehende Mittel
lösende Mittel, z. B. bei Husten	Abführmittel
den Auswurf beschleunigende Mittel	blutstillende Mittel

Die von Tisserand vorgenommene Einteilung der Öle nach diesen beiden Gegensätzen entspricht nur bedingt dem traditionellen Wissen der Chinesen, wie an einigen Beispielen gezeigt werden soll:

Yang	Yin
Basilikum	Eukalyptus
Benzoe	Geranie
Bergamotte	Kamille
Fenchel	Kampfer
Jasmin	Rose
Kardamom	Zypresse

Yang	Yin

Lavendel
Majoran
Melisse
Salbei
Myrrhe
Patschuli
Pfefferminz
Rosmarin
Sandelholz
Wacholder
Weihrauch
Zedernholz

So sind Pfefferminz und Rosmarin Mittel gegen Verdauungsbeschwerden und gehören zur Yang-Gruppe. Dagegen werden Eukalyptus und Zypresse vornehmlich bei Erkrankungen der Atmungsorgane eingesetzt und gehören somit zur Yin-Gruppe.

Die Aromatherapie hat auch durch ihre Verbindung mit der Chakralehre eine wichtige Bereicherung erfahren. E. Keller (»Handbuch der ätherischen Öle«) schlug folgende Zuordnung vor:

Basis-Chakra: Es steht mit den umliegenden Organen in Verbindung: Nieren, Genitalien, Anus, Rückgrat, Nerven, Haut. Sitz der Kundalini-Energie. Wirksame Öle: Muskat, Nelke, schwarzer Pfeffer, Sandelholz, Zimt.

Sex-Chakra: Vagina, Keimdrüse, Penis, Sexualdrüsensystem, Bauch, Lendenwirbel. Öle: Ginseng, Musk, Ylang.

Im Kapitel »Duftstoffe und Sexualität« wurde eingehend die Frage der sexuellen Stimulierung durch tierische und pflanzliche Duftstoffe erörtert. Das Sex-Chakra müßte nach diesen Darlegungen durch folgende Stoffe beeinflußt werden: Weihrauch, Zypresse, Jasmin, Sandelholz, Fenchel, Anis, Moschus, Ambra und Zibet.

Nabel-Chakra: Leber, Gallenblase, Magen, Därme, Zwerchfell, Bauchspeicheldrüse. Öle: Rosmarin, Ingwer, Thymian, Salbei, Zitrone. Hinzugefügt werden müssen: Eukalyptus, Geranie und Wacholder.

Herz-Chakra: Herz, Blutkreislauf, vegetatives Nervensystem und Thymusdrüse. Öle: Rose, Rosenholz, Neroli, Salbei, Musk. Bei diesem Chakra müssen die nachweisbar blutdruckregulierenden Öle angeführt werden: Lavendel, Ylang-Ylang (blutdrucksenkend), Kampfer, Rosmarin (blutdruckerhöhend) und Zitrone, Ysop (blutdruckregulierend). Die Milchdrüsen stillender Frauen werden angeregt von: Fenchel und Kümmel.

Kehlkopf-Chakra: Kehle, Bronchien, Lunge, Arme, Hände und Schilddrüse. Öle: Geranie, Weihrauch, Jasmin, Patschuli, Bergamotte. Wichtig ist Knoblauch, der ausgleichend auf die Schilddrüse wirkt.

Drittes Auge: Stirn, Ohren, Nase, Nervensystem und Hypophyse (Hirnanhangdrüse). Öle: Pfefferminz, Zeder, Wacholder, Eukalyptus.
Bewiesen ist der Einfluß von Minze auf die Hypophyse; vermutlich hat Jasmin dieselbe Wirkung.

386

Scheitel-Chakra: Gehirn, zentrales Nervensystem, Hirnrinde, Zirbeldrüse. Öle: Ambra, Myrrhe, Lavendel, Rose.

Eines der Hauptprobleme der Aromatherapie ist die richtige Anwendung der Duftstoffe, die eine sehr geringe Wasserlöslichkeit haben. Sie lösen sich aber sehr gut in Fett oder Öl und besitzen die Neigung, sich in der lipoiden Grenzschicht der Zellen anzulagern bzw. sie auch zu durchdringen, wenn sie in Alkohol gelöst sind. In der Oberflächenschicht jeder Zelle befinden sich Lipoide oder fettähnliche Stoffe. Aufgrund dieser Eigenschaft sind die besten Anwendungsformen der Duftstoffe das Einreiben in die Haut und die Inhalation. In beiden Fällen können ohne Schwierigkeiten eine richtige Dosis gefunden und eventuelle Unverträglichkeitsreaktionen sofort erkannt werden. Bäder, ob Wannen- oder Fußbäder, sind weniger geeignet, die Duftstoffe gezielt zuzuführen. Wegen der geringen Wasserlöslichkeit schwimmt das Öl auf der Wasseroberfläche, und die Einwirkung auf die Haut ist äußerst gering. Letztlich erfolgt die Aufnahme doch nur durch eine sehr verschwenderische Form von Inhalation.

Es besteht bei Bädern grundsätzlich die Gefahr, daß die Öle wegen der schlechten Wasserqualität und den darin gelösten Schadstoffen verunreinigt werden. Wirksam sind diese Duftstoffe nur, wenn sie in möglichst reiner Form zur Anwendung kommen. Bei den auf dem Markt befindlichen Stoffen ist mehr oder weniger eine Verunreinigung vorauszusetzen. Schon beim Anbau werden die Pflanzen, die ja meistens in Kulturen angebaut werden, durch die Schadstoffe in der Luft, Düngemittel und Spritzmittel (Herbizide, Pestizide und Insektiziden) geschädigt. Billige Öle sind überdies noch durch Terpentinöl verfälscht und gestreckt. Die wirksamsten Duftstoffe sind solche, die von lebenden Pflanzen gewonnen wurden.

Eine innerliche Zuführung der Duftstoffe in Form von Injektionen, Klistieren, Zäpfchen, Kapseln oder vermischt mit Honig, Zucker und Flüssigkeiten sollte grundsätzlich nur unter Aufsicht und nach Anweisungen durch einen erfahrenen Heilpraktiker erfolgen. Eine Selbstmedikation kann sehr gefährlich sein, weil bei den meisten Duftstoffen die schädlichen Nebenwirkungen wenig bekannt sind.

Die Inhalation, bei der die Duftstoffe über die Riechzellen der Nase dem Körper zugeführt werden, wird am zweckmäßigsten so durchgeführt:

1. Die Nase wird gereinigt.
2. Man nimmt eine ruhige, entspannte Sitzhaltung im Abstand von ungefähr 30 cm von der Duftquelle ein.
3. Ausatmen und die Augen schließen.
4. Langsam den Duft durch die Nase einströmen lassen.
5. Die Atmung erfolgt durch Senkung des Zwerchfells.
6. Langsam ausatmen.

Anstatt dieser trockenen Inhalation kann man auch einige Tropfen des Duftstoffes in eine Schale mit Wasser geben und sie erhitzen bzw. auf einen warmen Platz stellen. Die Inhalation über die gesamte Raumluft erfolgt über eine Duft- oder Aromalampe oder ein Diffusionsgerät (Aerosol). Die Aromalampen sind Gefäße mit einer Schale für das Wasser und den Duftstoff, die dann durch eine Kerze oder Lampe erhitzt wird. Nach einigen Stunden ist der Inhalt in der Wasserschale verdunstet und der Duftstoff im ganzen Raum verbreitet.

Eine Auswahl von Krankheiten, die mit Duftstoffen geheilt werden können:

Angst	Angelika, Basilikum, Bergamotte, Geranie, Zimt
Appetitlosigkeit	Bergamotte, Ingwer, Kamille, Knoblauch, Zimt, Zitrone
Bindehautentzündung	Geranium, Kamille, Rose
Blähungen	Anis, Bergamotte, Fenchel, Koriander, Lavendel, Salbei
Brandwunden (nur kleinere!)	Lavendel
Bronchitis	Eukalyptus, Lavendel, Sandelholz, Thymian, Zimt, Weihrauch
Depressionen	Lavendel, Melisse, Schafgarbe, Tonka, Thymian, Ylang-Ylang
Durchfall	Geranium, Ingwer, Knoblauch, Koriander, Lavendel, Melisse, Rose, Sandelholz, Thymian, Wacholder, Zimt
Entzündungen	Fichte, Lavendel, Rosmarin, Thymian, Zitrone
Erbrechen	Angelika, Minze
Erkältung	Eukalyptus, Lavendel, Myrte, Thymian, Zitrone
Fieber	Eukalyptus, Kamille, Lavendel, Rose, Zitrone

Grippe	Angelika, Eukalyptus, Fichte, Kamille, Lavendel, Pfefferminz, Rosmarin, Thymian, Zimt
Halsentzündung und Heiserkeit	Bergamotte, Sandelholz, Thymian, Zitrone, Zypresse
Nervöses Herz und Herzklopfen	Anis, Eisenkraut, Kümmel, Pfefferminz, Rosmarin, Rose
Husten	Anis, Benzoe, Fenchel, Myrte, Thymian, Ysop
Impotenz	Ambra, Moschus, Jasmin, Rose, Sandelholz, Zypresse. Weiterhin vergleiche man das Kapitel »Duftstoffe und Sexualität«.
Insektenstiche	Lavendel, Melisse, Salbei, Zitrone
Kopfschmerzen	Basilikum, Ingwer, Lavendel, Majoran, Ylang-Ylang
Kreislaufstörungen	
hoher Blutdruck	Eukalyptus, Geranie, Wacholder
niedriger Blutdruck	Kampfer, Rosmarin, Zypresse
Lungenentzündung	Eukalyptus, Rosmarin (Nur als begleitende Therapie!)
Magen (verdorbener Magen, leichte Form der Magenschleimhautentzündung, Krämpfe)	Anis, Fenchel, Kamille, Salbei, Sandelholz, Zitrone
Mundgeruch	Pfefferminz, Rosmarin, Thymian, siehe auch unter *Magen*

Mundschleimhaut-entzündungen	Geranie, Kamille, Salbei, Wacholder, Zitrone
Muskelkater	Birke, Ingwer, Latschenkiefer, Wacholder
Nasenbluten	Terpentin, Zitrone
Nervosität u. Nerven-schwäche	Bergamotte, Fenchel, Galbanum, Koriander, Melisse, Rose, Sandelholz, Schafgarbe, Zypresse
Prellungen	Latschenkiefer, Salbei, Zimt
Rheumatische Schmerzen	Eukalyptus, Geranie, Ingwer, Koriander, Latschenkiefer, Rosmarin, Thymian, Wacholder
Schlaflosigkeit	Basilikum, Bitterorange, Kamille, Lavendel, Majoran, Rose, Sandelholz
Schluckauf	Basilikum, Dill, Estragon, Fenchel
Schwächezustand	Fichte, Geranie, Lavendel, Majoran, Salbei, Sandelholz, Thymian, Wacholder, Zitrone
Sonnenbrand	Kampfer, Koriander, Pfefferminz Neroli
Streß	siehe Nervosität
Verbrennung	Salbei, Wacholder
Zahnfleischent-zündungen	siehe Mundschleimhautentzündungen
Zahnschmerzen	Gewürznelke, Knoblauch, Pfefferminz, Salbei, Wacholder

Die wichtigsten Duftstoffe von A–Z

Alant

Der aromatisch riechende und bitter schmeckende Wurzelstock wurde schon im Altertum als Heilmittel gegen Herz- und Magenleiden benutzt.

Alantpflanze.

Aloeholz

Das dunkelbraune, spröde Holz des Baumes Aquilaria agallocha, der in Hinterindien wächst. Es enthält Aloeharz und Aloin. Es wird als Räucherwerk benutzt (Altes Testament, Hinduismus; Napoleon I. ließ damit seine Paläste räuchern). Aus dem Holz gewinnen die Araber das Öl 'Ud, das die Sufis benutzen.

Ambra

Ausscheidungsprodukt des Pottwals. Es gibt schwarzes und graues Ambra. Erst in der Tinktur entfaltet es seinen Duft. Gehört zu den Botenlockstoffe (Pheromonen), die auf das menschliche Sexualdrüsensystem wirken.

Ambrette
Ein ambraähnlicher Duftstoff, der aus den »Moschushörnern« einer Eibischart (Hibiskus) gewonnen wird.

Angelika
Das Öl der Wurzel und der Samen gelten als Heilmittel gegen Appetitlosigkeit, Depressionen, Entzündungen und Verdauungsbeschwerden.

Anis
Begehrt ist das russische Anisöl aus dem Samen dieser Pflanze. Medizinische Anwendung: Asthma, Bronchitis, Krämpfe aller Art, Magen- und Darmerkrankungen.

Arnika
Das Öl wird aus den Blüten gewonnen und hat einen sehr würzigen Geruch. Uraltes Heilmittel gegen Rheuma, Krankheiten der Unterleibsorgane, Verstauchungen, Unterleibsbeschwerden der Frauen.

Asant
Das Gummiharz aus einer Staude der Doldenblütler (Ferula); andere Bezeichnungen sind Teufelsdreck oder Stinkasant. Heilmittel gegen Krämpfe, Hysterie und Nervosität. In Persien wird es benutzt, um Penissteife herbeizuführen. Trotz seines stinkenden, knoblauchartigen Geruches schätzt man es im Orient und Frankreich als Speisegewürz.

Baldrian

Das Öl wird durch Destillation aus der Wurzel gewonnen. Medizinische Anwendung: Erregung und Nervosität, Kopfschmerzen, Schwindel und Schlaflosigkeit.

Baldrian.

Balsam

Sammelbezeichnung für dickflüssige, harzige und aromatische Ausscheidungen. Man gewinnt sie durch Einschneiden in die Stämme oder Auspressen der Zweigspitzen. Berühmt sind der Peru-Balsam und der Tolu-Balsam.

Basilikum

Benutzt wird hauptsächlich das französische Basilikumöl aus der Wurzel des Krautes Ocimum basilicum. Besonders wertvoll ist das Öl aus der Art Ocimum crispum, das einen sehr feinen Geruch hat. Medizinische Anwendung: Gicht, Migräne, Magen, Darm. Regt die Nebenniere zur erhöhten Adrenalinproduktion an.

Bay

Ein Lorbeergewächs; das Öl aus dem Samen ist ein Heilmittel

gegen niedrigen Blutdruck, Erschöpfung und Durchblutungsstörungen.

Bdellium

Das Gummiharz der in Indien und Afrika heimischen Comiphorenarten Commiphora Roxburghi und africana. Schon bei den alten Ägyptern, Juden und in der Antike als Räucherwerk benutzt.

Benzoeharz

Es gibt zwei Arten: Siambenzoe, das einen vanilleartigen Geruch hat, und das Sumatrabenzoe, das aromatischer und kräftiger duftet. Beide Harzsorten haben eine stark euphorisierende Wirkung. Außerhalb der Magie findet es Anwendung in der Heilkunde: Asthma, Bronchitis, nervöse Leiden aller Art. Wirkt stark beruhigend.

Zweig des Benzoebaumes.

Bergamotte

Das Öl wird aus den Schalen der nicht eßbaren Frucht einer in Italien heimischen Rautenart Citrus bergamia gewonnen. Das olivgrüne Öl ist ein wichtiger Bestandteil von Duftkompositionen (Kölnisch Wasser etc.). Medizinische Anwendung: Infektionen, besonders der Atemwege, Fieber und Nervenschwäche, Angst.

Bittermandelöl

Wird aus den bitteren Mandeln gewonnen; es sollte nur als blausäurefreies Öl Verwendung finden, da sonst Vergiftungsgefahr besteht. Medizinische Anwendung bei Fieber und Krämpfen.

Bohnenkrautöl

Auch Saturei oder Pfefferkraut genannt; es wird aus den blühenden Zweigen gewonnen. Der Geruch ist streng und lederartig. Medizinische Anwendung: Darm- und Magenleiden. Nach neueren Erkenntnissen beeinflußt Bohnenkraut das Sexualzentrum.

Cajeputöl

Ein in Indien beheimatetes Myrtengewächs; das eukalyptusduftende Öl wird aus den Blättern und Knospen gewonnen. Medizinische Anwendung: innerliche und äußerliche Entzündungen, wie z. B. Blasen- und Darmentzündungen, Wunden, Akne (infizierte) etc., Schuppenflechte.

Canangaöl

Gewinnung aus den Blüten des auf einigen westafrikanischen Inseln kultivierten Canagabaumes (cananga odorata); auch das Ylang-Ylang-Öl (s. S. 416) wird aus denselben Blüten gewonnen. Die chemische Zusammensetzung beider Öle ist fast gleich. Bei der Destillation enthält der erste Teil Ylang-Ylang-Öl und der zweite Canangaöl. Das C. ist ein ausgesprochen männliches Öl. Medizinische Anwendung: Impotenz (regt die Sexualdrüsen an), blutdruckregulierend, Streß und nervöse Schwächezustände.

Castoreum oder Bibergeil

Das Drüsensekret des Bibers; das C. hat einen strengen Geruch. Das meiste C. kommt aus Kanada. Das sibirische C. gilt als wertvoller. Als Pheromon wirkt es auf das Sexualdrüsensystem des Menschen. In der älteren Medizin war es ein Beruhigungs- und krampflösendes Mittel.

Champaca

Das Öl wird aus den gelben Blüten einer asiatischen Magnolien- art (Michelia Champaca) gewonnen; der Duft erinnert an Rosen und Orangenblüten.

Copal

Bernsteinartiges, wohlriechendes Baumharz aus Südamerika, das schon die Mayas, Inkas und Azteken für Räucherungen benutzten.

Cumarin

Sowohl die Tonkabohnen, die Samenkerne südamerikanischer Steinfrüchte, als auch der Steinklee, Waldmeister und frisches Heu enthalten diesen nach frischem Heu duftenden Bestandteil. Seit der Jahrhundertwende kann C. künstlich erzeugt werden.

Dill

Das Öl wird aus dem Kraut und den Blättern gewonnen. Medi- zinisch wirksam gegen Schmerzen des Bauchbereiches, Koliken und Schlaflosigkeit.

Edeltanne

Das Öl wird aus den Nadeln gewonnen; wirksam bei Erkältung und Grippe.

Eichenmoos

Eine Baummoosart, die besonders auf Eichen wächst. Hauptlieferant für diese Flechten sind die Balkanländer. Das Öl ist Grundlage zahlreicher Parfüms.

Estragonöl

Gewinnung aus den Blättern und Blüten des Krautes Artemisia Dranunculus; Verwendung in der Medizin gegen Magenbeschwerden, Blähungen und besonders bei Schluckauf.

Eukalyptusöl

Es wird aus den Blättern eines Myrtengewächses gewonnen. Es gibt circa 140 Arten. Seit altersher in der Heilkunde als Mittel gegen Infektionskrankheiten geschätzt. Da es auch einen zu hohen Blutzuckergehalt senken kann, wird es bei der Diabetestherapie eingesetzt. Es enthält auch Östrogen.

Fenchelöl

Die Gewinnung erfolgt aus dem Samen; man unterscheidet das gewöhnliche und das römische Fenchelöl. Das F. hat in der Medizin ein breites Anwendungsspektrum: von Augenleiden bis zu Darmkrämpfen. Das F. enthält Pflanzenhormone, die auf die Milchdrüsen stillender Frauen einwirken. In der Volksmedizin ist es schon seit Jahrhunderten als milchtreibendes Mittel bekannt.

Fichtennadelöl

Das Öl wird in der Medizin gegen Infektionen der Atmungsorgane benutzt. Nach neuesten Forschungen regt es die Adrenalinabgabe an.

Galbanum

Das Gummiharz des in Persien beheimateten Doldenblütlers Ferula galbaniflua. Die grünlichbraunen Körner des austreteten Milchsaftes riechen stark aromatisch und haben einen terpentinartigen Geschmack. Durch Destillation kann man daraus auch das angenehm duftende Galbanumöl gewinnen.

Geranium

Das rosenartig duftende Öl wird nicht aus der bei uns wachsenden Gartengeranie, sondern aus den grünen Blättern einer Pelargonienart (Pelargonium odoratissimum) gewonnen, die in Nordafrika und auf der Insel Réunion wächst. Davon muß man das bulgarische Geraniumöl unterscheiden, das einen etwas krautigen Geruch hat. Das G. hat einen breiten medizinischen Anwendungsbereich: Entzündungen aller Art (Magen, Mund etc.). Nach neuesten Erkenntnissen regt es die Adrenalinabgabe an und senkt den Blutzuckergehalt.

Guajakholzöl

Die Gewinnung erfolgt aus dem Holz des Baumes Bulnesia Sarmienti. Der Geruch erinnert an Tee, Rose und Veilchen. Nicht verwechseln mit dem Guajakaharz, das von dem Baum Guajacum officinale stammt und als Mittel gegen Syphilis in Gebrauch war. Das Guajakholzöl hat eine stark euphorisierende Wirkung.

Hina

Das Öl aus der indischen Hennapflanze. Dieses sehr wertvolle Blütenöl wird in der arabischen Medizin benutzt. Wegen seines sehr hohen Preises kann man davon ausgehen, daß billige H. in der Regel Fälschungen oder Streckungen sind.

Hyazinthe

Das Öl wird aus den Blüten destilliert; es hat nachweisbar eine sexuell anregende Wirkung. Ansonsten empfiehlt sich seine Anwendung bei dem ganzen Formenkreis der nervösen Leiden.

Ingwer

Gewinnung aus der Wurzel der Pflanze Zingiber officinalis; in der Medizin angewandt bei Verdauungsstörungen und Zahnschmerzen. Man schreibt ihm in der Volksmedizin eine sexuell anregende Wirkung zu.

Irisöl

Das Öl, das den Riechstoff Iron enthält, wird aus dem getrockneten Wurzelstock der Schwertlilie gewonnen. Die wertvollsten Öle kommen aus der Gegend um Florenz (»Iris de Florence«). Gelegentlich werden im Handel auch andere Öle mit dem Namen »Irisöl« angeboten, die mehrheitlich aus billigen asiatischen Ölen bestehen.

Jannat al-Fardaws

Ein arabisches Öl, übertragen »Tor zum höchsten Himmel«. Es handelt sich um eine Ölmischung, die ein »Sufi-'attar« (arab. »Dufthersteller«) komponiert haben soll, als er bei seinen Übungen in den höchsten Himmel vordrang. Nach seiner Rückkehr versuchte er den Duft zu imitieren. Es wird in der Medizin der Sufis benutzt.

Jasmin

Die Jasminblüte, die das Öl liefert, bildet ihr Aroma zum Teil erst nach dem Abpflücken. Man geht heute davon aus, daß J. auf die

Hypophyse wirkt. J. ist ein Heilmittel bei Impotenz und Frigidität. Weitere Anwendungsbereiche sind der gesamte Formenkreis der nervösen Erkrankungen.

Jonquilleblütenöl
Wird aus den Blüten der Narzissenart Narcissus Joquilla hergestellt. Diese Sorte wird in Grasse (Südfrankreich) und Marokko kultiviert. Der Duft dieses gelben Öls erinnert stark an den von Orangen.

Kalmusöl
Gewinnung aus dem getrockneten Wurzelstock der Sumpfpflanze Acorus calamus, die in Europa, Amerika und Asien wächst. Als Duftstoff war K. schon in der Antike bekannt. Im 18. Jahrhundert, dem goldenen Zeitalter der Parfümerie, war K. sehr begehrt. Medizinische Anwendung: Appetitlosigkeit und Schwächezustände. Es regt die Bildung von Magensaft an.

Kamille
Das dunkelblaue Öl wird durch Destillation der Blüten gewonnen. Der medizinische Anwendungsbereich ist sehr umfangreich: Schmerzen aller Art, Fieber, Entzündungen, Schlaflosigkeit, Verdauungsbeschwerden.

Kampferöl
Das Öl wird aus dem Holz des Kampferbaumes gewonnen, der zu den Laurazeen gehört. Diese Bäume werden zwei bis fünf Meter dick und 20 bis 50 Meter hoch. Je älter ein Baum ist, um so mehr ätherische Öle enthält sein Holz.
In der Medizin ist das K. ein Hautreizmittel, das die Durchblutung der Haut fördert. Wirksamer ist aber für diesen Anwen-

Zweig des Kampferbaumes.

dungsbereich der Kampferspiritus. Das K. erhöht niedrigen Blutdruck. Man glaubt, daß der Kampfer eine entgiftende Wirkung auf das Herz ausübt und auf diese Weise anregend ist. Auch das K. muß vorsichtig dosiert werden. Größere Mengen können lähmend sein. Einige Aromatherapeuten empfehlen das K. wegen seiner antidepressiven Wirkung.

Kanadabalsam
Das süß-fruchtige Öl wird aus einer in Kanada wachsenden Tannenart hergestellt.

Kardamomöl
Das kampferartig duftende Öl wird aus den Samen einer in den Tropen wachsenden Ingwerart (Elettaria cardamonum) destilliert. Heilmittel gegen Krämpfe, Entzündungen, Magen- und Darmleiden. In Indien wird es als Aphrodisiakum benutzt.

Kassia
Gewinnung des Öls aus den Blättern und Zweigen des chinesischen Zimtbaumes Cinnamomum cassia. Dieses chinesische

Zimtöl hat eine gelbe Farbe und ist stark aromatisch. Medizinische Anwendung: Entzündungen, Magen- und Darmbeschwerden, Erkältung.

Kiefer (Kienöl)

Das harzreiche Kienholz der Föhre oder Kiefer liefert bei der Destillation zunächst einen dickflüssigen braunschwarzen Teer, aus dem man nach nochmaliger Destillation das Kienöl gewinnt. Medizinische Verwendung: Infektionen der Atemwege und Grippe.

Koriander

Das Öl wird aus dem Samen des Doldenblütlers Coriandrum sativum gewonnen; es beseitigt Blähungen und Verdauungsstörungen.

Kostusöl

Gewinnung aus der Wurzel der Ingwerart Costus speciosus. Das Öl hat einen veilchenartigen Geruch. Fast ausschließlich ein Magenmittel.

Krausminze

Das Öl liefert das Kraut des Lippenblütlers Mentha viridis. Da es antiseptisch und fiebersenkend ist, eignet es sich bei Erkältung, Grippe, Magenbeschwerden. Das Krausminzöl lindert auch Nervenschmerzen und hilft bei allgemeinen Erschöpfungszuständen.

Kümmelöl

Das farblose, würzig duftende Öl wird aus dem Samen des Doldenblütlers Carum carri destilliert. Je nach dem Anteil des Wirkstoffes Carvon, unterscheidet man das leichte bzw. das schwere Kümmelöl. Medizinische Anwendung vornehmlich bei Magenleiden und Verdauungsbeschwerden (Blähungen).

Kyphi
Ein aus 16 Stoffen bestehendes Räucherwerk der alten Ägypter, das bei Sonnenuntergang benutzt wurde. Zusammensetzung: Honig, Wein, Rosinen, großer und kleiner Wacholder, Kardamom, Kalmus, Galgan (Harz der Galgan-Alpinie), Balsamharz, Myrrhe, Ginster (Asphalatus), Steinklee, Mastixharz, Asphalt, Feigenblätter, Ampfer. Man vermischte es auch mit Honig und formte Pillen daraus, die zur Parfümierung der Vagina und zur Mundhygiene benutzt wurden.

Labdanum
Ein Harz, das aus den Zweigen und Blättern des Zitrusstrauches (Cistus creticus) gewonnen wird. Aus diesem Harz destilliert man ein feines, ambraartig duftendes Öl, das Bestandteil vieler Duftkompositionen ist.

Lavendel
Man destilliert das Öl aus den Blüten und den oberen Pflanzenteilen. Außer in der Parfümerie, findet das Lavendelöl umfangreiche Anwendung in der Medizin: bei Entzündungen, Verbrennungen, Erkältungen und Insektenstichen.

Lemongrasöl
Hergestellt aus dem wohlriechenden Gras Andropogon citratus; es hat einen angenehmen, verbenartigen Geruch. Medizinische Anwendung: Entzündung der Atemwege, besonders bei Schnupfen, und zur Blutreinigung.

Limettenöl

Es gibt zwei Arten: italienisches L., das aus den Fruchtschalen des Rautengewächses Citrus Limetta Risso gepreßt wird und nach Bergamotteöl riecht, und das indische L. (aus Citrus medica acida), das einen Zitronengeruch hat. Medizinisch angewandt gegen Infektionskrankheiten, auch der Haut.

Lorbeeröl

Gewinnung aus den Blättern und Beeren des Laurus nobilis; in der Medizin bei entzündlichen Erkrankungen der Haut.

Macis- oder Muskatnußöl

Durch Destillation der Früchte des Muskatbaumes (Myristica moschata), die frisch sein müssen und vorher geschält werden. Aus den Blüten wird das Muskatblütenöl gewonnen. Obwohl beide Öle dieselbe chemische Zusammensetzung haben, unterscheiden sie sich im Geruch erheblich. Medizinisch angesagt bei Störungen des zentralen Nervensystems: Verwirrung, Gedächtnisverlust, Ohnmacht; weiterhin bei Darmbeschwerden und Kreislaufstörungen.

Majoranöl

Gewinnung aus dem Kraut Origanum Majorana; es gibt mehrere Arten, die man unter der Sammelbezeichnung Origanöle zusammenfaßt. Sehr verbreitet ist das spanische Origanöl (spanisches Hopfenöl), das ähnlich wie das Thymianöl duftet. Medizinisch wird es hauptsächlich bei Durchfallerkrankungen benutzt.

Mandarinenöl

Gewinnung durch Auspressen der Fruchtschalen des Mandarinenbaumes (Citrus nobilis); medizinisch bei Erschöpfungszuständen und Störungen des zentralen Nervensystems.

Melissenöl
Herstellung aus dem Kraut von Melissa officinalis; medizinische Anwendung bei Erschöpfungszuständen und nervlich bedingten Störungen.

Mastix
Das Harz von Pistacia lenticus, eines im Mittelmeergebiet verbreiteten Strauches. Die zitronengelben Körner wurden schon im alten Orient zu Räucherzwecken benutzt. In der Medizin: bei Zahnfleischerkrankungen und schlechtem Mundgeruch.

Moschus oder Musk
Das salbenartige Drüsensekret des Moschustieres, das herdenweise in Nordasien lebt. Der drüsige Beutel, der das zur Anlockung der Weibchen dienende Sekret enthält, wird getrocknet. Der beste M. ist das Tonkinmoschus. Er ist ein Pheromon, das auch das menschliche Sexualdrüsensystem beeinflußt. In China wurde M. schon Jahrhunderte vor Christus als Allheilmittel benutzt, das nachweisbar das Nervensystem anregt, krampfstillend ist, die Schweißsekretion anregt, Puls und Atem beschleunigt. Im Mittelalter war er ein geschätztes Heilmittel gegen Geisteskrankheiten und Nervenleiden. Als »Bisamäpfel« trug man M. in Beuteln um den Hals, um sich gegen Pest zu schützen.

Moschuskörner
Siehe Ambrette.

Muskatellersalbei

Das Öl wird aus dem Kraut des Lippenblütlers hergestellt; medizinische Anwendung bei Verdauungsstörungen und entzündlichen Hauterkrankungen. Nach neueren Erkenntnissen senkt M. den Bluthochdruck.

Myrrhe

Das Gummiharz des Commiphora-Strauches, der in Arabien und Afrika beheimatet ist. Es sammelt sich als goldhelle Flüssigkeit unter der Baumrinde. Die M. wurde schon im alten Orient als Räucherwerk und Zutat zu den Salben benutzt. Es eignet sich besonders für Meditationen.

Nelkenöl

Gewinnung aus den getrockneten Blütenknopsen des Nelkenbaumes (Carryophyllus aromaticus); es enthält Eugenol, das synthetisiert in der Zahnheilkunde verwendet wird. Das N. zeichnet sich besonders durch seine antibakterielle Wirkung aus. Das *Nelkenblütenöl*, das aus den Blüten unserer Gartennelke hergestellt wird, die im Mittelalter aus dem Mittelmeerraum nach

Nelkenblüte.

Bittere Orange.

Mitteleuropa gebracht wurde, war in der Vergangenheit ein beliebter Bestandteil von Parfüms. Heute werden die »Nelkendüfte« synthetisch hergestellt. Das reine Nelkenblütenöl ist ein Aphrodisiakum. Auch bei Depressionen und anderen nervlich bedingten Leiden wird es eingesetzt.

Neroli

Aus den Blüten der Bitteren Orange (citrus bigaradia) wird dieses sehr duftende und aromatische Öl gewonnen, das der Hauptbestandteil des Kölnischen Wassers ist. Das wertvollste N. stammt aus Grasse und trägt die Bezeichnung »Neroliöl Bigarade«. Aus den Blättern des Baumes gewinnt man das Petitgrainöl; die Fruchtschale liefert das billige »Pomeranzenöl«. Die medizinische Wirkung dieser Öle ist krampflösend, beruhigend und schlaffördernd.

Niauliöl

Wird aus den Blättern der Myrtenart Melaleuca acuminata destilliert; medizinische Verwendung bei Entzündungen aller Art, Erkältung, Rheuma.

Ölbaumharz oder Elemi

Das wohlriechende Gummiharz des Baumes Canarium luzonicum Asa Gray, in Indien für gottesdienstliche Räucherungen benutzt.

Olibanum

Siehe Weihrauch.

Opoponax

Das Gummiharz einer Commiphorenart (Balsamodendron), die in Afrika beheimatet ist. Man bezeichnet O. auch als Panax-gummi oder einfach Panax. Nach antiken Autoren wurde der gelbe Milchsaft aus den Wurzeln eines in Syrien beheimateten Baumes gewonnen und dann eingetrocknet. Daraus wird das Opoponaxöl destilliert, das einen feinen balsamischen Geruch hat.

Orangenöl

Das bittere Orangenöl wurde unter »Neroliöl« behandelt. Aus der süßen Orange werden auch Öle hergestellt, die aber mit Ausnahme des Schalenöls (Portugalöl) von minderer Qualität sind. Medizinische Anwendung: nervöse Herzstörungen, Schlaflosigkeit.

Origanum

Siehe Majoran.

Palmarosalöl

Das Öl wird destilliert aus dem in Indien wachsenden Kraut Andropogon schoenanthus. Das P. wird gelegentlich auch »Türkisches Geraniumöl« genannt. Medizinische Anwendung: hoher Blutdruck, nervlich bedingte Störungen des Allgemeinbefindens wie Schlaflosigkeit, Nervosität, Erregbarkeit.

Patschuliöl

Das Öl wird aus den Blättern und Stengeln des Lippenblütlers Pogostemo Patschuli gewonnen, die in getrocknetem Zustand nach Frankreich (Grasse) importiert werden. Das süßduftende Öl hat eine starke erotische Wirkung. In der Medizin findet P. Anwendung bei Nervosität, Depressionen etc.

Perubalsam

Der bräunlichgelbe, nach Vanille riechende Balsam wird aus dem zur Familie der Schmetterlingsblütler gehörenden Baum Myroxylon balsamum gewonnen. Er wurde schon 1530 von den spanischen Erobern als Wunderheilmittel der Eingeborenen vorgefunden. Im 16. Jahrhundert wurde er in der katholischen Kirche als Ersatzmittel für den knapp gewordenen Weihrauch benutzt. In der Medizin wird der P. innerlich und äußerlich eingenommen. Seine Wirksamkeit beruht auf dem Zinamein und der Zimtsäure, die beide stark bakterientötend sind.

Petitgrain

Aus dem Französischen übersetzt: »kleine Pomeranze«; siehe unter Neroliöle und Orangenöle.

Pfefferminzöl

Gewinnung aus der Pflanze Mentha piperita; es enthält als wirksamen Bestandteil das Menthol, das eine starke keimtötende Wirkung hat. Das P. wirkt besonders auf die Gallenwege, weil das Menthol nicht durch die Nieren, sondern durch die Galle ausgeschieden wird. Hauptanwendungsbereich: Magen-, Darm- und Gallenkoliken. Äußerlich angewandt, hilft es bei Kopfschmerzen, Ohnmacht, Neuralgien und Schwächezuständen.

Pfefferöl

Destilliert aus den Beeren von Piper nigrum; es ist ein sehr duftendes Öl, das keimtötend wirkt. Medizinische Anwendung bei Infektionen sowie Magen- und Darmstörungen (Verstopfungen).

Pimentöl

Gewinnung aus den Beeren des Pfeffergewächses Pimentum officinalis. In der Parfümerie ist es wegen seines nelkenartigen Duftes sehr geschätzt.

Rosenöl

Die Gewinnung erfolgt aus den Blütenblättern verschiedener Rosensorten (Mairose, Rosa centifolia und Rosa damascena); bei der Destillation entsteht auch das *Rosenwasser, das* im Mittelalter ein begehrter Duftstoff war. Das R. hat eine stark erotische Wirkung. In der Medizin benutzt man das R. bei Haut-, Herz-, und Nervenleiden.

Rosenholzöl

Es wird aus dem in Südamerika beheimateten Baum Aniba roseodona destilliert. Medizinisch benutzt man es bei Störungen bzw. zur Harmonisierung des Gefühlslebens.

Rosmarinöl

Das Öl wird aus den frischen Blättern und Blüten des Rosmarins (Rosmarinus officinalis) destilliert. Das kampferartig duftende R. eignet sich besonders bei Kreislaufstörungen, nervlich bedingten Ausfallerscheinungen wie Schwäche etc., Rheuma, Gicht und Neuralgien.

Salbeiöl

Gewinnung aus dem blühenden Kraut Salvia officinalis; Wirkstoff ist Thujon, der bei Überdosierung zu schweren Gesundheitsschäden führen kann. S. hat in der Medizin einen umfangreichen Anwendungsbereich: Zahnfleischentzündung, Infektionskrankheiten, Fieber, Frauenleiden, Impotenz, Appetitlosigkeit und Erschöpfung.

Sandelholz

Das aromatische Holz bzw. Kernholz des in Asien beheimateten Sandelbaumes (Santalum album) wird von den Hindus und Buddhisten im Gottesdienst und bei Opfern verbrannt. Da die Ameisen dieses Holz meiden, werden mit Vorliebe daraus Götterbilder hergestellt. Das S. ist ein erotischer Ähnlichkeitsstoff, der dem Geruch des im Achselschweiß des Mannes vorkommenden Androstenol entspricht. Er hat eine ähnliche chemische Struktur wie das Geschlechtshormon Testosteron. Das S. imitiert einen männlichen Botenlockstoff (Pheromon). Das Sandelholzöl ist ein dickflüssiges, farbloses Öl mit einem starken aromatischen Geruch. Es wird erfolgreich bei Impotenz und Frigidität angewandt.

Sassafrasöl

Es wird aus den Wurzeln eines in Mittelamerika heimischen Lorbeerbaumes gewonnen; medizinische Anwendung hauptsächlich bei Schwächezuständen.

Schafgarbe

Das Öl wird aus den Blättern dieses Doldenblütlers hergestellt. Dieses balsamisch duftende Öl ist ein Heilmittel gegen Verdauungsstörungen, Harnwegserkrankungen, Frauenleiden und Blutungen.

Sassafraspflanze.

Sternanis

Echter Sternanis sind die Kapselfrüchte von Illicium anisatum; in Geruch und Geschmack ist der S. dem Anis bzw. Fenchel ähnlich. In Asien ist der S. ein seit altersher geschätztes Gewürz und Heilmittel. Aus dem Samen wird durch Destillation das *Sternanisöl* (auch chinesisches Anisöl genannt) gewonnen. Medizinische Anwendung: bei Magen und Bronchialleiden. S. hat eine östrogenartige Wirkung (Pflanzenhormon) und wird als milchtreibendes Mittel benutzt.

Styrax oder Storax

Im alten Orient und in der Antike war S. das Gummiharz des Styraxbaumes (Styrax calamitus), der im Mittelmeerraum beheimatet ist. Es war eines der wichtigsten Räuchermittel der alten Kulturvölker. Im 17. Jahrhundert wurde es durch das flüssige Styrax ersetzt, das aus dem im Kleinasien wachsenden Amberbaum (Liquidambar orientalis) gewonnen wird. Es duftet nach Flieder und Narzissen. In der griechischen Kirche wird es noch heute neben dem Weihrauch verwendet. In der Medizin wird der

Styrax benutzt, weil er eine starke keimtötende Wirkung hat. Aus dem S. kann man auch das Styraxöl destillieren, das einen hyazinthenartigen Geruch hat.

Terpentin

Gewinnung durch Einschnitte in den Stamm der Nadelhölzer; T. ist ein gelblichweißes, balsamisches Harz, das in Alkohol löslich ist. Durch Destillation erhält man daraus das *Terpentinöl* (Oleum Terebinthinae). In der Heilkunde wird dieses Öl wegen seiner antibakteriellen Wirkung bei Entzündungen aller Art benutzt.

Thymian

Gewinnung des Öls aus dem blühenden Kraut Thymus vulgaris. Das Öl hat einen würzigen und angenehmen Geruch. Medizinische Anwendung: Erkrankungen der Atmungsorgane, Magen- und Darmbeschwerden sowie neuralgische und rheumatische Schmerzen.

Tolubalsam

Gewinnung aus dem in Südamerika heimischen Baum Myroxylon toluiferum. Der zähflüssige, bräunlichgelbe Balsam riecht nach Vanille und Benzoe. Wegen seines hohen Anteils an Zimtsäure ist der T. ein wirksames Mittel gegen Infektionskrankheiten. Das aus dem T. destillierte Öl hat einen hyazinthartigen Geruch.

Tonkabohnen

Die Kerne der Steinfrüchte von Dipterix odorata; die Kerne werden mit Rum übergossen und in Fässern eingelagert, in denen sie gären. Die T. duften nach Kumarin, das heute synthetisch hergestellt wird.

Tonkabohne.

Tuberose

Das Öl wird aus den weißen Blüten einer in Mexiko beheimateten Hyazinthenart (Polyanthes tuberosa) destilliert; es hat einen stark aromatischen, etwas schwülen Geruch.

Verbenaöl

Wird aus den Blättern einer im Mittelmeerraum beheimateten Grasart (Verbena triphylla) destilliert; der Geruch ähnelt dem von Lemongras. In der Medizin findet V. Anwendung bei Nervosität, Depressionen etc.

Vetiveröl

Aus der Wurzel der Graspflanze Andropogon muricatus, die in Asien und Afrika beheimatet ist, wird das dickflüssige Öl gewonnen. Wegen seines herb-holzigen Duftes findet V. in der Parfümerie eine vielseitige Anwendung. In der Medizin: bei Magenleiden, Nervosität, Hauterkrankungen.

Wacholder

Im Altertum und Mittelalter wurde Wacholderholz bzw. das Harz als falscher Weihrauch als Räucherwerk gegen ansteckende Krankheiten benutzt. Aus den Beeren wird das Öl destilliert, das reich an Terpenen ist. Medizinische Anwendung: Entzündung der Atemwege, Husten, Blasenleiden. Das Wacholderöl verstärkt die Harnausscheidung. Überdosierung und eine Anwendung über einen längeren Zeitraum können zu schweren Nierenschäden führen. Aus den alten Sträuchern und Bäumen der Wacholderart Juniperus oxycedus wird ebenfalls ein Öl gewonnen, das sich besonders bei Hautkrankheiten als wirksam erwiesen hat.

Weihrauch

Das Harz verschiedener Boswelliaarten, das durch Einschnitte in den Stamm gewonnen wird. Der zunächst milchweiße Saft erstarrt zu gelben Körnern. Bei den alten Kulturvölkern des Orients und des Mittelmeerraumes war es schon im 3. Jahrtausend v. Chr. als Räucherwerk in Gebrauch. Auch in der alten Medizin wurde der W. ausgiebig verwendet. Der australische Wissenschaftler M. Stoddard entdeckte, daß W. Stoffe enthält, die in ihrer chemischen Struktur Sexualhormonen ähneln. Die beiden deutschen Pharmakologen Martinetz und Lohs wiesen im W. den psychoaktiven Stoff Tetrahydrocannabinol nach, der sich auch im Haschisch findet (Wissenschaft und Fortschritte, 31, 1981). In der Medizin wird der W. als Stimulans (erregendes Mittel) und Hustenmittel benutzt. Er wird bei Geschwüren, zur Hautreinigung, bei Heiserkeit, Katarrh, Magenschwäche, Durchfall, Gicht, Rheuma, Blasen- und Nierenleiden und bei Tripper (heute veraltet!) eingesetzt. Das aus dem W. destillierte *Weihrauchöl* hat einen sehr feinen Geruch und wird in der Parfümerie benutzt.

Ylang-Ylang

Dieses sehr teurere Öl ist von derselben Beschaffenheit wie das Cannangaöl. Es ist ein ausgesprochen erotischer Duftstoff. Medizinische Anwendung: Blutdrucksenkung, nervlich bedingte Leiden und Beschwerden wie Angst, Depressionen, Nervosität.

Ysop

Das Öl wird aus dem Kraut der Pflanze (Lippenblütler) gewonnen. Medizinische Anwendung bei Entzündungen der Atmungsorgane, Husten und Magenbeschwerden.

Zibet

Das Drüsensekret der Zibetkatzen beiderlei Geschlechts. Es gibt drei Hauptarten: die asiatische und die afrikanische Zibetkatze sowie die Ginsterkatze, die in Südeuropa vorkommt. Zibet ist ein Botenlockstoff (Pheromon), der auch auf das menschliche Sexualdrüsensystem wirkt. Von allen vier tierischen Duftstoffen ist Z. der kräftigste.

Zimtöl

Gewinnung aus der Zimtrinde von Cinnamonum Ceylanicum. Von diesem Zimtöl oder Ceylonzimtöl mußt das *Zimtblätteröl* unterschieden werden, das aus den Blättern des Zimtbaumes destilliert wird. Es riecht weniger nach Zimt, hat vielmehr einen ausgesprochenen Nelkengeruch. Medizinische Anwendung des Z.: Infektionskrankheiten, besonders Grippe und Erkrankungen der Atemwege, Magenerkrankungen etc.

Zitronenöl

Das Öl wird durch kalte Pressung der Früchte des Zitronenbaumes (Citrus Limonum Risso) gewonnen. Schon im Mittelalter war die Zitrone ein Heilmittel gegen »innere Fäulnis« und Pest. Das Z. hat eine stark keimtötende Wirkung, die es zu einem vorzüglichen Heilmittel gegen Infektionskrankheiten macht.

Zypresse

Das Öl wird aus den Früchten destilliert; es ist ein Pflanzenhormon, dessen chemische Struktur weiblichen Sexualhormonen gleicht. Medizinische Anwendung bei Frauenleiden in den Wechseljahren, Blasenleiden und Rheuma.

Teil IV

Die Magie
der Farben

Die Verwendung von Farben
in Kultur, Religion und Magie

Die Farbensymbolik des Alten Orients
und des Abendlandes

Ausdrücke des täglichen Lebens, wie blauer Dunst, graue Theorie, rosarote Brille, grüner Junge, Schwarzarbeiter, weiße Weste etc.) veranschaulichen uns, daß den Farben ein Eigenwert oder eine symbolische Bedeutung zukommt. Eine »saubere Weste« würde nicht das ausdrücken, was vom Sprecher gemeint ist. »Weste« und »weiß« sind Symbole, die erst in ihrer Zuordnung den bekannten Sinn von »Unbescholtenheit« ergeben.

Die symbolische Verwendung von Farben bildet den Abschluß einer langen Entwicklung. Ursprünglich bezeichneten die Farben nur einzelne konkrete farbige Gegenstände, für die, je nach Farbton, eine Reihe von Wörtern üblich waren. In den balto-slavischen Sprachen hat sich dieser altertümliche Zustand noch am besten erhalten. So haben die Litauer für Grau vier Bezeichnungen, die je mit einem anderen Gegenstand – graue Wolle, Pferd, Haar, Gans – verbunden werden. Entsprechend verhält es sich mit Braun, Rot, Schwarz, Bunt usw. In der Frühzeit der Menschheit gab es eine große Fülle von Bezeichnungen, die aber nur mit einem bestimmten Gegenstand verbunden waren. Abstrakte Begriffe für Farben traten erst viel später auf.

Der Farbensinn und seine Entwicklung ist so eng mit der Kultur und der Weltsicht eines Volkes verbunden, daß man sich vor Verallgemeinerungen hüten soll, wie sie jeder Theorie eigen sind. Eine der früheren Theorien über die Entwicklung des Farbsinnes ging nach folgendem Schema vor:

1. *Stufe:* Der prähistorische Mensch besaß zwar einen Lichtsinn (hell und dunkel) unterschied aber noch keine Farben. Er war farbenblind.
2. *Stufe:* Der Farbensinn löste sich vom Lichtsinn; man unterschied Rot vom farblosen Licht. Dies glaubte man anhand der Verwendung der Farbenbezeichnungen in der ältesten Dichtung der Inder, dem »Rigveda« (2000 v. Chr.), zu erkennen.
3. *Stufe:* Rot und Gelb wurden unterschieden. Als Beweis führte man die »Ilias« Homers (800 v. Chr.) an.
4. *Stufe:* Man empfand Grün; dafür lieferten die Griechen der historischen Zeit (600 v. Chr.) Belege.
5. *Stufe:* Die blaue Farbe taucht auf.

Selbst wenn man berücksichtigt, daß dieses Schema sich an den indo-europäischen Völkern orientiert und nur mit Einschränkung eine allgemeine Geltung haben kann, so illustriert es doch die Problematik der zahllosen Theorien, die sich mit der Entwicklung des Farbensinnes und der Farben überhaupt beschäftigen, denn der Farbensinn, seine Entwicklung sind eng mit der Vorstellungswelt eines Volkes verbunden. »Grau« scheint alle Theorie. Der Polynesier, der über 90 Wörter für unseren abstrakten Begriff Rot und circa 600 für Grün kennt, benutzt die Farben, um auch räumliche Beziehungen wie groß und klein zu bezeichnen. »Lanumoana« (Himmelblau) bedeutet in der Sprache der Südseeinsulaner nicht nur das Meer, sondern auch das Unendliche, das Weite und die Tiefe. In ihrem Weltbild bzw. ihrer Weltsicht haben Farben eine ganze andere Bedeutung als beispielsweise bei den Indoeuropäern.

Wir werden also nicht darum herumkommen, die Verwendung der Farben und ihre Symbolik zumindestens bei den wichtigsten Kulturvölkern in Umrissen aufzuzeigen. Aber schon bei einer der ältesten Hochkulturen der Menschheit, die im alten Ägypten entstanden ist, werden wir mit Spekulationen und Theorien konfrontiert. Man glaubt nämlich, daß die Ägypter entsprechend ihrer heiligen Zahl Vier nur vier Farben kannten. Dies entspräche dem praktischen Erfordernis, vier Grundbereiche ihres Lebens zu bezeichnen, nämlich Fruchtland (schwarz), Wüste (rot), Vegetation (grün) und Licht (weiß). Nachweisbar kannten die Ägypter aber eine erhebliche Anzahl von weiteren Farben, so daß diese vier Grundfarben als Sammelbegriffe fungiert hätten. Rot stünde also auch für Gelb und Braun, Grün für Blau etc. Die Lieblingsfarben der ägyptischen Götter, insbesondere nach der Osiris-Sage, deuten daraufhin, daß die alten Ägypter den Farben eine magische bzw. symbolische Bedeutung beimaßen. Osiris, der mit seiner Schwester Isis verheiratet war, genoß unter den ägyptischen Göttern das höchste Ansehen. Er ist der männliche

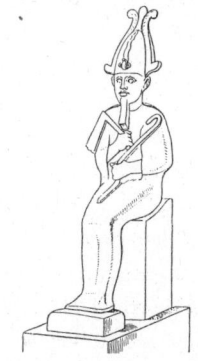

Osiris, der »große und grüne« Gott.

Fruchtbarkeitsgott, verantwortlich für die Nilüberschwemmungen, die alljährlich die Felder grünen lassen. Stirbt die Vegetation, heißt es, Osiris sei gestorben. Aber jedes Jahr wird er neu geboren. Da er das »neue Wasser« bringt, das die Erde fruchtbar macht, heißt er »groß und grün«. Sein heiliger Baum ist die immergrüne Tamariske. Man nennt ihn auch »groß und schwarz«, weil man die Bitterseen als das »große Schwarze« bezeichnet. Aber auch die Farbe Weiß ist heilig, was sich von der Farbe der Mumienhülle herleitet, mit der sein Gesicht eingehüllt ist. Sein Sterben und Wiedergeborenwerden machte Osiris auch zum Gott der Toten. Nach der Osirissage, einem Kernstück der offiziellen ägyptischen Religion, wurde Osiris von seinem Bruder Seth in eine Lade eingeschlossen und mit flüssigem Blei getötet. Doch seine Gemahlin Isis fand den Leichnam und versteckte ihn sorgfältig. Aber der grausame Seth fand ihn und zerstückelte ihn in vierzehn Teile, die er überall hin verstreute, Isis sammelte alle Teile, setzte sie zusammen und erweckte den

Seth, den sich die Ägypter rotfarbig vorstellten.

Isis mit ihrem Sohn Horus.

toten Körper durch Zauberkräfte zu neuem Leben. Als Herrscher der Unterwelt und der Toten kommt Osiris die schwarze Farbe zu, obwohl seine Kleidung ganz weiß ist. Grundsätzlich durfte man ihm nur schwarze Stiere opfern. Sein Bruder Seth aber war rotfarbig und hatte rote Augen. All seine Verbrechen, die er an Osiris verübte, hießen »rote Dinge«. Rot war bei den Ägyptern eine Unglücksfarbe, die auch für die Stiere vorgeschrieben war, die man Seth opferte. Isis wurde, je nach ihrer Nähe zu Osiris oder Seth, als eine schwarze bzw. rote Frau dargestellt.

Diese mythologisch begründete Farbensymbolik läßt sich auch in der magischen Praxis der alten Ägypter nachweisen. Der zerriebene grüne Malachit z. B. wurde als Augenschminke benutzt, mit deren Hilfe man sich nicht nur vor den gefürchteten Augenkrankheiten, sondern auch vor Dämonen schützen wollte. Der rotfarbige Seth hat eine Parallele in der indischen Mythologie. Der Gott Rudra (wörtlich übersetzt »der rote Gott«), der später mit Shiva gleichgesetzt wurde, ist der Gott des Sturmes

Eine ägyptische Dame legt sich eine Augenschminke an.

und umfaßt alle Eigenschaften, die ihn zu einer schrecklichen und blutigen Gottheit machen. Wie Seth hat er einen destruktiven Charakter und trägt Züge, die denen des germanischen Gottes Odin/Wotan ähneln. Die Bezeichnung »Rot« hat bei den Indoeuropäern eine uralte Tradition und geht auf die gemeinsame Wurzel »rudh« zurück, wie die nachfolgende Tabelle zeigt:

gotisch:	rauths
englisch:	red
litauisch:	rudas
altirisch/keltisch:	ruad
lateinisch:	rutilus/ruber
griechisch:	erythros
altindisch/Sanskrit:	rudhiras

Somit gehört die Wurzel »rudh« zu dem Grundwortschatz, der allen Indoeuropäern gemeinsam war, ehe sie ihre Urheimat verließen und bis nach Kleinasien (Hethiter), Indien (Arier) und Zentralasien (Tocharier) zogen. Die rote Farbe sahen die Indo-

Gott Rudhra/Shiva mit Gattin Parvati.

europäer als eine Art Kraftquelle an, die ihren Waffen magische
Kräfte verlieh. Wir wissen zwar nicht, wo die Urheimat der
Indoeuropäer lag, aber manche Indizien sprechen dafür, daß der
südrussische Raum und das Donaugebiet dafür in Frage kommen
könnten. Die archäologische Forschung konnte nachweisen, daß
sich im Gebiet um den heutigen Plattensee in der Jungsteinzeit
(50 000–10 000 v. Chr.) große Ockerbergwerke befanden, die
gewaltige Mengen des roten Farbstoffes beförderten. In Gräbern
aus dieser Zeit fand man bis zu 10 kg roten Ocker. Daß Rot eine
magische Farbe war, beweisen nicht nur die zahlreichen rotgefärbten Waffen und Kultgegenstände, sondern auch Sitten und
Gebräuche der indogermanischen Völker, die sich bis in die
historische Zeit erhalten haben. Bei den Germanen war es üblich,
sich die Haare rot zu färben, um auf diese Weise das Kriegsglück
zu beeinflussen. Der römische Geschichtsschreiber Tacitus (55–
116 n. Chr.) erzählte, daß der Bataverfürst Claudius Civilis
»entspechend einem bei den Barbaren üblichen Gelübde mit dem
Beginn der Feindseligkeiten gegen die Römer das Haar lang

wachsen ließ und rot färbte; erst nachdem die Legionen in diesem Blutbad vernichtet waren, legte er diese Tracht ab.«

Auch dem schon erwähnten Gott Odin/Wotan, der als Sturmgott im Schoß der Berge haust und das »wütende Heer der Seelengeister« anführt, war rot heilig. Germanische Jünglinge, die in seine Nachfolge treten und die toten Helden verehren wollten, färbten sich bei ihrer nächtlichen »wilden Jagd« die Haare rot. Wie das Beispiel des Bataverfürsten Claudius Civilis zeigt, war Rot das Symbol der Totennachfolge und Todesbereitschaft. Aber wir können noch weiter in die europäische Frühzeit zurückgehen. Schon bei den Höhlenmalereien in Spanien und Frankreich wurde roter Ocker benutzt, die Tiergestalten leuchteten in roter Farbe. Vielleicht wollte man ihnen auf diese Weise Lebenskraft verleihen oder durch eine Art Analogiezauber eine magische Wirkung auf sie ausüben, um bei der Jagd erfolgreich zu sein.

Höhlenbild von El Castillo (Spanien). Die Hände symbolisieren die Macht des Menschen über die Tiere.

Nach diesem Exkurs in die »graue Vorzeit« Europas wenden wir uns wieder den Hochkulturen des alten Orients zu. Die Bewohner des Zweistromlandes, die Sumerer, Akkader, Babylonier etc., besaßen ein umfangreiches sprachliches Benennungssystem, um die verschiedenen Farben zu bezeichnen. Von diesen Völkern nahm auch die Tradition, Planeten Farben zuzuschreiben, ihren Anfang. Jeder der sieben Planeten war nach dem Glauben der Babylonier von einer Gottheit beseelt:

Planet	Gottheit	Farbe
Sonne	Schamasch	Goldfarbig/Orange
Mond	Sin	Silberfarbig/Violett
Merkur	Nabu	Rot
Venus	Ischtar	Blau
Mars	Nergal	Grün (!)
Jupiter	Marduk	Weiß
Saturn	Ninib	Schwarz

Da die Planeten für sie Götter waren, beeinflußten diese auch nach Auffassung jener Völker das Leben der Menschen. Wenn man die Himmelskörper und ihre Bewegung bzw. Veränderung genau beobachtete, konnte man auch den Lauf der Dinge auf der Erde voraussagen. Wenn demnach beispielsweise die Sonne rot wie eine Fackel ist, steht der Tod eines Königs bevor. Die Farben wurden in günstige und ungünstige eingeteilt:

günstige Farben	ungünstige Farben
Gelb	Blau
Goldfarben	Grün
Rot	Schwarz
Weiß	

Die Planetenfarben Rot und Weiß waren ausgesprochene Schutz-
farben. So schreibt der Hofastrologe Abil-Istar an seinen König
Assurbanipal (883–859 v. Chr.):

»An den König, meinen Herrn, dein Diener Abil-Istar. Möge
Friede beim König, meinem Herrn, sein; mögen Nabu und Mar-
duk dem König, meinem Herrn, gnädig sein. Ein langes Leben,
Gesundheit des Körpers und Freude des Herzens mögen die
Götter dem König, meinem Herrn, geben!«

Daß aber die obige Gruppierung nach günstigen bzw. ungünsti-
gen Farben vielleicht nicht zu allen Zeiten gültig war, können wir
folgendem Kuriosum entnehmen. Die Babylonier maßen dem
Urin der Hunde eine magische Bedeutung bei. Wenn man von
einem weißen Hund anuriniert wurde, so brachte dies Not mit
sich; war ein solcher »magischer Hund« schwarz, so wurde man
von einer schlimmen Krankheit befallen. Glück brachte aber der
Urin eines braunen Hundes.

Die Hethiter, die etwa um 1800 v. Chr. Zentralanatolien eroberten, übernahmen nicht nur die Götter der Ureinwohner, sondern
praktizierten auch ihre religiösen Bräuche weiter. Um feindliche
Zaubermächte unschädlich zu machen, war bei ihnen eine Reini-
gungsmagie im Gebrauch, bei der rote, weiße, schwarze etc.
Wollfäden benutzt wurden. Ein solcher farbiger Faden wurde um
den zu Entsühnenden gebunden. Wenn man ihn dann durch-
schnitt, hatte er die feindlichen und schädlichen Kräfte an sich
gezogen. Vielleicht erklärt diese magische Handlung auch unsere
geheimnisvolle Vorstellung von dem »roten Faden«. Darunter
verstehen wir heute etwas, was den Gedankengang einer Rede,
Untersuchung, Abhandlung etc. durchzieht und gleichsam die
Gedanken und Ideen zusammenhält oder verbindet. Die Rede-
wendung vom »roten Faden« geht unmittelbar auf den Faden

Ein mittelalterliches Liebespaar, das von den »roten Fäden« umgeben ist.

zurück, der die Schiffstaue der englischen Marine durchzog. Im Mittelalter schützte man sich vor der Pest, indem man die Stadttore mit roten Fäden bespannte. Auf diese Weise wollte man auch verhindern, daß Odin/Wotan und seine Nachfolger mit den rotgefärbten Haaren, von denen schon die Rede war, in die Stadt eindrangen. Durch eine Art Analogiezauber wollte man die rotbemalten Scharen des »wilden Heeres« bei ihrer nächtlichen Jagd fernhalten. Der »rote Faden« hatte aber nicht nur eine Abwehrkraft, sondern er konnte auch Liebende für immer vereinigen, wenn er um ihre Körper geschlungen wurde.

Von den Persern berichtet der griechische Geschichtsschreiber Herodot (1, 98), daß sie beim Bau der Stadtmauern von Ekbatana sieben Farben verwendeten:

»Die Zinnen der ersten Ringmauer sind weiß, die der zweiten schwarz, die der dritten purpurrot, die der vierten blau, die der fünften hellrot. So sind die Zinnen aller fünf Ringmauern farbig angestrichen; von den beiden letzten aber hat die eine versilberte, die andere vergoldete Zinnen.«

Die alten Hebräer haben erst sehr spät ein Wort für Farbe und abstrakte Bezeichnungen für die einzelnen Farben benutzt, die sich ursprünglich nur auf farbige Gegenstände bezogen. So ersetzte man das fehlende Blau des Himmels durch den Saphir: »Unter seinen Füßen war es wie eine Fläche von Saphir und wie der Himmel, wenn es klar ist.« (Moses 2,23, 10). Man beobachtete zwar den Regenbogen, aber für seine Farben hatte man noch kein Verständnis entwickelt oder konnte sie nicht bezeichnen, weil die entsprechenden abstrakten Eigenschaftswörter fehlten: »Meinen Bogen habe ich in die Wolken gesetzt; er soll das Zeichen sein des Bundes zwischen mir und der Erde. Und wenn es kommt, daß ich Wetterwolken über die Erde führe, so soll man meinen Bogen sehen in den Wolken.«

In dem Hauptwerk der Kabbala, dem Sohar, der wahrscheinlich von Moses ben Schemtob de Leon (um 1250–1305) aus Kastilien verfaßt wurde, wird den drei Hauptfarben des Regenbogens eine mystische Bedeutung unterlegt:

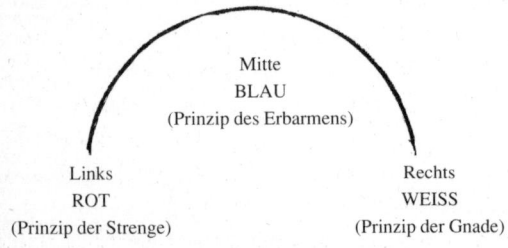

Mitte
BLAU
(Prinzip des Erbarmens)

Links   Rechts
ROT   WEISS
(Prinzip der Strenge)   (Prinzip der Gnade)

Dieses Schema der Kabbalisten kann durch Passagen aus dem Alten Testament belegt werden, nach denen Farben symbolische Bedeutung haben. Weiß ist das Symbol des göttlichen Lichts und Läuterung, während Schwarz für Unglück und Leid steht. Rot

Stiftshütte, wo Moses Jehova traf. Sie hatte Vorhänge in vier Farben.

bedeutet einerseits Sünde und Zorn, aber andererseits ist es auch die Farbe der Königswürde. Die blauen Schnüre, die sich die Kinder Israels an die Quasten der Zipfel ihrer Kleider machen sollen (4. Buch Mose, Kapitel 15, 38) dienen ihnen als ständige Mahnung, sich an die Gebote Gottes zu erinnern. Diese Himmelsfarbe ist gleichsam das Symbol der Herablassung und Gnade Gottes, der die Juden aus Ägypten herausführte. Die Stiftshütte, das heilige Zelt der Begegnung zwischen Gott und Moses, hatte Vorhänge in vier Farben: Weiß, Rot, Blau und Orange. Der hellenistische Philosoph Philon von Alexandrien (1. Jhdt. n. Chr.), der die Schriften des Alten Testamentes einer allegorischen Deutung unterzog, verband diese vier Farben mit den vier Elementen: Weiß = Erde, Rot = Wasser, Blau = Luft und Orangegelb = Feuer.

Die Hebräer, besonders aber die späteren Kabbalisten, kannten eine »schwarze Göttin« oder Dämonin, Inbegriff der weiblichen Sexualität und Verführungskünste. Es ist Lilith, die vielleicht mit dem babylonischen bösen Nachtdämon »Lilu« verwandt ist. In der talmudischen Tradition ist Lilith die Mutter der Dämonen und die erste Frau Adams, der sie aus der Erde geschaffen habe. Da

Lilith, die »schwarze Göttin«.

sie ihm aber gleichberechtigt sein wollte, verließ sie ihn. Schon aufgrund ihres Namens, den man in der jüdischen Tradition von hebr. »lajela« = »Nacht« ableitete, stellte man sie sich als einen schwarzen, Männer verführenden Nachtdämon vor. Der Talmud warnt: »Man darf nicht in einem Haus allein schlafen, und wer in einem vereinzelt stehenden Haus schläft, wird von Lilith überfallen.« Merkwürdigerweise schrieb man Lilith auch sehr grausame Züge zu. Bis ins 19. Jahrhundert hat sich bei den Juden in Europa der Glaube erhalten, daß dieser Nachtdämon kleine Kinder tötet. Nach der Flucht der Lilith soll Adam Gott um Hilfe gebten haben, der die drei Engel Sennoi, Sansanui und Samangalaluf beauftragte, die Frau Adams zurückzubringen. Sie drohten ihr, daß jeden Tag hundert ihrer Dämonenkinder getötet würden, wenn sie nicht zu Adam zurückkäme. Sie weigerte sich und schwor ihrerseits, neugeborene Kinder zu töten. Gegen diesen grausamen Nachtdämon kann man sich nur schützen, wenn man ein Amulett mit den drei Engeln Gottes trägt. E. Neumann hat in seiner Studie »The Great Mother« (New York 1963) den Nachweis erbracht, daß Lilith das Urbild der schrecklichen Muttergottheit ist, die alles Männliche zerstört. Als Inbegriff der

434

weiblichen Sexualität, die sogleich auch die Lust Adams verkörpert, ist sie das Gegenbild des Vatergottes Jahwe. Nicht nur jüdische Theologen, die eine feministische Richtung vertreten, sondern auch Verfechter einer Emanzipation der Frauen betrachten diese »schwarze Göttin«, die weibliche Stärke symbolisiert, als ihre Leitfigur.

In der griechisch-römischen Antike begegnen wir den ersten theoretischen Ansätzen einer Farbenlehre. Man stellte sich die Farbwahrnehmung so vor, daß das Auge bzw. der von ihm ausgehende Sehstrahl die von den Gegenständen ausgehenden Materieteilchen aufnimmt. Die Farben selbst werden von den vier Elementen bestimmt: Feuer (Rot), Wasser (Weiß), Erde (Schwarz) und Luft (Gelb). Platon leitet dann von diesen vier Grundfarben neun Mischfarben ab: Goldgelb, Purpur, Dunkelbraun, Hellbraun, Grau, Blaßgelb, Dunkelblau, Hellbraun und Grün. Andere Philosophen, wie etwa Demokrit (470–370 v. Chr.), vertreten die Ansicht, daß es von Natur aus keine Farbe gebe, weil die Elemente ohne eine Qualität seien. Erst durch die Zusammensetzung der Elemente und der Anordnung, Lage und Gestalt der Atome entstünden farbige Erscheinungen von vier unterschiedlichen Arten: Weiß, Schwarz, Rot und Gelb. Der spätere römische Dichter Lukrez (94–55 v. Chr.), ein überzeugter Anhänger der materialistischen Philosophie Demokrits, faßte die Lehrmeinung seines Vorbildes in seinem Lehrgedicht »De natura rerum« (»Über die Natur der Dinge«, Demokrits, 2, 757 ff) so zusammen:

»Den Atomen kommt also keine Farbe zu, sondern nur mannigfaltige Formen, aus denen die unterschiedlichsten Farbarten hervorgehen. Weil dafür entscheidend ist, welche

Atomformen sich in welcher Anordnung verbinden und welche gegenseitige Bewegung sie ausführen, läßt sich ohne weiteres erklären, weshalb das, was eben noch schwarz war, plötzlich in glänzendem Weiß erscheinen kann, wie z. B. das Meer, wenn heftige Stürme die Oberfläche aufwühlen, sich in eine weißlich glänzende Flut verwandelt. So kann man sagen, daß das von uns wahrgenommene Schwarze sich sogleich als glänzendes Weiß zeigen kann, sobald die Substanz gründlich durcheinander gerät und sich damit die Anordnung der Atome ändert.«

Die wichtigsten Farben der griechisch-römischen Antike waren Weiß und Rot. Der Philosoph Platon war sich unschlüssig, ob Rot oder Weiß die Farbe der Götter sei. Rot stand für Kraft und Stärke, Weiß für Reinheit, Erhabenheit etc. Die unteren und rechtlosen Schichten der Gesellschaft bekamen sogenannte Rangfarben zugewiesen, damit ihr geringes soziales Ansehen auch äußerlich sichtbar war. Die Sklaven trugen graue bzw. graublaue Kleider, die Dirnen mußten sich mit einer gelben Kleidung begnügen. Wenn Rot und Weiß die Farben der Oberschicht waren, so entstand dennoch nicht ein einheitliches Farbenbild. Wie weit diese Farbenabstufungen beispielsweise bei dem Rot gingen, verdeutlicht eine Stelle aus den »Attischen Nächten« des römischen Vielschreibers Gellius (2. Jhdt. n. Chr.):

»Als der Philosoph Favorinus sich eines Tages auf dem Weg befand, dem Konsul Fronto, der krank darniederlag, einen Besuch abzustatten, wünschte er, daß ich ihn begleite. Hier fand nun in Gegenwart vieler Gelehrter eine Untersuchung über die Farben und ihre Benennungen statt. Als die Bemerkung fiel, daß die Farbenabstufungen sehr mannigfaltig seien,

Eine Römerin legt sich den »Fucus«, eine Art rote Schminke an

aber die Anzahl der Farbenbezeichnungen ihnen nicht entspreche, sagte Favorinus: ›Für die Empfindungen der Augen
gibt es weit mehr Unterschiede der Farbe, als wir in der
Sprache Ausdrücke und Bezeichnungen dafür haben. Um
aber die feinen Farbenmischungen unerwähnt zu lassen, so
haben beispielsweise die einfachen Farben Rot und Grün nur
diesen einen Namen, aber viele verschiedene Abstufungen.
Dieser Mangel an Benennungen tritt nach meiner Meinung
mehr in der lateinischen als in der griechischen Sprache
hervor. So hat zwar die rote Farbe ihren Namen von der Röte;
aber obwohl die Röte verschieden ist beim Feuer, Blut, Purpur, Safran, so deutet trotzdem die lateinische Sprache diese
Verschiedenheit des Roten nicht durch besondere Ausdrücke
an, sondern bezeichnet sie nur mit einem Namen ›Röte‹. Aber
zur Bezeichnung der einzelnen Unterschiedsstufen bedient
sie sich Eigenschaftswörter, die von Gegenständen entlehnt
sind. So spricht sie von feuer-, glut-, blut-, safran-, purpur-
und goldfarbigen Dingen.‹ … Daraufhin sagte Fronto zu
Favorinus: ›Ich will nicht in Abrede stellen, daß die von dir
so geschätzte griechische Sprache ausdrucksvoller ist als die

Das Oberkleid der Römer, die Toga, war weiß und mit einem pur-
purnen Streifen verbrämt.

Die vornehme Römerin trug eine
Palla, für die eine Farbenpalette
von Rot bis Grün zur Verfügung
stand; nur das Gelb war für die
Dirnen reserviert.

unsrige. Doch die von dir angeführten Ausdrücke für Rot sind
keineswegs die einzigen Wörter, womit wir das Rote bezeichnen, ja wir haben sogar noch mehrere als die von dir erwähnten griechischen (Anm.: Er führte 5 Bezeichnungen an: Goldgelb, Dunkelrot, Feuerrot, Gelb, Purpurrot). Denn Rotgelb,
Goldgelb, Dunkelrot, Purpurrot, Feuerrot, Rosenrot und Rot-
kastanienbraun sind Bezeichnungen für besondere Töne der
ersten Farbe, welche sie entweder steigern und sie feuriger
erscheinen lassen oder sie mit Grün vermischen oder ihr
durch Schwarz einen bräunlichen oder durch frischglänzen-
des Weiß einen helleren Glanz geben.«

Auch die Einteilung der menschlichen Wesensart in vier Temperamente basiert auf der antiken Farbenlehre. Man unterscheidet

den Choleriker (griech. »chole« = »Galle«), der leicht erregbar und auch jähzornig ist, den Sanguiniker (lat. »sanquis« = »Blut«), den man sich als einen leichtfertigen und oberflächlichen Menschen vorstellt, den Phlegmatiker (griech. »phlegma« = »Schleim«), den eine langsame, gelassene und beinahe teilnahmslose Wesensart auszeichnet, und den Melancholiker (griech. »melas« = »schwarz« und »chole« = »Galle«), der ein bedächtiger, nachdenklicher und bisweilen trauriger Mensch ist. Schon zur Zeit des Hippokrates (400 v. Chr.) entwickelte man die Lehre von den vier Säften (Blut, Schleim, gelbe und schwarze Galle), deren richtige Mischung Gesundheit bedeutete. Diesen vier Säften schrieb man noch Eigenschaften zu:

gelbe Galle:	warm und trocken
Blut:	feucht und warm
Phlegma:	feucht und kalt
schwarze Galle:	trocken und kalt

Darstellung der vier Säfte (1472).

Eine Krankheit entsteht nun, wenn einer der Säfte und eine der Doppeleigenschaften überwiegen. Denkbar sind aber auch Kombinationen von beispielsweise Wärme und Trockenheit oder Kälte und Trockenheit bzw. das Überwiegen von untereinander verwandten Säften. Diese Säfte sind übrigens bei den Geschlechtern unterschiedlich verteilt. Bei dem Mann überwiegen das Warme und Trockene, bei dem Kind und der Frau aber die entgegengesetzten Eigenschaften der Säfte. Diese Säftelehre bzw. die darauf basierende Krankheitslehre, die Humoralpathologie, wurde vom Arzt Galenos zu der Lehre von den Temperamenten ausgebaut. Er ging davon aus, daß die Säfte im Menschen nicht gleichmäßig verteilt sind. Besonders unter dem Einfluß des Klimas, der Lebensweise und des Alters kommt es zu einem Überwiegen eines der vier Säfte. Dies führt aber auch dazu, daß jeder Mensch eine eigene körperliche und seelische Individualität besitzt, die ihn einem der vier Menschentypen (Choleriker, Sanguiniker, Phlegmatiker und Melancholiker) zurechnen läßt. Diesen vier Menschentypen werden nicht nur vier Farben, sondern auch Elemente, Jahreszeiten und Körperorgane zugeordnet.

Die vier Menschentypen nach Doré.

Die Säfte und ihre Entsprechungen

	Galle	Blut	Phlegma	schwarze Galle
Temperament	Choleriker	Sanguiniker	Phlegmatiker	Melancholiker
Farbe	*rot*	*gelb*	*weiß*	*schwarz/blau*
Element	Feuer	Luft	Wasser	Erde
Planet	Mars	Jupiter	Venus	Saturn
Jahreszeit	Sommer	Frühling	Winter	Herbst
Hauptorgan	Leber	Herz	Hirn	Milz
Eigenschaft	warm/trocken	warm/feucht	feucht/kalt	trocken/kalt

In der alten Darstellung der vier Säfte aus dem Jahre 1472 wird der wesentliche Inhalt der obigen Tabelle mit lateinischen Bezeichnungen ausgedrückt (»ignis« = »Feuer«, »aer« = »Luft«, »aqua« = »Wasser«, »terra« = »Erde«). Der Kreis mit den Verschlingungen symbolisiert nicht nur das Eingebettetsein des Menschen in die Jahreszeiten und die Welt (homo, annus, mundus), sondern zeigt auch den Übergang von einem in den anderen Zustand. Die Vorstellung nämlich, daß einer der Säfte überwiegt, hat zur Folge, daß der Gesundheitsbegriff eine größere Breite hat. Jeder Mensch ist aufgrund seiner »Natur« schon zur Krankheit disponiert.

Die antike Symbolik der schwarzen Farbe, die – wie bei uns – eine Trauerfarbe war, trug auch noch andere Züge, wie sie schon bei der schwarzen Nachtdämonin Lilith skizziert worden sind. Seltsamerweise haben sie sich im Kult einer Institution erhalten, bei der man dies nicht erwarten würde. Wenn Johannes Paul II. fast alljährlich vor Hunderttausenden von Gläubigen in Tschenstochau (Polen) die dortige schwarze Madonna anbetet, mag man dem sexualfeindlichen Oberhirten der katholischen Kirche kaum unterstellen, einer früheren feministischen Göttin zu huldigen. Im Mittelalter gab es in Frankreich über 190 solcher schwarzen Madonnen. Heute zählt man in Deutschland und Österreich 13, in den Beneluxländern 11, in Spanien 22, in Portugal 3, in England 1, Ungarn 1, Polen 1 und in Italien 11 solcher schwarzen Muttergottesbilder. Ihr Ursprung wirft bis heute Rätsel auf. Sicherlich macht man es sich zu einfach, wen man, wie dies in Fernsehberichten über die Auftritte des Papstes in Tschenstochau geschehen ist, erklärt, dieses Muttergottesbild sei durch den Kerzenrauch schwarz verfärbt. In jüngster Zeit hat K. Vollmar in seinem Buch »Das Geheimnis der Farbe Schwarz« diese Thematik behandelt und bringt die schwarzen Madonnen in Zusammenhang mit den schwarzen Göttinnen wie Isis, Lilith, Kybele und Diana. Es wurde schon erwähnt, daß die alten Ägypter Isis, die Gemahlin und Schwester des Osiris, schwarzfarbig dargestellt haben, weil dies die Farbe des Totengottes Osiris war. In der römischen Antike, in der sich die verschiedenen antiken Religionen vermischten, wurde Isis mit der griechischen dreigestaltigen Göttin Hekate und der römischen Göttin Diana verbunden, deren Kult von den römischen Truppen auch nach Gallien gebracht wurde.

Diana ist die Göttin des Totenreiches, der Nacht, des Schicksals, Bewacherin des Dreiweges, Mondgöttin und Beschützerin der Magier und Zauberinnen. In ihr waren weibliche Fruchtbarkeit, Sexualität und die Gebärfunktion der Erde vereinigt. Als Göttin der Nacht war ihr die schwarze Farbe zugeordnet. 431 n. Chr.

Die ägyptische Göttin Isis vereinigte alle Züge der antiken Fruchtbarkeitsgöttinnen in sich; dies wird u. a. durch die Ähren in ihrer Krone ausgedrückt.
Sie ist aber auch Göttin der Magie.

erklärte das Konzil von Ephesus – nicht ohne Grund gerade an
dem Ort, wo sich einer der wichtigsten Tempel der Diana bzw.
der Artemis, ihres griechischen Gegenstückes, befand – Maria
zur Mutter Gottes. Aber in der christlichen Religion hatte man
Maria zu einer jungfräulichen Mutter erkoren, der die Sexualität
fremd war. Schon aus diesem Grunde war es nicht einfach, die
heidnische Göttin durch die »Muttergottes« verdrängen zu lassen.

Selbst in Gebieten, die schon völlig christianisiert waren, verehrte die einfache Bevölkerung offen oder heimlich die Göttin Diana
weiter. So erwähnt Gregor von Tours (540–594 n. Chr.), daß die
Bewohner von Trier eine Dianastatue verehrten. Die fränkische
Bevölkerung soll noch im 7. Jahrhundert ihre Feindschaft gegenüber den christlichen Missionaren ausgedrückt haben, indem sie

Die römische Göttin Diana; sie hat alle Züge der griechischen Hekate übernommen. Da sie die Göttin der Dreiwege war, wurde sie in Dreigestalt dargestellt.

die große Diana verehrte. Fraglich ist bei all den Berichten über den Dianakult in Gallien und Germanien, ob es sich um die römische Göttin Diana oder um eine lokale Göttin handelte, die aufgrund ihrer ähnlichen Züge in einer Art »Interpretatio romana« nur denselben Namen erhielt. Als die Römer diese Gebiete eroberten, traten ihre Gottheiten an Stelle der einheimischen, die mit römischen Namen versehen wurden. Wenn also in den Quellen aus der Frühzeit der Christianisierung von einem Dianakult die Rede ist, muß auch in Erwägung gezogen werden, ob es sich hierbei nicht um eine originäre Gottheit der von den Römern unterworfenen und romanisierten Bevölkerung handelt. Dies wird immer dann anzunehmen sein, wenn »Diana« Züge trägt und Eigenschaften besitzt, welche der ursprünglich römischen Göttin fremd sind.

Eine ausführliche Beschreibung des heidnischen Dianakultes findet sich in dem »Canon episcopi«, im Bußbuch des Bischofs

Burckhard von Worms, der auf ein karolingisches Kapitular des 9. Jahrhunderts zurückgeht. Dort heißt es:

»Dies darf nicht übergangen werden, daß es verbrecherische Weiber gibt, die, durch die Vorspiegelungen und der Einflüsterungen der Dämonen verführt, glauben und bekennen, daß sie zur Nachtzeit mit der heidnischen Göttin Diana mit einer unzählbaren Menge von Frauen auf gewissen Tieren reiten, über vieler Herren Länder heimlich und in der Totenstille der Nacht hinwegeilen, der Diana als ihrer Herrin gehorchend, und in bestimmten Nächten zu ihrem Dienste sich aufbieten lassen. Leider hat eine zahllose Menge, getäuscht durch die falsche Meinung, daß diese Dinge wahr seinen, vom rechten Glauben sich angewendet und der Irrlehre der Heiden sich angeschlossen.«

C. Ginzburg hat in seinem Buch »Hexensabbat« nachgewiesen, daß der römischen Diana die Vorstellung eines nächtlichen Rittes fremd ist. Man muß also davon ausgehen, daß Diana in Gallien die Stelle von mehreren keltischen Gottheiten angenommen hat, u. a. der Göttin Epona, die immer mit Pferden in Verbindung gebracht wird und in fast 300 bekannten Bildzeugnissen als Reiterin oder sitzend zwischen zwei Pferden dargestellt wird. In den Händen hält sie Blumen, Früchte, Schalen oder Füllhörner. Da sie wie Diana eine Göttin der Fruchtbarkeit war, konnte sie leicht von den römischen Eroberern umbenannt werden. Daß es sich bei dieser ursprünglich keltischen Gottheit Diana/Epona auch um eine lokale Variante der geheimnisvollen weiblichen Hexen-Gottheit handelt, dafür gibt es ein Bildzeugnis (siehe Abb. nächste Seite): Eine Hexe trifft sich mit dieser Nachtgöttin (Fantasima), die auf einem Wagen fährt.

Auf dem schon erwähnten Konzil in Epheseus wurden die Verehrungsstätten der Kybele der »Muttergottes« der christlichen

Diana/Epona trifft eine Hexe.

Religion zugesprochen. In der folgenden Zeit sollen 48 Städte Maria anstelle der heidnischen Göttin Kybele als ihre Schutzherrin angenommen haben. Auch die schwarzen Madonnen, von denen sich die meisten in den ehemals keltischen Siedlungsgebieten (Frankreich und Belgien) befinden, haben ihren Ursprung in dieser weiblichen Gottheit, die durch ihre Verbindung von Erde und Nacht schwarzfarbig war. Die berühmte schwarze Madonna von Walcourt verdankt ihren Ursprung den Bischöfen von Köln und Tongeren: An dem Platz, wo eine schwarze, heidnische Göttin verehrt wurde, ließen sie eine Kirche bauen und widmeten diese der berühmten Madonna, die wie ihre heidnische Vorgängerin schwarz ist. Die nur oberflächlich bekehrte Bevölkerung verehrte weniger die schwarze christliche Maria, als weiterhin die ungewidmete schwarze keltische Gottheit.

In Frankreich und Belgien werden die zahlreichen schwarzen Madonnen auf die Herrschaft der Merowinger zurückgeführt, die diesen Kult besonders gefördert haben sollen. Hierauf basiert eine andere Theorie über den Ursprung der schwarzen Madonnen. M. Baigent, R. Leigh und H. Lincoln versuchten in ihrem Buch »Der Heilige Gral und seine Erben« den Nachweis zu erbringen, daß die Merowinger direkte Abkömmlinge von Jesus und seiner »Frau« Maria Magdalena seien. Den von ihnen kolportierten Legenden nach wird Maria Magdalena als eine schwarzhäutige Frau beschrieben. Nach dem ersten Kreuzzug (1096–99) hätten die Templer den Kult um diese schwarze Frau nach Europa gebracht. Eine Mitarbeiterin von C. G. Jung, Marie-Louise Franz, sieht in der schwarzen Madonna eine Verkörperung einer Hebräerin namens Maria, die der Legende nach eine berühmte Alchimistin war. Aufgrund zuverlässiger Quellen, wie des griechischen Schriftstellers Zosimus (2. Hälfte des 5. Jahrhunderts n. Chr.), lebte sie im 2. oder 3. nachchristlichen Jahrhundert in Alexandrien. In späteren Quellen wird sie mit Mirjam, der Schwester Moses, in Verbindung gebracht. Die Verbindung von Weiblichkeit und schwarzer Farbe kann gerade mit Hilfe der Alchimie vollzogen werden: Bei der Herstellung des »Steines der Weisen« müssen zunächst die Ausgangsstoffe auf die Materia prima zurückgeführt werden, was bildlich durch den Koitus eines Liebespaares dargestellt wird. Dieser Anfangszustand wird durch die schwarze Farbe dargestellt, aus dem dann, wie bei der Finsternis zu Beginn des biblischen Schöpfungsberichtes, die weiteren Stufen des alchemistischen Werkes folgen. In der alchimistischen Literatur wird diese Schwärze auch als »terra nigra« (schwarze Erde) beschrieben. Dies führt wieder zurück zu der heidnischen Diana/Epona, die als Fruchtbarkeitsgöttin ebenfalls die schwarze Farbe der Erde hatte. Fraglich ist bei dieser Vermutung nur, ob tatsächlich die alchimistische Ideenwelt einen solchen Einfluß auf kirchliche Kreise hatten, daß sie die Praxis der Madonnenverehrung beeinflussen konnte.

Überzeugend ist eher die Annahme, daß die schwarze Madonna an die Stelle der im Volk sehr verehrten schwarzen Fruchtbarkeitsgöttin trat, um auf diese Weise dem alten heidnischen Glauben den Boden zu entziehen.

Maria, die Hebräerin (aus: Michael Maier [1568–1622], »Symbole der goldenen Tafel der zwölf Nationen« [1617]). Michael Maier, Leibarzt des Kaisers Rudolf II., galt als einer der bedeutendsten Alchimisten seiner Zeit.

Als Teil der göttlichen Weltordnung gliederte sich die mittelalterliche Gesellschaft in Stände, denen eine bestimmte Aufgabe zugewiesen war: sieht man von den zahlreichen Untergruppen ab, in Fürsten, Adel, Geistlichkeit, Bürger und Bauern. Die beiden oberen Stände haben die Aufgabe, die weltliche Ordnung zu schützen. Den Geistlichen obliegt es, den Glauben zu verbreiten, und den beiden unteren Ständen, durch ihre Arbeit den Unterhalt der ganzen Gesellschaft zu sichern. In diesem hierarchischen System waren die Farben vor allem Rangfarben, die zur äußerlichen Abgrenzung der Stände dienten. Seit dem 12. Jahrhundert werden Kleiderordnungen erlassen, welche für die einzelnen Stände auch Vorschriften über die Gewandfarben enthalten. Fast zur gleichen Zeit hat sich auch eine strenge kirchliche Farbensymbolik herausgebildet, die zusammen mit der Gewandfarbensymbolik auch andere Symbolkreise beeinflußte.

Da diese kirchliche Farbensymbolik eine längere Tradition als die weltliche hat, werden wir uns zunächst ihr zuwenden. Ursprünglich war die Farbe der christlichen Liturgie Weiß; so ermahnt Clemens von Alexandrien (2. Jhdt. n. Chr.), der sich in seinen Schriften bemühte, die Christen zu erziehen:

»Die indisch gefärbten Stoffe und die olivgrünen, die blaßgrünen, die rosafarbenen und die scharlachroten und die tausend anderen künstlich gefärbten Stoffe sind Erfindungen verderblicher Üppigkeit.« (»Pädagogos« 2,10). An einer anderen Stelle dieser Schrift heißt es:

»Für Menschen, die unschuldig und nicht verdorben sind in ihrem Inneren, ziemt sich am besten das Tragen weißer und einfacher Kleidung.«

Soweit wir aus den Quellen ersehen können, wurde diese Ermahnung kaum beachtet. Mosaike, kolorierte Bilder in alten Handschriften und Notizen von kirchlichen Schriftstellern lassen den Schluß zu, daß die ganze Farbenpalette der Antike auch bei den Christen und vor allem bei der Liturgie Anwendung fand. Eine Ausnahme machte nur die Farbe Gelb, die, ähnlich wie in der Antike, für die Randgruppen der christlichen Gesellschaft: Juden, Arabern und Dirnen, vorgeschrieben war. Erst Papst Innocenz III. (gest. 1216) legte für die Feste und Tage vier Farben fest. Es sind dies: Weiß, Schwarz, Rot und Grün. Dazu kam noch als fünfte Farbe Violett, das an die Stelle von Schwarz treten konnte. Die römische Kurie versuchte in der Folgezeit immer wieder, diese fünf Farben als verbindlich für den Gottesdienst festzulegen. Im 19. Jahrhundert führten diese Bemühungen zum Erfolg und die Ritenkongregation bestimmte die vorherrschende Farbe für die Gottesdienste im Kirchenjahr. Die Farbensymbolik orientiert sich an der Bibel, die ihrerseits wieder eingebettet ist in die Überlieferung und Tradition des alten Orients und der Antike. Weiß ist die Farbe der Reinheit und Unschuld, welche das Böse, das man sich als dunkel und finster vorstellt, abwehrt. Christus ist das Licht, dessen weiße Farbe die Finsternis der Sünde und des Todes verscheucht. In der Offenbarung des Johannes wird zur Beschreibung der Stätte des Himmels ausgiebig die weiße Farbe benutzt: weiße Pferde, weißer Thron, weiße Wolken und Schmucksteine. Rot, die Farbe des Blutes und des Opferfeuers, symbolisierte schon im Alten Testament die Sühnung der Sünden und der Schuld durch Blutvergießen und Opferfeuer. Im Neuen Testament ist Rot das Symbol der Liebe Jesu zu den Menschen, für die er durch seinen Kreuzestod sein Blut vergossen hat. Es steht aber auch für die Sendung des Heiligen Geistes beim Pfingstwunder (Apostelgeschichte 2), wo »ihnen Zungen erschienen, zerteilt, wie von Feuer«. An den Festtagen, an denen des Leidens Jesu gedacht wird und an Pfingsten ist die Kirchenfarbe Rot. Grün, das nach der christlichen Tradition eine Farbe zwischen Weiß, Schwarz und Rot ist, ist die Farbe der Hoffnung, die nach der Bibel schon beim Anblick grünender Saatfelder entsteht. Diese Hoffnung bezieht sich auf die doppelte Auferstehung sowohl von Jesus Christus als auch der Gläubigen bei der Taufe. Schwarz ist die uralte Farbe der Trauer und des Todes, den man sich im Mittelalter immer als eine schwarz gekleidete Person vorstellte. Aufgrund dieser Symbolik ist Schwarz die passende Farbe für den Karfreitag und für Totenfeiern. Da diese Farbe aber völlig lichtlos ist und auch keine Hoffnung für den Büßer signalisiert, für den sie auch vorgeschrieben war, trat bei der Buße anstelle der schwarzen die violette Farbe, die zwar dunkel, aber nicht völlig licht- bzw. hoffnungslos ist. Sie ist auch die Farbe, die bei Exorzismen gebraucht wird, wenn es darum geht, die Macht der Dämonen zu brechen. Sicherlich beruht dies auch darauf, daß die bösen Dämonen, Geister und Engel als schwarze Wesen gelten. So ist der Rabe bei Hildegard von Bingen der Unglücksvogel an sich, weil der Teufel seine Gestalt annimmt. Die magischen Praktiken, die sich der Hilfe solcher böser Dämonen bedienen, um anderen Menschen zu schaden, heißen auch »schwarze Magie«. Die violette Farbe des Priesters beim kirchlichen Exorzismus ist also eine Art Trennungsfarbe, um sich von solchen Praktiken zu distanzieren.

Die Frage, ob auch Weiß eine Trauerfarbe war, gehört zu den ungelösten Problemen der mittelalterlichen Farbensymbolik. In jüngster Zeit haben dies H. Nixdorff und H. Müller in ihrem Buch »Weiße Westen und Rote Roben« bejaht, ohne daß sie sich mit der reichhaltigen Literatur auseinandersetzen, die diese Frage kontrovers diskutiert. O. Lauffer deutet in seiner Schrift »Farbensymbolik im deutschen Volksbrauch« eine Lösung an:

»Überall, wo Weiß in der Trauerkleidung erscheint, haftet es nicht am Kleide selber, sondern nur an den Zutaten. Es haftet an der Hülle, die den Kopf, die Brust oder auch den ganzen Körper bis herab zu den Füßen umschließt. Man frage auch in den Gegenden, in denen die angebliche »weiße Trauerkleidung« in voller Ausbildung ist, jede beliebige Bauersfrau nach ihrem Trauerkleide, und man wird ein ganz schwarzes Gewand zu sehen bekommen. Unter dem weißen Umschlaglaken oder Schleier liegt immer die schwarze Trauertracht.«

Eine Bürgerin im Trauerkleid (Ende 17. Jhdt.). Unter der weißen Hülle trägt
sie die Trauertracht, die immer schwarz ist.

Auch der schon in der Vergangenheit belegte Brauch, Kinder und
Unverheiratete in weißen Totenkleidern in einen weißen Sarg zu
legen, kann nicht als Indiz dafür angeführt werden, daß die Farbe
Weiß eine Trauerfarbe ist. Man muß hierbei unterscheiden zwischen der Trauer der Überlebenden und der symbolischen Ausstattung der Toten, die einen Hinweis auf ihre Reinheit geben
soll. Das Weiß bei einer Kinder- und Ledigenbestattung hat
denselben Symbolcharakter wie das bräutliche Weiß und deutet
in beiden Fällen nur die Reinheit und Unversehrtheit an. Auch
die Bedeutung dieser »weißen Oberbekleidung« bei Trauerfeiern
wurde von O. Lauffer überzeugend erklärt. Er verweist darauf,
daß es in erster Linie nicht auf die Farbe, sondern auf das
Verhüllen ankam. Das Verhüllen ist im Volksbrauch ein uralter
Brauch, sich vor bösen Geistern und Dämonen zu schützen, die
auf den Friedhöfen lauern. Durch das Verhüllen des Körpers soll

ihr Eindringen verhindert werden. Als Stoff für diese Verhüllungen nahm man den in der betreffenden Region allgemein verbreiteten Stoff in seiner Naturfarbe, die in der Regel weiß war. Den weißen Laken und Schleiern bei den Trauerfeiern fehlt folglich jede symbolische Bedeutung. Die Trauerfarbe war immer Schwarz, weil ihr die Kraft zugesprochen wurde, Dämonen abzuwehren. Wenn man sich aber seit Jahrhunderten bei Trauerfeiern durch weiße Verhüllungen vor schädlichen Einflüssen der Dämonen geschützt hat, so konnte gelegentlich im Volk der Eindruck entstehen, auch Weiß sei eine Trauerfarbe.

In den Kleiderordnungen des Mittelalters waren dem Adel sieben Farben: Rot, Blau, Grün, Gelb, Braun, Weiß und Schwarz, vorbehalten, die als Zeichen seiner Würde galten. Die Farben mußten rein und leuchtend sein, denn jede Schattierung erweckte den Eindruck des Schmutzigen. Zwar waren die einzelnen Kleidungsstücke einfarbig, aber durch die verschiedenen Ober- und Unterkleider entstand eine Buntfarbigkeit. Den unteren Ständen war Grau als Farbe vorgeschrieben. Der »graue Leibrock« der

Ein Färber bei der Arbeit.

Bauern und Knechte, der in der Regel aus ungefärbtem Wollstoff oder Leinen bestand, symbolisierte durch seine »schmutzige Farbe« gleichsam die soziale Minderwertigkeit. Als Zeichen der Strafe konnte im Urteil verfügt werden, daß der Rechtsbrecher nach seiner Entlassung aus dem Gefängnis für eine gewisse Zeit »graue Kleidung« zu tragen hatte. Mitte des 14. Jahrhunderts verloren die Mischfarben ihren Charakter als Rangfarbe der unteren Stände, so daß der burgundische Hof sogar eine Zeitlang das Grau der Bauern als Modefarbe wählte. Umgekehrt fanden Blau, Grün und sogar das adelige Rot Eingang in die Kleidung der unteren Schichten. Bei der Auswahl seiner Gewandfarben orientierte sich der selbstbewußte Bürger des Mittelalters am Adel, dem er den Rang streitig zu machen begann. Nach der Reformation war ein deutlicher Trend zur dunklen Kleidung erkennbar, bis schließlich das Schwarz die Lieblingsfarbe der vornehmen Patrizier wurde. Auch die geistlichen Orden unterschieden sich durch die Farbe. Schwarz, die Farbe der Bußfertigkeit, erwählten sich die Benediktiner. Von den anderen alten Orden des Abendlandes verzichteten die Zisterzienser auf jegliche Farbe und schneiderten ihre Kutten aus grauem Stoff. Die Franziskaner schließlich, die alle Orden an Armut und Demut übertreffen wollten, entschieden sich für die braune Farbe.

Eingangs wurde schon erwähnt, daß sich die Randgruppen der mittelalterlichen Gesellschaft, für die in dieser göttlichen Hierarchie kein Platz war, durch Trennfarben von den Ständen abgrenzen mußten. Solche Trennfarben haben eine lange Tradition und sind keine Erfindungen des »finsteren Mittelalters«, wie man gelegentlich lesen kann. So mußten im islamischen Ägypten die Christen eine blaue, die Samaritaner eine rote und die Juden eine gelbe Kopfbedeckung tragen. Diese farbige Differenzierung der andersgläubigen Bevölkerung durch den Islam läßt sich auch für Sizilien nachweisen, das im 9. Jahrhundert von den Arabern erobert wurde. Mit Beginn der Kreuzzüge im 12. Jahrhundert werden solche Trennfarben von den christlichen Ländern übernommen. Die Juden mußten außer einer besonderen Kopfbekleidung, die aus einem gelben, trichterförmigen Hut bestand, noch einen auf der Brust aufgenähten gelben Ring tragen.

Ein jüdischer Arzt mit Judenhut; dazu kam noch ein gelbes, kreisförmiges Stoffstück auf der Brust (15. Jhdt.).

Die Reichspolizeiverordnungen, besonders die aus dem Jahre 1530, grenzten neben den Juden auch die Ketzer, Hexen, Wiedertäufer, Dirnen und alle Personen, die ein unehrenhaftes Handwerk betrieben (wie z. B. Abdecker, aber auch die Scharfrichter samt ihrer Familienmitglieder), durch Trennfarben aus. Die Frauen der Scharfrichter, denen meistens auch die Aufsicht über die »Frauenhäuser« oder Bordelle oblag, mußten gelbe Kopftücher tragen. Damit die Signalwirkung der gelben Trennfarbe noch vergrößert wurde, schrieben einige Länder diesen Randgruppen der Gesellschaft vor, in den Stoffkreis noch Blau oder Rot einzufügen. Auch die Gewandfarbe der Dirnen hat eine lange Tradition, die bis in die Antike zurückreicht. Bei den Griechen und Römern mußten Dirnen gelbe Haare bzw. gelbe Perücken tragen. Dazu kam noch eine überwiegend gelbe Ausstattung der Kleider. In einer Verfügung der Stadt Köln aus dem Jahre 1389 wurden den »unehrenhaften Frauen« rote Mützen befohlen. Da bei den Römern der Fruchtbarkeitsgott Priapus Grün als heilige Farbe hatte, war die Toga der gehobenen Dirnen, der Kurtisanen, manchmal grün. Auch sonst hat bei den Römern die Farbenbezeichnung Grün die Nebenbedeutung von sittenlos. Aus den Hexenprozeßakten wissen wir, daß der Buhlteufel, mit dem die Hexen angeblich Unzucht trieben, grünfarbig gewesen sein soll. Mit dem Auftreten der Syphilis wurde die Kleiderordnung der Dirnen immer strenger und detaillierter, so daß sie schon von weitem erkennbar waren.

Selbst die Verwendung der Siegelfarben erfolgte nach den Abstufungen der Stände und der Ränge. Der Kaiser und der Adel benutzten rotes oder weißes Wachs. Für die weniger vornehmen Stände war es eine besondere Auszeichnung, rote Siegelfarbe benutzen zu dürfen. Nach Rot und Weiß drückten Grün, Blau und Schwarz das absteigende Stufenverhältnis der Stände bei der Benutzung der Siegelfarbe aus.

Wie weit die Farbensymbolik des Mittelalters auch Bereiche beeinflußte, die rein geistiger Natur sind, zeigt die Tabelle. Die Farben der Planeten und Tierkreiszeichen nach der Anschauung des Mittelalters sind beigefügt:

Farbensymbolik des Mittelalters

Farbe	Wochentag	Kunst	Kardinal-tugend	Planet	Tierkreis-zeichen
Gelb	Sonntag	Grammatik	Hoffnung	Sonne	Löwe
Weiß	Montag	Rhetorik	Glaube	Mond	Krebs
Rot	Dienstag	Arithmetik	Tapferkeit	Mars	Widder/ Skorpion
Grau	Mittwoch	Logik	Liebe	Merkur	Zwilling/ Jungfrau
Blau	Donnerstag	Geometrie	Gerechtig-keit	Jupiter	Fische/ Schütze
Grün	Freitag	Musik	Mäßigkeit	Venus	Stier/ Waage
Schwarz	Samstag	Astronomie	Klugheit	Saturn	Wasser-mann/ Steinbock

Diese sieben Farben spielen vor allem in der Heraldik (Wappen-kunde) eine wichtige Rolle, wenngleich auch ihre mystische symbolische Bedeutung, die im Mittelalter ihre Ausprägung er-halten hat, heute kaum mehr verstanden wird. Ursprünglich kam man mit sechs Farben in der Heraldik aus: Gelb, Weiß, Rot, Blau, Grün und Schwarz. Der Planet Merkur hatte keine Farbe. Später gab man ihm die Farbe Grau oder Purpur. Aus den Wappenbü-chern können wir entnehmen, daß diese sieben Farben ausdrück-lich auf die Planeten bezogen wurden. Bevor das Wappen zu einem Familienabzeichen wurde, war es gleichsam die bildhafte Darstellung des Horoskops.

Einen Wendepunkt in der Wertung der Farben brachte die Entdeckung Newtons (1643–1727), daß sich das weiße Licht aus sieben Farben zusammensetzt, wenn man es mit Hilfe eines Prismas zerlegt. Diese sieben Spektral- oder Regenbogenfarben sind: Rot, Orange, Gelb, Grün, Blau, Indigo (Blauviolett) und Rotviolett. Alle sieben Farben vermischt ergeben nach Newtons Theorie Weiß. Zwischen den einzelnen Spektralfarben gibt es keine Abstufungen, da sie alle gleichwertig sind. Grundfarben sind Grün, Violett und Orange, die miteinander paarweise vermischt die Farben Blau, Gelb, Rot und Weiß ergeben.

Gegen diese Farbenlehre entfachte hundert Jahre später Johann Wolfgang von Goethe (1749–1832) eine heftige und sehr polemische Kontroverse. Nach längeren Vorstudien widmete sich der Dichter ab 1791 fast zwölf Jahre lang der Farbenlehre, die er als sein Lebenswerk auffaßte. So erklärte er:

»Auf alles, was ich als Poet geleistet habe, bilde ich mir gar nichts ein. Es haben treffliche Dichter mit mir gelebt, es lebten noch trefflichere vor mir, und es werden ihrer nach mir sein. Daß ich aber in meinem Jahrhundert in der schwierigen Wissenschaft der Farbenlehre der einzige bin, der das Rechte weiß, darauf tue ich mir etwas zu Gute, und ich habe daher ein Bewußtsein der Superiorität über viele.« Erst 1810 konnte das Werk gedruckt werden. Es ist in drei Teile gegliedert, den didaktischen, den polemischen und den historischen Teil. Die eigentliche Theorie der Farbe gibt Goethe im didaktischen Teil wieder. In den ersten drei Kapiteln beschäftigt er sich mit physiologischen, physischen und chemischen Farben, im vierten behandelt er die beiden Prinzipien seiner Farbenlehre, die »Polarität« und die »Steigerung«. Das fünfte Kapitel stellt die Beziehungen zwischen der Farbenlehre und den anderen Wissenschaften dar und das sechste die sinnlich-sittliche Wirkung der Farben. Der polemische Teil enthält Goethes Auseinandersetzung mit Newton, die man heute allgemein als verfehlt ansieht. Im historischen Teil gibt Goethe eine vorzügliche Darstellung der Geschichte der Wissenschaft von den Farben und ihrer Bedeutung für den Menschen.

Zusammengefaßt lassen sich die wichtigsten Punkte der Farbenlehre Goethes folgendermaßen zusammenfassen: Alle Farben des Regenbogens geben vermischt miteinander nicht Weiß, sondern Grau, das somit der Ursprung aller Farben ist. Die beiden gegensätzlichen Urfarben sind Gelb und Blau, die beide zu der Farbe Rot gesteigert werden können, so daß es eine Dreiheit von Urfarben: Rot, Gelb, Blau, gibt. Wenn man diese Urfarben mischt, entsteht Grau. Grün entsteht nach dieser Theorie aus der Mischung der Urfarben Gelb und Blau. Farben, die sich zu Grau ergänzen, bilden eine Einheit: Weiß/Schwarz, Rot/Grün, Gelb/Violett und Blau/Orange. Man kann diese Zusammenfassung bildlich durch folgendes Schema darstellen:

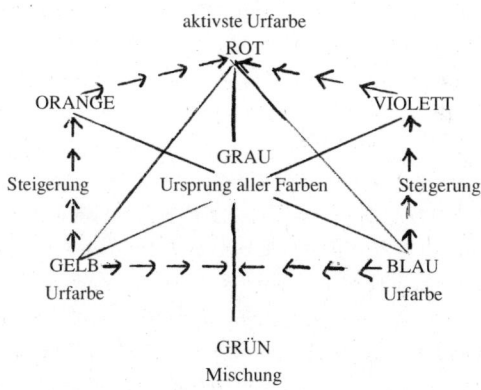

459

Die auch heute noch anhaltende magische Besetzung der Farben und der Versuch, sie in der gesellschaftlichen Auseinandersetzung auszubeuten, treten in der Farbensymbolik der politischen Parteien besonders deutlich zutage. Die Anhänger der verschiedenen politischen Parteien werden als die »Roten«, die »Schwarzen«, die »Grünen«, die »(Blau-)Gelben« und die »Grauen« bezeichnet. Man spricht auch von dem »rot-grünen Bündnis« und von der »Ampelkoalition.«

Ihren Ursprung hat die Identifizierung politischer Gruppen nach Farben in der Antike: Bei den römischen Zirkusspielen kämpften in der Regel vier Wagen um den Sieg, die gewerbsmäßig von Renngesellschaften (factiones) gestellt wurden, die sich wiederum im Besitz römischer Adliger befanden. Um sich optisch vor dem großen Publikum voneinander zu unterscheiden, verschrieb sich jede Rennwagenpartei einer Farbe, in der ihre Profigespanne zum Kampf antraten. Nach Mitteilung des römischen Schriftstellers Plinius gab es anfänglich nur zwei Renngesellschaften, die weißen und die roten; später kamen die blauen und grünen hinzu, und Kaiser Domitian ließ noch die »goldene« und die »purpurne« bilden, um die Kämpfe noch üppiger auszustatten und noch dramatischer gestalten zu können. Jeder Kaiser hatte seine Lieblingsgruppierung, die er favorisierte und auch mit seinen Mitteln unterstützte. Die konkurrierenden »Parteien« wurden gegenseitig unterdrückt und terrorisiert, wo es ging. Vielleicht zu spät bemerkte die römische Oligarchie, daß sie sich auf diese Weise mehrere Parteien geschaffen hatte, die sich aufgrund des riesigen Apparates und der bedeutenden Geldsummen, die sie besaßen, verselbständigen konnten. Von Kaiser Nero wird berichtet, daß er ein leidenschaftlicher Anhänger der »grünen« Partei war. Schon als Schüler zog er sich die Rügen seiner Lehrer zu, weil

Wagenlenker; seine Kleidung trug eine der vier Farben:
Weiß, Rot, Blau oder Grün.

er unaufhörlich von den Wettkämpfen und ihren verschiedenen Parteien im Zirkus redete. Als Kaiser begünstigte er nicht nur die »Grünen«, sondern trat selbst in deren Farbe auf. Wer sich für die »Blauen« einsetzte, wurde als Revolutionär hingerichtet. Es gab natürlich auch kritische Stimmen, die vor diesem Treiben warnten und sich darüber lustig machten. Der Satiriker Juvenal, der die Auswüchse der römischen Gesellschaft anprangerte, bemerkte, wenn die »Grünen« im Zirkus verlören, wäre Rom so niedergeschlagen und bedrückt wie nach der Niederlage von Cannae. Der stoische Philosoph Marc Aurel, der als Kaiser ab 161 n. Chr. die römischen Staatsgeschäfte leitete, verstieg sich sogar zu der Behauptung, er sei seinen Erziehern zu besonderem Dank verpflichtet, daß er kein Parteigänger der »Grünen« oder der »Blauen« geworden sei. Erst in Konstantinopel entwickelten sich diese Renngesellschaften zu Parteien mit politischem und religiösem Hintergrund. Paul Friedländer beschreibt dies in seiner Sittengeschichte so:

»Seinen höchsten Grad erreichte das Fraktionenwesen nicht im Westen, nicht in Rom, sondern in Konstantinopel, wo schon um die Mitte des 4. Jahrhunderts die leidenschaftliche Teilnahme der Zuschauer Tumulte veranlaßt zu haben scheint. In der Zeit, über die wir näher unterrichtet sind, bestand dort trotz der Fortdauer der beiden schwächeren Parteien ein eigentlicher Wettstreit nur noch zwischen den »Grünen« und »Blauen«. Hier, wo die Zwietracht wenigstens zuzeiten eine religiöse und politische Färbung annahm, raste sie mit verdoppelter Wut und erfüllte das Reich mit Aufruhr. Für die Partei verschwendete man sein Vermögen, ertrug Martern und Tod und beging Verbrechen; das Parteiinteresse stand höher als Verwandtschaft und Freundschaft, Haus und Vaterland, Religion und Gesetz … Der Nikaaufruhr, der im Jahre 532 n. Chr. im Zirkus zu Konstatinopel entbrannte, hätte Justinian Thron und Leben gekostet, wäre er nicht durch die Geistesgegenwart seiner Gemahlin Theodora und Belisars (Anm.: einer der Generäle Justinians) Treue gerettet worden; dreißigtausend Menschen sollen dabei ums Leben gekommen sein.«

In der heutigen politischen Farbensymbolik versteht man unter den »Roten« eine Gruppierung oder Partei, die in den Parlamenten links von der Mitte ihren Platz hat und das Parteienspektrum von den Sozialdemokraten bis zu den Kommunisten repräsentiert. Rot, im Mittelalter die Farbe der Herrschenden, bekam mit der Französischen Revolution eine andere Bedeutung. Die Jakobiner, die radikalste Fraktion unter den Revolutionären, erwählte die »Rote Mütze« (»Bonnet Rouge«) der Galeerensträflinge zu ihrem Symbol. Bald wurde diese grellrote Jakobinermütze das allgemeine Symbol der Revolution. Revolutionäre Komitees stellten nach diesem Vorbild eine Fahne ganz in Rot her, die zur

Jakobiner mit der typischen grellroten Mütze.

Rache aufforderte. Unter Napoleon verschwand sie wieder, aber Rot war fortan die Farbe aller Revolutionäre.

Die »Schwarzen«, womit man die Anhänger christlicher Parteien bezeichnet, haben ihre Farbe von den Talaren der Priester und Pastoren, für die seit dem 17. bzw. 18. Jahrhundert vor allem in der protestantischen Kirche die schwarze Farbe vorgeschrieben ist. Schwarz ist das uralte Symbol der Kirche für Bußfertigkeit und die Leiden Christi. Mit der schwarzen Kleidung der Pastoren setzte sich die protestantische Kirche bewußt von den farbigen Meßgewändern der katholischen Priester ab, deren Symbolik oben beschrieben wurde. Die schwarze Kluft der italienischen Faschisten und die Uniformen der SS orientierten sich an antik-heidnischen Vorstellungen, nach denen Schwarz die Farbe der Stärke und der Kraft ist.

Die »Grünen« wählten die uralte Farbe der Vegetation und der Hoffnung als Sinnbild und wollen damit ausdrücken, daß die Ökologie in der modernen Industriegesellschaft den wichtigsten

Rang einnimmt. Grün gilt schon im Alten Testament als Farbe des Wachstums, wenn von dem Garten Ägypten die Rede ist, der ohne Regen bewässert ist (5. Moses 11, 10). Der Prophet Mohammed soll gesagt haben, das Anschauen des Grünen sei Gottesdienst. Aus diesem Grund ist Grün die Kultfarbe des Islam.

Eine wichtige Untersuchung über die Lieblingsfarben der Deutschen veröffentlichte E. Heller 1989 unter dem Titel »Wie Farben wirken«. 1888 Personen im Alter von 14 bis 83 Jahren wurde eine Auswahl von 11 der wichtigsten Farben vorgelegt, mit deren Hilfe in einem komplizierten Verfahren die Lieblingsfarben bzw. die unbeliebtesten Farben ermittelt wurden.

Die Lieblingsfarben		*Die unbeliebtesten Farben*	
Blau	38 %	Braun	27 %
Rot	20 %	Orange	11 %
Grün	12 %	Violett	11 %
Schwarz	8 %	Rosa	9 %
Rosa	5 %	Grün	9 %
Gelb	5 %	Grau	9 %
Weiß	3 %	Schwarz	8 %
Violett	3 %	Gelb	6 %
Gold	2 %	Gold	4 %
Braun	2 %	Silber	2 %
Grau	1 %	Rot	2 %

Die Farbensymbolik der Chinesen

Die Bedeutung der Farben, die bei den Chinesen tief in ihrer Philosophie verwurzelt ist, ist bei weitem ausgeprägter als bei den europäischen Völkern. Eine zusammenfassende Darstellung dieses sehr schwierigen Gebietes hat A. Lübke in dem Buch »Der Himmel der Chinesen« gegeben, dem wir in der folgenden Darstellung folgen.

Schon in den ältesten Quellen findet sich eine Entsprechung der Farben mit den vier Himmelsrichtungen:

Himmelsrichtung	*Farbsymbol*
Norden	schwarzer Krieger/Schildkröte
Osten	grüner Drachen
Süden	roter Vogel
Westen	weißer Tiger

Erde als der Mittelpunkt: gelbe Farbe

Die Himmelsrichtungen, die zu den sechs Tsung gehören, wurden durch Brandopfer verehrt. In der Schmuckindustrie des Fernen Ostens fertigte man diese Symbolzeichen aus farbiger Jade an.

Die sechs Tsung

Pi	Ein blauer Nephritring, der den Himmel darstellt
Tsung	Eine gelbe, innen zylindrische und außen kubische Röhre; das Symbol der Erde

Huang	Ein schwarzer, halbkreisförmiger Stein ist das Sinnbild des Nordens	
Kui	Ein grüner, rechteckig zur Spitze zulaufender Stein ist das Sinnbild des Ostens	
Tschang	Ein rotes, rechteckiges Dreieck mit einem Loch in der Mitte steht für den Süden	
Hu	Ein weißer Nephritstein mit dem Bild des Tigers symbolisiert den Westen	

Die Farbensymbolik der Chinesen reicht bis in das Tierreich hinein. Der sagenhafte Vogel Feng Huang (»Feng« = männliches Tier, »Huang« = weibliches Tier), der oft mit dem Wundervogel Phönix verglichen wurde, besitzt an seinem Körper fünf Farben:

Feng Huang, der sagenhafte Vogel.

Kopf:	Grün	Symbol der Güte
Hals:	Weiß	Symbol der Gerechtigkeit
Rücken:	Rot	Symbol des Anstandes
Brust:	Schwarz	Symbol der Weisheit
Füße:	Gelb	Symbol der Treue und des Glaubens

466

Diese fünf Farben stellen die fünf Tugenden, die fünf Elemente, die fünf Jahreszeiten und weitere Eigenschaften dar, für die nach chinesischer Auffassung die Fünf als Zahl gilt.

Die fünf Farben und ihre Entsprechungen

Farbe	Schwarz	Grün	Gelb	Rot	Weiß
Richtung	Norden	Osten	Mitte	Süden	Westen
Planet	Merkur	Jupiter	Saturn	Mars	Venus
Element	Wasser	Holz	Erde	Feuer	Metall
Zeit	Winter	Frühling	Mitte zwischen Frühling/ Sommer	Sommer	Herbst
Prinzip	dunkel, verborgen, stark	sprossend	Ordnung	leuchtend, durchdringend	zerstörend
Tugend	Weisheit	Herzensgüte	Treue	Anstand	Gerechtigkeit
Geschmack	salzig	sauer	süß	bitter	scharf

Diese Tabelle verdeutlicht auch, weshalb bei den Chinesen Weiß die Farbe der Trauer ist. Ihr ist nämlich das Prinzip »zerstörend« und die Jahreszeit Herbst zugeordnet. Rot, die Farbe des Anstandes, schmückte den kaiserlichen Palast und wurde beim Zeremoniell benutzt. Sie ist auch heute noch eine Lieblingsfarbe der Chinesen. In der Flagge der chinesischen Republik symbolisierten die Farben Rot, Gelb, Blau, Weiß und Schwarz die Bevölkerungsgruppen: Chinesen, Mandschuren, Mongolen, Tibeter und Mohammedaner. Auch die Farbe der kaiserlichen Paläste und Tempel entsprach der obigen Farbensymbolik. Die Mauern der »Verbotenen Stadt« und zahlreicher Tempel waren rot, während die Dächer mit gelben Ziegeln bedeckt waren. Durch die Farbe Gelb wurde zum Ausdruck gebracht, daß der Kaiser der Mittelpunkt der Erde ist.

Die Farbenmystik des Hinduismus und Buddhismus

Auch in der indischen Mythologie spielt die Farbensymbolik eine wichtige Rolle und macht das Wesen einer Gottheit äußerlich sichtbar. Indra, der Gott des Himmels, in den Veden einer der wichtigsten Götter, der später unter die Göttertrias Brahma, Shiva und Vishnu sank, hat als Körperfarbe Weiß. Von Shiva, in den auch der »Rote Gott« (Rudhra) aufgegangen ist, wurde schon zu Beginn des Kapitels gesprochen. Er ist der ewig zeugende und vernichtende Gott, rotfarbig mit einem blauen Hals, und in seiner Begleitung befindet sich immer der weiße Stier Nandi. Dieser Dualismus von Werden und Vergehen wird durch das Weiß seines Begleiters und seiner eigenen roten Farbe symbolisiert. Neben rotfarbigen Darstellungen und Statuen dieses Gottes findet man auch schwarzfarbige, wenn man seinen zerstörerischen Charakter hervorheben will. Seine Verbindung zum Totenreich drücken die, meistens in einer Kette aufgereihten, Totenschädel aus. Brahma, der oberste Gott in der Trias, wird mit der blauen Farbe in Verbindung gebracht, wie wir in dem Abschnitt »Edelsteine« im Lexikonteil unter Opal nachlesen können. Nach ande-

Shiva reitet auf dem weißen Stier
Nandi.

Der fünfköpfige Weltschöpfer
Brahma.

ren Berichten und Legenden soll er rotfarbig sein. Er trägt aber immer ein weißes Gewand.

Vishnu, der Welterhalter, soll einen blauen Leib haben und mit einem gelben Gewand bekleidet sein. Eine seiner typischen Darstellungen findet man im Kapitel über Edelsteine (im Lexikon unter Opal). Ebenso wie die Griechen, Römer und Kelten sich ihre Fruchtbarkeitsgöttinnen (Kybele, Hekate, Diana, Epona) schwarzfarbig vorstellten, so gibt es auch in der indischen Mythologie eine Form der »Muttergottheit«, welche das Sinnbild der zerstörerischen Seite des Weiblichen ist. Fruchtbarkeit, das Wesensmerkmal allen Weiblichen, schließt den Tod und die Zerstörung mit ein, die Wiedergeburt einen Anfangs- und einen Endpunkt. Diese uralte Menschheitsvorstellung findet in der Bibel (1. Buch Moses 1,1) ihren Ausdruck darin, daß die Welt aus der schwarzen Finsternis entsteht. Die Göttin Kali, deren Name schon auf die schwarze Farbe (Sanskrit: »Kali« = »die Schwar-

Kali, die schwarzfarbige Göttin.

ze«) hinweist, ist die Verkörperung der negativen Seiten Shivas, der, wie schon erwähnt, auch das kosmische Prinzip der Vernichtung repräsentiert.

Die Farben der anderen Hauptgötter der Hindus

Gott	Funktion	Farbe
Ganesha	Vernichter der Hindernisse	roter Leib
Agni	Feuergott	rote Farbe
Varuna	Wassergott	Dunkelblau
Vayu	Windgott	Leib weiß, Gewand bunt
Surya	Sonnengott	Leib weiß, Gewand rot
Kubera	Gott des Reichtums	weißes Gewand
Yama	Todesgott	grüner Leib, Gewänder rot

Für die von Buddha (560–480 v. Chr.) begründete Religion mit vielfältigen Sekten und Schulen symbolisiert die Farbe Orange die höchste Stufe der menschlichen Vollkommenheit. Ein Mensch in diesem Stadium ist von allen Leidenschaften gelöst, genießt den tiefen Seelenfrieden und ist von einer neuen Wiedergeburt befreit. Orange, für die Inder das Safrangelb, ist die vorherrschende Symbolfarbe, und die späteren Richtungen des Buddhismus zeichnen sich durch eine umfangreiche Götterwelt aus, die in der Malerei und der religiösen Kunst vornehmlich durch das orangenfarbige Gelb dargestellt wird.

Für die moderne Esoterik, die eine Synthese von abendländischer Weisheit und den östlichen Weisheitslehren sein will, sind vor allem drei Lehren und die damit verbundene Farbensymbolik von großer Bedeutung. Es handelt sich hierbei um die Mandalas, die Chakren und die Tattwas. Wenngleich alle drei Lehren auf altes hinduistisches Gedankengut zurückgehen, so erfuhren diese für die heutige Esoterik so wichtigen Gebiete ihre klassische Ausformung in dem ab dem 8. Jhdt. n. Chr. sich entwickelnden Vajrayana-Buddhismus (Diamantfahrzeug) und dem hinduistischen Tantrismus, der sich zur gleichen Zeit ausbildete. Diese Richtungen der östlichen Weisheitslehren versuchen, mit Hilfe von magischen Praktiken und Riten den Zugang zu der Welt des Übersinnlichen zu ermöglichen und den Menschen auf diese Weise zu befreien und zu erlösen. Der ältere Buddhismus kannte zwar auch eine Vielzahl von Göttern, aber erst diese neue Richtung bildete ein detailliertes System von Göttern aus. In dieser Mythologie nehmen die Buddhas, die himmlische Wesen sind und über bestimmte Himmelsrichtungen herrschen, den obersten Rang ein: transzendente Wesen, die verschiedene Stufen und Aspekte des Bewußtseins auf dem Weg zu seiner Erleuchtung

471

darstellen. In der Praxis der Meditationsübungen haben sie eine wichtige Bedeutung, und man nennt sie auch »Dhyanibuddhas«, was wörtlich bedeutet »Buddhas der Reflexion«, weil sich der Meditierende an ihnen orientieren kann, um die höchste Stufe der Versenkung (Samadhi) zu erreichen. (Das Wort »Dhyana« [Sanskrit = »Versenkung«] ist im Japanischen als Lehnwort übernommen und lautet dort Zen.) Den fünf Dhyanibuddhas entsprechen fünf ebenfalls transzendente Bodhisattvas, also »Erleuchtungswesen«, die noch nicht in das Nirvana eingegangen sind. Für die praktische Durchführung der Meditationsübungen wurden diesen »Meditationsbuddhas« Farben zugeschrieben, wie man der folgenden Tabelle entnehmen kann:

Die Farben der Dhyanibuddhas

	Himmelsrichtung	Farbe
Vairocana	Mitte	Weiß
Ratnasambhava	Süden	Gelb
Amitabha	Westen	Rot
Amoghasiddhi	Norden	Grün
Akshobhya	Osten	Blau

Zahlreiche hinduistische Götter haben eine »weibliche Hälfte«, die man mit dem Namen »Shakti« (Kraft) bezeichnet. Auch die spätbuddhistische Götterwelt kennt solche »Shaktis«, die beispielsweise in Tibet oft in engster Liebesumarmung mit ihren Gatten bildlich dargestellt werden. Auch die schon erwähnte schwarzfarbige Göttin Kali, welche die zerstörerische Seite ihres Gatten Shiva symbolisiert, ist eine solche Shakti. Von allen

Vairocana in einem Mandala.

Shaktis im Buddhismus ist Tara (»die Erlöserin«) die bedeutend-ste. Noch heute wird sie in Tibet in fünf Farben, als die Shakti der fünf Meditationsbuddhas, verehrt. Die rote, gelbe und blaue Tara gelten als furchtbare Göttinnen, die weiße und grüne aber als milde. Nach anderen Quellen ist Tara nur eine von fünf Shaktis, die den Meditationsbuddhas zugeordnet wird:

Dhyanibuddha	Shakti
Vairocana	Vajradhatvi
Ratnasambhava	Mamukhi
Amitabha	Pandara
Amoghasiddhi	Tara
Akshobya	Locana

Für die Shaktis gelten dieselben Farben wie für den entsprechen-den Meditationsbuddha.

In einer der wichtigsten Schriften des Vajrana-Buddhismus, dem Guhyasamaja-Tantra, wird die Verbindung dieser fünf Buddhas

Shakti; gewöhnlich ist sie fünffarbig. Am bekanntesten ist die grüne Tara.

auf den gemeinsamen Ursprung aus dem weißen Licht zurückgeführt, das durch Vairocana symbolisiert wird. Dieses weiße Licht vibrierte und zerbrach in vier Farben: Rot, Gelb, Blau und Grün. Wie aus der obigen Tabelle zu entnehmen ist, verteilen sich diese vier Farben auf die vier Himmelsrichtungen des Universums. In der Mitte aber ruht Vairocana, der das Wesen des Universums repräsentiert und alle anderen Buddhas in sich enthält. Daß die Farbe Weiß der Ursprung aller anderen Farben ist, entspricht der Newtonschen Farbenlehre.

Diese Lehrmeinung der späteren Buddhisten fand ihren praktischen Niederschlag bei der Herstellung der Mandalas, mit deren Hilfe der Meditierende den Weg zu diesem transzendenten und kosmischen Vairocana findet. Die Mandalas (aus Sanskrit »mandala« = Kreis) sind farbige geometrische Diagramme, die Abbilder des gesamten Kosmos mit den wichtigsten Buddhas und ihren Bodhisattvas sind. Wie durch ein Labyrinth sollen sie den Meditierenden führen, der sich mit Hilfe der verschiedenen Farben bildlich in die Entstehung und Hierarchie der Dhyanibuddhas und ihrer Bodhisattvas versetzen soll, damit er am Schluß die Hauptgottheit in der Mitte des Mandalas erreicht und sich mit ihr vereinigt. Wie wenn sich der Gläubige auf einer wirklichen Pilgerfahrt befände, muß er die astronomischen bzw. astrologischen Gegebenheiten und Gesetze bejahen, wenn er sein Ziel erreichen will. Um beispielsweise die Meditation korrekt zu beginnen, muß er das Mandala in die richtige Himmelsrichtung legen, damit er den passenden Eingang in dieses Labyrinth findet. Die um das oder in dem Mandala eingezeichneten Kreise versinnbildlichen kosmische Kräfte, wie Feuer etc., oder die Welt der Sinne, die Beständigkeit und die geistige Welt.

Beim Betrachten von verschiedenen Mandalas läßt sich eine große Mannigfaltigkeit und ein außerordentlicher Formenreichtum feststellen. Übrigens bezeichnet man einfache Mandalas, die nur mit Hilfe von Rechtecken etc. eine Gottheit darstellen wollen, als Yantras. Die dunklen Schattierungen liegen fast alle im Westen, wo Amitabha regiert, dessen Farbe Rot ist. Die Mitte ist hell, weil dort der weiße Vairocano herrscht, das geistige Ziel der Meditation.

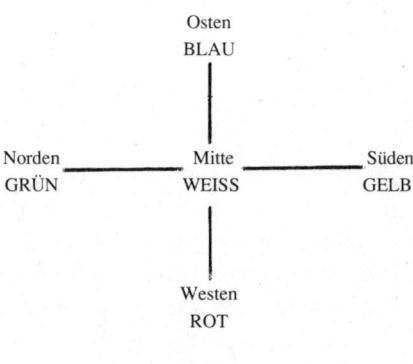

Der magischen Gedankenwelt des Spätbuddhismus und des hinduistischen Tantrismus bzw. Shaktivismus ist auch die Lehre von den Chakras entsprungen, die in dem Abschnitt »Edelsteine« im Kapitel »Faszination und Magie der Edelsteine in der Neuzeit« schon behandelt wurde. Der Körper des Menschen wird nach dieser Lehre von 3 500 000 Adern durchzogen, die als seine Kraftströme begriffen werden. Die wichtigste dieser Adern ist die Sushumna, die entlang des Rückenmarks verläuft. An ihr liegen sechs Chakras, die das Aussehen von Lotosblumen haben. Mit diesem Vergleich will man die Energieströme (Nadis) darstellen, die von den einzelnen Chakras ausgehen. Da die Farben der einzelnen Chakras in der esoterischen Tradition nicht einheitlich sind, geben wir folgende Übersicht:

1. Chakra (Muladhara)

Symbol sind die vier Blütenblätter des Lotos; folglich gehen von ihm vier Nadis oder Energiekanäle aus. Farbe: Gelb, meistens jedoch Rot.

2. Chakra (Svadhishthana)

Symbol ist ein Lotos mit sechs Blättern; Farbe: Weiß, meistens aber Orange.

3. Chakra (Manipura)

Symbol ist ein Lotos mit zehn Blättern; Farbe: Rot, meistens aber Gelb.

4. Chakra (Anahata)

Symbol ist ein Lotos mit fünfzehn Blättern; Farbe: Graublau, meistens aber Grün.

5. Chakra (Visuddha)

Sein Lotos hat sechzehn Blätter; Farbe: Weiß, meistens aber Blau.

6. Chakra (Ajna)

Sein Lotos hat zwei Blätter; Farbe: milchiges Weiß, meistens Indigo.

7. Chakra (Sahasrara)

Das Symbol ist der Lotos mit 1000 Blättern; Farbe in der westlichen Tradition: Violett.

Bemerkenswert ist, daß in der westlichen Esoterik den Chakras meistens eine andere Farbe als in der indischen Tradition zugeschrieben wird. Ursprünglich sind die Chakras weniger farbig.

Dem hinduistischen Tantrismus wurde auch die Lehre von den Tattwas und ihren Farben entnommen, die zu einem Fundament der geheimen Lehren des »Golden Dawn Ordens« wurden. Der 1883 von McGregor Mathers, Woodman und Westcott gegründete Orden übernahm die Lehre von den Tattwas aber nicht indischen Originalwerken, sondern einem theosophischen Buch mit dem Titel »Nature's Finer Forces« von Pram Prasad. In den philosophischen Systemen des Hinduismus bezeichnten Tattwas »Grundwahrheiten oder Prinzipien«.

Solche Prinzipien sind natürlich auch die fünf Elemente, nach denen die fünf Tattwas der westlichen Esoterik benannt wurden. Die indische Astrologie nämlich unterscheidet fünf verschiedene Ätherschwingungen, die mit Beginn des Sonnenaufgangs abwechselnd alle 24 Minuten als kosmisches Prinzip (Tattwa) herrschen. Den einzelnen Zustandsformen des feinstofflichen Weltäthers entsprechen die fünf Elemente, denen man folgende Farben zuschreibt:

Die Farben der Tattwas

Name	Element	Farbe	Symbol im Golden Dawn Orden
Akasha	Äther	Schwarz	tiefviolette/indigofarbene Eiform
Vayu	Luft	Blau	blauer Kreis
Tejas	Feuer	Rot	rotes Dreieck
Apas	Erde	Gelb	gelbes Quadrat
Prithvi	Wasser	Weiß	silberne Mondsichel

Diese fünf Zustandsformen sollen auch bei der Entstehung eines Planeten aus dem Weltenurstoff (Sanskrit »Mulaprakriti«) zu beobachten sein. Zunächst befindet er sich als formlose Wolke in Ruhe (Akasha). Dann wird er zu einer Kugel aufgewirbelt (Vayu). Die feinstofflichen Teilchen werden hin und her gewirbelt, stoßen aneinander und werden heiß (Tejas). Allmählich kühlt dieser Nebel ab und wird flüssig (Apas). Mit der Zeit wird er zu einem Planeten (Prithvi). Diesem Weltentstehungsprozeß sind auch die Symbole des »Golden Dawn Ordens« entnommen. Das Ei stellt den Ursprung des Lebens und die violette Farbe die Ruhe dar. Die kugelförmige Nebelwolke wird durch den Kreis und die blaue Farbe des Himmels symbolisiert. Das feuerrote Dreieck symbolisiert den Erhitzungsvorgang, der silberne Mond das Wasser. Das Quadrat ist das uralte Symbol für Stabilität. Die gelbe Farbe zeigt an, daß der Endzustand erreicht ist, der dem bei der Goldherstellung in der Alchimie ähnelt.

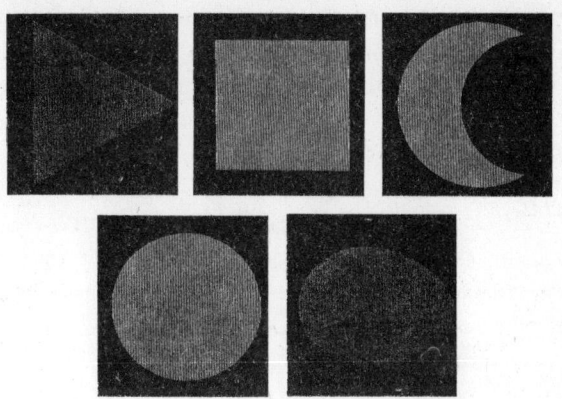

Die fünf Symbole der Tattwas nach dem »Golden Dawn Orden«.

Die Symbolik der Farben bei den Alchimisten und in den esoterischen Zirkeln (Golden Dawn und Anthroposophen)

Die Alchimie, die sich von Anfang an als eine an Philosophie, Weisheit und Religion gebundene Kunst verstand, bediente sich zur Veranschaulichung wie zur Verschlüsselung ihrer chemischen Praktiken und Verfahren der Malerei und Zeichnung. Ihre Abhandlungen und Traktate enthalten eine umfangreiche Bildwelt, in der Adler, Löwe, Rabe, Schwan, Pelikan, Phönix, Drache etc. oder der Hermaphrodit, Bilder mit dem Koitus, Tempel, Pyramiden, geometrische Figuren wie Kreise, Kugeln und Dreiecke, Sterne, Tierkreiszeichen und geheimnisvolle Buchstaben und Zahlen vorkommen. Diese Symbole sind in den kolorierten Bilderhandschriften wie etwa dem »Buch von der heiligen Dreifaltigkeit« (15. Jahrhundert) oder »Splendor Solis« (16. Jahrhundert) farbig dargestellt. Ähnlich wie die schon beschriebenen Mandalas der Inder sind diese Darstellungen als Meditationsbilder anzusehen, die den chemischen Prozeß in seiner ganzen Komplexität veranschaulichen sollen. Bei der Interpretation dieser Bilderwelt können wir in einigen Fällen auf Beischriften zurückgreifen, die uns helfen, den Sinn zu enträtseln. Zwar ist in der Regel ein solches alchimistisches Bild in groben Zügen deutbar, aber bei vielen Details, besonders der hintergründigen Farbensymbolik, bleibt die Deutung unsicher.

Der Alchimist, dem es bei seiner »königlichen Kunst« nicht nur um chemische Retortenvorgänge und um die Verwandlung und Veredlung von Metallen ging, sondern auch um die innere Läuterung und Veränderung des Menschen, projiziert seine seelischen Erlebnisse in den chemischen Prozeß hinein. Somit sind dieser oft trivialen Bilderwelt komplexe seelische Vorgänge und Bewußtseinslagen eingearbeitet. Man darf aber auch nicht vergessen, daß der Alchimist isoliert von seiner mittelalterlichen Welt lebte, die von der Kirche geprägt war. Deshalb ist die Feststellung richtig, daß es keine Stelle im Lehrgebäude der Kirche gibt, die nicht von den Alchimisten in Verbindung mit dem chemischen Prozeß gebracht wurde. Man konnte sich hierbei sogar auf die Bibel berufen, wo Israels Läuterung mit dem Reinigungsprozeß von Metallen verglichen wird. So heißt es bei Jesaja 1,25: »Ich will meine Hand wider dich kehren und wie mit Lauge ausschmelzen, was Schlacke ist, und all dein Zinn ausscheiden.«

Nichts veranschaulicht besser, daß es sich bei der Alchimie und dem Christentum letztlich um dasselbe Bemühen handelt, als der Vergleich der Herstellung des Steines der Weisen im Großen Werk mit dem Leiden und der Auferstehung Christi. Diese Wundersubstanz, mit dessen Hilfe unedle Metalle in edle umgewandelt werden können und die als Lebenselixier das ewige Leben spendet, erlöst oder besser überwindet die Natur, wie Jesus Christus den Tod besiegt und die Menschheit erlöst hat. Der Leib Jesus Christi wird auf diese Weise in die alchimistische Gedankenwelt eingebettet. Seinen Wunden entsprechen die einzelnen Metalle.

Das Große Werk (Opus magnum), in dem der Stein der Weisen hergestellt wird, verläuft in vier Hauptphasen, die durch Farben gekennzeichnet sind. Es beginnt mit der »Schwärzung« (Nigredo), die das Stadium beschreibt, in dem die Materia prima, der Ausgangsstoff, sich auflöst. In diesem Anfangszustand herrscht ein großes Chaos, und die einzelnen Elemente bekämpfen sich. Ähnlich wie bei der biblischen Weltschöpfung am Anfang die Finsternis war, so zeichnet sich dieser Zustand durch die schwarze Farbe aus. Daß Schwarz eine uralte Symbolfarbe für die Zeugung ist, wurde schon im vorhergehenden Kapitel bei der Beschreibung der schwarzen Madonnen dargestellt. Auch die indische Mythologie kennt eine solche Vorstellung bei der schwarzfarbigen Göttin Kali. So heißt es in einem berühmtem Tantratext (Mahanirvana):

»Am Anfang der Weltentstehung warst du (Kali) erhaben über Rede und Denken als Finsternis vorhanden, und aus dir entstand durch den Schaffensdrang des höchsten Brahma die Welt.«

Die Bereitung des Steines der Weisen.

Ein beliebtes Symbol der Schwärzung war der Rabenkopf. Wenngleich in diesem Zustand ein ungeordnetes Durcheinander der Elemente herrscht, so sind doch alle Gegensätze vereint, veranschaulicht durch das Bild des Koitus.

Der schwarze Rabenkopf ist das Symbol der Schwärzung.

Diese unheimliche schwarze Lösung, die man auch als »Terra nigra« (schwarzes Land) bezeichnet, beginnt sich allmählich zu reinigen und zu verfärben. In dem Kolben entsteht die »weiße Jungfrauenmilch«. Dieses Stadium bezeichnet man als die »Weißung« (Albedo), das häufig noch durch eine weiße Rose veranschaulicht wird, die aus dem Kolben wächst.

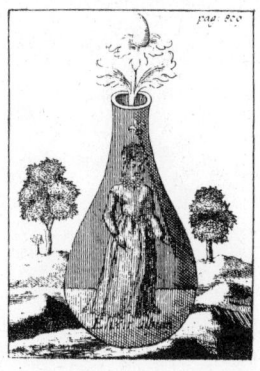

Die weiße Jungfrauenmilch und die Rose sind Symbole der Weißung.

Mit der Weißung ist ein wichtiges Ziel schon erreicht, denn das Weiße enthält ganz im Sinne der Newtonschen Farbenlehre und der Farbenmystik des Tantrismus die anderen Farben. In diesem Zustand besitzt die Tinktur die Kraft, unedle Metalle in Silber zu verwandeln. In ausführlichen Beschreibungen folgen als nächste Zustände die »Gelbung« bzw. die »Grünung«, die das bevorstehende Ende des Großen Werkes ankündigen. Der Endzustand ist charakterisiert durch die »Rötung« (Rubedo), als dessen Sinnbild in dem Kolben der König (Farbe Rot) und die rote Rose erscheinen. Die Alchimisten stimmen in der Beschreibung des Steines der Weisen überein. Er ist ein rotes, dunkelbraunes, safranfarbiges Pulver, das leuchtet wie ein Rubin.

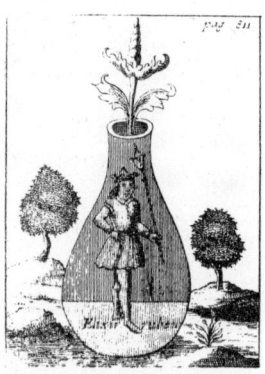

Die rote Rose und der König sind das Sinnbild der Rötung.

Die sieben Metalle werden in den alchimistischen Darstellungen als Kronen oder Wunden Christi versinnbildlicht. Im letzteren Fall zählt die Dornenkrone und der Leib Christi als die sechste bzw. siebte Wunde. Die Farben der einzelnen Metalle kann man der folgenden Tabelle entnehmen.

484

Farben der Metalle

Metall	Farbe
Eisen	Rot
Kupfer	Grün
Quecksilber	Weiß
Silber	Blau
Gold	Gelb
Blei	Schwarz
Zinn	Grau

(Nach: »Das Buch der heiligen Dreifaltigkeit«)

Nach anderen Quellen (z. B. Agrippa von Nettesheim) werden den Metallen diese Farben zugeschrieben:

Metall	Farbe
Eisen	Rot
Kupfer	Orange/Blau/Weiß
Quecksilber	Gelb/Grün/Blau
Silber	Grün
Gold	Weiß
Blei	Schwarz
Zinn	Purpur/Weiß

Unter den esoterischen Zirkeln entwickelte der »Golden Dawn Orden« eine eindrucksvolle Farbensymbolik, die schon kurz bei der Beschreibung der fünf Tattwas gestreift wurde. Diese fünf Tattwas werden miteinander kombiniert, so daß 20 Sub-Tattwas entstehen: Man bringt beispielsweise auf einem roten Dreieck ein kleines gelbes Quadrat an, was den Erdaspekt des Feuers (Prithvi auf Tejas) symbolisiert. Will man den umgekehrten, also den feurigen Aspekt der Erde darstellen, bringt man ein rotes Dreieck in ein gelbes Quadrat. Diese insgesamt 25 Tattwas sind Hilfsmittel, um gleichsam durch eine Pforte in das Unterbewußte vorzudringen. Vorbilder sind auch hier wieder die indischen Mandalas, die dazu dienten, übersinnliche Bewußtseinszustände hervorzurufen und den Gläubigen auf eine »Reise« zu der Hauptgottheit zu führen.

Jeder Angehörige des »Golden Dawn« mußte sich magische Insignien anfertigen, von denen die wichtigsten der Lotosstab für allgemeine Beschwörungen und das Rosenkreuz waren. Der Lotosstab war eine Art Machtzepter, den die ägyptischen Gottheiten als Zeichen ihrer Würde bei sich führten. Der Stab war in 14 Felder aufgeteilt, die die 12 Tierkreiszeichen sowie Geist und Materie symbolisierten.

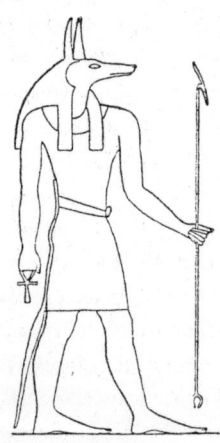

Der ägyptische Gott Anubis mit einem Machtzepter.

486

Der obere Stab ist weiß, das Ende schwarz. Dazwischen liegen die Farben der 12 Tierkreiszeichen:

Widder	Rot
Stier	Orangerot
Zwilling	Orange
Krebs	Bernsteinfarben
Löwe	Zitronengelb
Jungfrau	Gelbgrün
Waage	Smaragdgrün
Skorpion	grünlich Blau
Schütze	leuchtend Blau
Steinbock	Indigo
Wassermann	Violett
Fische	Purpur

Lotusstab (nach einem ägyptischen Vorbild).

Der obere weiße Teil enthält eine Lotosblume mit 26 Blütenblättern. Der Blütenkelch ist orangenfarbig. Jedes Ordensmitglied trägt ein Rosenkreuz auf der Brust, auf dessen farbiger Ausgestaltung die ganze Farbensymbolik dieses Ordens zum Tragen kommt. Sein Zentrum bilden 22 Blütenblätter einer Rose, die zugleich für die 22 hebräischen Buchstaben stehen. Sie sind mit verschiedenen Farben eingefärbt: blasses Gelb, Gelb, Blau, Smaragd-Grün, Scharlachrot, Rot-Orange, Orange, Bernsteinfarbe, grünlich Gelb, gelblich Grün, Violett, Smaragdgrün, Dunkelblau, Grünblau, Hellblau, Indigo, Scharlach, Violett (Karmesin), Ultraviolett, glühendes Orange, Zitronengelb, Rotbraun. In der Mitte der Rose befindet sich ein Passionskreuz, das für den Tod und die Wiedergeburt steht. Die Rose wiederum liegt auf einem vierarmigen Kreuz, das die Farben der vier Elemente enthält:

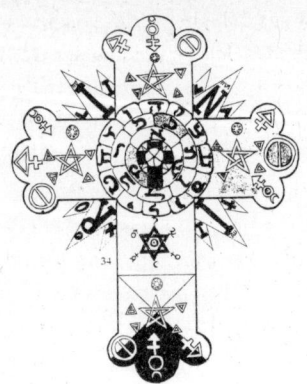

Das Rosenkreuz des Golden Dawn Ordens.

Gelb, Rot, Blau und Weiß. Die Pentagramme symbolisieren die fünf Elemente, die aus den vier Elementen der Natur: Erde, Luft, Wasser und Feuer, und einem unsichtbaren fünften, der Quintessenz oder Äther, bestehen. Der untere Teil des Kreuzes ist in den vier Farben Malkuths gefärbt: Rot, Gelb, Grün und Braun.

Rudolf Steiner (1861–1925), der Begründer der Anthroposophie, der wie der von ihm bewunderte Goethe auch Maler war, greift auf die Farbenlehre seines geistigen Lehrers zurück. Wie sein Vorbild sieht er im Weiß keine zusammengesetzte Farbe, aus der die anderen Farben hervorgehen, wie dies Newton lehrte. In seinen Vorträgen über das Wesen der Farben, die er im Jahre 1921 im »Goetheanum« im schweizerischen Dornach hielt, erweiterte er in einigen wichtigen Punkten Goethes Farbenlehre. Er unterscheidet zwischen den Bild- und Glanzfarben. Zu den ersteren gehören: Schwarz, Grün, Pfirsichblüt und Weiß. Die Farben Gelb, Blau und Rot gehören zur zweiten Gruppe. Den Bildcharakter einer Farbe beschreibt er so:

»Ich unterscheide den Schattenwerfer von dem Leuchtenden. Ist der Schattenwerfer der Geist, empfängt der Geist dasjenige, was ihm zugeworfen wird; ist der Schattenwerfer der Geist, und ist das Leuchtende – es ist ein scheinbarer Widerspruch, aber in Wirklichkeit ist es kein Widerspruch – und ist das Leuchtende das Tote, dann bildet sich im Geist das Bild des Toten, wie wir gesehen haben, das Schwarze. Ist der Schattenwerfer das Tote, und das Leuchtende das Lebendige wie bei der Pflanze, dann bildet sich, wie wir gesehen haben, das Grün. Ist der Schatten- werfer das Lebendige, das Leuchtende das Seelische, dann haben wir gesehen, dann bildet sich das Bild der Pfirsichblüt (Anm.: Inkarnat). Ist der Schattenwerfer das Seelische, das Leuchtende der Geist, dann bildet sich als Bild das Weiß.«

Das Leuchtende stellt die verschiedenen Stufen im hierarchischen Aufbau der Welt dar. Die einzelnen Reiche werden durch Bildfarben repräsentiert:

Aufbau der Welt	*Farbe*
I. Naturreich	
a) Mineralreich (Tod)	Schwarz
b) Pflanzenreich (Leben)	Grün
II. Menschenreich (Seele)	Pfirsichblüt
III. Geistige Welt (Geist)	Weiß

Diese Farben sind nach Steiner immer nur Schatten, weil sie etwas abbilden. Die Glanzfarben Rot, Blau, Gelb zeigen das Wesen nach außen an. »Es erglänzen, es erstrahlen die Dinge in gewisser Weise.« Diese Farben haben in sich die Natur des Strahlenden, das sich in die verschiedenen Reiche gliedert:

Farbe	Welt
Gelb	Glanz des Geistes (geistige Welt)
Blau	Glanz der Seele (Menschenreich)
Rot	Glanz des Lebens (Pflanzenreich)

Nach dieser Farbenmystik ist das Grün das Bild des Lebens, Rot aber der Glanz des Lebendigen. Steiner gibt folgenden Beweis für diese Annahme:

»Das zeigt sich Ihnen ja wunderschön, wenn Sie versuchen, ein Rot auf einer weißen Fläche anzusehen, ein ziemlich gesättigtes Rot; schauen Sie dann rasch weg, so sehen Sie das Grün als Nachbild, so sehen Sie dieselbe Fläche als grünes Nachbild. Das Rot glänzt in Sie hinein. Es bildet sein eigenes Bild im Inneren. Was ist aber das Bild des Lebendigen im Innern? Sie müssen es ertöten, um ein Bild zu haben. Das Bild des Lebendigen ist das Grün. Es ist kein Wunder, daß das Rote als Glanz, wenn es in Sie hineinglänzt, das Grün als sein Bild gibt.«

Die Verbindung der weißen Farbe mit der geistigen Welt hat in der abendländischen und östlichen Farbensymbolik eine lange Tradition. Pfirsichblüt, die Farbe des menschlichen Körpers, wird auch schon bei Goethe erwähnt. Sie entsteht, wenn das Spektrallicht, das eine Gerade mit sieben Farben darstellt, zu einem Kreis umgebogen wird. Am Treffpunkt der beiden Enden entsteht diese neue Farbe Pfirsichblüt, die man nur beim Menschen antrifft. Die Farbenlehre Steiners hatte vornehmlich auf die praktische Malerei der 20er Jahre einen Einfluß (Paul Klee und Kandinsky).

Die Farben in der Astrologie

Die Farbensymbolik der Planeten und der Tierkreiszeichen in der abendländischen Esoterik wurde schon in dem Abschnitt »Edelsteine« bei den Planeten und Tierkreissteinen behandelt. Zur besseren Orientierung wollen wir die Ergebnisse noch einmal tabellarisch zusammenfassen:

Die Farbenpalette der Planeten

Sonne	Orange, Gelb, Golden, Goldbraun, Grün und Purpur
Mond	Weiß, Silbergrau, Grün, Gelblichweiß und alle blassen Farben
Merkur	Hellgrau, Hellgelb, Weißgrau, Mattbraun und alle schmutzigen Farben
Venus	Hellblau, Rosa, Hellgrün, Gelb, Weiß, Blau, Grün, Braun und alle leuchtenden Farben
Mars	Rot, Weißlich, Grün, Gelb und Indigo
Jupiter	Purpurrot, Safrangelb, Dunkelblau
Saturn	Schwarz, Dunkelgrau, Braun, Dunkelgrün, Dunkelgelb, Grau, Zitronengelb und alle dunklen Farben

Bei den neuentdeckten Planeten: Uranus, Neptun, Pluto und Chiron ist die Farbensymbolik noch im Fluß und sehr umstritten.

Uranus	Wenn man diesen Planeten durch das Fernrohr betrachtet, hat er eine grünliche bis blaue Färbung; seine Farbenpalette reicht von Violett über Lila bis In-

digo. Wir glauben, daß seine Farbe das Weiß ist, für die wir uns schon bei den Planetensteinen entschieden haben. Der Rosenkreuzer Rijckenborgh (1896–1968) betrachtet ihn ebenfalls als einen Planeten, »der den Menschen aufbricht und auf völlig außerirdische, überirdische Pfade führt.«

Neptun	Silbergrau, Grau, Dunkelgelb und alle irisierenden Farben
Pluto	Braun
Chiro	Silbergrau

Die Farbenpalette der Tierkreiszeichen

In der astrologischen Tradition wird jedem Tierkreiszeichen ein Planet als Herrscher zugeteilt. Da der gesamte Tierkreis in 36 gleiche Abschnitte von 10°, den Dekanaten, eingeteilt wird, entfallen auf jedes Tierkreiszeichen drei Dekanate, die ebenfalls von einem Planeten beherrscht werden. Folglich kommen einem Tierkreiszeichen fünf Farben zu: die Grundfarbe, die Farbe des Planetenherrschers und die Farben der Dekanatsherren bzw. Götter. Hierbei kann es natürlich zu Überschneidungen kommen. Was nun die Dekanatsherren anbelangt, so sind in der astrologischen Tradition sehr unterschiedliche Zuweisungen überliefert, so daß wir der besseren Übersicht wegen nur die Bandbreite der Farbenpalette angeben.

1. Widder	Rot, aber auch Gold und Grün.
2. Stier	Grün, Gelb, Silber, Schwarz, Blau
3. Zwilling	Orange, Blau, Rot, Gold, Dunkelgrün, Hellgelb

4. Krebs	Gelborange, Silber, Grün, Gelb, Weiß, Violett, Hellgrün bis Meergrün
5. Löwe	Gelb, Gold, Schwarz, Blau, Orange, Rotgelb
6. Jungfrau	Gelb, Gelbgrün, Gold, Weiß, Purpur
7. Waage	Grün, Silber, Schwarz, Blau, Orange
8. Skorpion	Blaugrün, Rot, Gold, Orange
9. Schütze	Blau, Gelb, Silber, Schwarz, Braunrot, Hellrot, Purpur
10. Steinbock	Blauviolett, Blau, Rot, Gold, Schwarz, Grau, Dunkelbraun, Meergrün
11. Wassermann	Violett, Schwarz, Grün, Silber, Lila, Indigo, Grau
12. Fische	Rotviolett, Blau, Schwarz, Rot, Braun, Grau

Die Farbensymbolik der chinesischen Planeten wurde schon in Kapitel 1 behandelt. Sehr farbenreich ist auch die indische Astrologie, die aber seit der Zeitenwende von der griechischen Astronomie und Astrologie beeinflußt war. In der folgenden Übersicht folgen wird dem bedeutendsten indischen Astrologen, Varahamihira (6. Jhdt. n. Chr.). Auffällig ist bei der indischen Astrologie, daß die Planeten nicht nach den höchsten Gottheiten, wie bei den Babyloniern und Griechen, benannt wurden. Sie tragen die Namen von Gestalten aus der Mythologie, aber Varahmihira bemerkt, daß die führenden Götter ihre »Herren« seien.

Die Planetenfarben der indischen Astrologie

1. Sonne	Ihr Herrscher ist Agni, der Gott des Feuers; ihre Farbe ist Rötlich bis Dunkelbraun.

Indische Planeten und Tierkreiszeichen. In der Mitte ist der Sonnengott.

2. *Mond*   Herr des Mondes ist Varuna, der Wasser-
                   gott; seine Farbe ist Weiß.

3. *Merkur*   Er trägt den Namen »Buddha«, der Ver-
                   ständige, und ist der Sohn des Mondes;
                   Farbe Weiß.

4. *Venus*   Er heißt »Shani oder Shukra« und ist der
                   Lehrer der Dämonen. Bei den Indern sind
                   alle Planeten männlich. Farbe Grau. Nach
                   anderen Quellen eine Mischung von Rosa
                   bis Hellblau und Indigo.

5. *Mars*   Er ist der Sohn der Erde und trägt den Na-
                   men »Mangala«; eine weißliche und röt-
                   liche Farbe wird ihm zugeschrieben.

6. *Jupiter*   Er heißt Brihaspati und ist der Lehrer der
                   Götter; Farbe Blau.

| 7. *Saturn* | Einheimischer Name »Shani«, der langsam Wandelnde; er ist ein Sohn des Sonnengottes. Farbe Schwarz. Man nennt ihn auch »Asita«, den schwarzen Planeten. |

Die Farben der Tierkreiszeichen

1. *Widder*	Dieses männliche Zeichen gilt als ungünstig; es regiert den Kopf. Farbe Hellrot.
2. *Stier*	Er ist von weiblichem Geschlecht und hat einen günstigen Charakter; der Mund wird von ihm beeinflußt. Farbe Weiß.
3. *Zwilling*	Geschlecht männlich; Charakter ungünstig. Einfluß auf die Arme. Farbe Grün.
4. *Krebs*	Geschlecht weiblich. Charakter günstig. Er wirkt auf das Herz. Farbe Dunkelrot.
5. *Löwe*	Geschlecht männlich; Charakter ungünstig. Er wirkt auf den Bauch. Farbe Weiß.
6. *Jungfrau*	Geschlecht weiblich; Charakter günstig. Die Hüfte ist ihr zugeordnet. Farbe Bunt.
7. *Waage*	Geschlecht männlich; Charakter ungünstig. Zugehöriger Körperteil ist der Unterleib. Farbe Schwarz.
8. *Skorpion*	Geschlecht weiblich; Charakter günstig. Er wirkt auf die Geschlechtsorgane. Farbe Gold.
9. *Schütze*	Geschlecht männlich; Charakter ungünstig. Beeinflußt die Schenkel. Farbe Gelb.
10. *Steinbock*	Geschlecht weiblich; Charakter günstig. Zugeordnete Körperteile sind die Knie. Farbe ist Scheckig.

11. *Wassermann*	Geschlecht männlich; Charakter ungünstig. Ihm werden die Knöchel zugeordnet. Farbe Braun.
12. *Fische*	Geschlecht weiblich; Charakter günstig. Sie wirken auf die Füße. Farbe Grau.

Die Zuordnung der Körperteile zu Tierkreiszeichen haben die Inder hermetisch-medizinischen Texten der Griechen entlehnt. Im »Corpus Hermeticum« aus dem 1.–3. Jhdt. n. Chr. findet sich schon der spätere Tierkreismann oder das Aderlaßmännchen, bei dem zu jedem Körperorgan das entsprechende Tierkreiszeichen bzw. der Planet angegeben wird. Dies zeigt, daß die Inder schon im 6. Jhdt. n. Chr. eine astrologische Medizin hatten, wie wir sie erst im 16. Jahrhundert in Europa (Iatromathematik) kennen.

Europäischer Tierkreismann.

Die Farben in der indischen Medizinphilosophie

Die Grundlage der ayurvedischen oder indischen Medizin ist das als »Samkhya« bekannte altindische System der Philosophie, das die indischen Ärzte Carak, Susruta und Vagbhata ihren medizinischen Anschauungen zugrunde legten. Begründer dieser Philosophie, die wörtlich übersetzt »abwägende Untersuchung« heißt, ist der indische Weise Kapila, der das Leben als Leiden definierte. Das Schlimmste aber ist die Seelenwanderung, die den Menschen immer wieder in eine neue Existenz zwingt. Die letzte Ursache für das Leiden des Menschen auf dieser Welt ist die Verbindung der Seele mit dem Körper und seinen Organen. Die Erlösung, das Ende der Seelenwanderung, kann nur erreicht werden, wenn sich die Seele der »unterscheidenden Erkenntnis«, ihrer Einzigartigkeit und Absolutheit, bewußt wird. Der Sinn des Lebens ist also die Lösung der Seele von der Materie. Solange die Seele dazu nicht in der Lage ist, entfaltet sich die Materie. Ein berühmtes Gleichnis erläutert dieses Verhältnis: Die Materie gleicht einer Tänzerin, die sich in jedem Lebenslauf immer wieder vor der Seele produziert und ihre Reize entfaltet, um die Seele endlich zu der »entscheidenden Erkenntnis« zu bringen. Doch sie erreicht ihr Ziel nicht, sie muß sich zurückziehen und sich wieder von neuem vor der Seele produzieren, bis die Erlösung eintritt – die Seele ist sich ihrer Absolutheit bewußt geworden, und die Seelenwanderung hat ihr Ende erreicht. Dann ruft die Tänzerin aus: »Man hat mich erkannt!«

Die Materie besteht aus drei Konstituenten oder Gunas: Sattvam

(»Güte«), Rajas (»Leidenschaft«) und Tamas (»Finsternis«). Ihre Mischung ist bei jeder Einzelform verschieden, worauf sich die Vielheit der Existenzen gründet. Sattvam ist Licht und Leichtigkeit und in der Person die Güte. Rajas steht für Kraft und Bewegung und verleiht Liebe und Haß. Tamas ist die Schwere und Dunkelheit und erscheint in einem Menschen als Dumpfheit und Gemeinheit.

Diese Konstituenten sind auch für die Entstehung der Farben verantwortlich, deren Verschiedenheit durch Überwiegen, Mangel oder Ausgeglichensein der drei Gunas entsteht.

Die Farben aus den drei Gunas

Überwiegen wird durch p = plus, Mangel durch m = minus und Ausgewogenheit durch A ausgedrückt.

	Schwarz	Grau	Blau	Rot	Gelb	Weiß
Sattvam	m	A	m	A	p	A
Rajas	A	m	p	p	m	m
Tamas	p	p	A	m	A	p

Mit Hilfe dieser Tabelle kann man Charaktertypen konstruieren, denen eine kennzeichnende Grundfarbe zugeordnet wird. Der Medizinhistoriker H. Wallnöfer kommt zu folgendem Ergebnis: »Man kann zum Beispiel formulieren: Viel Trägheit bei neutraler Bewegung und einem Übermaß an Dunklem ist Schwarz (auch seelisch). Etwas lichter, Grau, wird es, wenn die Beweglichkeit fehlt und dafür in der Erkenntnis Ausgeglichenheit herrscht. Ist das Dunkle neutral, das Unruhige verstärkt und herrscht Mangel an Einsicht, kommt Blau zustande, während bei ausreichender

Einsicht und fehlender Trägheit die lebendigere Farbe Rot entsteht (empfunden wird). Hohe Einsicht (Sattvam ist immer positiv) bei fehlender Unruhe und neutraler Trägheit, mangelnde Bewegung und ausreichende Einsicht kann zur Trauerfarbe des Ostens – zum Weiß – führen. Teilweise ergeben sich merkwürdige Parallelen zu den Farbauffassungen von Lüscher.«

Der Schweizer Psychologe Max Lüscher (geb. 1923) entwickelte eines der interessantesten modernen Modelle, um die Grundtypen des Menschen mit vier Farben zu charakterisieren. Die Vierheit ist eine Grundkategorie der menschlichen Orientierung und Sichtweise. Wir unterscheiden vier Himmelsrichtungen, Jahreszeiten, Elemente und Temperamente. Sein »Vier-Farben-Mensch« beruht letztlich auf der Einteilung der menschlichen Charaktere in vier Typen (Choleriker, Sanguiniker, Phlegmatiker und Melancholiker), die wir schon bei der Vier-Säfte-Lehre des Hippokrates und des Galenos kennengelernt haben. Diesen vier Temperamenten ordnet Lüscher aber andere Farben zu:

Die 4 Temperamente nach Lüscher

Choleriker:	Rot
Sanguiniker:	Gelb
Phlegmatiker:	Blau (in der Tradition: Weiß)
Melancholiker:	Grün (in der Tradition: Schwarz/Blau)

Die Farben Gelb, Rot, Blau und Grün, die einen harmonischen Farbenkreis bilden, sind für Lüscher das Symbol der Ganzheit, Ausgeglichenheit und Vollendung des Menschen. Entsprechend diesen vier Farben, findet er im Menschen auch vier Gefühlszustände oder Selbstgefühle:

Die 4 Selbstgefühle nach Lüscher

Selbstachtung:	Grün
Selbstvertrauen:	Rot
Zufriedenheit:	Blau
Innere Freiheit:	Gelb

Wichtig aber ist, daß diese Selbstgefühle gleichzeitig mit den entsprechenden Farben empfunden werden müssen. Zur Harmonie eines Menschen gehört es, daß er in allen Lebenslagen diese vier Selbstgefühle immer besitzt. Ein so strukturierter Mensch zeichnet sich in seinem Verhalten durch Aktivität, Befriedigung, Beharrung und Veränderung aus:

Farbe	*Empfindung*	*Verhalten*	*Selbstgefühl*
Rot	Erregung	Aktivität	Selbstvertrauen
Blau	Ruhe	Befriedigung	Zufriedenheit
Grün	Festigkeit	Beharrung	Selbstachtung
Gelb	Lösung	Veränderung	Freiheit

Schon um die Jahrhundertwende entwickelte der Maler Carl Huter eine vielbeachtete Charaktertypologie auf der Grundlage von Farben. Er ging davon aus, daß drei Grundfaktoren das Leben bestimmen: Ernährung, Bewegung und Empfindung. Ähnlich wie nach der Lehre der Samkhya-Philosophie die einzelnen Gunas unterschiedlich gemischt sind und eine einzelne Guna überwiegen kann, so kann bei einem Menschen einer der Grundfaktoren die Oberhand gewinnen. Huter ordnet diesen Charaktertypen folgende Farben zu:

Ernährungstyp:	Blau
Bewegungstyp:	Rot
Empfindungstyp:	Gelb

Der Mensch, bei dem keiner dieser Grundfaktoren überwiegt, ist nach Huter der harmonische Mensch, dem er die Farbe Weiß zuschreibt.

Die Farben der menschlichen Aura

Das Phänomen der menschlichen Aura ist jedem vertraut, auch wenn er der Esoterik kein besonderes Interesse entgegenbringt oder sie sogar ablehnt. Im täglichen Leben begegnen wir immer wieder Menschen, die uns auf unerklärliche Weise »anziehen«. In der Umgangssprache spricht man von einem »anziehenden Menschen«, wenn wir jemanden für besonders sympathisch halten. Oftmals unbewußt setzen wir voraus, daß von einem anderen Menschen eine nicht sichtbare Wirkung ausgehen kann, die man sich als »Energie« oder »Strahlen« vorstellen kann. Diese Vorstellungen sind sehr alt und lassen sich schon in der Bibel nachweisen. So heißt es im 2. Buch Mose 34, 29:

»Als nun Moses vom Berg Sinai herabstieg, hatte er die zwei Tafeln der Gesetze in seiner Hand und wußte nicht, daß die Haut seines Angesichts glänzte, weil er mit Gott geredet hatte. Als aber Aaron und ganz Israel sahen, daß die Haut seines Angesichts glänzte, fürchteten sie sich, ihm zu nahen.«

In der Apostelgeschichte (9, 3) wird von einem Licht gesprochen, das plötzlich vom Himmel leuchtete, als Gott zu Saulus sprach. In mittelalterlichen Darstellungen werden Heilige oder biblische Gestalten mit einer »Wolke« oder einem »Heiligenschein« um den Kopf abgebildet.

Die bisher genannten Phänomene bezeichnet man mit dem Sammelbegriff »Aura«, übersetzt »Hülle« oder »Hauch«. Bei der Aura, die Heilige etc. umgibt, werden vier Arten unterschieden: »Nimbus« (lat. = »Wolke«), »Halo« (lat. = »Hauch«), »Aureola«

Maria und der Hl. Cado haben einen »Nimbus« um den Kopf;
beide kämpfen gegen den Teufel.

Heiligenschein in einer spätmittelalterlichen Darstellung (1517).
Die beiden Heiligen Cosmus und Damian.

(lat. »corona aureola« = »glänzender Kranz«) und »Gloria« (lat. = »Glanz«). Die beiden ersten Arten der Aura umgeben den Kopf. Die Aureola geht vom ganzen Körper aus, während die Gloria den Kopf und den Körper umfaßt. Die letzere Form hat sehr häufig das Aussehen einer Mandel oder eines Eis und trägt den Namen »Mandorla«. Daß Teile des Körpers oder der ganze Körper von einer unsichtbaren Hülle umgeben sein können, die von auserwählten Menschen oder in bestimmten Situationen wahrgenommen werden kann, hat im Abendland eine lange Tradition.

Aber nicht nur biblische Gestalten und Heilige werden mit solchen Wolken oder Heiligenscheinen abgebildet, sondern auch der Satan und Menschen, die über magische Kräfte verfügen.

Auch der Teufel wird mit einer solchen Wolke abgebildet.

Indische Göttin mit einem »Heiligenschein«, dem Symbol der Macht.

Typische christliche Darstellungen des Heiligenscheins. Statt des Kreises findet sich später (9. Jhdt.) auch das Dreieck und Quadrat. Auch Tiere wie das Heilige Lamm oder der Phönix werden mit einem Nimbus versehen. Nur in der sakralen Kunst der Ostkirche erhält auch der Satan eine solche Wolke um den Kopf.

Ein Magier bezaubert einen Menschen; seine Aura zeigt deutlich zwei Schichten.

Sehr interessant ist, daß der Schein um den Kopf eines Magiers (siehe Abbildung oben) dem Glanz der Kerze ähnelt; der Maler wollte offenbar andeuten, daß beiden Phänomenen dasselbe Prinzip zugrundeliegt: der Magier kann von seinem Kopf aus Energie aussenden wie eine Kerze ihr Licht. Die Aura des Magiers und der Schein der Kerze sind weiß, in der esoterischen Tradition hat diese Farbe eine magische Kraft. Das deutsche Wort »Weiß« gehört zum selben Stamm wie »Weissagung«. Im Althochdeutschen heißt der Zauberer »Wizzard«, denn er vermag gleichsam wie das weiße Licht einen Menschen zu blenden.

In der Aura des Magiers heben sich zwei unterschiedlich helle Schichten deutlich voneinander ab. Heute bezeichnet man diese beiden Schichten als die »Gesundheitsaura«, die als vitale Grundenergie unmittelbar dem Körper entströmt, und die »astrale Au-

506

ra«, in der sich gleichsam der Seelenzustand des Menschen abbildet. Dieses Bild kann auch mit Hilfe der Lehren von den Chakras gedeutet werden. Das 7. Chakra erblüht als tausendblättriger Lotos und strahlt Energien durch das Scheitelzentrum ab, die von besonders sensitiven Menschen wahrgenommen werden. Auch die Hopi-Indianer in Nordamerika glauben, daß eine Stelle der Schädelkrone Energien aufnehmen und aussenden kann – die gleiche Stelle, mit der der Mensch bei der Geburt das Leben von den Göttern empfängt und aus der die Seele nach dem Tod entweichen kann. Daß der Kopf gleichsam ein »Energiegenerator« ist, ist uralter Menschheitsglaube und läßt sich den meisten Weisheitslehren entnehmen.

Eine wichtige Etappe in der Erforschung der Aura war die Entdeckung des Lebensmagnetismus durch Anton Mesmer (1734–1815). Der den Körper des Menschen umgebende animalische Magnetismus als magnetisches Fluidum kann durch verschiedene Techniken von einer Person abgezogen und durch eine »Fluidalbrücke« auf eine andere Person übertragen werden. Einen entscheidenden Durchbruch zur Erkenntnis des Wesens der menschlichen Aura leistete Carl v. Reichenbach mit der Entdeckung der »Od-Energie«, kurz Od genannt. Besonders sensitive Menschen konnten in einem fensterlosen und völlig abgedunkelten Raum diese Energie als leuchtende Strahlung (odische Lohe) wahrnehmen, die an bestimmten Körperstellen wie Augen, Brust und Fingern besonders stark war.

Diese Od-Energie entströmt allen Lebewesen, aber auch anorganischen Stoffen wie Kristallen. Wie im Abschnitt »Edelsteine« schon erläutert wurde, beruht die moderne Edelsteinmedizin auf der Erkenntnis, daß von diesen Steinen Schwingungen ausgehen, die das Chrakensystem des Menschen beeinflussen können. Da

Zeitgenössische Darstellung der Od-Energie.

die damalige fotografische Technik noch sehr mangelhaft entwickelt war, gelang es Reichenbach trotz intensiver Bemühungen nicht, die odische Lohe zu fotografieren, sondern er mußte sich auf die Aussagen von sensitiven Personen verlassen. Nach den Ergebnissen der modernen Auraforschung (mit Hilfe etwa der Kirlianfotografie) haben wir keine Veranlassung, an seiner Theorie zu zweifeln. Auch seine Feststellung, die odische Lohe unterscheide sich auf der rechten Körperhälfte durch einen bläulichen Schein von der auf der linken, die rot oder gelblich-rot sein soll, wird heute grundsätzlich als richtig angesehen. Auch die wichtige Frage, wie sich die Aura verändert, wurde bei seiner experimentellen Erforschung der Lohe untersucht. Körperliche Tätigkeit, Wärme, geistige Getränke und Schall erhöhen die Od-Energie und verstärken die Lohestrahlung. Für den Esoteriker aller Schattierungen gab es nach der Entdeckung des animalischen Magnetismus und der Od-Energie keinen Zweifel mehr, daß der Mensch von einer Hülle umgeben ist, die von besonders sensitiven Menschen wahrgenommen werden kann.

Den Theosophen kommt das Verdienst zu, daß sie die von Sensitiven beobachteten Unterschiede der Aura in ein gedankliches System brachten, dessen Grundlage sie der hinduistischen Philosophie entnahmen. Man unterschied fünf Schichten der Aura, die man auch im menschlichen Körper und im Aufbau seiner Persönlichkeit zu finden glaubte:

Gesundheitsaura
Sie schließt sich unmittelbar an die Haut an; meistens ist sie farblos. In alten Bildern wird diese Form der Aura durch Striche dargestellt, die vom Körper ausgehen.

Vitale Aura
Sie ist das Abbild unserer Vitalität und kann in begrenztem Umfang von unserem Willen beeinflußt werden. Ihre Farbe schwankt zwischen Rötlich und Bläulich.

Karmische Aura
In ihr werden Wünsche und Gefühle sichtbar; ihre Farben sind sehr vielfältig. Bei Ärger färbt sie sich dunkelrot, und Furcht und Schrecken verleihen ihr eine graue Farbe.

Geistige Aura
Sie ist die Aura unseres Charakters, der unveränderlich ist. In ihr finden auch die Ereignisse aus unserem früheren Erdenleben einen Niederschlag, so daß sie gleichsam ein Gesamtbild unserer Persönlichkeit darstellt.

Die spirituelle Aura
In den östlichen Weisheitslehren heißt sie die »strahlende Hülle«, die selbst für Sensitive kaum sichtbar ist. Sie soll an Glanz und Helligkeit alle übrigen Schichten der Aura übertreffen.

In modernen Werken über die Aura werden diese fünf Schichten als *physischer, emotionaler, geistiger, mentaler* und *spiritueller* Bereich bezeichnet. Eine zusammenfassende Darstellung der Kenntnisse über die Aura veröffentlichte 1905/1908 C. W. Leadbeater (1848–1939) zusammen mit Annie Besant (1847–1933) unter den Titeln »Der sichtbare und unsichtbare Mensch« und »Gedankenformen«. Zur gleichen Zeit wie diese Arbeiten von Leadbeater erschienen, arbeitete J. Kilner (1847–1920) an der Sichtbarmachung der Aura. Zwar konnte man mit der Hilfe von sensitiven Menschen die Aura wahrnehmen und mit der Theosophie erklären und systematisieren, aber man war nicht imstande, sie einem »normalen« Menschen optisch nachzuweisen. Dieses Problem löste der englische Arzt Kilner. Er beschichtete einen nach ihm benannten Schirm mit in Alkohol gelöstem Dicaninblau, das nun deutlich die drei Schichten der Aura zu erkennen gab. Die erste Schicht war farblos und wurde von Kilner die »ätherische« Aura genannt. Die nächsten Schichten waren die innere und äußere Aura, die alle Regenbogenfarben annehmen konnten. Da Nervenerkrankungen eine deutliche Veränderung dieser drei Schichten der Aura hervorriefen, hielt Kilner bestimmte Zentren des Gehirns für die Ausstrahlung der Aura verantwortlich. Kilner beobachtete auch, daß ein sterbender Mensch seine Aura allmählich verlor, und aus weiteren Beobachtungen schloß er, daß der menschliche Wille für die Größe und Farben der Aura entscheidend war. Seine Forschungsergebnisse veröffentlichte er in dem Buch »The Human Atmosphere« (1911).

Eine Zusammenfassung der Bedeutung der Farben der menschlichen Aura stellte Walter A. Koch (1895–1970) u. a. in seiner »Astrologischen Farbenlehre« (1930) zusammen.

Die Farben und ihre Bedeutung nach der von W. A. Koch gesammelten Einzelbeobachtungen der menschlichen Aura

Farbe	Bedeutung
Weiß	reine Geistigkeit
Olivengrün	Anpassungsfähigkeit
zartes Glanzgrün	Sympathie
Smaragdgrün	Freimut
Wiesengrün	Mitgefühl
dunkles Seegrün	Friedfertigkeit
getrübtes Grün	Betrug, Verrat
Bräunlich-Trübgrün	Eifersucht
Gelb	Verstandeskraft
Orangetöne	Denken, Strebsamkeit, Begehren, Tatendrang, Stolz
Rottöne	Liebe, reine Liebe, Leidenschaft, Sinnlichkeit, Genußsucht, Bosheit, Zorn, Hochmut
Braun	Selbstsucht, Lieblosigkeit, Habgier, Sinnlichkeit, Eifersucht
Lilatöne	Sehnsucht, Entsagung, Geistigkeit
Violett	Enthaltsamkeit, Frömmigkeit
Blautöne	Weichheit, Hingabe, Religion, Moral, Furcht, Angst
Grau	Schwäche, Melancholie
Schwarztöne	Trauer, Haß, Zerstörung, Satanismus

1958 gelang dem russischen Ehepaar Kirlian ein entscheidender Durchbruch bei der fotografischen Darstellung der Aura. Es handelt sich hierbei um eine besondere Form der Hochfrequenzfotografie, die schon 1898 von dem russischen Ingenieur Yakov Narkevich-Todko entdeckt, aber nicht zur Aufnahme der menschlichen Aura benutzt wurde. Bei dieser Art von Fotografie wird eine fotografische Platte zwischen das Objekt und eine Elektrode gelegt. Nach der Entwicklung zeigt diese Platte eine Art Leuchten (Luminiszenz), das genau den Umrissen des fotografierten Objektes folgt. Diese Lichteffekte bilden das Energiefeld der elektromagnetischen Hülle oder Aura des Menschen ab. Ein solches Energiefeld haben auch Pflanzen, Tiere und scheinbar tote Gegenstände, wie beispielsweise Edelsteine. Diese Kirlianfotos gelten heute als wissenschaftlicher Beweis für die Existenz der Aura. Die elektromagnetischen Schwingungen dieses Energiefeldes geben ein getreues Abbild des Zustandes und des Befindens eines Menschen. Zwischenzeitlich wies man in diesen farbigen Lumineszenzen über 1400 Blautöne, 1000 Rottöne, 1400 Brauntöne, 800 Grüntöne, 550 Orangetöne, 360 Violettöne und 12 Weißtöne nach. Dies veranschaulicht, ein wie feiner Indikator der körperlichen und seelischen Zustände des Menschen die Aura ist. Nicht nur bestimmte Nahrungsmittel oder Drogen, wie z. B. Alkohol, Heroin, sondern auch Gefühle wie Furcht, Angst, Depressionen und andere seelische Zustände und Leiden zeigen sich durch eine bestimmte Farbe an. Die Kirlianfotografie ist die wissenschaftliche Bestätigung der schon vor hundert Jahren von sensitiven Personen wahrgenommenen Farben, wie sie von W. A. Koch aus zahlreichen Quellen gesammelt wurden.

Die Existenz eines solchen den Menschen umgebenden elektromagnetischen Feldes ist durch zahlreiche Tatsachen hinreichend bewiesen. Die entscheidende Frage aber, woher diese Energie kommt bzw. wie sie erzeugt wird, bedarf noch einer genauen

Klärung. Als Modell bietet sich die von der modernen Esoterik entwickelte Theorie der Chakras an, im wesentlichen eine Systematisierung und Zusammenschau von Erkenntnissen der Theosophie. Der Mensch ist nicht nur von kosmischen, feinstofflichen Energien umgeben, in denen er gleichsam »schwimmt«, sondern er nimmt diese Energien auch auf. Neben dem grobstofflichen Körper verfügt er über einen Energiekörper, den man früher auch »Ätherleib« nannte. Diese Transformation der feinstofflichen Energie aus dem Kosmos in den Körper besorgen Kraft- oder Energiezentren, die identisch sind mit den sieben Chakras. An diesen Stellen verdichtet sich die Energie und leuchtet in einer der sieben Farben auf. Da unser Energiekörper ständig neue kosmische Energien aufnimmt und in »Schwingung« ist, wird stetig oder unter gewissen Bedingungen eruptionsartig diese Energie in Form von Farbschwingungen nach außen abgegeben. Je nach dem Zustand der sieben verschiedenfarbigen Chakras, weist die Aura ein mehr oder weniger harmonisches Schwingungsfeld auf, das mit Hilfe der Kirlianfotografie abgebildet werden kann. Wenn nur eines dieser Chakras überladen ist, weil das feinstoffliche Verteilungssystem im Körper blockiert ist oder Körperorgane, die mit dem betreffenden Chakra in Verbindung stehen, erkrankt sind, wird die Farbe dieses Chakras in der Aura stärker in Erscheinung treten.

Im nächsten Kapitel wird gezeigt werden, daß man überladene und blockierte Chakras mit den passenden Farbschwingungen harmonisieren kann. In der Edelsteinmedizin wird dieses Ziel, wie schon dargelegt wurde, dadurch erreicht, daß ein Edelstein mit der passenden Farbe auf das Chakra gelegt wird. Wenn diese Energiezentren ungestört die kosmischen Energien aufnehmen und weiterleiten, erfolgt eine gleichmäßige Abstrahlung der

Farbschwingungen in die Aura. In diesem Zustand der völligen Harmonie läßt sich in der Aura keine Farbe mehr nachweisen, da die sieben Farben Weiß ergeben. Ob ein solcher Zustand je erreicht werden kann bzw. über längere Zeit auch anhält, ist fraglich. Da in Berichten über christliche Heilige, Gurus und Yogis der östlichen Weisheitslehren des öfteren von einer strahlenden Lichthülle gesprochen wird, ist zu vermuten, daß bei ihnen dieser Zustand von Harmonie vorhanden war. Der Regelfall ist aber, daß die Aura der meisten Menschen disharmonisch durch eine Farbe verfärbt ist. Die Überbewertung des Sinnlich-Materiellen in unserer Welt und der hohe Leistungsdruck, der ein gewaltiges Aggressionspotential im Menschen schafft, führen dazu, daß die unteren Chakras übermäßig aktiviert werden. In der Aura überwiegen deshalb die Grautöne, die schmutzigen Farben und das Rot. Nach diesen Darlegungen halten wir es für zweifelhaft, ob man die Aura mit einem »silberweißen« Lichtstrahl versiegeln kann, wie einige Farbtherapeuten behaupten. Nach dem eben skizzierten Modell der feinstofflichen Energie und ihrer Wirkung kann eine Beeinflussung der Farbe der Aura nur durch eine Behandlung der Chakras mit den Schwingungen der passenden Harmonie- bzw. Heilfarbe erreicht werden.

Die Farbtherapie

Wie Farben in der Vergangenheit und in der modernen Natur-
heilkunde benutzt werden, wurde schon bei der Beschreibung der
Edelsteinmedizin dargestellt. Die farbigen Strahlungen der Edelsteine sind ein wichtiges Hilfsmittel, um die Schwingungen der
Chakras zu harmonisieren. Dieses Kapitel beschäftigt sich mit
der Anwendung des Farblichtes zu Heilzwecken.

Den Grundgedanken dieser Therapieform findet man schon in
der Sympathiemedizin, die Gleiches mit Gleichem behandelt.
Der in dem Abschnitt »Die Magie der Zauberpflanzen« häufig
zitierte römische Schriftsteller Plinius empfiehlt zur Behandlung
der Gelbsucht das Goldkraut. Blutungen werden am besten mit
roten Edelsteinen behandelt usw. Auch in der chinesischen Medizin gehört die Verbindung von Farbe und Krankheit und ihre
Anwendung als Heilmittel zu dem überlieferten Wissen. Jedes
Organ hat eine bestimmte Farbe, wie man aus der folgenden
Tabelle entnehmen kann.

Die Farbe der Organe in der chinesischen Medizin

Organ	Farbe
Herz	Rot
Lunge	Weiß
Leber	Grün
Milz	Gelb
Niere	Schwarz

Folglich werden Darmerkrankungen, die man auf eine Erkrankung der Milz zurückführt, am besten mit gelber Farbe geheilt. Der Unterleib des Patienten wird gelb bestrichen, und durch gelbe Vorhänge wird das Licht im Zimmer des Kranken gefärbt. Scharlachkranke werden in rote Tücher eingewickelt, um auf diese Weise das Herz zu beeinflussen. In der Volksmedizin der Balinesen werden ebenfalls den Körperorganen Farben zugeordnet und zur Heilung benutzt.

Die Farbe der Organe in der balinesischen Volksmedizin

Organ	*Farbe*
Herz, Haut	Weiß
Leber, Fleisch	Rot
Adern, Niere	Gelb
Knochen, Galle	Schwarz

Die Geschichte der modernen Farbtherapie beginnt im Jahre 1877 mit der Entdeckung der beiden Engländer Downs und Blunt, daß man Rachitis und Hauterkrankungen mit ultraviolettem Licht heilen kann. Rachitis oder die »englische Krankheit« ist eine gefürchtete Kinderkrankheit, die infolge Vitamin-D-Mangels zu einer Deformierung des Knochenapparats führt. Eine regelmäßige Bestrahlung des Körpers mit ultraviolettem Licht regt den Körper zur Bildung von Vitamin D an.
Ein Jahr später veröffentlichte der Amerikaner E. D. Babitt sein Buch »The Principles of Light and Color« (1878), in dem er seine Erfahrungen mit der Farbbestrahlung bei verschiedenen Krankheiten beschrieb. Auch sein Landsmann Pleasanton unternahm in Philadelphia ähnliche Versuche und fand heraus, daß beson

ders die blaue Farbe eine heilsame Wirkung hatte. Doch die medizinische Fachwelt lehnte diese neue Heilmethode, die man »Chromotherapie« (von griech. »chromos« = »Farbe«) grundsätzlich ab. Auch im abgelegenen Sizilien experimentierte zu dieser Zeit ein Arzt namens Dr. Sciascia mit dem Farblicht und entwickelte einen Apparat, den er Photokanter nannte. Er soll dieses Gerät erfolgreich bei Verjüngungskuren eingesetzt und nach glaubhaften Berichten das Gesicht von Siebzigjährigen frei von Runzeln gemacht haben. Die Forschungen von Babitt, der in seiner Heimat nur verhöhnt wurde, stießen im Ausland auf großes Interesse. Georg von Langsdorff entdeckte, daß Rotlicht die Gefäße erweiterte und Blaulicht sie verengte. Sein 1894 in Karlsruhe erschienenes Buch »Die Licht- und Farbengesetze und ihre therapeutische Anwendung« ist ein wichtiger Meilenstein in der Geschichte der Farbtherapie. Zur gleichen Zeit behandelte der dänische Arzt Finsen, der 1904 den Nobelpreis erhielt, über 2000 Pockenkranke mit ultraviolettem Licht. Er konstruierte ein Gerät, das es ihm ermöglichte, gleichzeitig fünf Patienten zu behandeln. Erfolge erzielte er auch bei der Behandlung der Hauttuberkulose, indem er durch eine Blaulösung gefiltertes Sonnenlicht einsetzte. Besonders intensiv beschäftigte sich der Rosenkreuzer Demeter Georgiewitz-Weitzer (1873–1949), der unter dem Namen Surya bekannt wurde, mit den Heilkräften der Farben. Seine Experimente und Erfahrungen bei der Behandlung von Krankheiten mit Farben kann man in der von ihm herausgegebenen Reihe »Okkulte Medizin« nachlesen. So benutzte er neben dem Farblicht auch Farbwasser sowie Betten und Stühle, bei denen das farbige Licht durch besondere Reflektoren verstärkt wurde. Ein Resümee seiner Heilerfolge enthält sein Buch »Moderne Rosenkreuzer« (1930):

»Die Wärmestrahlen dunkelrot, rot-orange, gelb-gelbgrün wirken erregend auf den Organismus. Insbesondere rot und orange bewirken eine lebhafte Blutzirkulation, eine Anregung des Stoffwechsels und Nervensystems. Hingegen sind die kühleren Strahlen, also: grünblau, blau, Indigo, violett, dunkelviolett, besänftigende und beruhigende Faktoren für die Blutzirkulation und das Nervensystem. Blau und violett sind auch eminent schmerzstillende Farben. In neuerer Zeit wird z. B. blaues Licht zum schmerzlosen Zahnziehen benutzt. Grün ist entzündungswidrig usw. Wenn nun in einem Organismus die Vitalität herabgestimmt ist, so verordne ich zur Herstellung des Gleichgewichtes anregende Farben, vor allem rotes Licht. Hingegen bedarf ein Mensch mit überreiztem Nervensystem blaues oder violettes Licht, unter Umständen auch grüne Bestrahlung. Will ich die Nerventätigkeit anreizen, so nehme ich gelbes Licht. Kurz gesagt: ich habe mit dem Gegensatz der beiden Farbgruppen ein Mittel in der Hand, auf Gegensätze, die im Körper störend auftreten, neutralisierend einzuwirken, so daß wieder Gleichgewicht und Harmonie eintreten. Ebenso sicher, wie man bisher kühlende Umschläge auf entzündete Stellen legte, gebrauche ich violettes, blaues oder grünes Licht.«

Ein Jahr später veröffentlichte Bruno P. Schliephacke sein für die Weiterentwicklung der Farbtherapie richtungsweisendes Buch »Farbe und Heilweise« (1931). Prof. L. Eberhard, die selbst wichtige Beiträge zur medizinischen Farbforschung geleistet hat, berichtet in ihrem Buch »Heilkräfte der Farben« (1954) von einem indischen Arzt namens Dinshah P. Ghadiali, der in New Jersey ein »Spectro-Chrom-Institut« leitete. Nach seiner Ansicht sind Krankheiten eine Art »Unordnung« im Organismus und können durch die Energien des Farblichtes geheilt werden. Seine

Theorie und seine beachtlichen Heilerfolge beschreibt er in einem mehrere tausend Seiten umfassenden Werk mit dem Titel »Spectro-Chrome Metry«. Nach Ghadiali haben die verschiedenen Farben folgende Wirkung (zitiert nach Prof. Eberhard):

Blau	stärkt die Lebenskraft, beseitigt Fieber und nährt die Nerven
Violett	wirkt auf Milz und Lymphe
Purpurrot	steigert die Geschlechtskraft und regt die Venen an
Rot	regt die Bildung von roten Blutkörperchen an
Orange	kräftigt das Lungengewebe und wirkt anregend auf die Drüsen
Gelb	stärkt die Nerven, fördert die Verdauung und regt die Magentätigkeit an
Grüngelb	tötet Bakterien und fördert die Knochenbildung
Grünblau	wirkt günstig auf die Haut

Auch die medizinische Astrologie, welche die Traditionen der Iatromathematik fortsetzt, entwickelte Konzepte für eine Farbtherapie. Sie beruft sich hierbei auf altes Wissen über die Verbindung der menschlichen Organe mit Planeten und Tierkreiszeichen, denen eine bestimmte Farbe zugeordnet wird. Eine der wichtigsten Denkanstöße in dieser Richtung stammt von Oskar Ganser, der 1912 ein Buch mit dem bezeichnenden Titel »Chromotherapie« veröffentlichte. Die wichtigsten Ergebnisse seiner astrologischen Farbtherapie sind in der folgenden Tabelle aufgelistet:

Astrologische Farbtherapie nach O. Ganser

Tierkreiszeichen/ Planet	Organ	Krankheiten	Farbe
Widder/Mars	Kopf	Kopf- und Hals- krankheiten	Rot
Stier/Venus	Hals/Kehle	Kehlkopfkrank- heiten	Grün/Blau Braun/Rot
Zwilling/Merkur	Arme/Lunge	Lungen- und Rippenerkran- kungen	Gelb/Grün
Krebs/Mond	Brust/Leber/ Magen	Magen- und Le- bererkrankungen	Grün/Weiß/ Violett
Löwe/Sonne	Herz/Blut	Herzkrankheiten	Orange/Rot/ Blau
Jungfrau/Merkur	Milz/Nerven	Darmkrankheiten	Weiß/Purpur
Waage/Venus	Nieren/Blase	Nierenkrankheiten, Diabetes	Grün/Blau/ Rosa
Skorpion/Pluto	Geschlechts- organe	Geschlechts- krankheiten	Schwarz/ Grün/Rot
Schütze/Jupiter	Oberschenkel/ Hüfte	Gicht/Ischias	Rot/Blau
Steinbock/Saturn	Knochen	Haut- und Erkäl- tungskrankheiten	Schwarz/ Weiß/Grün
Wassermann/ Saturn/Uranus	Waden	Blut- und Nerven- krankheiten	Grün/Violett/ Grau
Fische/Jupiter/ Neptun	Füße	Suchtkrankheiten	Braun/Blau/ Schwarz

Der schon bei der Aromatherapie mehrfach erwähnte Dr. Karsten setzte in den Duftpavillons seines Sanatoriums auch Farblicht ein. Die Pavillons waren in verschiedenen Farben gestaltet, die dem jeweiligen Zustand und der Erkrankung des Patienten angepaßt waren. Zusammen mit den schon beschriebenen Duftstoffen setzte er Rot-, Blau-, Gelb- und Grünlicht ein, das von Farblaternen an der Decke den Boden kreisförmig bestrahlte. Die heute praktizierte Farbtherapie, die selbstverständlich auch die Ergebnisse der modernen Farbenforschung verarbeitet, basiert im wesentlichen auf den Erkenntnissen der Kirlianfotografie (1958) und der modernen Theorie der Aura und Chakras. Einer der interessantesten Neuansätze auf diesem Gebiet stammt von Peter Mandel (geb. 1941), der in seinem Institut für wissenschaftlich-energetische Fotografie und Diagnostik in Bruchsal eine Farbpunktur entwickelte. Er bestrahlt die bekannten Akupunkturpunkte mit Farblicht, die mit den die Krankheit verursachenden Organen in Verbindung stehen.

Aber auch Mandel knüpft an die Chakraslehre an, indem er die Zonen für die drei Grundfarben Rot, Gelb und Blau auf der Wirbelsäule lokalisiert, wo sich der Sushumna-Kanal mit den sechs Chakras befindet. Wenn sich infolge einer Erkrankung einer dieser Farbbereiche, die man sich als Schwingungsebenen vorstellen muß, verschiebt, so verspürt der Patient ein allgemeines Unwohlsein, die Grundbefindlichkeit bei jeder Krankheit.

Wie schon erwähnt, beruht das stärkere Hervortreten einer Farbe in der Aura auf einer Fehlfunktion des ihr entsprechenden Chakras. Durch die Kirlianfotografie läßt sich dies einwandfrei diagnostizieren. Wenn eines der Chakras stärker oder schwächer als die anderen arbeitet, so entsteht eine Disharmonie. Dem Energiestrom fehlt nämlich Energie, was in beiden Fällen zu einer Blockade führt. Die Chakras (wörtlich übersetzt »Räder«) kann man sich als drehende Energiewirbel vorstellen, die sich positiv (im Uhrzeigersinn) oder negativ (gegen den Uhrzeigersinn) drehen können. Eine falsche Polung kann eine erhebliche Störung bzw. den Stillstand des Energiestromes bewirken, wie man sich leicht durch den Vergleich mit dem Räderwerk einer Uhr vorstellen kann.

Grundsätzlich kann ein gestörtes Chakra mit seiner Farbe harmonisiert werden, wie dies schon bei der Edelsteintherapie gezeigt wurde. Bei einer Überfunktion wird man die entsprechende Komplementärfarbe einsetzen. In der folgenden Übersicht sind die sieben Farben der Chakras und ihre Heilwirkung aufgelistet.

Rot
1. Chakra; Unterfunktion: Energiemangelzustände, Stoffwechselstörungen, Verdauungsstörungen, Anuserkrankungen, Knochen- und Wirbelsäulenleiden. Überfunktion: Nervosität und Suchtkrankheiten (Alkohol etc.). Heilfarbe: Blau.

Orange
2. Chakra; Unterfunktion: Sexualleiden, besonders Impotenz und Frigidität, Blasen- und Nierenleiden, Bluterkrankungen. Überfunktion: Nervosität, Hektik, sexuelle Ausschweifungen. Heilfarbe: Blau.

Gelb
3. Chakra; Unterfunktion: Magen-, Galle-, Leber-, Zwölffingerdarmerkrankungen. Überfunktion: Gallensteine, Diabetes (Zucker). Heilfarbe: Grün.

Grün

4. Chakra; Unterfunktion: Herzkrankheiten, Durchblutungsstörungen, Funktionsstörungen der Thymusdrüse, Immunschwäche. Überfunktion: hoher Blutdruck, nervöse Herzbeschwerden, vegetative Dystonie (Unruhe, Kopfschmerzen, Schwindel etc.). Heilfarbe: Blau. Statt Grün, das die Haupt- oder Harmoniefarbe des 4. Chakras bei Unterfunktion und Blockade ist, kann man auch Gold oder Rosa benutzen.

Blau

5. Chakra; Unterfunktion: Schilddrüsenerkrankungen, Kehlkopfleiden, Erschöpfungszustände, Kiefer- und Zahnerkrankungen. Überfunktion: hoher Blutdruck, erhöhte Erregbarkeit. Heilfarbe: Gelb, Orange.

Indigo

6. Chakra; Unter- und Überfunktion führen zu Augen-, Ohren- und Nasenerkrankungen. Da dieses Chakra mit der Hypophyse, der Steuerungsdrüse des endokrinen Drüsensystems, in Verbindung steht, ruft eine Unterfunktion eine verminderte und eine Überfunktion eine erhöhte Hormonproduktion hervor. In beiden Fällen kann es zu schweren Krankheitserscheinungen kommen. So bildet diese Drüse das Wachstumshormon STH, das für den Längenwachstum verantwortlich ist. Eine Überfunktion der Hypophyse kann als eine krankhafte Vergrößerung der Finger, Ohren und des Kinns in Erscheinung treten (Akromegalie). Heilfarbe: Orange, Grün.

Violett

7. Chakra; es steht mit der Epiphyse (Zirbeldrüse) in Verbindung,

deren Funktion noch weitgehend ungeklärt ist. Funktionsstörungen (Unter- und Überfunktion) führen zu Gehirnerkrankungen und Nervenleiden. Eine der häufigsten Störungen dieses Energiezentrums äußert sich in Kopfschmerzen und Migräne.

Bei der praktischen Anwendung dieser Farben, sofern sie überhaupt von einem Laien zu Heilzwecken benutzt werden, sollte man einige Grundsätze beachten. Farben können nämlich ebenso wie die Duftstoffe physiologische Reaktionen hervorrufen. Da Rot die Durchblutung erhöht, sollte man diese Farbe nicht bei Entzündungen, Fieber, Infektionskrankheiten, hohem Blutdruck, rotem Gesicht (Rosazea, Akne), besonders bei roter Nase (»Rotweinnase«) anwenden. Eine zu lange Bestrahlung mit Blau ruft Schläfrigkeit und Ermüdungserscheinungen hervor. Folglich sollten Menschen mit niedrigem Blutdruck diese Farbe, wenn überhaupt, nur ganz kurz benutzen. Besondere Vorsicht ist bei der Anwendung von Indigo geboten, weil die endokrinen Drüsen ein sehr komplexes und durch Rückkoppelung verbundenes System bilden, das leicht in Unordnung gebracht werden kann. Wir meinen deshalb, daß solche Farbtherapien grundsätzlich nur der Heilpraktiker durchführen sollte.

Die moderne Farbtherapie kennt heute folgende Anwendungen:

Farbpunktur
Bei dieser Therapieform werden die klassischen Akupunkturpunkte mit Farblicht bestrahlt. Wenn man zum Beispiel Durchfall behandeln will, so wird nach der Akupunkturlehre eine goldene Nadel in den Akupunkturpunkt des Dickdarms hineingestoßen.

Man geht davon aus, daß dieser Punkt ein Übergewicht an Yin-Qualität hat. Da Gold dem Yang-Prinzip zugeordnet ist, führt die goldene Nadel an dieser Stelle zu einer Harmonisierung der beiden gegensätzlichen Energien Yin und Yang.

Dieselbe Wirkung kann P. Mandel mit der gelben Farbe erreichen, wenn sie punktuell an diese Stelle gestrahlt wird. Der Erfinder der Farbpunktur nimmt an, daß an dieser Stelle durch das Übergewicht der Yin-Energie Violett (Yin) die vorherrschende Farbe ist. Eine Harmonisierung wird durch die entsprechende Komplentärfarbe Gelb (Yang) erreicht.

Bad

Man kann entweder in gefärbtem Wasser baden oder während des Badens das Wasser bestrahlen. Ob man die Wirkung des Farbwassers durch den Zusatz von Duftstoffen erhöhen kann, erscheint uns fraglich. Da die Wasserqualität in der Regel sehr schlecht ist, kann die chemische Struktur der ätherischen Öle beeinflußt werden. Außerdem schwimmt das ätherische Öl auf der Wasseroberfläche, so daß nur ein geringer Teil des Körpers mit dem Öl in Berührung kommt. Die Wirkung könnte bestenfalls durch Inhalation erfolgen.

Bestrahlen

Hierfür kann man entsprechende farbige Glühbirnen oder professionelle Bestrahlungsgeräte nehmen. Zur Bestrahlung der Chakras gibt es Farblampen, die als flächiger Farbpunkt wirken und durch einen Aufsatz gleichsam mit Pyramidenkraft verstärkt wirken. Mit farbigen Miniaturpyramiden sollen beachtliche Heilerfolge bei der Behandlung von Hautflechten erzielt worden sein.

Brillen

Bei den Farbbrillen dringen die Schwingungen der Farben über die Augen direkt in das Gehirn ein und lösen die gewünschten Reaktionen aus.

Edelsteine

Siehe unter Edelsteintherapie.

Klangtherapie

Die Farbklangtherapie beruht auf der Erkenntnis, daß den Farben Töne entsprechen. Seit der Romantik spricht man vom Farbenhören. Menschen, die die Klangfarbe eines Tones hören konnten, nannte man Synästhetiker. So stellt der Romantiker Ludwig Tieck (1773–1853) fest:

»Jeder einzelne Ton eines besonderen Instruments ist wie die Nuance einer Farbe.«

Schon im 18. Jahrhundert baute man Farbenklaviere, bei denen mit jedem Ton sogleich auch eine bestimmte Farbe erschien. Die moderne Farbklangtherapie geht davon aus, daß die Töne ebenso wie die Farben Schwingungen sind, so daß man mit den entsprechenden Tönen die Energiezentren beeinflussen und harmonisieren kann. Statt über die Augen, würden diese Schwingungen über die Ohren in das Gehirn dringen. Durch die Veränderung des Gehirnwellenmusters würde das gesamte Energiesystem des Menschen aktiviert bzw. beruhigt. Noch keine Übereinstimmung besteht hinsichtlich des Farbcharakters der einzelnen Töne, wie man der folgenden Tabelle entnehmen kann:

Die Entsprechung von Tönen und Farben

Farbe		*Ton*
	lt. Hulke	lt. Schrödter
Rot	c	b
Orange	d	gis
Gelb	e	fis
Grün	f	e
Blau	g	d
Indigo	a	cis
Violett	h	c
Blaugrün	–	dis
Gelbgrün	–	f
Gelborange	–	g
Orangerot	–	a
Rotviolett	–	h

Nahrung

In der sehr alten chinesischen Kochkunst gilt die Regel, daß ein Menü fünf Farben, entsprechend den fünf Elementen, enthalten muß. Heute wissen wir, daß dieses »mit den Augen Essen« nicht nur ein psychologisches Problem ist, sondern auf diese Weise beschafft sich der Mensch unbewußt die nötigen Vitamine, Mineralien und Spurenelemente. Die farbigen Früchte und Gemüse sind wichtige Vitaminträger. Der schon erwähnte Inder Dr. Ghadiali wies nach, daß die Farben selbst Elemente enthalten:

Die Elemente der Farben nach Dr. Ghadiali

Rot	Mangan
Orange	Aluminium, Kalzium, Kupfer
Gelb	Kohlenstoff, Magnesium, Carbon
Grün	Barium, Chlor, Stickstoff, Radium
Blau	Sauerstoff, Cäsium
Indigo	Bismut, Kobalt
Violett	Aktinum, Strontium

Es scheint deshalb sehr sinnvoll, unsere wichtigen Vitaminträger vor dem Verzehr noch mit ihrer eigenen Farbe zu bestrahlen, um auf diese Weise noch den Gehalt an Mineralien und Spurenelementen zu erhöhen. Diese Entdeckung Ghadialis rechtfertigt auch das Bestrahlen von Trinkwasser.

Visualisieren
Wir haben diese Technik schon bei den Mandalas und den verschiedenen Tattvas des »Golden Dawn Ordens« kennengelernt. Durch das intensive Anblicken der farbigen Flächen wird im Bewußtsein der Eindruck hervorgerufen, daß nichts anderes mehr als diese farbige Fläche existiere. Es entsteht eine Vision, die in der Sprache der Psychologen als Tagtraum bezeichnet wird. Diese farbige Fläche wird dann zu einem Tor, um einen höheren Bewußtseinszustand zu erreichen oder aber – wie bei den Mandalas – in einer Art Reise zu dem höchsten Gott vorzudringen. Hierbei ist die Farbe nur noch das Mittel, um eine andere, d. h. höhere Bewußtseinsform zu erreichen. Eine andere Form der Farbvisualisiation besteht darin, sich in der Phantasie der Reihe nach die Farben der einzelnen Chakras vorzustellen.

Diejenige Farbe, die man sich nur verschwommen oder überhaupt nicht vorstellen kann, fehlt in der Aura, und das betreffende Chakra erfüllt seine Aufgabe nicht. Auf diese Weise kann man durch eine Selbstdiagnose die Unterfunktion eines oder mehrerer Energiezentren feststellen.

Farbenzimmer

Ein solches Zimmer beschreibt O. Ganser in seiner »Chromotherapie«. Dieses völlig abgedunkelte Zimmer, in dem sich vier Spiegel überkreuz gegenüber stehen, ist in einer der acht Farben gestaltet: Schwarz, Rot, Blau, Lila, Dunkelgrün, Hellgelb, Violett oder Orange. Die Auswahl der Farbe erfolgt nach der Art der Krankheit des Patienten, die in der Tabelle »Astrologische Farbtherapie nach O. Ganser« aufgelistet sind. Dem Patienten, der zuvor von der Durchführung der Therapie nichts erfahren hat und dem die Augen zugebunden werden, wird erst in dem Farbenzimmer die Binde abgenommen. Dort hält er sich am Anfang 10 Minuten, später bis zu zwei Stunden auf. Eine Variante der Therapie besteht darin, den Patienten der Reihe nach in alle acht Zimmer zu führen.

Ein solches Farbenzimmer, in dem der Patient die Farbe gleichsam »einatmet«, ist nach der Bestrahlung sicher eine der wirksamsten Anwendungsformen. Statt der acht Farben von O. Ganser, wird man die sieben Farben der Chakras nehmen.

Literaturverzeichnis

Teil I: Die Magie der Zauberpflanzen

Allegro, John: Der Geheimkult des heiligen Pilzes, Wien 1971.

Biedermann, Hans: Handlexikon der magischen Künste, Zürich 1976.

Castaneda, Carlos: Die Lehren des Don Juan, Frankfurt 1973.

Führer, H.: Solanazeen als Berauschungsmittel; in: Archiv für experimentelle Pathologie und Pharmakologie 111, Leipzig 1926.

Gessmann, G. W.: Die Pflanzen im Zauberglauben, Berlin 1922.

Gilg, E. u. Schürhoff, P. N.: Aus dem Reich der Drogen, Dresden 1926.

Ginzburg, Carlo: Hexensabbat, Berlin 1989.

Golowin, Sergius: Die Magie der verbotenen Märchen, Hamburg 1974.

Hartmann, Walter: Der Mohn, seine Kultur, Geschichte und geographische Verbreitung, Diss. Jena 1915.

Hofmann, Albert: Die Mutterkornalkaloide, Stuttgart 1964.

Kiesewetter, C.: Die Geheimwissenschaften; Geschichte des Okkultismus, Bd. 2, Leipzig 1895.

Killermann, S.: Der Alraun, in: Naturwissenschaftliche Wochenschrift, No. 11, 1917.

Knecht, Sigrid: Magische Pilze, in: Neue Wissenschaft, 10. Jg., Heft 2, 1961.

Kotschenreuther, Hellmut: Das Reich der Drogen und Gifte, Berlin 1976.

Kronfeld, Moritz: Zauberpflanzen und Amulette in der Volksmedizin, Wien 1898.

Leuenberger, Hans: Im Rausch der Drogen, München 1970.

Lewin, Louis: Phantastica, Berlin 1926.

Marzell, Heinrich: Der Zauber der Heilkräuter in der Antike und Neuzeit, in: Sudhoff Archiv Bd. 29, 1939.

–: Zauberpflanzen – Hexentränke, Stuttgart 1964.

Mühle, Erich: Das Mutterkorn, Wittenberg 1972.

Pedrazzi, Jean-Michel: Geheime Zeichen – Magische Kräfte, Kastellaun 1976.

Peuckert, Willi: Hexensalben; in: Medizinischer Monatsspiegel, 8. 1960

Rätsch, Christian: Lexikon der Zauberpflanzen in ethnologischer Sicht, Graz 1988.

–: Indianische Heilkräuter, Köln 1987.

–: Der Rauch von Delphi, in: Curare, 10/1987.

Ranke-Graves, Robert: Die Weiße Göttin, Reinbek 1985.

Reko, Victor A.: Magische Gifte, Berlin 1986 (Reprint).

Richter, E.: Der nacherlebte Hexensabbat; in: Forschungsfragen unserer Zeit VIII. Jg. 1960.

Römpp, Hermann: Chemische Zaubertränke, Stuttgart 1950.

Rosenbohm, A.: Halluzinogene Drogen im Schamanismus – Mythos und Ritual im Kulturvergleich; Marburger Studien zur Völkerkunde 8, 1991.

Rouhier, Alexandre: Die Hellsehen hervorrufenden Pflanzen, Berlin 1986 (Reprint).

Schenk, Gustav: Das Buch der Gifte, Berlin 1954.

Schöpf, Hans: Zauberkräuter, Graz 1986.

Schramm, Gottfried: Heilpflanzen und Drogen in der altchinesischen Materia medica; in: Forschung und Fortschritte, No. 30/1956.

–: Über die Anfänge des Opiumrauchens in China. Ein Beitrag zur Pharmazie und Kulturgeschichte Chinas; in: Pharmazeutische Zeitung 7/1970.

Schultes, Richard E. und Hofmann, Albert: Pflanzen der Götter, Bern 1980.

Seefelder, Matthias: Opium – Eine Kulturgeschichte, Frankfurt 1987.

Stafford, Peter: Psychedelics Encyclopedia, Los Angeles 1983 (dt. Übers.: Enzyklopädie der psychedelischen Drogen, Linden 1980).

Stark, Adolf Taylor: Der Alraun, Berlin 1986 (Reprint).

Stempflinger, Eduard: Sympathieglaube und Sympathiekuren im Altertum und Neuzeit, München 1919.

Die sympathetisch-magnetische Heilkunde, Stuttgart 1851.

Unger, F.: Botanische Streifzüge auf dem Gebiet der Culturgeschichte; in: Sitzungsberichte der mathematisch-naturwissenschaftlichen Classe, XXXIII Bd. No. 26.

Wasson R. Gordon: Soma-Divine Mushroom of Immortality, New York 1972.

– und Hofman, Albert und Ruck, Carl C. A.: Der Weg nach Eleusis – Das Geheimnis der Mysterien, Frankfurt 1984.

Werner, Helmut: Lexikon der Esoterik, Wiesbaden 1991.

Zimmer, Hans: Signaturen in der Volksmedizin, Dresden 1939.

Teil II: Die Magie der Edelsteine

Benesch, Friedrich: Apokalypse – Die Verwandlung der Erde – Eine okkulte Mineralogie, Stuttgart 1981.

Brusius, Hedy: Die Magie der Edelsteine, München 1988.

Chokron, Daya: Sarai: Heilen mit Edelsteinen, München 1984.

Clarence, E. W.: Sympathie, Mumia, Amulette, okkulte Kräfte der Edelsteine und Metalle, Berlin 1927.

Clow, Barbara: Chiron, München 1989.

Deaver, Korra: Die Geheimnisse des Bergkristalls, Haldenwang 1987.

Friess, Gerda: Edelsteine im Mittelalter, Diss., Wien 1968.

Fühner, Hans: Lithotherapie, Berlin 1902.

Garbe, R.: Die indischen Mineralien und ihre Namen, Leipzig 1882.

Golowin, Sergius: Edelsteine – Kristallpforten der Seele, Freiburg 1986.

Guhlmann, W.: Die Magie der Edelsteine, Hamburg o. D.

Guhr, Andreas und Nagler, Jörg: Mythos der Steine, Hamburg 1989.

Gurudas: Gem Elixirs and Vibrational Healing, Boulder 1985.

Hansmann, Liselotte u. Kriss-Rettenbeck, Lenz: Amulett und Talisman, München 1977.

Hertzka, G. u. Strehlow, W.: Die Edelsteinmedizin der hl. Hildegard, Freiburg 1985.

Hildegard v. Bingen: Auswahl aus den Schriften von J. Bühler, Leipzig 1922.

Hoffmann, A.: Die Botschaft der Edelsteine, München 1988.

Holstein, O. u. Koch, W.: Die Seele der Edelsteine, Leipzig 1934.

Johari, Harish: Die sanfte Kraft der edlen Steine, Durlach 1987.

Klinger-Raatz, Ursula: Engel und Edelsteine, Durach 1988.

–: Die Geheimnisse edler Steine, Haldwangen 1986.

–: Reiki und Edelsteine, Ashang 1991.

Korse, Amandus: Edelsteine als Heilmittel, 1991.

Laarss, R. H.: Das Buch der Amulette und Talismane, Leipzig 1932.

Larode, Agathe: Die persönliche Magie der Schmucksteine, Bad Münstereifel 1989.

Lassally, Oswald: Von der Entstehung des Aberglaubens an Edelsteine, Niederdeutsche Zeitschrift für Volkskunde, Jg. 51927.

Lorenz, M.: Die okkulte Bedeutung der Edelsteine, Leipzig 1915.

Markham, Ursula: Universelle Kräfte von Edelsteinen und Kristallen, München 1990.

Neunhoeffer, Otto: Impuls- und Lithotherapie, Nieby 1987.

Orban, Peter: Pluto, Hamburg 1989.

Pachinger, A. M.: Glaube und Aberglaube im Steinreich, München 1912.

Palmer, M.: Die verborgene Kraft der Kristalle und Edelsteine, München 1989.

Peuckert, W. E.: Zauber der Steine, Leipzig 1936.

Pfizmaier, A.: Beiträge zur Geschichte der Edelsteine und des Goldes in China, Wien 1966.

Raphael, Katrina: Wissende Kristalle, Interlaken 1986.

Rätsch, Christian u. Guhr, Andreas: Lexikon der Zaubersteine, Graz 1989.

Richardson, Walla: Die geistige Heilkraft der Edelsteine, Greifing 1987.

Ruska, I.: Das Steinbuch des Aristoteles, Heidelberg 1912.

Schmidt, Philipp: Edelsteine – Ihr Wesen und Wert bei den Kulturvölkern, Bonn 1948.

Selby, Uma: Heilkraft der Kristalle, München 1988.

Stein, Zane B: Chiron, Dusslingen 1986.

Steiner, Carl-Joseph: Das Mineralreich nach seiner Stellung in Mythologie und Volksglauben, Gotha 1896.

Steiner, Rudolf: Edelsteine und Metalle in ihrem Zusammenhang mit der Erd- und Menschheitsevolution, Leipzig 1906.

Sudhoff, K.: Jatromathematiker vornehmlich im 15. und 16. Jahrhundert, Breslau 1902.

Uyldert, Mella: Verborgene Kräfte der Edelsteine, München 1988.

Walter, Hans: Der Planet Chiron, Dusslingen 1986.

Wellmann, Max: Die Stein- und Gemmenbücher der Antike, Berlin 1935.

Weltler, Christian: Ursprung und Geheimnis der Edelsteine, Grafing 1989.

Werner, Helmut: Lexikon der Esoterik, Wiesbaden 1991.

Teil III: Die Magie der Duftstoffe

Ajes, Ellen: Heilende Öle und Essenzen, Braunschweig 1991.

Belledame: Die persönliche Magie der Pflanze, Bad Münstereifel, 1991.

Berg, Karl-Heinz: Duftwirkung auf der Spur, Gießen 1988.

Cohausen, J. H.: Der wiederlebende Hermippus, in: Schatzgräber in den literarischen und bildlichen Seltenheiten, Stuttgart 1847.

Corbain, Alain: Pesthauch und Blütenduft, Berlin 1984.

Danz, F. J.: Das Büchlein vom Duft, Offenbach 1957.

Davis, Patricia: Aromatherapie von A-Z, München 1990.

Faure, Paul: Magie der Düfte, Zürich 1991.

Fischer-Rizzi, Susanne: Dufterlebnisse, Isny 1987.

–: Himmlische Düfte, München 1989.

Fließ, Wilhelm: Die Beziehungen zwischen Nase und weiblichen Geschlechtsorganen, Wien/Leipzig 1897.

Frichet, H.: Plantes et Parfums magiques, Paris 1926.

Furlenmeier, M.: Mysterien der Heilkunde, Stäfa 1981.

Gattefossé, R. M.: Aromathérapie, Paris 1928.

Gildenmeister, E. und Hoffmann, Fr.: Die ätherischen Öle, Bd. 1, 4. Aufl., Berlin 1956.

Guhlmann, W.: Magische und okkulte Parfüme, Freiburg 1926.

Hagen, Albert: Die sexuelle Osphreologie, Berlin 1901.

Henglein, Martin: Die heilende Kraft der Wohlgerüche und Essenzen, 4. Aufl. Zürich 1989.

Henning, Hans: Der Geruch, 2. Aufl. Leipzig 1924.

Horn, E.: Parfum, München 1967.

Hurton, A.: Erotik des Parfüms, Frankfurt 1991.

Jackson, Judith: Aromatherapie, Hamburg 1989.

Jellinek, Paul: Die psychologischen Grundlagen der Parfümerie, Heidelberg 1973.

Jünemann, Monika: Verzaubernde Düfte, Aitrang 1990.

Karsten, Hermann: Duft-, Farb-, Tontherapie bei psychosomatischen Erkrankungen, Heidelberg 1976.

Keller, Erich: Handbuch der ätherischen Öle, München 1989.

Kraus, Michael: Aromatherapie für jeden Tag, Pfalzpaint 1990.

Kroeber, Ludwig: Zur Geschichte, Herkunft und Physiologie der Würz- und Duftstoffe, München 1949.

Krumm-Heller, A.: Vom Weihrauch zur Osmotherapie, Berlin 1934.

–: Osmologische Heilkunde, Berlin 1955.

Kubeczka, K.-H.: Ätherische Öle, Stuttgart/New York 1982.

Launert, Edmund: Parfümflakons und Riechfläschchen, München 1982.

Lavabre, Marcel: Mit Düften heilen, Freiburg 1992.

Malara, Rossella: Parfüm, Freiburg 1988.

Martinetz, D. und Lohs, K.: Vom geweihten Rauch des Olibanums, Wissenschaft und Fortschritt, 31, 1981.

Maury, Marguerite: Die Geheimnisse der Aromatherapie, Aitrang 1990.

Merkel, Dieter: Riechstoffe, Berlin 1972.

Miller, R. A.: Das magische Parfüm, Braunschweig 1991.

Molnar, Christina: Faszination der Düfte, München 1990.

Mu'iuaddin: Die Heilkunst der Sufis, Freiburg 1984.

Müller, Arno: Die psychologische und pharmakologische Wirkung der ätherischen Öle, Riechstoffe und verwandter Produkte, Heidelberg 1963.

Paszthory, E.: Salben, Schminken und Parfüms im Altertum, Mainz 1990.

Price, Shirley: Praktische Aromatherapie, Neuhausen 1988.

Rimmel, E.: Das Buch vom Parfüm, Dreieich 1985 (franz. Original: Livre des Parfums, Paris 1884).

Rivcesson, M.: Les Parfums magiques, Paris o. D.

Rothe, Manfred: Handbuch der Aromaforschung, Berlin 1978.

Ryman, Daniele: Handbuch der Aromatherapie, München 1990.

Santini de Riols, E. N.: Les Parfums magiques, Paris 1903.

Sigismund, R.: Aromata, Leipzig 1884.

Schrödter, Willi: Geheimnisse der Düfte, Farben und Töne, Freiburg 1964.

Schutt, Karin: Aromatherapie, Niederhausen 1990.

Stead, Christine. Aromatherapie, Düsseldorf 1987.

Tisserand, Maggie: Die Geheimnisse wohlriechender Essenzen, Aitrang 1991.

Tisserand, Robert: Die Aromatherapie, 3. Aufl. 1987.

Valnet, Jean: Aromatherapie, München 1988.

Wiesner, J. von: Die Riechstoffe des Pflanzenreiches, 4. Aufl., Leipzig 1927.

Winter, F.: Handbuch der gesamten Parfümerie und Kosmetik, Wien 1953.

Worwood, A.: Liebesdüfte, München 1990.

Werner, Helmut: Lexikon der Esoterik, Wiesbaden 1991.

Teil IV: Die Magie der Farben

Braem, H.: Die Macht der Farben, München 1989.

Bressensdorff, O. von u. Koch, W. A.: Astrologische Farbenlehre, München 1930.

Butler, Walter E.: Die Aura sehen und deuten, Basel 1988.

Eaves, A. O.: Von der Heilkraft der Farben und des Geistes, Dresden 1931.

Eberhard, Lilly: Heilkräfte der Farben, München 1954.

Franz, Willi: Theorie und Praxis des Aura-Sehens, Stuttgart 1990.

Frieling, Heinrich: Die Sprache der Farben, München 1939.

–: Mensch und Farbe, München 1988.

Ganser, Oskar: Chromotherapie, Leipzig 1912.

Ganzenmüller, W.: Das Buch der Heiligen Dreifaltigkeit, in: Archiv für Kulturgeschichte, XXIX, 1939.

Ginzburg, Carlo: Hexensabbat, Berlin 1989.

Goethe, Johann Wolfgang von: Farbenlehre (Auswahl u. Einleitung v. J. Pawlik, 5. Aufl., Köln 1985).

Gradwohl, Roland: Die Farben im Alten Testament, Berlin 1963.

Gregory, Laneta: Aura-Handbuch, München 1990.

Gross, Rudolf: Warum die Liebe rot ist, Düsseldorf 1981.

Haersolte, E. van: Magie und Symbolik der Farben, Berlin o. D.

Handwörterbuch des deutschen Aberglaubens: »Farbe«, Berlin 1987.

Hartlaub, Gustav Friedrich: Signa Hermetis – Zwei alte alchemistische Bilderhandschriften, in: Zeitschrift des deutschen Vereins für Kunstwissenschaft 4, 1937.

Heller, Eva: Wie Farben wirken, Reinbek 1989.

Hulke, W. M.: Das Farben-Heilbuch, Aitrang 1991.

Kones, Alex: Die Geheimnisse der Farben, Aitrang 1991.

Josse, Rolland D.: Das I-Ging der Farben, Freiburg 1956.

Kees, H.: Farbensymbolik in ägyptischen religiösen Texten, Göttingen 1934.

Kinsley, David: Indische Göttinnen – weibliche Gottheiten im Hinduismus, Frankfurt 1990.

Knuf, Joachim: Unsere Welt der Farben, Köln 1988.

Koch, Walter A.: Deine Farben – dein Charakter, Saulgau 1953.

–: Psychologische Farbenlehre, Halle 1931.

–: Die vier Hauptfarben in Erfahrungsheilkunde, H3/1954.

Kraaz, Ingrid u. Rohr, Wulf von: Die richtige Schwingung heilt, 4. Aufl., München 1990.

–: Die Farben deiner Seele, München 1991.

–: Die richtige Farbe heilt (Video), Freiburg 1990.

Kramer, H. u. a.: Farben in Kultur und Leben, Stuttgart 1963.

Kranz, W.: Die ältesten Farbenlehren der Griechen, in: Hermes, Bd. XLVII, 1912.

Lacy, M.: Das Farbenorakel, München 1991.

Langsdorff, Georg von: Die Lichtfarbenstrahlen, Wiesbaden 1900.

Laufer, Otto: Farbensymbolik im deutschen Volksbrauch, Hamburg 1948.

Leadbeater, C. W.: Gedankenformen (dtsch. Übers.), Leipzig 1908.

–: Der sichtbare und unsichtbare Mensch (dtsch. Übers.), Leipzig 1905.

–: Die Chakras (dtsch. Übers.), Düsseldorf 1928.

Lederer, K. A. B.: Farbenpsychologie für alle, Sersheim 1951.

Lübeck, Walter: Das Aura-Heilbuch, Aitrang 1991.

Lüscher, Max: Der Vier-Farben-Mensch, Düsseldorf 1988.

–: Das Harmoniegesetz in uns, München 1988.

Mandel, Peter: Praktisches Handbuch der Farbpunktur, Bruchsal 1988.

Muths, Christa: Farbtherapie, München 1989.

Nixdorff, H. u. Müller: Weiße Westen und Rote Roben, Berlin 1983.

Reallexikon für Antike und Christentum »Farbe«, Stuttgart 1950.

Riedel, Ingrid: Farben in Religion, Gesellschaft, Kunst und Psychotherapien, Stuttgart 1983.

Sanders, Lea: Die Farben Deiner Aura, 4. Aufl., München 1991.

Schiegl, Hans: Color-Therapie, 4. Aufl., Freiburg 1988.

Schliephacke, Bruno P.: Farbe und Heilweise, Gettenbach 1931.

Schrödter, Willy: Geheimnisse der Düfte, Farben, Töne, Freiburg 1964.

Schulz, Wolfgang: Das Farbenempfindungssystem der Hellenen, Leipzig 1904.

Senckel, Elisabeth: Göttinnen, Kräfte, Kulte – das unbekannte Indien, Frankfurt 1990.

Sillo-Seidel, G.: Die heilenden Farben, München/Bern 1991.

Spiesberger, K.: Die Aura des Menschen, Freiburg 1987.

Steiner, Rudolf: Das Wesen der Farben, Dornach 1986.

Tegtmeier, Ralph: Der heilende Regenbogen, Haldenwang 1985.

Vogt, Hans Heinrich: Farben und ihre Geschichte, Stuttgart 1973.

Vollmar, K.: Farben – ihre Heilkräfte, München 1991.

–: Das Geheimnis der Farbe Weiß, Südergellersen 1990.

–: Das Geheimnis der Farbe Schwarz, Südergellersen 1988.

Wackernagel, Wilhelm: Die Farben u. Blumensprache des Mittelalters, in: Kleine Schriften, Bd. 1, Leipzig 1872.

Weigl, G. u. Wenzel, F.: Die entschleierte Aura, Aitrang 1983.

Werthmüller, Hans: Der Weltprozeß der Farben, Stuttgart 1950.

Wilson A. und Beck, L.: Farbtherapie, Bern/München, 5. Aufl. 1989.

Wunderlich, Eva: Die Bedeutung der roten Farbe im Kultus der Griechen und Römer, Gießen 1925.

Werner, Helmut: Lexikon der Esoterik, Wiesbaden 1991.

Bildquellen

Brugsch, A.: Religion und Mythologie der alten Ägypter, Leipzig 1892.

Givry, Grillot de: Le Musée des Sorciers, Mages et Alchemistes, Paris 1929.

Hall, M. P.: An Encyclopedic Outline of Masonic, Hermetic, Quabbalistic and Rosicrucian Symbolical Philosophy, Los Angeles 1928.

Minckwitz, J.: Illustriertes Taschenwörterbuch der Mythologie aller Völker, Leipzig 1870.

Rich, A.: Illustriertes Wörterbuch der römischen Altertümer, Paris/Leipzig 1862.

Rimmel, E.: Livre des Parfums, Paris 1884.

Seuffert, O.: Lexikon des klassischen Altertums, Leipzig 1882.

Siegmund, Ferdinand: Allgemeine illustrierte Kräuterkunde und Volksarzneimittellehre, Brünn 1874.

Smith, William: A Smaller Dictionary of the Bible, London 1866.

–: A Dictionary of the Christian Antiquities, London 1880.

Über den Autor:

Helmut Werner hielt sich nach dem Abitur längere Zeit in Frankreich und Nordafrika auf. Durch die persönliche Bekanntschaft mit Spiritisten des Schülerkreises um den praktizierenden Alchimisten Canseliet und durch Beschäftigung mit der arabischen Magie fand er Zugang zur Esoterik. Studium der Orientalistik, Romanistik, Anglistik sowie von Latein und Griechisch. Tätigkeit als Gymnasiallehrer. Nach dem Ausscheiden aus dem Schuldienst umfangreiche esoterische Studien, Herausgabe von Klassikern der Esoterik, von Anthologien und einer Nostradamusausgabe. Verfasser des »Lexikon der Esoterik« (1991).